Psicologia & câncer

Psicologia & cânncer

Valdemar Augusto Angerami-Camon
Karla Cristina Gaspar
(ORGANIZADORES)

1ª Edição: 2013
1ª Reimpressão: 2016
Editor: *Ingo Bernd Güntert*
Gerente Editorial: *Fabio Melo*
Coordenadora Editorial: *Marcela Roncalli*
Assistente Editorial: *Cíntia de Paula*
Produção Editorial: *Casa de Ideias*

Dados Internacionais de Catalogação na Publicação (CIP)
Angélica Ilacqua CRB-8/7057

Psicologia e câncer / Organizado por Valdemar Augusto Angerami-
Camon, Karla Cristina Gaspar. – São Paulo : Casa do Psicólogo, 2016.
Diversos autores
Bibliografa
ISBN 978-85-8040-256-8

1. Câncer – aspectos psicológicos 2. Câncer – tratamentos 3. Câncer – pacientes.
   I. Angerami-Camon, Valdemar Augusto II. Gaspar, Karla Cristina

13-0542   CDD 155.916

Índices para catálogo sistemático:

1. Câncer - aspectos psicológicos

Impresso no Brasil
Printed in Brazil

*As opiniões expressas neste livro, bem como seu conteúdo, são de responsabilidade de
seus autores, não necessariamente correspondendo ao ponto de vista da editora.*

Reservados todos os direitos de publicação em língua portuguesa à

 Casapsi Livraria e Editora Ltda.
Av. Francisco Matarazzo, 1.500 – Cj. 51 Ed. New York
Barra Funda – São Paulo/SP – CEP 05001-100
Tel.: (11) 3672-1240
www.pearsonclinical.com.br

Apresentação

Valdemar Augusto Angerami

Paris

"Tua alma é livre, não pode ser impedida de voar...
Assim também tuas crianças"
(Sabedoria cigana).

Do alto de Montmartre a vista de Paris é esplendorosa. Destoa a fumaça de uma chaminé vista ao longe e que não combina com a magia de brumas dessa cidade fascinante. E quando se tem a oportunidade dessa visão ao amanhecer de uma manhã de primavera, o que se tem é uma cidade sendo dissipada da névoa que a acolchoou durante a madrugada pelo sol mais radiante que a vida nos pôde conceber. Andar por Montmartre e observar os artistas que se exibem nesse canto dando entretenimento aos visitantes em busca de um mínimo para sua sobrevivência é algo que não pode ser descrito em palavras, pois a emoção certamente se exaurirá diante de tanta riqueza subjetiva.

Nesse cenário onírico, conversamos e discutimos, a Karla e eu, sobre os contornos e configurações de um livro que aborde a subjetivação do câncer. Câncer não combina, em princípio, com esse ambiente fascinante que a nossa percepção contempla e apreende de modo indescritível. Mas talvez seja necessário esse contraponto para se ter a alma fortalecida para o enfrentamento da dor humana em suas nuances e desdobramentos.

De Montmartre para Vaugirard com a troca incessante de ideias que permeiam a idealização desse livro. Em Saint-Germain-des-Près, sentados em uma mesa no Café Paris, ao mesmo tempo em que sorvemos a magia de estarmos no mesmo ambiente de Debussy, Chopin, Listz, George Sand e Satie, damos contorno ao livro. Conversamos sobre os temas de cada capítulo e a maneira como enfeixaremos os diferentes capítulos com os respectivos títulos. O livro ganha forma aos poucos, e enquanto caminhamos por Saint-Germain-des-Près, a dimensão de nossa concepção, aos poucos, ganha contornos de realidade. Discutimos sobre o título mais apropriado para nossa obra; os aspectos que envolvem a abrangência do título escolhido. E também os aspectos circunstanciais de sua abrangência para o nosso público-alvo.

Um livro que abarque a implantação do serviço de psicologia na Unidade de Oncologia do Hospital das Clínicas da Universidade Estadual de Campinas (Unicamp). Um livro que resgata a trajetória dessa implantação e os diversos obstáculos superados nesse percurso.

Assim, estão presentes todas as especialidades necessárias para ampliar a compreensão e intervenção junto ao paciente com câncer. Reúnem-se, então, médicos, nutricionista, assistentes sociais, biólogos e psicólogos. Também foram arrolados depoimentos de paciente, familiares e profissionais acerca do câncer e suas implicações.

Um livro que traz resquícios de amor e paixão pelo nosso trabalho, pelos nossos pacientes, alunos, orientandos e por você, leitor. Um livro feito por muitas mãos, mas que certamente foi concebido por centelhas de amor. Fagulhas de um imenso querer sobre nuances de compreensão da condição humana e, principalmente, do sofrimento trazido pelo câncer e suas consequências.

Este livro traz a magia de quem ouve Debussy em Paris; de quem aprecia a *La Transfiguracion de Notre Signeur Jesus Christi de Messiaen* na igreja de Saint-Germain em Saint-Germain-des-Près, e de que flana em Paris vendo a vida passar de modo único e irrebatível. E, acima de tudo, traz nossa paixão pelo que escrevemos. Este livro será um toque de carícia em todos que sobre ele se debrucem em busca de subsídios teóricos para suas práticas. E também sobre aqueles que criticam nossos escritos, pois é deles que recebemos a maior contribuição para os acertos que se fazem necessários em nossa trajetória de crescimento e ascese espiritual.

Um livro que nasce grandioso, pois sua própria concepção não teve modéstia nem do local de sua idealização nem tampouco dos propósitos de sua abrangência. Continuamos sonhadores em busca de uma sociedade mais justa e fraterna. E a despeito dos obstáculos do caminho, temos a fé inquebrantável de que, por menor que ela seja, nossos ideais serão plenamente alcançados se apenas um breve e fortuito leitor fizer deste livro um parâmetro de reflexão teórica para sua prática junto ao paciente portador de câncer. E assim como a magia das figueiras brancas floridas na primavera de Paris, estas linhas também serão um bálsamo de luz em nossos caminhos de humanização da realidade hospitalar.

Serra da Cantareira

O sol rompeu a neblina trazendo o azul mais esplendido que se pode conceber em espetáculo que a repetição não cansa. As árvores de florada na primavera estão esplendidas. As flores dos jacarandás mimosos, das sibipirunas, das tipuanas, dos ipês verde, branco e amarelo estão indescritivelmente maravilhosas, e vê-las de minha janela de trabalho é algo sempre prazeroso e inefável. Debruçado em minha mesa de trabalho, termino a apresentação de um livro sobre câncer. Psicologia e câncer, algo que se pretende enfeixar com outras discussões abrangendo a psicologia da saúde. E por assim dizer tudo que se queira arvorar nessa tentativa de compreensão sempre estará aquém do sofrimento efetivo de um paciente portador da doença e de suas consequências.

Somos uma senda na floresta tentando buscar caminhos em que as reflexões e sistematizações de intervenção junto ao paciente de câncer sejam o nosso principal balizamento. Por isso, nosso sustentáculo nesse caminho em que aprendemos com aqueles que aprendem com nossos livros é justamente essa dialética harmoniosa de trocas e complementaridade. Assim, de nossos ensinamentos surge também o nosso aprendizado para novas formas de sistematização do conhecimento em psicologia da saúde. A cada crítica e sugestão de novos enquadres e de novas formas de síntese ao que descrevemos, surge também a nova maneira sobre o qual os nossos futuros escritos serão direcionados. Decididamente não há melhor aprendizado que aquele derivado das críticas sobre nossos trabalhos e escritos. É a partir das críticas que podemos direcionar nossas atividades ao encontro do que de fato é essencial em nossos propósitos. A vida é um farfalhar contínuo de emoções, e sistematizar um conjunto de reflexões sobre a intervenção junto ao paciente de câncer é uma das maneiras mais sensíveis de nos colocarmos em uma das facetas mais emocionantes que a vida nos apresenta. A lágrima de dor, o gesto de alegria, a emoção do reencontro, o riso de felicidade diante de um diagnóstico positivo, enfim, tantas emoções que surgem em nossa cotidianidade junto ao desesperado que partilhar disso tudo é uma dádiva que a vida nos presenteia de modo único.

Desde há muito tenho dificuldades em aceitar a chamada área de psico-oncologia. Certamente com grande destaque no meio acadêmico e profissional da psicologia, no entanto, não tem qualquer credibilidade junto à área médica. E, aliás, até mesmo na maioria dos hospitais que atendem pacientes com câncer e que possuem serviços sistematizados de psicologia, vemos um total distanciamento desses profissionais da chamada psico-oncologia. Mais do que evocar a necessidade de também definir outras áreas da psicologia hospitalar segundo a patologia de suas intervenções, quando então teríamos psiconefrologia, psicocardiologia, psico-ortopedia etc., a fundamentação teórica da maioria das publicações em psico-oncologia é totalmente cindida da realidade da doença. Existe um divórcio entre esses teóricos e a realidade dos profissionais que atuam junto ao paciente de câncer. Isso faz com que os serviços de psicologia dos principais hospitais que atendem pacientes portadores de câncer caminhem de forma totalmente distante dos enunciados da chamada psico-oncologia. Trabalhos, pesquisas, enunciados teóricos, enfim, toda uma gama de reflexões envolvendo essa prática hospitalar é criada sem essa pecha de psico-oncologia, o que, aliás, este livro é um exemplo determinante.

Esta obra é algo que concebemos em Paris e que teve suas páginas iniciais escritas na França e as demais no Brasil, tanto as nossas como as de nossos parceiros nessa empreitada. Este livro traz novos parceiros na seara de publicação em psicologia da saúde, além de alguns parceiros antigos de muitos outros livros e jornadas. Somos felizes, leitor amigo, por tê-lo em nossos caminhos. E que estas páginas, mais do que levá-lo rumo a novos horizontes teóricos e profissionais, sejam um toque de carinho e amor na alma de cada um. E que possam ser mais um pouquinho do muito que temos para construir rumo a uma sociedade mais justa e fraterna. Uma sociedade em que a doença não seja mais considerada uma doença vexatória, ao contrário, seja vista como algo inerente à condição humana e passível, portanto, de acolhimento e respeito. Uma sociedade em que os doentes sejam acima de tudo considerados como pessoas, e não apenas como mero objeto de estudo, ou então, o que é ainda pior, como objetos de lucro da indústria hospitalar. Um livro forte e determinado para grandes conquistas e que tem em você, leitor, nosso cúmplice e principal aliado.

Serra da Cantareira, numa manhã azul de primavera.

Sumário

Capítulo 1

A subjetivação do câncer

VALDEMAR AUGUSTO ANGERAMI

*Angela, você estudava e pesquisava o câncer...
Mesmo assim ele veio e te levou... Restou teu
sorriso, e isso ninguém leva...*

*Eli, a música de Pablo Sarasate está ainda mais
triste... O fogo da lareira sem cor... O vinho,
embora francês, ácido... O câncer te levou...
E deixou um vazio insuportável, indefinível*

1.1 Introdução

Todo amor é recíproco, mesmo os não correspondidos...
(Sabedoria cigana).

Ouvindo Debussy[1] e sorvendo minha taça matinal de vinho. Da minha mesa de trabalho observo o sol rompendo a neblina da Serra da Cantareira e trazendo em frestados de luz o azul maravilhoso de uma manhã de outono. Esse espetáculo não condiz com um texto sobre dor, sofrimento e câncer. Ou, ao contrário, é justamente necessário para que possamos ter a energia suficientemente forte para o enfrentamento de algo tão feroz como as circunstâncias que envolvem a temática do câncer. Ainda ontem, passeando pela serra, apreciava o contorno das montanhas sob a luz do luamento, prazer do qual não me canso, embora tenha a dádiva de presenciá-lo quase que diariamente. Falar do câncer e de suas mazelas na condição humana e dos desdobramentos de sua intercorrência no paciente e em seu seio familiar, sem dúvida alguma, é falar de vida.

Da vida que sussurra na brisa das manhãs de outono e do olorar dos craveiros na madrugada. É também falar da esperança e da crença que a nossa contribuição para o acolhimento do desesperado certamente nos levará rumo a novos patamares nessa tentativa de instrumentalizar reflexões que possam abarcar um

---

[1] Claude Achille Debussy (1862-1918) é um dos mais importantes compositores de música erudita contemporânea e de todos os tempos. Um de seus principais traços foi o inconformismo com as estruturas musicais vigentes. A música inovadora de Debussy agiu como um fenômeno catalisador de diversos movimentos musicais em outros países. No Brasil, vamos encontrar a influência de Debussy na música de Heitor Villa-Lobos e Tom Jobim.

sem número de pessoas para atuarem com esse desesperado nos mais diferentes cantos dessa vida.

Debussy é inspiração a nos impulsionar em novas teorizações. Sua ousadia em quebrar as bases e paradigmas de música erudita tradicional e dar uma nova configuração a esse estilo musical tem desdobramentos ímpares em todas as áreas do saber. Sua estruturação dissonante transgrediu os muros do universo erudito, sendo encontrada em músicos de qualidade fora da seara erudita. Mais do que nunca é necessário essa ousadia e até mesmo petulância para enfrentarmos as estruturas tradicionais e transformá-las em algo moderno e alvissareiro.

Um trabalho sobre câncer é sempre algo inominável, seja por sua abrangência no escopo da área da psicologia da saúde, seja ainda por adentrarmos em um campo em que a magnitude humana se defronta com aspectos tangíveis de sua finitude. E com o agravante de que a maioria dos pacientes não tem atendimentos especializados em situações adequadas. É sabido, por exemplo, do tempo de espera entre o diagnóstico de câncer e o início do tratamento propriamente dito. Ou seja, muitas vezes, quando o paciente inicia o tratamento, seja de quimioterapia ou mesmo de radioterapia, a evolução da doença apresenta, por si, aspectos simplesmente insuperáveis, o que seria evitado, muitas vezes, se o tratamento tivesse se iniciado próximo ao diagnóstico. É frequente o fato de alguns tratamentos se iniciarem após cinco ou seis meses depois do diagnóstico, ou seja, um tumor severo antes de ser atacado e cuidado tem todo esse tempo para expandir-se e causar toda a sorte de sortilégios a esse paciente. E se considerarmos que uma das premissas básicas do tratamento do câncer é justamente o seu enfrentamento no início da doença, temos tal espera como agravante e determinante até mesmo do insucesso desse tratamento.

É comum ouvir os especialistas afirmarem que o câncer, ao ser diagnosticado em seus estágios iniciais, apresenta mais chances de êxito em seu tratamento, o que significa dizer que por parte desses mesmos profissionais a convivência com essa longa espera é igualmente uma convivência para o insucesso do tratamento.

O câncer expõe como nenhuma outra doença as mazelas e contradições de nosso sistema de saúde. A perversidade da desigualdade social de nossa sociedade é estampada de modo cruel no modo como os hospitais públicos estão sedimentados para o acolhimento desses pacientes e de suas doenças.

O custo altíssimo da medicamentação necessária nos processos de quimio-terapia tornam proibitivos qualquer tratamento que seja custeado a expensas do paciente, ou seja, em qualquer que seja a circunstância alardeada, o câncer é uma doença que precisa de uma rede social de saúde para o amparo devido ao paciente. No Brasil, infelizmente, cada vez mais é verdadeira a frase da ex-atriz Dina Sfat[2], morta em decorrência de câncer e para quem a doença no país era algo simplesmente vexatório. Na realidade, o que ocorre é o contrário, uma vez que condições mais dignas de acolhimento ao doente e desesperado é algo totalmente distante de tudo que se pode conceituar na seara da saúde. Essas afirmações sobre o estado calamitoso das doenças no Brasil, na verdade, sequer estão con-templando o verdadeiro caos que é a rede de saúde disponível para o atendimento dos desfavorecidos, pois desde a falta de saneamento básico até a rede primária de atendimento, tudo que tange a saúde é simplesmente deplorável.

A lamentável desigualdade social que impera no Brasil apresenta contornos irascíveis no tocante à saúde pública. Assim, ao mesmo tempo em que temos hos-pitais que podem ser comparados aos melhores do mundo, com todo o aparato tecnológico para intervenção nas mais diferentes doenças, bem como para cirur-gias delicadíssimas, temos um contingente imensurável de pessoas que padecem à míngua sem qualquer atendimento básico de saúde. Convivem simultaneamente hospitais que possuem recursos tecnológicos capazes de detectar até mesmo uma má formação congênita no feto e, de outro lado, um número absurdo de mulheres que irão dar à luz sem qualquer tipo de assistência pré-natal.

Da mesma maneira, o enfrentamento do câncer também apresenta tais discre-pâncias, pois àquelas pessoas providas de recursos socioeconômicos o atendimento nos melhores hospitais e que podem ser comparados aos melhores do mundo é imediato. Analogamente, àquelas pessoas desprovidas de qualquer amparo social o início do tratamento muitas vezes dista meses desde o seu diagnóstico inicial. E isso certamente não apenas vai encontrar o câncer fortalecido como até mesmo em situações de total falta de condições para o devido enfrentamento. É sabido,

---

[2]   Dina Kutner de Souza, conhecida como Dina Sfat foi uma das maiores atrizes brasileiras. Filha de judeus poloneses, estreou nos palcos em 1962, daí pulou para o teatro amador e depois foi parar no Teatro de Arena, onde estreou profissionalmente. Participou de espe-táculos importantes na década de 1960 em São Paulo e em seguida no Rio de Janeiro. Dina Sfat morreu aos 49 anos, vítima de um câncer de mama contra o qual já lutava desde 1986, quando foi descoberto.

dissemos anteriormente, que o câncer pode ser enfrentado e até vencido quando detectado precocemente. No entanto, ser detectado logo no começo de seu desenvolvimento e ter seu tratamento iniciado com meses de distância desse diagnóstico pouco adiantará, pois teremos certamente uma variável considerável de agravamento das condições desse paciente.

A precariedade da saúde pública no Brasil é determinante de que a desigualdade em nossa sociedade se mostra em diferentes facetas, e uma delas, talvez a mais cruel, é o descaso governamental diante de doenças severas e que necessitam de recursos de ponta para seu enfrentamento. Mas para uma população totalmente largada à míngua pelas autoridades governamentais e para quem faltam até condições básicas de saneamento básico, moradia, transporte etc., o atendimento hospitalar se torna apenas mais um item de abandono e de total desprezo e desumanização dessas pessoas.

O Brasil é um país em que a plutocracia – governo voltado aos ricos – se mantém de maneira irretocável, e mesmo com a troca constante de governantes, assistimos a um total abandono a tudo que seja de interesse da população mais necessitada e carente de todos os recursos disponíveis para o convívio social. Aquela célebre frase política de que *é melhor levantar uma parede do que fazer sistemas de saneamento debaixo da terra, pois a parede propicia inauguração e rende mais votos* é cada vez mais atual e indescritivelmente desumana.

No momento em que estas linhas estão sendo escritas, o Brasil vive um frenesi patológico em torno da realização da Copa do Mundo e dos Jogos Olímpicos por aqui. Cidades com grandes bolsões de miséria como São Paulo, Natal, Manaus, Fortaleza, com grandes carências de hospitais, escolas, saneamento básico, infraestrutura, entre outras, possuem, no entanto, grandes estádios orçados em cerca de 500 mil dólares. E o que é ainda mais dantesco é o entusiasmo da população com essas obras que teoricamente estão gerando empregos, ainda que sejam para obras faraônicas e que depois desses eventos certamente se tornarão prédios abandonados e sem uso, tal qual já aconteceu anteriormente com outros eventos tanto no Brasil quanto em outras localidades mundo afora.

É certo que a situação dramática do desemprego justifica essa euforia com a empregabilidade gerada por essas obras. Mas seguramente seria muito melhor se, em vez de estádios, estivéssemos envolvos na construção de escolas, hospitais, creches etc. Então, não há como se esperar sensibilidade de nossos governantes para as necessidades reais da população desamparada, pois o marketing utilizado com esses mega eventos faz com que essas necessidades sejam deixadas de lado por esse ufanismo travestido de idiotia. E diante dessa total falta de perspectiva temos o enfrentamento do câncer, seguramente, um dos maiores desafios enfrentados pela medicina desde sempre.

Câncer e miserabilidade, binômio que ao se tornar indivisível agrava sua ocorrência e as condições para o enfrentamento. Medicamentos e recursos médico-hospitalares são detalhamentos indispensáveis para o verdadeiro enfrentamento do câncer, e infelizmente estão distantes da maioria da população. Se adentramos ainda para aspectos que envolvem a falta de condições básicas dessa população carente em busca de tratamento quando do surgimento dos primeiros sintomas, temos então que as campanhas que falam da prevenção, e mesmo diagnósticos precoces, são fatores completamente distantes da maioria das pessoas que necessitam de algum tipo de ajuda e tratamento. Sobre esse e outros aspectos, infelizmente, temos apenas a constatação e a nossa voz contra essas injustiças e intempéries sociais. Lutamos contra esses desatinos, mas certamente um verdadeiro cenário de contemplação de justeza no tratamento do câncer ainda está longe de nossos horizontes.

Este trabalho é singelo em sua formatação, mas pretensioso em seus ditames de abrangência e reflexão. Ele tenta sair daquele arcabouço tradicional que coloca a psicologia como responsável por explicar todas as intercorrências humanas. A nossa contribuição em psicologia é com o desespero humano, com o sofrimento emocional derivado da hospitalização e do surgimento das patologias na vida humana. Não temos a pretensão de explicar o que quer que seja, pois sabemos que além de nossas próprias limitações, a psicologia transita nos terrenos arenosos das teorias[3], que em sua briga irascível pela verdade absoluta se excluem e deixam de compreender a verdadeira essência humana. E se existe uma verdade absoluta, ela reside na expressão e na fala do paciente.

---

[3] Não podemos perder de vista a definição de teoria. *"Teoria é o conjunto de hipóteses formuladas na tentativa de compreensão de um fenômeno ou ocorrência"*. Fica evidenciado, portanto, que nenhuma teoria pode se arvorar como detentora de uma verdade absoluta, uma vez que estão trabalhando como hipóteses formuladas na tentativa de compreensão. Talvez se tivéssemos essa definição mais presente em nossa cotidianidade não estaríamos vociferando tantas verdades absolutas para explicar o comportamento humano.

Este trabalho levará a muitos questionamentos e talvez até à indignação dos leitores diante do que é proposto de maneira tão concisa e revestido de um idealismo que até pode ser considerado infantil, mas que traz em seu bojo a verdadeira ideologia de uma grande mudança social em que todos tenham acesso aos recursos e avanços da área da saúde.

1.2 A racionalidade médica ocidental

"A magia maior do universo é tua vida; tuas conquistas e a
Lua branca no céu, sempre contemplativa"
(Sabedoria cigana).

A influência do pensamento de Aristóteles sobre o homem ocidental é de tamanha envergadura que não raro se ouve nos meios acadêmicos e filosóficos sobre a necessidade de se expulsar Aristóteles de nós. E ainda que se possa evocar que jamais se ouviu qualquer referência a ele e que sua influência domina nosso pensamento há mais de dois milênios.

Aristóteles[4], embora tenha sido discípulo de Platão, dista radicalmente do posicionamento do mestre. Para Platão, tudo é subordinado ao mundo das ideias, e para Aristóteles, o que deve ser privilegiado é o mundo concreto. Aristóteles propõe a existência da realidade objetiva e rejeita o mundo das ideias que dá contorno às coisas no ideal platônico. Sustenta que a experiência deve ser a fonte do conhecimento, mostrando que as formas são a essência das coisas, e que não há separação entre os objetos e as formas: estas são imanentes àqueles (Penha, 1987)[5]. Dessa maneira, para Aristóteles, as ideias não existem fora das coisas, elas dependem da existência individual dos objetos. Só o individual é real, e ao contrário do que ensinava Platão, o universal não existe na natureza, mas só no

---

[4]   Aristóteles nasceu em Estagira, Trácia, em 384 a.C., e acompanhou as aulas de Platão durante vinte anos. Após a morte do mestre e depois de algumas viagens, retornou a Atenas onde fundou uma escola – o Liceu –, e por ministrar aulas quando passeava com seus alunos legou à sua escola o nome de peripatética (do grego *perípatos* = passeio, alameda) (Penha, 1987).

[5]   "Períodos Filosóficos", op. cit.

espírito, que o capta por meio da abstração. A única realidade existente, assim, se constitui de coisas individuais. O geral é uma abstração.

No entanto, se apenas o individual é real, se apenas ele existe, também é verdade que só existe ciência do geral. Disso resulta o esforço da ciência em classificar propriedades comuns aos indivíduos, tentando estabelecer entre elas uma hierarquia. A ciência, de modo geral, tenta se estabelecer como processo de conhecimento abstraindo tais propriedades, expressando-as em conceitos. Tenta-se abranger a totalidade dos seres vivos pelo simples fato de serem mortais. Aristóteles atribui grande importância à racionalidade como sendo a principal propriedade dos seres humanos, e ao estabelecer tais premissas, a partir das quais a ciência moderna se estrutura enfeixando racionalidade, abstração e generalização para compreensão do universal partindo do individual, enfeixa os paradigmas do pensamento contemporâneo. Por mais que existam vozes dissonantes que insistem na compreensão do individual, o que temos é uma ciência que parte do individual e estabelece leis gerais a partir de uma generalização, e que simplesmente desconsidera peculiaridades inerentes às possíveis individualidades. A racionalidade científica tão presente em nosso meio acadêmico e hospitalar estabelece ainda premissas absolutas segundo as quais apenas e tão somente aquilo que é comprovado cientificamente tem validade. Ainda que se evoque que a ciência está sempre buscando novos parâmetros de investigação e análise e invalidando experimentações e resultados anteriores, temos que a afirmação "cientificamente comprovada" equivale a uma citação místico-religiosa diante da qual não cabe qualquer arguição.

Esses postulados aristotélicos junto com os enunciados de outro pensador, no início da filosofia moderna, irão constituir toda a base do pensamento contemporâneo. René Descartes (1596-1650) ostenta o título de iniciador da grande revolução racionalista do século XVIII, e que iria se tornar a base maior da filosofia moderna. Ele estabelece que a crença na igualdade de todos os homens pela razão leva a afirmação que o bom senso, ou seja, a faculdade de bem julgar, é igual em todos os homens, e se alguns chegam mais perto da verdade é porque conduzem melhor a razão do que os outros (Penha, 1987)[6]. É também de Descarte a segmentação humana em partes distintas entre o corpo e o pensamento. Ele afirma que, ao perceber-se como ser pensante, reconhece que seu corpo é distinto

---

[6]   Ibid., op. cit.

de seu pensamento. Afirma ainda que, além da substância divina, há outra duas: a substância espiritual e a substância material. Surge a célebre dicotomia alma e corpo, substância pensante e substância extensa. A extensão não é essencial à alma, enquanto é para a própria matéria do corpo, seu elemento básico. O atributo fundamental do corpo, por outro lado, é a alma.

Essa dicotomia estabelecida por Descartes se funde à racionalidade proposta por Aristóteles e estabelece a base fundamental de toda a concepção estrutural da ciência moderna. O geral é estabelecido a partir do individual e da concepção de racionalidade que se estruturam e estabelecem o modelo pensante da contemporaneidade. O universo das ideias, a subjetivação e o processo individual de cada pessoa rumo ao processo de desenvolvimento segundo seus valores são atributos que não se sustentam diante da racionalidade estabelecida nesses padrões "científicos".

Temos, então, uma luta quase irascível daqueles que tentam uma volta à individualidade, ao resgate da subjetividade diante da imposição da objetividade existente nos seios das sociedades modernas com todos os seus aparatos de tecnologias moldadas em bases de racionalidade. É dizer que o enfrentamento da subjetividade com a racionalidade estabelece contornos de realidade insofismável nos mais diferentes contextos, principalmente nas searas em que se contrapõem modelos estruturados na racionalidade científica e enunciados de compreensão que se fundamentam na subjetivação.

No campo específico da medicina temos o surgimento de Hipócrates, que também era contemporâneo de Sócrates e Aristóteles, e que procurou fazer da medicina algo que se distanciasse de práticas de curandeiros, xamãs etc.

Hipócrates é considerado por muitos uma das figuras mais importantes da história da saúde, frequentemente considerado o "pai da medicina", apesar de ter desenvolvido tal ciência muito depois de Imhotep do Egito Antigo. É referido como uma das grandes eminências da filosofia grega ao lado de Sócrates e Aristóteles durante o florescimento intelectual ateniense. Hipócrates era um *asclepíade*, isto é, membro de uma família que durante várias gerações praticara os cuidados em saúde (Mora, 2001)[7]. Os dados sobre sua vida são incertos ou pouco confiáveis. Parece certo, contudo, que viajou pela Grécia e que esteve no Oriente Próximo.

---

[7]   "Dicionário de Filosofia", Mora, J. F., Editora Martins Fontes, São Paulo: 2001.

Nas obras hipocráticas há uma série de descrições clínicas pelas quais se podem diagnosticar doenças como a malária, papeira, pneumonia e tuberculose. Para o estudioso grego, muitas epidemias relacionavam-se com fatores climáticos, raciais, dietéticos e do meio onde as pessoas viviam. Muitos de seus comentários nos *Aforismos*[8] são ainda hoje válidos. Seus escritos sobre anatomia contêm descrições claras tanto sobre instrumentos de dissecação quanto sobre procedimentos práticos. E talvez por influência aristotélica, ele traz para a medicina a racionalidade, propondo uma análise clínica e investigativa da saúde que se distancie de outras formas em que a compreensão seja objetiva.

Temos o modelo médico estruturado a partir dessa junção de racionalidade e de segmentação dos diferentes órgãos que compõem o corpo humano. O rol de especialidades da medicina contemporânea praticamente estabelece especialistas de pedaços tão fragmentados do corpo humano que não é absurdo se dizer que temos, por exemplo, até especialista para o dedo mínimo da mão direita. Esse especialista saberá, então, todas as funções e disfunções que esse órgão apresenta, e ao segmentá-lo dessa forma, ele é praticamente apresentado como não tendo mais qualquer relação com outras partes desse mesmo corpo e nem tampouco com o dedo mínimo da mão esquerda. Tudo é compartimentado como se o corpo não guardasse a totalidade de sua unicidade.

Ao negar a unicidade do organismo, não estamos apenas segmentando algo indivisível, mas também fracionando o conhecimento de que o todo é feito pela união das partes, e que analisá-las separadamente é perder sua inter-relação. No entanto, o que mais vemos na atualidade é justamente o crescimento incontrolável de especialidades sobre partes cada vez menores do organismo humano. A antiga especialidade de clínica médica, em que o médico tinha um conhecimento amplo do organismo, praticamente desapareceu da realidade da medicina. Esse profissional, denominado de clínico geral, que sabia dos detalhes de um organismo em suas diversas partes relacionando-as com as demais, praticamente desapareceu do cenário da saúde. Embora exista uma tentativa de volta a esses parâmetros,

---

[8]   Atribui-se a Hipócrates a criação de mais de quatrocentos Aforismos. O primeiro é considerado a síntese perfeita da ética médica. Segundo estudiosos, esse aforismo é considerado a lei suprema da medicina. Ele diz: "A vida é breve, o aprendizado, longo, a ocasião, passageira, a experiência, enganosa. O médico não deve apenas estar preparado para o que é correto, mas deve também obter a colaboração do paciente, dos atendentes e de todos que cercam o doente".

o que temos de fato é o crescimento dos especialistas nessa segmentação em subespecialidades dentro das especialidades. Mais do que nunca esse profissional é necessário nos segmentos de atenção primária da saúde, em que uma análise mais minuciosa e precisa determinaria não apenas os encaminhamentos para as diferentes especialidades com mais determinação, como também a detecção de inúmeras patologias no período inicial de suas ocorrências. Não queremos com isso menosprezar a importância do especialista, apenas enfatizamos o desapareci-mento desse profissional com essa visão geral. A importância de um especialista que compreenda aspectos específicos de cardiopatia, ginecologia, entre outras especialidades, é igualmente inegável. A presença do especialista junto ao clínico geral certamente seria de grande importância para se aferir diagnósticos com muito mais precisão e detalhamentos.

Dentro desses paradigmas de racionalidade e fragmentação do organismo humano em suas diversas especialidades, temos o fato de que alguns médicos decidem pela especialização em oncologia. Decidem enveredar pelos caminhos dessa área e igualmente se dividem em subespecialidades, e, assim, temos então a oncopediatria, oncocirurgia etc. Dessa maneira, temos profissionais que irão se debruçar sobre meandros da oncologia tentando decifrar os mistérios de sua ocorrência em busca de alternativas de atendimento e tratamento do paciente portador de câncer,e teremos de adentrar nas reflexões sobre a questão da onipo-tência/impotência do profissional da saúde e, principalmente, do médico diante da finitude humana, para que nuances da racionalidade médica sejam devida-mente apreendidas.

Ao decidir pela carreira médica, temos um rol de pessoas que buscam o lado humanitário do acolhimento com a ideia primordial de ajuda àquele que padece de algum sofrimento em seu organismo. Misturam idealismo e sonhos de que poderão contribuir para que o sofrimento humano seja mitigado pela ação médica. Cada vez mais raro, esse grupo se mantém como o sustentáculo dos princípios que originaram a medicina ainda nos tempos de Hipócrates. Temos, então, pessoas que optam por esses caminhos por um ideal decididamente de acolhimento humano, algo que possui um quê de missionário, e que está cada vez mais raro em nossa realidade.

Também temos um grupo cada vez maior que decide pela medicina por questões meramente mercadológicas. Essas pessoas quando decidem estudar para prestar concurso a uma faculdade médica não iniciaram nesse momento seu percurso de interesse pelo paciente e sua doença. Geralmente, desde a mais tenra idade, ele é incentivado principalmente pelos familiares a buscar por essa alternativa, tanto por sequenciar parentes próximos que já exercem a medicina, como também pela perspectiva profissional mais alvissareira propiciada pela medicina diante de outras profissões. Prova disso é o fato de que, embora muitos médicos se formem a cada ano nas inúmeras universidades espraiadas ao longo do país, temos uma concentração muito grande de médicos nos grandes centros urbanos, que propiciam uma melhor remuneração em detrimento de comunidades mais pobres em que o atendimento médico é de precariedade gritante.

Depois de inúmeras barreiras superadas em todo o seu percurso, temos finalmente o congraçamento da profissão médica. É nesse momento da formação que decidi-se pelo caminho da especialização buscando-se as alternativas que mais se identificam com seus parâmetros de escolha, sejam eles mercadológicos ou meramente humanitários.

A medicina está sedimentada no imaginário social como sendo a arte de manter acesa a chama da vida. O profissional, ao adentrar por essas searas, está trazendo para si a pecha de infalível, de alguém capaz de superar a finitude humana. Nesse imaginário igualmente está a figura do médico como alguém que está além das limitações humanas, pois é justamente ele que enfrenta a finitude humana dando-lhes contornos da possibilidade humana de superá-la. E o câncer surge ao largo de outras patologias como sendo algo que a condição humana não tem como enfrentar sem o risco eminente de ver-se quedada diante de suas vicissitudes.

Por maiores que sejam os avanços da medicina e dos recursos tecnológicos disponíveis, o que temos é sempre uma luta irascível dos recursos médico/tecnológicos no enfrentamento do câncer. E apesar disso, o que temos é sua derrocada final diante da simples constatação de que a finitude humana está além desse enfrentamento. Por mais que se avancem na busca de recursos que levem à longetividade cada vez maior do ser humano, determinadas patologias sempre estão a escancarar as limitações da medicina e de outras áreas da saúde no enfrentamento da finitude humana.

O câncer, na medida em que, entre outras mazelas, traz em seu bojo o definhamento corpóreo seguido de dor contínua que nem os mais avançados analgésicos e mesmo opiáceos conseguem aliviar, mostra-se como uma das patologias que mais afronta o princípio da medicina como sendo a arte de manter acesa a chama da vida.

A racionalidade médica enfeixada em sua alta tecnologia não consegue se mostrar aos demais segmentos sociais como sendo a vertente capaz de levar a condição humana a outros parâmetros distantes da finitude precedida de um definhamento envolto em sofrimento. Iremos ter, então, profissionais que se consideram fracassados por não conseguirem debelar a morte no contexto humano. No entanto, isso deriva dessa racionalidade que os coloca numa situação de prepotência que irá içá-los à condição de deuses, e não mais de seres humanos que decidiram pela profissão de médico. O câncer se mostra, no momento, não apenas como invencível, como também capaz de desmoronar qualquer sentimento de prepotência do médico e dos demais profissionais da saúde.

A racionalidade médica surge como uma defesa diante das intempéries surgidos ao longo do caminho e que confrontam esse sentimento de prepotência. Diante da impotência surgida no enfrentamento da doença, a arrogância médica recorre à racionalidade para erigir defesas que contemplem não apenas modos de negação desse fracasso, como, principalmente, não deixar que essa onipotência seja maculada na batalha contra a doença.

É inegável que o avanço da medicina seja responsável pela extirpação de inúmeras doenças que ceifavam milhares de vidas das mais diferentes maneiras. Também é inegável que devemos à medicina grande parte do prolongamento da vida, do conforto e de estabilidade de saúde diante das inúmeras epidemias e bactérias que admoestavam a vida humana. E também do controle da dor, que, seguramente, trouxe grande alívio a tantos que padeciam diante de sua manifestação. Essas conquistas, por si, fazem com que sejamos sempre devedores de seus arautos, bem como admiradores de seus feitos e realizações. A questão que surge, e traz algum desconforto e até mesmo corrompe algumas dessas realizações, é a condição humana que muitas vezes se vê envaidecida diante dessas conquistas e se deifica a si própria como se deixassem de ser humanos pelo alcance desses feitos.

De outra parte, entretanto, quando nos deparamos, na realidade da maioria dos hospitais brasileiros, com a postura envolta na racionalidade médica, temos, então, os paradigmas sem alento sobre os quais tecemos nossa análise. A maneira como o paciente de câncer é tratado pela maioria dos profissionais da saúde segue o modelo médico de racionalidade com o paciente sendo lançado praticamente a situações de abandono a sua dor e sofrimento, e que distam da necessidade de acolhimento imposto pela doença. E isso urge mudança, pois a própria doença, em si, já estabelece níveis de sofrimentos irreversíveis, seja pela dor, seja ainda por escancarar de modo drástico a finitude humana.

A racionalidade médica junto com os pilares da racionalidade aristotélica são os determinantes tanto dos padrões de investigação científica, como também de procedimentos de acolhimento ao paciente. Os padrões de racionalidade do mundo ocidental impõem uma série de atitudes que incide sobre o modo como o mundo é observado e apreendido para a formatação da ciência e até mesmo nas relações interpessoais. Somos reféns dessa racionalidade, seja pelo avanço tecnológico que cada vez mais nos distancia de nossos semelhantes, seja ainda por padrões científicos que nos desumanizam de modo drástico e praticamente irreversível. É dizer que falar em algo contrário a essa racionalidade não é apenas ir contra correntes majoritárias no pensamento contemporâneo, mas principalmente ir ao enfrentamento de posturas profissionais e mesmo dos ditames do cientificismo de modo desigual e precário.

Racionalidade que escancara o próprio desprezo por qualquer tipo de postura e reflexão que tente humanizar as relações interpessoais e mesmo as pilastras do cientificismo e do academicismo. Academicismo que cada vez mais se revela como sendo a instituição que mais aprisiona seus membros de modo a tornar a produção dita científica irreversivelmente igual e sem diferença estrutural independentemente da área pesquisada. É dizer que os trabalhos publicados apresentam semelhança muito grande tanto nos métodos de pesquisa como na forma como se estrutura a publicação dos resultados. Termos e palavras que se tornaram parte integrante dos trabalhos considerados científicos se fazem presente nos diferentes trabalhos do academicismo, independentemente de estarmos diante de um trabalho da área de ciências humanas ou exatas. Engessa-se tanto a pesquisa como a publicação dos resultados, e o que temos a partir desses ditames de racionalidade científica é o total empobrecimento de qualquer análise qualitativa que saia desses parâmetros.

As publicações científicas nos periódicos acadêmicos – exigência cada vez mais presente nas lides do academicismo e até mesmo obrigatória em algumas instituições na busca da titularidade acadêmica – possuem conselhos editoriais que não apenas padronizam a exigência da formatação dessas publicações, como impõem crivos de falta de seriedade àquelas publicações que não se apresentam nesses formatos. E quando acenamos com doenças como o câncer que, além das pesquisas, exigem detalhamentos de criatividade e arrojo em seu enfrentamento, temos a racionalidade médica ocidental emperrando de modo irascível toda e qualquer tentativa de humanização da doença. Se acrescentarmos ainda o modelo clínico, que envolve a formação médica, direcionado para um suntuoso consultório particular nos moldes estadunidenses, teremos, então, que a prática envolvendo instituições de saúde serve apenas como subsídio teórico-prático para embasar a prática nesses moldes.

O modelo clínico de consultório paira soberano sobre a intencionalidade do exercício profissional do jovem médico, modelo este devidamente sedimentado em aulas, seminários e fundamentações teóricas que o direcionam apenas e tão somente para essa realidade. Como mera citação, basta verificar o número absoluto de concentração de profissionais da área médica nos grandes centros urbanos em contraponto com realidades mais afastadas em que o atendimento não apenas rareia, como também prescinde até mesmo de conhecimentos específicos dessas realidades. Assim, por exemplo, dificilmente um médico com sua ótica profissional voltada para a realidade dos grandes centros urbanos saberá de moléstias e patologias de áreas rurais cujas especificidades lhe são totalmente desconhecidas. E mesmo as chamadas clínicas-escolas dos hospitais universitários atendem a uma população carente, mas na realidade visando única e exclusivamente o aperfeiçoamento desses profissionais rumo às suas clínicas particulares.

O câncer surge como uma patologia que, embora envolva diversos desmembramentos de subespecialidades – pediatria, hematologia, ortopedia etc. –, e tendo sua predominância de atendimentos nos grandes hospitais de especialidade, ainda assim traz em seus bojos profissionais que igualmente se especializam nessas áreas visando possíveis atuações em suntuosas clínicas particulares. E isso tudo a despeito de a maioria da população viver sem o atendimento mínimo necessário para condições dignas de saúde e com respeito à sua condição humana. Esse contraste, por si, faz com que o cenário de desigualdades sociais reinante no Brasil exiba uma de suas facetas mais cruéis justamente no tentáculo da saúde, que deveria primar por trazer detalhamento de fraternidade e coesão social em seu enfrentamento. Ao contrário, temos uma situação de saúde pública que só faz aumentar a abismosa crueldade imposta aos desfavorecidos e combalidos por nossa condição social.

A racionalidade médica talvez esteja a balizar o distanciamento do atendimento ideal à saúde e a realidade que se espraia em nossa esfera social. Pessoas simples padecem nas portas dos hospitais das grandes cidades sem que isso possa minimamente abalar a maioria dos profissionais da saúde, seja pela própria indiferença ao sofrimento do outro, seja ainda pela condição apriorística de que essa atividade se justifica apenas e tão somente, como vimos anteriormente, para um aperfeiçoamento de sua condição profissional para o exercício pleno em outra realidade social.

Não podemos perder de vista que a racionalidade médica não é responsável por esse tipo de situação, apenas escora emocionalmente tanto sua manutenção como até mesmo a justificativa para sua irreversibilidade. Ou, talvez, que a própria condição dessa racionalidade esteja na imposição desse modelo cruel de atendimento à saúde, simplesmente por determinar que ele se preste a manter as pilastras dessa irreversibilidade justamente por defender os interesses que não aceitam qualquer mudança no cenário social rumo a uma sociedade mais justa e fraterna.

1.3 Sobre a definição conceitual de câncer

*"Tua energia vagueia pelo universo e se une a outras
energias, e nisso está a magia da vida: sempre estamos unidos
a tudo e a todos"*
(Sabedoria cigana).

Desde há muito, falar de câncer é abordar algo cujo dimensionamento assusta, e isso em que pese os inúmeros casos, principalmente os de figuras públicas, que mostram êxito em seu enfrentamento. Segundo Angerami e Meleti (citado por Angerami, 2006), o termo câncer[9] que o termo câncer foi associado à doença pela semelhança desta ao caranguejo, embora no Brasil, quando se pronuncia a palavra câncer não se associe de imediato à figura do crustáceo, tal qual ocorre na Europa onde essa definição teve lugar. Essa associação implica em dizer que o câncer aprisiona sua vítima, assim como o crustáceo que lhe empresta o nome, até a morte.

É fato que os avanços da medicina, e principalmente da oncologia, determinaram significativos resultados nessa empreita, mas o que ainda prevalece no

---

[9]   "A Atuação do Psicólogo no Contexto Hospitalar Junto a Pacientes Mastectomizadas", Angerami, V. A., e Meleti, M. R. in "Tendências em Psicologia Hospitalar", Angerami, V. A., São Paulo: Cengage Learning, 2006.

imaginário das pessoas, de modo geral, é que o diagnóstico de câncer implica necessariamente em uma sentença de morte. Em que pese, como dissemos anteriormente, nos inúmeros casos de êxito nesse enfrentamento, o seu diagnóstico é sempre associado a um prognóstico de terminalidade. Embora existam médicos que ainda cometam o absurdo de diagnosticar um período de vida estimada para o paciente diante de situações mais severas da doença[10], é fato que cada vez mais assistimos ao enfrentamento do câncer com todo o arsenal disponível e uma disposição humana revestida de uma fé inquebrantável cada vez maior em sua superação.

Apesar do avanço do combate e até mesmo de uma compreensão mais apurada da doença, o câncer traz sobre si uma mitificação cuja aura está longe de se exaurir. Embora seja inegável que, ao contrário de tempos atrás em que as pessoas sequer pronunciavam o nome câncer para designar um paciente que fosse portador da doença, fazendo referência apenas e tão somente com expressões que simplesmente a negavam, ainda assim sua mitificação é inquestionável. Expressões como "aquela doença", "a doença do mal", "doença maligna", embora sejam cada vez mais raras de serem ouvidas, ainda persistem em muitos rincões a despeito dos avanços da temática no combate à doença.

De outra parte, por mais que o uso dessas expressões esteja se tornando menos frequente, é inegável que ao ser diagnosticado com câncer, o paciente traga sobre si todas as contradições presentes na abordagem e na tentativa de compreensão da doença. O câncer traz diversas implicações na vida do paciente e de sua família, e simplesmente esse diagnóstico, por mais que se evoquem os avanços e conquistas da medicina, implica em rearranjos dos mais diferentes matizes para todas as partes envolvidas.

Câncer no Brasil é pouco associado ao crustáceo que originalmente cede--lhe o nome. Ao contrário, ao citarmos essa palavra, ou estamos fazendo alusão à doença, ou então ao signo do horóscopo também definido por câncer. Aliás, aqui não se faz referência ao crustáceo chamando-o de câncer, sua definição é simplesmente caranguejo ou qualquer outra implicação de crustáceo, mas raramente de

---

[10]   Felizmente são cada vez menos frequentes os casos em que os médicos diante do diagnóstico do paciente afirmam, sem titubeio, por exemplo, que ele tem apenas três meses de vida. E isso em que pese as diferentes circunstâncias que são de seu conhecimento e que implicam, inclusive, nos inúmeros casos que mostram reminiscências espontâneas a despeito da severidade de seus diagnósticos.

câncer. Daí talvez a pouca associação do crustáceo com a definição da doença, e inclusive com sua simbologia maior, a de aprisionar suas vítimas até a morte. Essa dissociação, no entanto, não deixa de fazer da definição do câncer algo letal e que, na maioria das vezes, aprisiona suas vítimas até a morte.

A falta de reflexão conceitual não exime sua definição do contexto de finitude presente em seu arcabouço letal. A origem do termo câncer está distante de seu significado no Brasil, e muitas vezes, o que temos é a afirmação de estranheza diante do fato de o nome da doença ser o mesmo do signo do zodíaco, e sem qualquer relação mínima que seja com o crustáceo. É dizer que a falta de conhecimento da origem do termo não implica em atenuante aos seus aspectos de finitude. Câncer é uma doença mortal, e estar ou não associado ao predador letal é detalhe desnecessário na compreensão de seus aspectos de finitude. A percepção do sofrimento gerado pelo câncer é tangível simplesmente pela evocação desse termo sem qualquer necessidade de associação com o crustáceo letal.

Da mesma forma que o surgimento de qualquer tipo de câncer em uma pessoa implica em reflexões sobre sua condição de vida, seu diagnóstico e prognóstico sempre estarão associados à superação de uma possibilidade real de morte colocada diante desse paciente. E isso independentemente de ser um câncer sabidamente provocado por agressões externas, como o tabagismo. Questionamentos envolvendo religiosidade, sentido de vida, determinismos de vida e toda sorte de questionamentos estarão presentes em uma verdadeira turbulência de informações e reflexões.

Os caminhos da religiosidade sempre são buscados em situações extremas de desespero, pois afinal é nos caminhos do sagrado que se encontra a esperança maior de derrocada da morte, e ao se buscar a religiosidade, muitas pessoas buscam não apenas a superação do câncer em si, como também a própria superação da morte. É como se tal busca impedisse a morte de ceifar a vida desse paciente, e como se o câncer fosse a única variável possível a eliminar a vida das pessoas. São momentos de desespero diante de um diagnóstico que em princípio significa a presença de uma alteração celular que, presente no organismo, está também a desestabilizar todo o contexto social em que a vida desse paciente esteja inserida. A religiosidade surge como um caminho de contraponto ao saber médico, uma vez que este mostra suas limitações diante do câncer, e até mesmo assume sua impotência diante dos casos em que a doença esteja mais avançada. A religiosidade surge com a presença de Deus, com suas possibilidades de milagres e que, portanto, estariam acima dos limites da medicina. Busca-se Deus como se esta fosse a única esperança e alternativa plausível para o enfrentamento de um inimigo insuperável diante das forças humanas. Por mais abstrata que seja a concepção de Deus, ou mesmo a incredulidade de milagres na contemporaneidade, essa busca se dá muito mais pela desesperança na medicina do que por qualquer outra razão. Essa abstração arbitrariamente imaginada e que foi denominada de Deus surge como um catalisador capaz de prover não apenas a cura do câncer, mas também, e principalmente, o restabelecimento dos sustentáculos anteriores da vida do paciente e de sua família. É como se fosse buscado não só a cura para as mazelas provocadas pela doença, como também o soerguimento das estruturas emocionais esgarçadas pelo tempo e convivência dos vínculos familiares.

Muitos pacientes, quando confrontados com a proximidade de sua morte e diante de religiosos que prestam acolhimento nesse momento de desespero e dor, simplesmente questionam de que adiantou a fé em Deus e mesmo anos de obediência aos princípios religiosos se agora se veem diante da morte e sem qualquer esperança de cura. É como se a fé religiosa fosse uma força capaz de não apenas curar o câncer, mas também de afastar a morte da condição humana. O câncer surge somente como algo que deixa de ser uma doença para ser um instrumento de confronto entre a fé religiosa do paciente e a existência dessa abstração denominada de Deus. Na realidade, diante da finitude apresentada pela possibilidade real do câncer, a fé religiosa é algo que se dissipa como a névoa da madrugada ao ser rompida pelo sol. Busca-se Deus para prolongar-se a vida e para se ter uma vida plena a despeito da presença do câncer em um determinado organismo.

Esse Deus, embora não tenha como atender à demanda tão grande de solicitações, é muito requisitado, pois se de fato a fé fosse um antídoto para o câncer, bastaria apenas e tão somente ser religioso para ter a doença definitivamente afastada da condição humana. De fato, religiosidade é algo a ser buscado na condição ontológica do ser humano em sua procura pelo sagrado e suas configurações na tentativa de encontrar sentido para a própria vida. Mas é algo incapaz, por si, de prolongar a vida de quem esteja diante da morte inevitável. A religiosidade pode trazer alívio para respostas a questões da vida após a morte, mas decididamente nada pode fazer diante da inevitabilidade da morte.

O câncer apresenta tais contradições de modo único na medida em que se configura como uma doença imbatível e que está a desafiar tanto os cânones da medicina como os da religiosidade. Ele tripudia sobre a força das orações e sobre a potência medicamentosa empregada em seu combate. Mostra-se vigoroso por maior que sejam as forças a enfrentá-lo, e mesmo diante de qualquer tentativa de se atenuar seus efeitos devastadores. A religiosidade judaico-cristã, permeada por descrição de milagres e passagens fantasiosas, se mostra incapaz de prover o enfrentamento do câncer e sua consequente extirpação nos dias de hoje.

Lemos nos testamentos religiosos a descrição de Moisés abrindo o mar para a passagem do povo judeu, e até mesmo de Cristo ressuscitando mortos, mas não encontramos na atualidade qualquer manifestação que seja de enfrentamento do câncer que minimamente possa ser pareada com esses escritos fantásticos. É dizer que os milagres e efeitos fantásticos pertencem apenas e tão somente ao universo místico dos testamentos, e não da realidade contemporânea. A fé religiosa nos princípios cristãos, por exemplo, precisa ser suficientemente forte e sem questionamentos racionais para abarcar a crença do nascimento de Jesus a partir de uma virgem, de passagens de Cristo ressuscitando um morto e a si mesmo, mas não tem como se estribar em tais passagens para exigir que o Deus de sua crença possa minimamente atenuar os sofrimentos provocados pelo câncer.

Da mesma forma, a medicina, com todo o seu arsenal tecnológico, se vê totalmente quedada e inerte diante da força avassaladora do câncer. Sua destrutividade dependendo de seu estágio, ou da maneira como tenha se alastrado pelo organismo, que é simplesmente arrasadora e sem qualquer força impeditiva capaz de cercear tal avanço. Dessa maneira, chega a ser hilária uma possível dialética entre a medicina tecnológica de hoje em dia e os representantes da religiosidade no enfrentamento de um inimigo tão poderoso e letal, e que simplesmente desconsidera as razões e determinantes de seus oponentes. E mesmo com os avanços igualmente obtidos no campo da religiosidade, ainda assim, temos apenas uma batalha em que um dos oponentes não enfrenta qualquer resistência em sua escalada de destruição.

Segundo Angerami (2008), estudos recentes mostram que quando uma determinada pessoa, ao orar por outra, por mais distante que esta esteja, provoca nela alterações significativas em suas ondas cerebrais. Isso, entretanto, não provoca indícios mínimos de cura para essa pessoa beneficiada pela oração. Da mesma maneira, temos que a oração promove bem-estar e alívio principalmente para quem ora, o que pode levar-nos a inferência de que o sustentáculo da oração, se não tem o poder de curar o câncer, por outro lado, promove um significativo bem-estar para esse paciente no enfrentamento das mazelas provocadas pela doença.

O imbricamento do câncer com a religiosidade deriva principalmente do fato de o paciente se ver lançado diante de um diagnóstico totalmente cercado de incertezas e que, além do espectro da morte, apresenta também um conjunto de variáveis muito grande acerca de seu desenvolvimento e até mesmo prognóstico. O seu surgimento e os determinantes de sua evolução sempre estão distantes de qualquer nível mínimo de compreensão, por menor que possa ser. Sem dizer que a bruma de confiança que envolve toda a relação médico/paciente fica totalmente dissipada e transformada em incertezas e sofrimentos, e por assim dizer, em ambas as partes. Veríssimo (2010)[11] assevera que ao pensamento tudo é possível. O pensamento tem o poder de explicar tudo, até Deus. O pensamento tem o poder de tornar em algo inanimado tudo que é da ordem do mistério, ou seja, a existência, a vida, seus limites e fissuras. O pensamento dá o direito de dizer que Deus existe, e até matá-lo quantas vezes achar que isso seja acadêmico ou contracultura[12]. É dizer que diante da doença irreversível, essa condição humana de transcender fatos reais se torna a realidade maior, e que pode, inclusive, muitas vezes, ser o sustentáculo maior de alguém com dor diante do desespero.

O câncer, ao se posicionar como soberano diante de todas as forças disponíveis para o seu enfrentamento, também traz o mistério envolto nas diferentes tentativas de compreensão de todos os ângulos de sua ocorrência. Teoriza-se sobre suas causas e diversas formas de ocorrência; utiliza-se de diferentes olhares na tentativa de uma elucidação mais abrangente dos tentáculos de sua ocorrência. No entanto, em que pese todos esses esforços, o câncer continua a se mostrar imbricado de maneira indissolúvel com os tensores da morte.

Os detalhamentos que envolvem sua conceituação não são verdadeiros na tentativa de se criar algum alívio aos sofrimentos provocados por sua ocorrência. É fato que a medicina mostra a cada dia um enfrentamento bastante eficaz, principalmente naqueles casos em que ocorre o diagnóstico precoce e cujos órgãos apresentam possibilidade tanto de tratamento medicamentoso como, até mesmo, de possíveis extirpações cirúrgicas quando necessários. Mas em alguns casos, como a metástase óssea, por exemplo, o diagnóstico tem como prognóstico apenas o tempo estimado de vida desse paciente. É dizer que ouvimos com uma

---

[11] Veríssimo, L. J., "A Ética da Reciprocidade: diálogo com Martin Buber" Editora Uapê, Rio de Janeiro: 2010.

[12] Ibid., op. cit

ênfase formidável que o câncer já não mais destrói tantas vidas como em outras épocas, ao mesmo tempo em que o assistimos ceifando tantas vidas, e o que é mais estonteante, de todas as camadas socioeconômicas. Podemos dizer que sua conceituação não faz qualquer distinção de raça, credo, cor ou de qualquer outra segmentação social que se queira arvorar.

Ao se buscar tentativas de conceituação formal para o câncer, esbarramos na própria denominação de que se trata de uma doença que não apresenta determinantes de enfrentamentos à altura dos danos e sequelas que provoca. Isso significa que até mesmo naqueles casos em que a cura é supostamente alcançada teremos uma série de controles e cuidados especiais ao longo da vida para mostrar apenas que o paciente pode ter se livrado de sua ação letal inicial. Mas, ainda assim, terá pela frente uma série de intempéries para mostrar que o espectro inicial de morte associado ao seu diagnóstico permanecerá ao longo de toda uma vida.

Os cuidados para se evitar, ou mesmo detectar possíveis recidivas, ou outras ocorrências que podem derivar dofato de se ter um órgão seriamente lesado, é algo que irá acompanhar esse paciente ao longo de sua vida na quase totalidade dos casos. E são tantas as contradições em qualquer quesito envolvendo a temática do câncer que praticamente não se encontra balizador comum para uma congruência mínima nessa discussão. O controle que um paciente terá que submeter-se ao longo da vida depois do surgimento de um câncer é algo que fará dele alguém que sempre terá sobre si o imbricamento da doença e de suas principais decorrências. Os cuidados decorrentes, além de exames periódicos de controle, farão desse paciente alguém que mesmo que não esteja sob cuidados médicos contínuos, ainda assim estará à mercê do câncer. E isso indubitavelmente é algo que fará com que o estigma do câncer paire sobre essa paciente e seus familiares de modo indissolúvel.

O câncer apresenta determinantes em sua ocorrência que fazem com que, além de exporem até mesmo as contradições sociais presentes em nossa realidade da saúde, escancarem também possíveis diferenças em procedimentos médicos e sociais. É dizer que a mobilização que ele apresenta sempre está a desafiar parâmetros de compreensão e asserção para que sua abrangência possa ser abarcada de maneira real, e não por meio de digressões teóricas e filosóficas.

Diagnosticar algum tipo de câncer pode ser algo que o profissional da saúde está habituado, e até mesmo pela repetição, faz com habilidade e eficácia. No entanto, as condições com que esse diagnóstico incide sobre esse paciente é algo que a prática profissional, por maior que seja, não tem como avaliar. Podemos até mesmo inferir que, até mesmo a celeuma existente na seara da saúde de se relatar ou não ao paciente sobre esse diagnóstico, traz em seu bojo resquício dessas contradições.

O médico, em um mero exemplo, diagnostica um determinado tipo de câncer em uma paciente e decide, por critérios apenas de sua percepção, que aquela pessoa não tem estrutura emocional para receber o impacto dessa informação. Decide, então, que o filho(a), ou algum outro parente, apresenta tais condições. Ou seja, deixa-se de lado um detalhe simples e fundamental nessa questão, a de que a família estará tão envolvida e desestruturada diante desse diagnóstico como a paciente. É fato que se a paciente não apresenta condições emocionais para o enfrentamento de tal diagnóstico, nada pode nos assegurar que a família, ao contrário, tenha tais condições. Mas decidir dessa maneira o que ocorre na realidade é algo simples de ser observado. Ou seja, as possíveis implicações emocionais decorrentes desse diagnóstico não serão de responsabilidade desse médico. Transferem-se responsabilidades de acolhimento, e essa família, com toda a desestruturação presente nesse momento, terá de superar-se para poder minimamente acolher essa paciente. E o que é pior, a responsabilidade deixa de ser do médico, pois este já realizou sua parte na transmissão do diagnóstico. Possíveis consequências, por piores que sejam, deixam de ser de sua responsabilidade.

É importante frisar, no entanto, que essa celeuma do direito à informação é uma distorção que ocorre em países subdesenvolvidos, pois em países em que a dignidade das pessoas é preservada, o direito à informação, tanto diagnóstica, terapêutica e prognóstica, são assegurados por severos e rígidos instrumentos legais. Nessa situação em que o médico, devido aos aspectos legais que abrangem sua atuação profissional, se vê obrigado a explicar ao paciente sobre seu diagnóstico, a discussão é direcionada, então, para a maneira como essa informação deve ser transmitida, e sem qualquer questionamento sobre quem deve receber a informação diagnóstica, pois isso será um direito assegurado por essas legislações ao paciente. Certamente, ainda estamos muito distantes de ver esse tipo de atitude ocorrendo em nossa realidade, mas igualmente é verdadeiro que esse tipo de procedimento é simplesmente o respeito maior à dignidade do paciente e de seus familiares.

Em um simples contraponto, basta a verificação de que uma simples ida ao dentista implicará que cobremos desse profissional todos os detalhes dos procedimentos necessários para o respectivo tratamento. E quando se trata de um diagnóstico mais severo, com implicações de consequências imprevisíveis para o paciente, simplesmente delega-se para a família ou para qualquer outra pessoa a responsabilidade de um diagnóstico efetivado por um profissional de medicina.

A justificativa de que o paciente não apresenta condições emocionais para o impacto da doença é simplesmente dantesca, pois seguramente muitas outras tantas situações se sobressaíram em nossas vidas sem que tenhamos alguém nos perguntando se tínhamos condição para o enfrentamento dela. Seguramente, alguém que tenha perdido pai, mãe, filho ou algum ente querido não teve ninguém a perguntar-lhe se estaria em condições de enfrentar as consequências dessa perda, assim como em situações de perda de emprego, acidentes domésticos, automobilísticos etc.. No entanto, e diante de um diagnóstico de consequências imprevisíveis para o paciente e sua família, simplesmente temos um profissional que decide, baseado apenas e tão somente em sua lógica cartesiana, quem terá as condições emocionais para o recebimento dessa informação.

Essa questão da informação médica do diagnóstico é algo que deveria pairar de forma soberana sobre qualquer outro questionamento, pois como dissemos anteriormente, se até mesmo diante de um simples procedimento de tratamento dentário cobramos desse profissional informação desse tratamento, com relação ao câncer a coisa deveria ser colocada em outros patamares.

O câncer traz em si um estigma e uma mitificação que fazem com que seja algo além de uma patologia, ou mesmo de algo a ser definido apenas pelas lides da saúde. Ao contrário, o seu universo de abrangência vai além do raio de ação de seus efeitos enquanto patologia. O câncer, além de uma patologia severa, é também questão de saúde pública pelas medidas necessárias para se evitar algumas de suas formas de ocorrência, por exemplo, medidas profiláticas contra o tabagismo, alcoolismo, ambientes salubres[13] etc. Também é problema de informação governamental quanto aos efeitos de sua ocorrência em termos trabalhistas ou

---

[13]   Moradores de cidades como Ribeirão Preto que vivem em seu cotidiano o fenômeno das queimadas de plantações de cana-de-açúcar apresentam problemas pulmonares bastante severos, inclusive o câncer, devido à inalação da fuligem resultante desse procedimento. Ou seja, existe uma situação em que o surgimento do câncer deriva da falta de uma política de saúde pública para o enfrentamento dessas circunstâncias. Igualmente em cidades com altos índices de poluição como São Paulo também há situações de agravamento de problemas pulmonares e até mesmo de pele devido à simples convivência com esses níveis alarmantes de poluição. O câncer nessas circunstâncias é apenas mais um dos tantos problemas de saúde enfrentado pelos habitantes dessas cidades.

mesmo de outras formas legislativas. Mostra-se, ainda, como fazendo parte da extensa rede social derivativa de ocorrências diversas em que o alto teor de destrutividade se configura apenas como mais uma das causas que provoca o câncer. Como exemplo, podemos citar os casos de exposição excessiva aos raios solares, que podem transformar-se em severos cânceres de pele.

Isso tudo sem considerarmos os casos em que o câncer surge de anomalias provocadas por ingestão de alimentos que possuem alto teor de substâncias consideradas cancerígenas.

Propagam-se os riscos da ingestão de determinados alimentos em que essas substâncias cancerígenas estejam presentes sendo que, no entanto, seu comércio é livre e sem qualquer embaraço legal. Tomemos como exemplo as gelatinas, pequenos envelopes colocados à disposição da população nas gôndolas dos supermercados e servidos nas famílias como algo inócuo sem qualquer contraindicação. E isso em que pese o alto teor de substâncias cancerígenas presentes em sua composição que são do conhecimento das autoridades de saúde pública e difundidas até mesmo na grande imprensa. No entanto, estão à disposição de todos com seus conservantes, corantes e uma centena de outras substâncias plenamente identificadas como sendo cancerígenas. Percebam que estamos falando de algo simples como a gelatina, sem adentrarmos a questões mais severas e complexas, como a presença de agrotóxicos em verduras, frutas e legumes, pois aí teríamos uma questão bastante séria e severa de saúde pública e de uma amplitude intangível.

Por mais que as autoridades médicas façam alusão desses elementos cancerígenos e que estão presentes em nossas refeições cotidianas, ainda assim, estamos apenas diante de informações que não são necessariamente associadas ao surgimento do câncer, por mais que essas alusões estejam presentes em diversos veículos dos meios de comunicação. Agimos como se tais elementos cancerígenos não tivessem a força necessária para nos provocar algum tipo de malefício, pois a venda desses alimentos é algo rotineiro e sem qualquer impeditivo governamental. A impressão que se tem é que tais informações não são levadas a sério pela população, tampouco pelas autoridades sanitárias. As substâncias cancerígenas continuam presentes em nossas refeições sem parcimônia, como se não carregassem em si esse alto teor de destrutividade. É como se as informações médicas dos riscos desses elementos cancerígenos nos alimentos não fossem verdadeiras, nem que estivéssemos expostos a tantos riscos diante de uma simples porção de gelatina.

O câncer surge soberano diante desse emaranhado de informações e contradições trazendo em seu bojo os aspectos excludentes das contradições de sua ocorrência e de seu alastramento em todos os segmentos sociais. Seja em razão de poluição ambiental, contaminação alimentar, hábitos de vida – como tabagismo e alcoolismo –, seja ainda como derivados de agressões externas na pele, pulmão, ossos e outros órgãos, o fato é que o câncer implica em conceituações que fazem dele algo muito além de uma patologia, e que, embora ceife uma quantidade incontável de vítimas, ainda assim apresenta tentáculos que o transformam em uma ocorrência social antes de ser algo inerente à seara médica.

As contínuas propagandas para prevenção e detecção do câncer de mama são um indício de que sua incidência necessita interferência dos órgãos de saúde pública para tentativas de cerceamento de sua abrangência. Também iremos encontrar nas propagandas de conscientização de exames periódicos dirigidas aos homens para detecção e prevenção do câncer de próstata. Ou seja, diante de um número tão grande desses tipos de cânceres, as autoridades públicas vêm a público levar as pessoas a empreitarem uma cruzada contra esse tipo de ocorrência na tentativa de se minimizar seus efeitos e consequências.

É fato, ainda, que o câncer, de todas as patologias conhecidas, é a que acomete pessoas de todos os segmentos sociais sem qualquer distinção de credo, raça, condição socioeconômica ou qualquer outro quesito que se queira usar para seu balizamento e compreensão.

Tomemos a Aids como exemplo de contraponto. Quando foi descoberta, os determinantes de sua ocorrência não eram claros, tampouco se suas vítimas eram apenas os estigmatizados pela própria doença. No início, a Aids era chamada de "peste gay" pelo grande número de homossexuais que portavam a doença. Com o aparecimento da doença em um grande número de mulheres e homens heterossexuais, a questão da prevenção foi direcionada de modo a abranger todos os segmentos sociais que apresentavam sinais de contaminação. De início era uma doença que igualmente atingia todos os segmentos sociais, mas que, com as campanhas públicas de esclarecimento e prevenção, tornou-se praticamente uma doença que atinge apenas as camadas mais desfavorecidas da população, justamente por estas não terem acesso a essas informações nem contarem com os recursos disponíveis para esclarecimentos. Ou seja, podemos afirmar que, na atualidade, quase que sem margem de erro, a Aids é uma doença que, assim como tantas outras, atinge, em sua maioria, a camada mais desfavorecida da população. Isso, inclusive, explica a razão pela qual sumiu dos noticiários, pois quando igualmente atingia as camadas mais favorecidas era alvo de preocupação tanto na imprensa como nas campanhas de prevenções governamentais. Hoje, com exceção de alguns eventos como o carnaval, em que as autoridades de saúde pública distribuem preservativos para a população, o que se assiste é um total descaso com o número de ocorrências e, principalmente, com ações preventivas. No entanto, o número de pacientes não diminuiu significativamente, ao contrário, apenas localiza-se em uma parcela da população que, por si, já é deixada ao relento das preocupações e ações de saúde pública.

Ao contrário de doenças como a malária, a doença de chagas e a Aids na atualidade, entre outras que atingem principalmente as camadas mais desfavorecidas e combalidas da população, o câncer atinge todos os segmentos sociais indistintamente. Ele não faz distinção de idade, credo social, religioso e nem mesmo de condições socioeconômicas. Ele ceifa vida igualmente em todos os segmentos sociais que se queira arrolar. Seu surgimento não depende de educação básica em saúde, nem de possíveis atitudes propedêuticas, com exceção, naturalmente, daqueles cânceres provocados por agentes externos citados anteriormente, como o tabagismo, e mesmo agressões derivadas de fortes contingentes de poluição e queimadas, como nas cidades previamente citadas. Mas, de maneira geral, o câncer surge impiedosa e silenciosamente sem mostrar sua origem nem as causas para que se mostre tão severo em seus desígnios de destruição.

O câncer, por outro lado, atinge a todos os segmentos da população e sua ação preventiva mobiliza os órgãos de saúde pública, e os derivativos de sua ocorrência são vistos como sendo um problema social mais amplo. Decididamente, quando falamos em câncer trazemos imediatamente ao plano da consciência tanto os efeitos de seu estigma de morte como o espectro social de sua imprevisibilidade no tocante à proteção dos organismos sociais de saúde púbica. O custo do tratamento, principalmente a quimioterapia − um coquetel medicamentoso que se apresenta como um conjunto de remédios de custo financeiro altíssimo − é, por si, um proibitivo a tantos que queiram enfrentar o câncer com recursos próprios. E isso, naturalmente, pareado à impossibilidade de esse paciente manter sua atividade profissional e até mesmo social.

Embora falemos do custo financeiro do tratamento como algo decididamente acintoso diante das condições econômicas de grande parte da população, ainda assim, quando se evoca a imagem que o câncer traz em si, o que mais reluz é o seu estigma de morte. Por mais que se evoque, como citamos anteriormente, a possibilidade de cura, principalmente nos casos em que a detecção ocorre precocemente, a morte com seus indícios de irreversibilidade é figura proeminente na questão da doença, fazendo dela algo tão temível como outras condições adversas das sociedades contemporâneas.

O estigma do câncer é tão forte e, por si, tão arrebatador de emoções dos mais diferentes matizes que por mais que seja citado com outras denominações médicas, ou mesmo científicas, seu espectro de terminalidade sempre estará presente. Assim, como mero exemplo, de nada adiantará citá-lo como "carcinoma", que ao ser identificado pelo paciente como sendo uma definição médica do câncer, seu estigma será soberano e trará a finitude representada por seu enfeixamento com a morte sendo o mote principal dessa configuração.

A imagem do paciente portador de câncer que está sendo submetido aos tratamentos de quimioterapia e radioterapia é sempre marcante pelo fato de mostrar os estragos promovidos por esse tipo de tratamento. Assim é mostrada em detalhes a tirania do câncer diante do enfrentamento médico. Quedas de cabelos e demais pelos cutâneos acompanhados de náuseas e erupções epidérmicas são apenas indícios da crueldade desse tratamento ao organismo humano, e que intenta, na verdade, com esses transtornos a superação de algo mais maligno e temerário. E o que é pior, por mais severos e adversos que sejam esses tratamentos, nem sempre se tem a garantia de eficácia e de remoção definitiva da doença. É dizer que, apesar de todo o otimismo com que os médicos tentam transpor aos pacientes e à população em geral, o que temos é uma doença que ceifa impiedosamente todos os tentáculos de dignidade humana.

A severidade do diagnóstico pode ser observada em toda a sua dimensão diante da simples constatação de que o enfrentamento da doença é algo cercado de todos os questionamentos possíveis para a condição humana, sejam os aspectos de busca do sagrado e de religiosidade, seja, ainda, a tentativa de compreensão em outros ditames da vida cotidiana. Não se passa impunemente pelo câncer, seja qual for a situação com que nos deparamos diante da doença. Seja na condição de cuidador, na condição de paciente, de familiar ou até mesmo de simples observador, a questão é que o câncer atinge a todos indistintamente impingindo situações de sofrimento e constrangimento únicos.

O câncer, ao se instalar na vida de uma pessoa, faz com que esta seja estigmatizada de modo irreversível aos seus tentáculos. Assim, essa pessoa será sempre alguém que já teve câncer e que foi "curada", ou que, apesar do câncer, leva uma vida normal. E a questão principal é que a "cura" diante do câncer significa que a doença retrocedeu, mas que serão necessários acompanhamentos periódicos durante longos períodos para a comprovação e constatação de que foi verdadeiramente extirpado. O câncer estigmatiza as pessoas envolvidas de modo irreversível, pois sempre estaremos temerosos diante de qualquer manifestação orgânica que possa acenar com um possível caso de reincidência. Mesmo que tais manifestações orgânicas nada tenham de similaridade ou proximidade com o câncer, seu espectro sempre rondará essas vidas de maneira impiedosa.

A ocorrência do câncer desmorona não apenas com enunciados teóricos que tentam explicá-lo, como também com tentáculos de religiosidade que igualmente tentam desvendar seus mistérios. Teorias e mais teorias psicológicas tentam de modo praticamente irascível explicar a ocorrência do câncer impingindo aspectos e formulações sobre os meandros de seus desdobramentos. Assim, desde junções com afirmações de depressão, angústia, ansiedade e luto com o câncer até explicações simplistas, o que temos é uma busca completamente desvairada da psicologia[14] para tentar compreender e explicar o câncer e seus inúmeros desdobramentos.

Os representantes da religiosidade, de outra parte, igualmente enveredam pelos mais diferentes caminhos colocando Deus como responsável tanto pelo surgimento da doença – elencando possíveis provações nesses pacientes para a superação de sua própria condição humana – como igualmente pela possível cura. Deus provê o câncer, e também em rompantes de extrema bondade e misericórdia extirpa a doença daqueles que lhe são protegidos.

Na realidade é muito difícil tanto para a psicologia como para as religiões a simples constatação de que o câncer simplesmente é uma ocorrência absurda completamente sem sentido e que se manifesta de maneira totalmente descontrolada e sem qualquer parâmetro de compreensão humana. É dizer que, por

---

[14]   Nesse ponto é importante ressaltar que nada temos a ver com o grupo que se denomina psico-oncologista, e que tenta de todas as maneiras explicar o câncer de todas as maneiras possíveis, e até mesmo de se posicionar como mais importantes, inclusive que os próprios médicos oncologistas no enfrentamento do câncer. Ao contrário, nossa contribuição, por modesta que seja, visa apenas a uma reflexão a partir da vivência com o paciente de câncer sem, no entanto, nos arvorarmos na condições de sacerdotes supremos do cientificismo.

mais absurdas que sejam essas palavras, o câncer é apenas algo incompreensível à condição humana e igualmente algo totalmente descabido de toda e qualquer teorização, seja ela psicológica, filosófica, médica e até mesmo religiosa. Aceitar o câncer como algo absurdo e incompreensível de qualquer ponto de vista que se queira analisá-lo é o primeiro passo rumo a um enfrentamento mais real e verdadeiro. Sabidamente, todas as tentativas de explicação que tentam enquadrá-lo em formas estanques nada mais são do que meras e vãs digressões sem qualquer sentido e objetivo.

O câncer é o indício maior da própria insignificância de nossas pesquisas acadêmicas, religiosas, filosóficas e tudo o mais que se queira arrolar nesse quesito. Tartamudeiam-se explicações como se essa prerrogativa fosse necessária para a própria configuração de sua ocorrência. Na verdade, quando nos deparamos com a verdadeira dimensão e toda sua extensão na condição humana, o que temos, de fato, é um fenômeno cuja ocorrência desbanca todo o conhecimento da saúde diante de sua manifestação. O desequilíbrio celular e sua multiplicação cancerígena de modo totalmente descontrolado é algo a desafiar todos os ditames que procuram debruçar-se sobre sua ocorrência em busca de significados. Inúmeras tentativas de explicação sobre sua ocorrência e desdobramentos sempre esbarram, não apenas na questão da finitude humana, mas principalmente em nossas limitações. Limitações que escancaram nossa inoperância e até mesmo impotência diante do arraso provocado por seu avanço e destruição.

Um paciente de câncer em estado avançado é alguém atirado à própria sorte por mais que se mostrem possibilidades de cura e domínio da doença. Apregoam-se possibilidades de cura quando sua descoberta é precoce; fala-se na tentativa de desdobramentos dos inúmeros tratamentos disponíveis. No entanto, o seu avanço e o dado de multiplicação descontrolada das células nos levam a uma constatação de que estamos diante de um inimigo cujo arsenal desconhecemos, e que, principalmente, aniquila toda a esperança humana diante do desempenho dos profissionais da saúde. Somos, então, atirados em uma situação em que temos à nossa frente o paciente e seus familiares em busca de algo intangível e que, no entanto, exige acolhimento e apoio sem que estejamos instrumentalizados para tal empreitada.

Em que pese tal situação, ainda assim, encontramos os mais diferentes matizes do pensamento contemporâneo se desarvorando na tentativa de explicar o câncer em detalhamento, praticamente beirando a idiotia tamanha a situação de devaneio presente em tais explicações. Devaneio desprovido de razão e até mesmo de desrazão na medida em que temos à nossa frente uma ocorrência sem explicação. E um paciente que busca acolhimento, proteção e, acima de tudo, ser compreendido em sua condição de fragilidade adiante da doença.

O adoecimento é um acontecimento que provoca alterações significativas na vida do paciente na medida em que, além de transformar sua própria homeostase vital, ainda provoca alterações em seus constitutivos e conceitos de vida, mundo e até sobre a condição humana. A doença faz com que o paciente reveja seus valores de modo drástico, pois antes de qualquer outro balizamento, os recursos necessários para o restabelecimento serão erigidos e buscados acima de qualquer valor e conceito de vida que se anteponha à própria doença. Assim, como mero exemplo, de nada adiantará a religiosidade de uma determinada pessoa que, ao se deparar com um diagnóstico irreversível de câncer, se dá conta de que terá de buscar inúmeros outros recursos, muitas vezes até mesmo contrários aos seus valores religiosos. Ou, então, de um paciente que, ao se ver diante de um estado irreversível de terminalidade, se dá conta de que sua crença religiosa não é o antídoto necessário para o estancamento e superação da doença.

A superação humana diante de determinados desatinos é algo que sempre supera a todo e qualquer esboço teórico que se estabeleça na tentativa de compreensão desses determinantes. É dizer, que por mais que possamos teorizar sobre as intercorrências do câncer, ou de qualquer outra doença, sempre estaremos aquém do que de fato ocorre com o portador dessa doença e as implicações em sua vida. De início, temos o fato de que o autor teórico, na quase totalidade das vezes, é alguém que trabalha junto ao paciente e, a partir de suas observações, teoriza sobre o sofrimento do paciente. O verdadeiro sofrimento experimentado por ele, sua dor, seu desmoronamento emocional e de sua vida são fatores que este teórico apenas contempla em seu universo reflexivo. Ainda que suas explanações teóricas sejam abrangentes e mesmo brilhantes, o que de fato temos é apenas um emaranhado teórico de um observador que, mesmo privilegiado em sua condição, não tem como abarcar na totalidade o verdadeiro sofrimento do paciente. Sofrimento que, ainda que seja descrito de maneira pormenorizada e precisa, não é jamais o sofrimento vivido, e tampouco é a reflexão detalhada dos efeitos do câncer combatível com sua verdadeira dimensão no âmago da família desse paciente. Na realidade, uma das questões mais complexas quando se trata de orientar profissionais da saúde para se lidar com pacientes portadores de câncer é justamente o estabelecimento desses paradigmas.

Podemos apresentar *slides* mostrando inúmeros pacientes em seus dramas e sofrimentos diante do câncer. Podemos, ainda, acrescentar inúmeros depoimentos sobre as mazelas provocadas pelo câncer em seus pacientes, familiares e profissionais da saúde. Também podemos evocar a necessidade de discussões que mostram possíveis evoluções da doença em diferentes situações e contextos. Mas a realidade propriamente dita do câncer será conhecida apenas diante do paciente com seu cheiro nauseante de definhamento, sua dor insuportável e que não consegue ser aliviada nem com os opiáceos utilizados para esse fim, e, principalmente, diante do olhar angustiado e desesperado que clama por vida, por alívio diante dessa situação de insuportabilidade.

Disso deriva a situação abismosa existente entre as inúmeras teorizações da chamada psico-oncologia sobre a intervenção junto ao paciente portador de câncer e a prática propriamente dita[15]. É dizer que a realidade desse paciente precisa ser apreendida em uma realidade que envolve seu drama pessoal, suas lágrimas e seu sofrimento insofismável e totalmente distante de teorizações frias e sem a emoção presente nos corredores hospitalares.

Falamos em desespero e temos que entendê-lo não como um conceito filosófico e, sim, como algo que emerge no seio do sofrimento humano e eclode em emoção arrebatadora de dor e que supera qualquer teorização por mais brilhante que seja. Refletir sobre o desespero a partir de Kierkgaard, Sartre ou outro

---

[15] Desde há muito tenho dificuldades em aceitar a chamada área de psico-oncologia. Na maioria dos hospitais que atendem pacientes com câncer e que possuem serviços sistematizados de psicologia, vemos um total distanciamento desses profissionais da psico-oncologia. Mais do que evocar a necessidade de também definir outras áreas da psicologia hospitalar segundo a patologia de suas intervenções, quando então teríamos psiconefrologia, psicocardiologia, psico-ortopedia etc., a fundamentação teórica da maioria das publicações em psico-oncologia é totalmente cindida da realidade da doença. Existe um divórcio entre esses teóricos e a realidade dos profissionais que atuam junto ao paciente de câncer. Isso faz com que os serviços de psicologia dos principais hospitais que atendem pacientes portadores de câncer caminhem de forma totalmente distante dos enunciados da chamada psico-oncologia. Trabalhos, pesquisas, enunciados teóricos, enfim, toda uma gama de reflexões envolvendo essa prática hospitalar é criada sem essa pecha de psico-oncologia, o que, aliás, este livro é um exemplo determinante (trecho extraído da apresentação do livro na p. 4).

grande filósofo não irá aliviar o sofrimento do paciente. Compreendê-lo em seu desespero, isso, sim, irá aliviar seu sofrimento e desespero.

Ademais, o que podemos refletir sempre é a partir do que observo no paciente, naquilo que apreendo de sua dor e jamais da totalidade das implicações que se asseveram sobre sua vida. Na medida em que minha apreensão é limitada pelas limitações perceptivas que se impõem sobre isso, temos, então, que teorizo algo que muitas vezes não só é parcial e fragmentado, como também se mostra distante da realidade de dor e sofrimento do paciente.

Ao escrevermos sobre o sofrimento do paciente e seus desdobramentos familiares e sociais estamos também inserindo não apenas nossos conceitos de valores nessas reflexões, como também, e principalmente, valores que foram transformados diante da própria convivência com esse paciente e sua doença. Já foi dito exaustivas vezes por inúmeros autores que a convivência com o paciente portador de doenças crônicas, e que levem ao definhamento corpóreo, provoca no profissional da saúde uma constante transformação de seus valores mais íntimos e incrustados em sua subjetividade. É dizer que nossa proposta inicial em nossa atividade profissional visa atender o paciente propiciando-lhe acolhimento em seu sofrimento.

No entanto, o que temos de fato é que a nossa vida também se transforma e se vê acolhida frente às vicissitudes da vida no contraponto que estabelecemos com o sofrimento do paciente e o que temos diante de nossa realidade de vida. É dizer que os problemas de nossa cotidianidade se apequenam quando fazemos um contraponto com o que é vivido pelo paciente em sua dor e desespero. Nossos desatinos perdem importância e não podem ser arrolados sequer como problemas quando fazemos a junção comparativa de nossas dificuldades com o que presenciamos na realidade mortuária do hospital.

Temos diante de nossa realidade perceptiva apenas os aspectos dos escombros exibidos pelo sofrimento do paciente. Na maioria das vezes são imperceptíveis os aspectos desse sofrimento que se espraiam para outras tantas vidas que sequer fazem parte do universo familiar e de amigos desse paciente.

O número de pessoas que simplesmente são tocadas pela doença de um determinado paciente é simplesmente incalculável. A maneira como os fatos se alastram e se transformam, seja por relato de profissionais da saúde envolvidos nesse tratamento, sejam ainda as mais diferentes formas como a doença repercute no seio social, simplesmente fazem com que percamos qualquer parâmetro de análise.

Escrevemos e falamos sobre dor e desespero com a mesma parcimônia com que tratamos outros assuntos que não possuem qualquer importância na vida humana. E tratamos do sofrimento humano como se fosse algo apenas inerente à condição humana e que não determinasse condições tão drásticas de sofrimento a quem esteja vivenciando. Isso é algo decididamente dantesco, pois filosofamos sobre algo insólito, uma vez que aquele que reflete sobre a dor geralmente não está sofrendo, apenas observando e, muitas vezes, até distante fisicamente do desespero do paciente. Enquanto nossas reflexões estiverem distantes do sofrimento do paciente e de seu desespero, estaremos tecendo escritos que se perderão no vazio, pois em nada contribuirão para o verdadeiro significado do imbricamento da saúde e do desespero humano.

Frequentemente, ouvimos novas teorizações sobre as implicações emocionais, tanto no surgimento, como no enfrentamento do câncer. E, decididamente, sem adentrarmos no bojo determinista de tais questões, é fato que estaremos trabalhando para o soerguimento do paciente em desespero tão somente quando pudermos acolhê-lo em sua dor sem qualquer conceituação que diste de sua condição de sofrimento.

1.4 O corpo e sua dualidade saúde/doença

Um corpo busca a energia de outro corpo para unirem as
almas em fragrância de amor...
(Sabedoria cigana).

Temos situações dissociativas tão intensas que praticamente existe um total distanciamento entre o que se escreve nas reflexões sobre dor e desespero, e a dor e o desespero de um determinado paciente. É como se falássemos coisas distintas ao refletirmos sobre a dor e o desespero humano, e na sequência quiséssemos acoplar tais reflexões à dor e ao desespero de uma determinada pessoa. É como se ocorresse uma irrupção de coisas que não combinam entre si, e que, no entanto, insiste em uni-las. Se considerarmos que o ser humano saudável possui uma dualidade inerente à sua condição, produto inacabado de suas limitações assumidas, temos, então, aspectos bastante complexos de análise e reflexão.

Essa dualidade permite, inclusive, certa transcendência que a vivência da integridade psíquica não permitiria. Assim, esse paciente, por piores que sejam suas condições de saúde e até mesmo de finitude, pode se permitir transcender e se imaginar com saúde em uma praia, viagem, passeio etc. Isso não significará que ele sofra de qualquer tipo de patologia mental, pois essa dualidade permite essa cisão sem qualquer prejuízo tanto ao tratamento do câncer em si quanto de algum distúrbio emocional. Temos, então, que até o conceito de integridade implica na aceitação dessa dualidade que se encarna, se exclui e que forma a junção de nossa subjetivação.

A pessoa que aceita a vivência dessa dualidade sem trazer sobre si culpa ou mesmo implicações conceituais de alguma patologia pela cisão do que está sendo vivido é aquela que, inclusive, aceita sua finitude como irremediável, podendo então usufruir dos benefícios da consciência dessa finitude. É dizer que se possuo limitações, posso ao menos nutrir-me daquilo que não sou, da riqueza e construir andaimes no real a partir do meu imaginário. A angústia da minha limitação e de minha finitude poderá se transformar em algo libertário em que pese tais limitações. Pode-se, então, alcançar a expansão da consciência dos limites do imaginário para, de alguma maneira, efetivar-se o enfrentamento da doença. Ainda que não sejamos portadores de qualquer patologia, temos uma realidade imutável e irreversível à nossa frente, uma quase escravidão que nos impõe o determinismo humano de que nada somos que não apenas um corpo. Os limites conceituais dessa afirmação encontram na necessidade ontológica do ser humano de expansão, criando-se então limites místicos para determinar que somos mais que um simples corpo. Estamos sempre com a necessidade de desafiar essa finitude, e sempre nos esbarramos no fato de que tal fato é irreversível.

O corpo cumpre sua parábola de vida independentemente de nossos desejos e mesmo projetos. Somos o mesmo corpo na infância, em nossos primeiros momentos de reconhecimento, e continuamos a ser esse mesmo corpo na velhice ou no adoecimento, desgastado e, muitas vezes, enfermo. Por mais que não queiramos reconhecê-lo em situações de deformidade, ele se obstina a nos impor a dura realidade de nossa finitude. E por mais que possamos nos ater a crenças místico-religiosas, o corpo nos mostra de maneira crucial sua simultaneidade entre seu fim e o nosso, tanto em termos de consciência vital como em condições vitais.

O corpo também é desejo. Desejo que afronta princípios religiosos, sociais e morais. Corpo que em alguns momentos arde em desejo por mais que a racionalidade imponha cerceamentos e dificuldades para a vivência de todas as suas impulsividades. E como temos a asserção de que amamos a nós mesmo na projeção da figura do outro, temos, então, que a dicotomia corpo/saúde e corpo/ doença se veem fragmentada para buscar aspectos nesse confronto, principalmente quando o predominante é o corpo/doença. Se o corpo é desejo na medida em que esse desejo é cerceado por valores exteriores, temos, então, confrontos que irão levar ao surgimento de conflitos emocionais e até mesmo ao surgimento e agravamento das mais diferentes formas de doenças. E como o sofrimento não apresenta espaço para detalhes que não a própria sobrevivência, o prazer se vê totalmente sucumbido diante desses aspectos que envolvem a doença. Basta ver, como mera e simples citação, que os campos de concentração nazistas, embora abrigassem pessoas do mesmo sexo, não apresentavam a presença de comportamentos homossexuais, pois o que prevalecia era o sofrimento levado até às últimas consequências, e a busca pela sobrevivência. Em sentido contrário, outros agrupamentos de pessoas do mesmo sexo, incluem-se aí desde conventos, mosteiros, seminários, prisões e outras instituições, apresentam a presença de condutas homossexuais de maneira predominante. Assim, a busca pelo prazer e pelo desejo carnal implica em aspectos diversos, mas necessariamente em algo no qual o sofrimento e a busca pela sobrevivência sejam aspectos que estejam resolvidos e distantes de maneira plena e efetiva.

Os aspectos envolvendo a sexualidade humana se imbricam nessa dualidade corpo/saúde e corpo/doença de modo irreversível, pois para além da doença temos o imaginário a determinar formas de saúde para esse corpo que agoniza. O corpo/saúde tem como um de seus principais determinantes justamente a busca pela sexualidade plena, e os aspectos de seus constitutivos predominam diante da racionalidade imposta pelo surgimento de alguma doença que possa acometê-lo. Seios exuberantes, corpo saudável, enfim, vários paradigmas sobre os quais na contemporaneidade se faz a apologia de uma vida saudável.

O surgimento do câncer em órgãos em que os aspectos da sexualidade estão predominantes traz em si resquícios de que tanto a finitude humana como o esplendor da sexualidade estão expostos a intempéries sobre os quais não existem controles, tampouco antídotos. Kushner (1977)[16], em uma obra de referência sobre o câncer de seio, cita detalhes de estigma social dos seios a partir de uma santa do cristianismo, uma santa que é padroeira dos seios. É Santa Ágata, uma

---

[16]   Kushner, R "Por que eu? O que toda mulher deveria saber sobre o câncer de seio", Summus Editorial, São Paulo: 1977.

antiga mártir cristã. Nascida no século III, na Itália, quando os cristãos ainda estavam sendo perseguidos pelos romanos, ela era tão bela, de acordo com a lenda, que Quintiano, governador pagão da Sicília, apaixonou-se loucamente por ela. Não conseguindo tê-la para si, ele a acusou por ser cristã e, ao ser considerada culpada, foi encaminha a uma temporada na Casa de Afrodisia, de onde deveria perder a virgindade e a crença nos valores cristãos. No entanto, ela preservou ambos, o que provocou a ira incontrolável de Quintiano. Ela então foi submetida a uma série de torturas em que seus seios foram violentamente extirpados. E os seios eram tão importantes, já naquela época, que a recompensa de Ágata por seu martírio foi a miraculosa restauração de seus seios. A provação de Santa Ágata foi imortalizada por artistas, entre eles Sebastian Del Piombo, através dos séculos seguintes, e poemas foram escritos sobre seu sofrimento. O dia cinco de fevereiro foi estabelecido como sendo o dia de Santa Ágata, a padroeira dos seios (Kushner, 1977)[17]. É dizer que, na atualidade, ao longo do mundo, milhares de mulheres rezam a ela por dificuldades nos seios, sejam flacidez, tamanho, produção de leite escassa ou em caso de doença.

Pintura de Sebastian Del Piombo retratando o martírio de Santa Ágata

Fonte: Disponível em http://pt.wikipedia.org/wiki/Ficheiro:Sebastiano_del_Piombo_001.jpg. Acesso em 19 jul. 2013.

---

[17]   "Por que eu?", op. cit.

O corpo/saúde na mulher tem no seio uma de suas principais representações, justamente pela feminilidade que ele apresenta. É comum ouvir de mulheres que, diante da necessidade de mastectomia radical, afirmam sem titubeio que preferem morrer a terem os seios extirpados. A consciência corporal do corpo/saúde na mulher é a representação do seio em situação de beleza e fragrância de acordo com os quesitos de belezas estabelecidos pela sociedade. Analogamente, podemos afirmar no homem que os aspectos que envolvem sua masculinidade e, consequentemente, os determinantes que podem colocar em risco o corpo/saúde estão justamente na prevenção de possíveis cânceres de próstata e mesmo peniano.

O câncer não apenas desmorona com todos os valores de sexualidade, como também expõe de maneira drástica todas as tentativas de se escamoteá-lo, seja por expor a própria finitude humana de maneira irreversível, seja ainda por mostrar que o culto ao corpo de nada adiante diante de seu surgimento.

Esse corpo que apresenta o câncer é também o corpo da infância, o corpo do gozo de outros momentos de vida. E nessas situações de adoecimento, adentramos pelos caminhos de sua negação e até mesmo na tentativa de encobrimento de suas mazelas. Então, temos o mesmo corpo que foi gozo e prazer se apregoando em armadilha e, em vez da potência de outros momentos, se transforma em impotência diante da doença e do sofrimento. Esse corpo se transforma em angústia e desespero, e mais do que uma simples configuração conceitual de transformação, temos a finitude escancarada de modo irreversível nas limitações desse corpo.

O corpo adoecido mostra que o ser humano é uno com sua própria morte, que a própria finitude desse corpo é a finitude de seu ser. Temos, então, o movimento de se catapultar transcendência imaginária rumo a novas paragens que não a do sofrimento e do desespero.

Ao constatar sua unicidade com a morte, esse corpo se vê diante do que existe de mais intolerável na consciência humana, que é a decepção com a finitude e o que sua vivência tem de insuportável. Somos um corpo frágil que se mostra perene diante das intempéries da vida. Por mais que possamos advogar os infinitos recursos da medicina que atingem parâmetros admiráveis de longetividade, ainda assim, a questão da finitude se fará irreversível na condição humana.

Mesmo um corpo saudável que não apresenta qualquer doença tem uma deterioração progressiva e irreversível que nos submete a uma ordem natural que, além de nos subordinar a ela, nos contém em nossos projetos de vida. Sua degradação ocorre, muitas vezes, alheia ao nosso ser e a tudo que para ele é projetado. Kalina e Kovadloff (1989)[18] colocam que a vivência da finitude corporal é anterior à sua estrita elaboração conceitual. Nesse sentido, na criança, a consciência do mundo corporal é reduzida, ainda que dela provenha a maior parte de suas percepções. Em sentido contrário, na adolescência, a questão adquire características trágicas e épicas, e como ninguém pode decidir como será sua própria corporalidade, temos então o estabelecimento de diferentes níveis de sofrimento, pois a ninguém é dada a condição de acrescentar alguns centímetros à sua altura ou textura diferente de pele, cabelos etc.

Na adolescência, um corpo saudável ainda não traz sobre si reflexões sobre sua finitude, nem sobre possíveis riscos que determinados atos podem causar à saúde. Nesse período, o surgimento de uma doença que irá definhar e deformar esse corpo adquire contornos de dramaticidade inefáveis pelo simples fato de que partimos de um pressuposto, falso, de que esse paciente ainda não viveu todas as etapas inerentes à sua vida. O mesmo ocorre com pacientes acometido por tais doenças na infância, ou seja, determinamos conceitualmente quem deve ou não apresentar sintomas irreversíveis de finitude.

No caso específico do câncer, não existe qualquer possibilidade dessa abrangência conceitual, pois seguramente nenhuma outra doença apresenta uma gama de pacientes em todas as faixas populacionais, sejam elas etárias, socioeconômicas, culturais etc. E ainda, essas filigranas conceituais sobre quem pode ou não apresentar determinadas doenças e seus respectivos sintomas sequer resistem a uma simples observação no panorama dos pacientes acometidos por câncer.

Diante da finitude, nossa afirmação anterior de despersonalização do paciente adquire ainda contornos de si como objeto inserido em uma trama de fatos que não se sujeita à sua vontade. É dizer que temos uma pessoa despersonalizada pelo tratamento e que passa a se conceber como objeto sem qualquer desígnio de sua vontade sobre o enredo de sua vida.

Existe a consciência de que a doença não foi uma escolha pessoal derivada de seu arbítrio. Temos, ainda, como agravante, o surgimento da consciência de que as alternativas apresentada pela aceitação desse "novo corpo", estranhas ao

---

[18]   Kalina E., e Kovadloff S., "O Dualismo", Livraria Francisco Alves Editora, São Paulo: 1989.

seu conceito anterior de corporalidade, surgem de forma intrínseca em seu ser a despeito de sua vontade.

A finitude é algo que não está submetida ao desejo humano, e sua inserção repentina provocada pelo surgimento de alguma doença severa não apenas condiciona nossa vontade como interpela o verdadeiro sentido da vida e seu espectro de finitude.

Kalina e Kovadloff (1989)[19] ensinam que o corpo é o bilógico, e sua parábola no tempo não se cumpre primordialmente como manifestação da subjetividade dominadora. Ao contrário, a vontade do poder, ante a palavra finitude, não tem outro remido senão render-se. É dizer que nossa consciência corpórea, independente de qualquer posição que possamos adotar ou mesmo desejar, fica inerte diante da finitude humana.

Por outro lado, podemos afirmar que, uma vez que a consciência capta a finitude como um componente de si mesmo, algo inerente e irreversível em sua vida, sempre há tentativas de se reorganizar, geralmente de maneira patológica, tanto para aceitação como para uma ação que implica negação dessa irreversibilidade. A indústria de cirurgias plásticas e de cosméticos rejuvenescedores são indícios desse afã de se burlar a lógica biológica do corpo e sua imersão com a finitude.

Merleau-Ponty (1999)[20] ensina que por meio de meu corpo, enquanto potência de certo número de ações familiares, posso instalar-me em meu meio circulante enquanto conjunto de manipulanda, sem visar meu corpo nem meio circundante como objetos no sentido kantiano, quer dizer, como sistemas de qualidades ligadas por uma lei inteligível, como entidades transparentes, livres de qualquer aderência local ou temporal e pronta para a denominação ou, pelo menos, para um gesto de designação. É dizer que em minha estrutura corpórea, mesmo que sendo fragmentada em um braço que conheço e que tenha domínio de seus movimentos, há um meio circundante como conjunto de pontos de aplicações possíveis dessa potência. Somos extensivos ao nosso meio circundante não apenas em nossas ações, mas também em nossas influências e até mesmo como receptáculos de ações externas.

O câncer surge no próprio corpo, mas é visto como algo externo, pois em princípio não faz parte desse corpo e ao se instalar, não apenas vai determinar-

---

[19]   Ibid., op. cit.

[20]   Merleau-Ponty, M., "Fenomenologia da Percepção", Martins Fontes, São Paulo: 1999.

-lhe novas configurações como também inseri-lo na condição de doente. A dificuldade da separação desse binômio indivisível que se estabelece e que funde o corpo saudável em doença irreversível é o primeiro questionamento que se faz diante da absurdidade da ocorrência do câncer. Até mesmo possíveis conjunções teóricas sobre a ocorrência do câncer em um corpo saudável, que em princípio apresentava todas as condições de imunidade diante de possíveis doenças, mostram-se como sendo indicativos de que seu surgimento desafia as leis biológicas que regem o desenvolvimento desse corpo.

A psicologia moderna sempre teorizou sobre o corpo denominando sua configuração de esquema corporal. Por isso, podemos definir uma maneira de exprimir que o meu corpo está no mundo, e que apresenta determinadas configurações que se transformam e se modificam de maneira contínua, tanto pelo meu desenvolvimento biológico como também pelos aspectos que envolvem as intercorrências surgidas ao longo da vida. A consciência de limitações e até mesmo de plenitude desse corpo é algo que não apenas se transforma em níveis corpóreos propriamente ditos, como, principalmente, em nível da consciência corporal desse corpo.

O esquema corporal que determina forma e esboços precisos sobre a configuração de meu corpo, deteriorado em razão do surgimento de alguma doença, tem novas configurações nessa realidade corpórea e que não apresenta a mesma simetria em termos de consciência. Assim, é comum ver uma determinada pessoa que tenha uma de suas pernas amputadas fazer referência ao pé que não mais existe, ou melhor, existe apenas em sua percepção e na consciência do esquema corporal vincado ao longo da vida. A ausência da perna amputada apenas determina a ausência de um determinado órgão no corpo, mas no esquema corporal estabelecido pela consciência ao lado da vida não existe esse mesma complementaridade.

Até mesmo as transformações biológicas surgidas ao longo do desenvolvimento humano são apresentadas à consciência em intermitência para que sejam assimiladas e, assim, passem a acompanhar o esquema corporal.

O surgimento de uma determinada doença é algo que, ao emergir abruptamente, não apenas rompe com esse determinismo, como também impõe novas configurações tanto ao corpo como ao seu esboço conceitual erigido na consciência. Assim, aquele corpo que era meu e que tinha um esquema corporal definido em minha consciência se torna algo estranho, como se fosse um objeto estranho a mim, e do qual não possuo sentimentos de pertencimento. Os determinantes de nossa expressão de sentimentos, vincados ao longo da vida, também se transformam nesse processo de alteração corpóreo.

Merleau-Ponty (1999)[21] coloca que gritar na cólera ou abraçar no amor não é mais natural ou menos convencional do que chamar uma mesa de mesa. Os sentimentos e as condutas passionais são inventados, assim como as palavras. Mesmo aqueles sentimentos que, como a paternidade, parecem inscritos no corpo humano são, na realidade, instituições[22]. É impossível, assim, sobrepor-se às camadas iniciais, que chamaríamos de "naturais", e a um mundo cultural ou espiritual que seriam, então, fabricados. É dizer que, no ser humano, tudo é natural e tudo é fabricado, como se quiser definir, pois não há uma só palavra ou conduta que não deva algo ao ser simplesmente biológico, e que, ao mesmo tempo, não se furte a simplicidade da vida animal e não desvie as condutas vitais de sua direção, por uma espécie de regulagem e por um gênio do equívoco que poderiam servir para definir o ser humano.

O corpo doente, por si, e ao perder sua condição de saúde, adquire nova configuração conceitual nesse processo de estranhamento à percepção do doente. E como determinadas doenças são irreversíveis e simplesmente apenas avançam no definhamento sem trégua, o que temos, então, é uma nova percepção que se sobrepõe à antiga, mas que não consegue simplesmente eliminá-la, pois até mesmo por uma defesa de sua própria humanidade, esse paciente manterá a percepção dos momentos em que o corpo era saudável.

As doenças que apresentam em seu bojo o definhamento irreversível trazem consequentemente em seus espectros situações de muita dor, e isso se torna um binômio irrecuperável no conceito desse corpo. Isso tanto em seus aspectos de saúde/doença como no confronto com a finitude humana que igualmente se mostra dilacerante e também irreversível.

Conceitualmente, podemos enumerar diferentes reflexões sobre a morte e o morrer, arrolando desde escritos filosóficos e psicológicos até os místico--religiosos. Mas o enfrentamento do corpo/saúde diante do surgimento de uma doença irreversível e que o transforma em corpo/doença não encontra paradigmas de compreensão nem de alívio nesses enunciados filosóficos sobre a morte e o morrer.

---

[21] Ibid., op. cit.

[22] Ibid., op. cit.

Num momento em que existe todo um clamor social para o culto ao corpo saúde, o surgimento de uma determinada doença surge também como um fracasso diante dessa exigência social de corpo saudável. Uma camiseta justa realçando o corpo modelado arduamente em exercícios de academia é uma configuração moderna do exibicionismo dos limites de superação do corpo/saúde, ou seja, corpos que se superam em exaustivos exercícios físicos não apenas para se constituírem como parâmetros de saúde, mas, principalmente, para exibir os novos constitutivos do que seja um corpo saudável.

Músculo exibidos pela camiseta e os detalhes do molde determinado pelos exercícios se tornam algo bastante comum entre os jovens nessa busca frenética por novas condições do que se denomina um corpo saudável. Até mesmo o uso de anabolizantes se torna um recurso viável para se obter o tão sonhando *corpo escultural,* o corpo que demonstra a superação de limites rumo a novos contornos e formas. Os exercícios físicos que no passado eram buscados apenas para a saúde do organismo como um todo, na atualidade, se veem revestidos da condição de serem instrumentos de modelação corporal. Esse corpo/saúde não suporta minimamente a presença de qualquer anomalia e patologia que possa expor essa situação para algo que possa configurar-se como corpo/doença.

Apesar de todo o esforço de alguns segmentos sociais de inserção do corpo/doença nas mais diferentes atividades, o que temos é sempre uma contemplação meramente piedosa a esses esforços. Um claro exemplo dessa citação é a Paraolimpíada que ocorre na sequência dos Jogos Olímpicos. Seus atletas são divididos pelos tipos de deficiência que possuem e o que temos é apenas um torneio em que o esforço de superação das limitações humanas é exaltado como se qualquer outro mérito competitivo igualmente presente nessas disputas simplesmente inexistisse. Temos, então, que qualquer outro diapasão sobre essas atividades esportivas é sempre pautado pelas deficiências e jamais pelo aspecto meritório de conquista de medalhas e até mesmo de superação de recordes das diferentes modalidades.

Somos corpo/saúde que pode se alternar em algum momento de nossas vidas com o corpo/doença em aspectos provisórios. Assim, o meu corpo/saúde pode se transformar em corpo/doença diante de um acidente automobilístico em que eu sofra alguma fratura óssea. Por um determinado período de tempo, o meu corpo/saúde estará imobilizado e com algumas restrições de um corpo/doença. Mas, após algum período de tratamento e recuperação orgânica, o meu corpo/

doença volta a ser corpo/saúde e aquele período de dores e tratamento fica restrito apenas à minha percepção corpórea. No entanto, esse corpo/saúde quando se vê diante de uma doença irreversível e que irá torná-lo um corpo/doença irreversível até o final de seus dias torna-se ensandecimento. Temos, então, o confronto da realidade da consciência com os aspectos impostos pela finitude à condição humana. Tanto o sofrimento desses aspectos do adoecimento como o próprio enfrentamento do possível fracasso diante do ideal de corpo imposto socialmente serão determinantes do modo como a doença será enfrentada e até mesmo crivada em seus novos parâmetros de consciência.

O câncer irá estigmatizar esse corpo/saúde de modo igualmente irreversível, ainda que apresente ditames de cura e que seu tumor seja totalmente extirpado desse corpo. A simples obrigatoriedade periódica de exames complementares que irão definir se a doença foi realmente extirpada sem a presença de qualquer sequela já é determinante de que o corpo/saúde sempre estará na eminência do surgimento de algo que possa desestabilizá-lo e levá-lo à condição de corpo/doença.

Se é fato que o câncer, a depender da fase em que se encontra ao ser localizado, é plenamente curável, o corpo/saúde não tem como trazer à consciência de que está plenamente livre do espectro do corpo/doença diante de seu surgimento. É curável, mas com tantas variáveis de tratamentos, além de acompanhamentos periódicos para a verificação de que não houve a temível recidiva, a presença da doença torna esse corpo/saúde em corpo/doença meramente pelo destrambelho emocional que esse diagnóstico irá propiciar. Se considerarmos que tanto o agravamento como o fortalecimento imunológico para o enfrentar determinadas doenças se originam nas condições emocionais do paciente, temos, então, um quadro em que o simples destrambelho, por si, já será determinante de complicações clínicas na patologia exibida pelo paciente.

A dualidade corpo/saúde e corpo/doença possui, inclusive, dialéticas que se alternam e se fundem de maneira a torná-los, em algumas circunstâncias, uma unicidade indissolúvel. Nos casos em que a doença surge como uma defesa saudável para um organismo submetido a situações estressoras, veremos essa dialética como sendo, inclusive, libertária. Tomemos com exemplo um executivo que, após submeter-se a longos períodos de trabalho sem qualquer período de lazer nem respeito às condições mínimas de repouso exigidas pelo organismo, se vê na eminência de sofrer sérios problemas cardiovasculares, e recorre, então, ao atendimento médico.

De início o médico responsável por seu atendimento irá recomendar sobre a necessidade da diminuição da excessiva carga horária de trabalhos, e de se ater aos horários de refeições equilibradas, além da necessidade de momentos de lazer. Esse executivo que estava na eminência de sofrer sérios danos à sua saúde se vê diante da necessidade de mudança de hábitos de vida e passa, então, a promover situações que possam levá-lo ao soerguimento de sua condição vital. Estabelece, dessa maneira, uma dialética corpo/saúde e corpo/doença em que a eminência de uma doença severa e de consequências imprevisíveis faz com que esse paciente mude drasticamente seu estilo de vida e passe a ser, então, um corpo/saúde que, a partir da dialética com o corpo/doença, se restabelece para níveis satisfatórios de qualidade de vida diante da possibilidade antecipada de sua finitude. Assim, também, podemos perceber claramente a dialética corpo/saúde e corpo/doença diante de uma mulher diagnosticada com câncer de mama, e se vê obrigada a mudar repentinamente seu estilo de vida.

Temos, então, que um diagnóstico severo de câncer com todas as suas implicações pode levar essa mulher a resignificar diametralmente sua vida, buscando novos parâmetros não apenas de qualidade de vida, como também, e principalmente, de um novo sentido para a própria vida. No confronto com a finitude exibida pela doença, e as perspectiva para uma nova forma de vida, haverá o resgate não apenas de sua dignidade frente a si mesma, mas, principalmente, a dimensão de se resgatar como uma pessoa que traz em seu ser o bojo da finitude. E isso significa simplesmente viver de modo pleno as possibilidades que a vida lhes apresenta.

Merleau-Ponty (1999)[23] mostra que o objeto é objeto desde o começo ao fim, e a consciência é consciência do começo ao fim também. Há apenas dois sentidos da palavra existir: existe-se como coisa ou existe-se como consciência. Assim, a experiência do corpo próprio, ao contrário, revela-nos um modo de existência ambíguo, e, ao adentrarmos a dialética corpo/saúde e corpo/doença, temos que essa simetria tende a nos dimensionar para questões que conceituam o corpo como sendo um conjunto de funções a partir da existência de músculos, carnes e ossos que se fundem em órgãos para a manutenção do equilíbrio vital.

O surgimento de uma doença se apresenta, dessa maneira, como algo capaz de colocar em risco o equilíbrio vital determinado pela consciência do corpo com a

---

[23]   Ibid., op. cit.

instância corpo/saúde. A unidade corpórea é sempre implícita e confusa. O corpo é sempre outra coisa na realidade, e quase sempre diferente dos aspectos conceituais erigidos na consciência; ele é sexualidade ainda que tenha sido cerceado nesse quesito. É liberdade enraizada no próprio momento de transformação da cultura, e nunca fechada em si mesmo, e por mais que apresente sinais de definhamentos, sejam eles causados por doenças ou pelo envelhecimento, jamais é algo ultrapassado. O corpo sempre é atual, dinâmico e o modo como me relaciono com o mundo. É o meu corpo que habita o mundo, que faz desse mundo seu habitat.

Merleau-Ponty (1999)[24] mostra que o corpo não há outro meio de conhecer o corpo humano senão vivê-lo, quer se trate do corpo do outro ou de meu próprio corpo, retornando por minha conta o drama que o transpassa e confundindo-se com ele. Sou meu corpo, e em minha consciência, conceitualmente, um corpo/saúde, por possuir um saber adquirido que o define dessa maneira.

O meu corpo torna-se, assim, o meu sujeito natural, o esboço provisório e até mesmo definitivo do meu ser total. Tudo o que sou, o sou pelo corpo, seja em emoções, realizações, doenças etc. É por meio do corpo que me lanço ao mundo. E por mais que ainda vivamos o modelo cartesiano que insiste em separar mente e corpo, o que temos na realidade é que a mente não é uma instância fora do corpo, ao contrário, ela é o corpo. Não existe corpo desassociado da mente como alguns teóricos insistem em conceituar. Tudo é o corpo, e o meu tudo é o meu corpo.

No passado, o corpo era associado ao mal, área de atuação demoníaca em que as tentações se faziam presentes, levando-o à promiscuidade e ao pecado. No presente, devido, inclusive, ao próprio declínio dessa associação corpo/pecado, no entanto, ele ganha contornos de dramaticidade diante da constatação de finitude. O meu corpo não é direcionado pelos meus desejos, tampouco pela minha religiosidade, ao contrário, seu desenvolvimento e até mesmo seu definhamento, ocorrendo por deliberação própria e que não depende em nada de minha consciência.

Kalina e Kovadloff (1989)[25] colocam que tecnocracia, poluição, e drogadicção constituem, ao lado das perversões, parte do arsenal de recursos com os quais o indivíduo alienado de um vínculo fecundo com sua finitude irremediável tenta desentender a lição temporal, ética e psíquica que lhe dá o devenir de sua corporalidade. É dizer que o corpo busca nesses subterfúgios condições

---

24 Ibid., op. cit.

25 "O Dualismo", op. cit.

de enfrentamento dessa finitude que se mostra irreversível, e por assim dizer, a única concretude da própria condição humana.

O surgimento de uma doença que traz em seu bojo a antecipação da possibilidade de enfrentamento é, por si, uma quebra no paradigma de desenvolvimento corpóreo estabelecido pela consciência. Os vários períodos de desenvolvimento humano estabelecidos são jogados em um dimensionamento cuja quebra desses paradigmas não apenas desestrutura emocionalmente esse paciente, como também cria novos parâmetros de compreensão desse desenvolvimento. Assim, por exemplo, um adolescente cujo corpo/saúde se encontra naquele período em que, ao menos hipoteticamente ocorrem os folguedos de adolescência com competições esportivas, festas e outras atividades inerentes a esse período, se vê jogado em um turbilhão de completa incerteza diante do surgimento de uma doença que irá levá-lo a uma situação de definhamento. Dessa maneira, não apenas os projetos de adolescência serão deixados de lado, como também seu novo paradigma será o enfrentamento da doença e seus novos parâmetros de estrutura corpóreos. Teremos então a dialética corpo/saúde e corpo/doença em níveis jamais concebidos pela consciência para o período de adolescência.

O corpo/saúde do adolescente em contínua transformação para o sustentáculo de sua condição adulta será confrontado com a configuração do corpo/doença em parâmetros e níveis sequer imagináveis antes do surgimento da doença. Até mesmo o ideal tecnocrático que permeia e incide na contemporaneidade sobre a condição humana se vê difuso e sem condições de ação diante dessa situação dominadora. A impotência experimentada pelo corpo/saúde diante do surgimento de uma determinada doença que irá transformá-lo em corpo/doença é algo cuja dimensão a consciência humana não possui condições de abarcar diante de sua imponência avassaladora. É dizer que estamos expostos com o nosso corpo/saúde a todos os tipos de intempéries diante do surgimento de algo que o transforme em massa disforme daquilo que a nossa consciência concebe conceitualmente como esquema corporal.

Várias situações de conflito surgidas em nossa vida, devido aos mais diferentes fatores que se sobrepõem ao nosso desenvolvimento, são consideradas como obstáculos inerentes ao próprio desenvolvimento humano. Isso desde que não ameace a concepção que estabelecemos para o corpo/saúde. O enfrentamento desses obstáculos não pode colocar em risco a nossa condição de corpo/saúde, pois, caso contrário, nos veríamos em situações para as quais não estaríamos preparados em termos de consciência. E não adianta se evocar as tantas situações que a vida nos apresenta para se argumentar que sempre devemos estar preparados para as intempéries que surgem ao longo do caminho, pois, decididamente, sempre agimos como se estivéssemos excluídos de todo e qualquer problema e doença que acomete a condição humana.

A doença sempre é algo que, ao surgir, acaba com o equilíbrio estabelecido pela consciência para o corpo/saúde, e verdadeiramente escancara não apenas com nossa finitude, como também com a fragilidade de nosso corpo/saúde. Acidentes que lesam pessoas extirpando-lhes membros, percalços que tornam determinadas pessoas tetraplégicas, intempéries que ceifam funções vitais são situações em que a consciência do corpo/saúde é como algo sólido, decididamente perene e imortal, vendo-se, assim, lançado a situações de efemérides que mostram que linhas frágeis e tênues estão a separar o corpo/saúde do corpo/doença. A Aids é um exemplo soberano dessas citações.

Quando do surgimento dos primeiros casos identificados da doença, e sem um conhecimento preciso do que estava ocorrendo com tantos pacientes que apresentavam sintomas semelhantes de definhamento corpóreo, a medicina se viu, então, à mercê de outras agentes sociais que passaram a explicar essa transformação abrupta do corpo/saúde em corpo/doença das mais variadas e diferentes formas. Assim, começaram a surgir desde explicações religiosas que atribuíam sua ocorrência a um castigo divino diante da promiscuidade dos novos tempos, considerando-a a "peste gay", até explicações que evocavam a evolução animal que gerou o surgimento de um vírus incontrolável. Os macacos, por sua proximidade aos humanos, foram responsabilizados por transmitirem esse vírus à humanidade, e os gays por propagá-lo de maneira incontrolável. Passado o surto inicial e sua falta de controle, a medicina, aos poucos, foi controlando a situação não apenas identificando o vírus e suas formas de transmissão, como também criando medicamentos que pudessem atenuar seus efeitos devastadores. Então, as citadas explicações, tanto as místico-religiosas que o definiam como "peste gay", como as de evolução animal, se mostraram de tal sorte fantasiosas que de fato, na atualidade, apenas se consolidaram como uma tentativa irascível de compreensão dessa transformação tão incontrolável e violenta do corpo/saúde em corpo/doença.

Na atualidade, a busca pela longetividade da vida acarreta determinadas imposições que são sobrepostas de maneira muitas vezes intangíveis à própria condição humana. Dietas, exercícios, complexos vitamínicos, enfim, uma série tão grande de apetrechos usados para uma vida longa e saudável que o surgimento de qualquer doença nesse corpo/saúde pode ser visto, inclusive, como fracasso desse projeto de vida.

Somos impelidos na contemporaneidade a termos corpo/saúde sob todos os ângulos de análise e, principalmente, no sentido dessa busca de longetividade. O corpo/doença não surge apenas como fracasso, mas também como algo que precisa ser combalido de nossas perspectivas, pois ele mostra não apenas nossa finitude, como também que não temos o arbítrio de nossa própria vida. Certamente não faltarão exemplos em nosso entorno de amigos e familiares de casos de pessoas que seguiam a receita para uma vida saudável, tanto no quesito dietas especiais como nos cuidados com exercícios físicos, e que simplesmente se veem acometidos com alguma patologia severa. A primeira reação de incredulidade nos remete ao fato de que aquele corpo/saúde não poderia ter sido acometido por alguma patologia que o lança à condição de corpo/doença uma vez que todos os quesitos para se evitar tal situação estavam sendo cumpridos à risca.

A dimensão de que algumas patologias são ocorrências completamente sem sentido para a nossa compreensão e não encontra guarida nessas reflexões. A dialética que tenta se estabelecer entre corpo/saúde e corpo/doença diante da ocorrência de uma patologia severa simplesmente deixa de existir e de se configurar como possível diante da própria falta de concretude dessas asserções. É dizer que, ao não compreendermos determinadas ocorrências, ficamos à deriva principalmente pelo número absurdo de teorias que simplesmente não conseguem explicar nem abarcar a dimensão de determinadas ocorrências.

O corpo/saúde, na medida em que é visto como indício da própria superação humana diante das vicissitudes da vida, não tem como estabelecer qualquer princípio dialético em vista dessa possibilidade irreversível de transformação em corpo/doença. Sem dúvida, não há como balizar que seja mais fácil a superação do destrambelho emocional surgido com a doença, pois, embora possamos imaginar condições temporais distintas daquelas em que estamos corporalmente inscritos, para superar ainda que imaginariamente a vivência dos limites corporais impostos pela doença e a finitude física que marca essa ação, e por assim dizer a totalidade da existência, é preciso recorrer a dinâmicas emocionais que correspondem a ação dos níveis psicóticos, aos quais não se chega voluntariamente, e dos quais, tampouco, nos livramos por mera decisão. Os estudos de psicopatologia mostram uma série infindável de entidades nosológicas que se originaram desse conflito corpo/saúde/ e corpo/doença. É dizer que desse conflito contínuo e sem intermitência a que estamos sujeitos reside muito do sofrimento emocional e até mesmo das psicopatias da contemporaneidade. Diante de doenças degenerativas e avassaladoras temos, então, sofrimentos emocionais que podem, inclusive, comprometer ainda mais o quadro da patologia inicial.

O desespero humano quebra com todos os preceitos de racionalidade e mostra que esse conflito corpo/saúde e corpo/doença não apresenta vencido, tampouco vencedor. Temos apenas um confronto que se estabelece principalmente em níveis em que a soberania não é a justaposição de saúde *versus* doença, e sim o de deixar escancarado e de modo inapelável a finitude humana. Nisso reside os tentáculos de nossa impotência diante do sofrimento e do avanço da degeneração de doenças que, por mais que avancem nos estudos e experimentos científicos, insistem em mostrarem-se soberanas e a ceifar uma quantidade incontável de vítimas. Merleau-Ponty (1971)[26] ensina que nosso corpo é como uma folha de papel, um ser de duas faces, no qual, de um lado, é coisa entre as coisas e, de outro, aquilo que as vê e toca; dizemos porque é evidente que nele se reúnam essas duas propriedade, e sua dupla pertença à ordem do "objeto" e do "sujeito", que nos revela entre as duas ordens relações muito inesperadas[27]. É dizer que se o corpo possui essa dupla referência, isso não pode advir de um acaso incompreensível. Ele nos ensina que uma referência chama a outra. O corpo é coisa entre as coisas, em sentido mais forte e mais profundo do que elas. Salienta-se delas e, inclusive, tendo a condição de diferenciar-se delas e até mesmo de analisá-las e nominá-las como com diferentes denominações.

A doença, ao instalar-se em um determinado corpo, igualmente o torna coisa, algo a ser nominado a partir das nosologias com as quais são definidas as diversas patologias. Coisa que se distancia das necessidades ontológicas e se torna apenas objeto de intervenção para a tentativa de restabelecimento do corpo/saúde tornado coisa diante da doença.

---

[26]   Merleau-Ponty, M., "O Invisível e o Invisível", Editora Perspectiva, São Paulo: 1971.

[27]   Ibid., op. cit.

1.5 Câncer e resiliência

"A magia maior do universo é tua vida; tuas conquistas e a
Lua branca no céu, sempre contemplativa"
(Sabedoria cigana).

Conceituações recentes sobre a resiliência trazem novos significados ao enfrentamento do câncer e de suas implicações. Masten e Coatsworth, citador por Teles e Valle (2010)[28], afirmam que esse termo deve ser usado somente nos casos em que a pessoa reage positivamente em presença de risco significativo, devendo ser evitado quando a reação é positiva, mas não há essa exposição[29].

Resiliência é um termo emprestado à física que assim conceitua a capacidade de uma determinada pessoa enfrentar bem uma situação quando há perigo e possíveis consequências negativas, ou seja, uma situação em que o estresse provocado é intenso, ou então quando é atingida por sua adversidade e em que o risco de sofrimento não esteja de todo afastado. Certamente o conceito de resiliência surge para mostrar o enfrentamento a situações de sofrimento e estresse efetivado por determinados paciente que, inclusive, fortalecem sua condição imunológica para o próprio enfrentamento da doença.

Adoecer é uma implicação de sujeição da pessoa diante das consequências e implicações de uma determinada doença. Angerami (2010) fala sobre o processo de despersonalização provocado pela doença e pelo adoecimento. Dessa maneira, o paciente, ao ser hospitalizado, é alguém que perde sua identidade anterior e passa a ser apenas o sujeito portador de uma determinada patologia. Deixa de ter nome para ser identificado apenas por sua patologia. Dessa maneira, simplesmente alguém deixa de ser definido por seu nome e passa a ser denominado pela doença que o acomete. Temos, então, algo bastante delicado até mesmo no processo de soerguimento desse paciente diante da patologia.

A tentativa de superação pessoal do paciente diante de sua situação de desespero e dor faz com que o conceito de resiliência seja algo presente em sua

---

[28]   Teles, S. S., e Valle, E. R., "Doença na Infância e Resiliência: Atuação do Psicólogo Hospitalar", in Psico-Oncologia – Caminhos e Perspectivas, Neme, C., M., B., (org.) Summus Editorial. São Paulo: 2010.

[29]   Ibid., op. cit.

cotidianidade. A fé inquebrantável que muitos pacientes exibem em algum possível milagre que possa arrebatá-los dessa situação e magicamente até curar sua doença é algo que não pode ser visto como cisão da realidade, e sim como mecanismo utilizado na tentativa de se suportar a própria insuportabilidade da convivência com o câncer.

A própria definição de resiliência em que a psicologia empresta da física conceitos para entender determinadas formas de reação e superação humana é exemplo cabal dessa tentativa fragmentada de se explicar os fenômenos da natureza humana. Na realidade é como se tivéssemos a necessidade premente de criarmos conceitos que nos assegurem uma amplitude maior da condição humana que se dispersa diante de nossa observação, por mais acurada e desenvolvida que possa ser.

O conceito de resiliência adquire contornos cada vez mais amplos nas teorizações do adoecimento em psicologia justamente por mostrar o processo de superação diante de tantos pacientes no enfrentamento de suas patologias. Certamente, o fortalecimento das condições emocionais será determinante até mesmo para que a condição imunológica também se fortaleça e a patologia seja enfrentada de outra maneira que não a simples resignação diante de sua ocorrência.

O diagnóstico de câncer equivale a dizer ao paciente que ele irá necessitar de uma resiliência exacerbada para lidar com todas as adversidades enfeixadas nesse diagnóstico. Durante todo o processo de enfrentamento da doença, sua superação será um processo contínuo sem intermitência de enfrentamento das mais diferentes adversidades em que se tenha qualquer recurso instrumental ou mesmo emocional para isso. A maneira impiedosa como o câncer simplesmente ceifa vidas de um lado e de outro atira tantas outras pessoas aos mais diferentes tipos de sofrimento e controles intermináveis que se arrastam por toda a vida, fazendo com que a resiliência seja inerente ao próprio processo do câncer desde seu início até os ditames de seu prolongamento. A presença atemorizante da morte cria determinantes de resiliência que se transformam durante o enfrentamento da doença e que se modificam nesse percurso. Assim, a desestruturação emocional presente quando do diagnóstico inicial certamente terá contornos bastante diferenciados quando a doença já estiver lançando esse paciente ao estado de terminalidade e com definhamento corpóreo acentuado. Situações distintas em um mesmo paciente e que irão exigir desdobramentos diferentes e significativos nesse enfrentamento.

A questão da resiliência ganha contornos específicos quando se trata da compreensão da reorganização da família de um paciente portador de câncer. Seus papéis precisam ser redefinidos com o adoecimento de um de seus membros, pois até mesmo os reajuste de funções estabelecidos a partir do surgimento da doença sempre são específicos dos detalhamentos provocados pela doença. Patterson, citado por Sales e Valle (2010)[30], traz a perspectiva de resiliência familiar, ressaltando que a habilidade da família de reorganizar seus papéis, suas regras e seu padrão relacional, a fim de acomodar as necessidades especiais de um membro com doença crônica, pode ser evidência de sucesso por satisfazer a função de proteção diante da vulnerabilidade[31]. É o mesmo que dizer que estamos diante de situações que não se mostram estáticas, pois, à medida que surgem os fatores decorrentes e consequentes da doença, a própria reorganização e redefinição dos papéis familiares se estabelecem nesse entorno específico dessa decorrência.

A resiliência precisa ser compreendida quando a pessoa é submetida a uma situação adversa significativa, pois, além disso, é necessário que sejam consideradas sua condição emocional, ambiente familiar e sua própria inserção social que, por si, determinará contornos detalhados desse enfrentamento.

A resiliência estabelece uma situação de confronto específico em que, de um lado, temos a doença ou qualquer outra forma de agressão a esse organismo, e, de outro, os recursos emocionais e a capacidade de enfrentamento a essas agressões. Ressalte-se ainda que o surgimento de fatores de risco, seja pelo acometimento de alguma doença crônica ou mesmo de uma agressão específica surgida ao longo da vida, não implica na especificidade de alguma patologia. É como que se estivéssemos o tempo todo submetidos aos mais diferentes tipos de agressão à nossa condição humana, e a maneira como reagiremos, principalmente diante das agressões mais severas, é que irá determinar a condição de nossa resiliência. Evidentemente que o impacto diante de um diagnóstico de câncer será bem mais significativo do que um problema que surge em nossa cotidianidade como dificuldades inerentes à nossa própria inserção social.

---

[30]   "Doença na Infância e Resiliência: Atuação do Psicólogo Hospitalar", op. cit.

[31]   Ibid., op. cit.

A nossa capacidade de enfrentamento das adversidades surgidas em nossas vidas é determinada, inclusive, pelo modo como lidamos com as diversas ocorrências de nossa vida. É como se a vida fosse um longo aprendizado em que as diferentes experiências surgidas precisam ser balizadas para nos forjar de tal modo que o enfrentamento de ocorrências mais significativas nos encontre fortalecidos. Somos forjados em fogo brando para o enfrentamento das vicissitudes que surgem pelo nosso caminho. E a condição de resiliência é determinante, inclusive, do modo como nos preparamos até mesmo por aquelas situações corriqueiras de nossa vida.

No caso específico do câncer é como se em cada etapa da doença o paciente tivesse que apresentar condições de resiliência diferentes para o enfrentamento das consequências do desdobramento da doença. A maneira como o câncer ceifa vidas e até mesmo a maneira como o paciente é levado ao enfrentamento do definhamento corpóreo provocado pela doença, seguramente, exige alterações de resiliência sequer concebidos antes dessa ocorrência.

O câncer exige resiliência tanto do paciente como de seus familiares desde os primeiros momentos do diagnóstico. A desestabilização provocada exige determinantes de superação contínuos, pois implica em alterações em suas cotidianidades que vão desde o tratamento propriamente dito da doença até o enfrentamento da mitificação que envolve o câncer. É dizer que, por mais que se evoquem situações e condições de enfrentamento da doença, e até mesmo algo muito difundido na atualidade de que o câncer não é letal se enfrentado em suas primeiras manifestações, em realidade, se esvai quando se está diante desse diagnóstico. Sobre tais fatores não existem determinantes que possam atenuar o impacto desse diagnóstico, pois o estigma de doença severa e letal, como vimos anteriormente, está impregnado de modo irreversível em tudo que envolve a palavra câncer. De modo bastante conciso, temos também o fato de que, ao enveredarmos pelos caminhos de enfrentamento do câncer, vamos encontrar desde aqueles pacientes que apresentam condições orgânicas impensáveis diante da doença, como também os casos definidos como remissão espontânea. Desde a busca por caminhos de da religiosidade até explicações de novos fenômenos a serem observados pela ciência, é fato que muitos casos ainda estão a desafiar tantos que se debrucem sobre eles em busca de alguma compreensão sobre tais ocorrências.

1.6 O acolhimento ao paciente com câncer

"Mãos que fazem valem mais que lábios que oram...".
Madre Tereza de Calcutá

Diferentes autores abordam questões que envolvem o fator acolhimento de maneira a suscitar as mais diferentes reflexões sobre o tema. No entanto, diante do desesperado, a questão maior é sensitiva. É saber que teremos à nossa frente alguém quedado diante das vicissitudes impostas pela doença e que por sua própria fragilidade precisa de algo que vá além desses subterfúgios teóricos.

O paciente portador de câncer, ao contrário das teorizações sobre sua ocorrência, apresenta determinantes bastante precisos sobre sua necessidade de acolhimento, compreensão e ajuda. A única certeza que se pode ter em relação ao câncer é a de que esse paciente é alguém totalmente fragilizado diante das incertezas trazidas pela doença. Nesse sentido, por mais divergentes que possam ser as teorias que possam se evocadas na tentativa de compreensão do câncer, a certeza de que esse paciente é alguém que necessita de acolhimento e compreensão específicos é algo que decididamente não apresenta controvérsias. E ainda que não importa o corpo teórico que esteja a embasar a atuação do profissional da saúde, o mais importante sempre é a consciência plena de que estamos diante de alguém cuja centelha de vida é permeada por uma doença que sabidamente ceifa vidas impiedosamente. Esse paciente terá, então, sobre si mais do que uma doença a exaurir com sua esperança e vida, mas também um estigma que se estenderá também para seus familiares.

Neme (2010)[32] assevera que a relação terapêutica baseia-se no contato empático, permissivo, caloroso, discreto e cuidadosamente não invasivo, aberto e facilitador de confiança e participação ativa do paciente[33]. Assim é enfatizada uma atenção terapêutica voltada para o momento vivencial atual do paciente, sem negligenciar todos os demais aspectos que se atualizam e emergem na relação e

---

[32]   Neme, C. M. Bueno, "Psico-oncologia: caminhos, resultados e desafios da prática" in "Psico-oncologia – Caminhos e Perspectivas", Neme, C. M., Bueno, Summus Editorial, São Paulo: 2010.

[33]   Ibid., op. cit.

na situação atualdo momento. Os caminhos do acolhimento terapêutico precisam ser de amparo às vicissitudes vividas pelo paciente.

Ao buscar de modo irascível as possíveis causas do câncer, ou mesmo aspectos de sua abrangência, o acolhimento a esse paciente se torna o que temos de mais delicado nessa seara. A despeito de todas as teorizações, concretamente temos à nossa frente alguém alquebrado em dor e muitas vezes diante de sua própria finitude. As diferentes teorias talvez nada expliquem sobre a ocorrência do câncer, mas o sofrimento do paciente é algo tangível pela própria percepção da condição do desespero humano. Esse paciente é alguém que traz sobre si os aspectos de sua humanidade no que tange aos aspectos de nossa finitude e mesmo impotência diante da magnitude do câncer.

A sua família também será um conjunto de pessoas igualmente avassaladas pelos efeitos do câncer, e também estará sujeita aos mesmos confrontos desse paciente nos aspectos concernentes à finitude humana. Talvez em alguma instância remota da precariedade humana diante de sua finitude, encontremos o câncer como a doença mais mitificada nesse sentido, tanto por sua severidade como pelos aspectos de sua abrangência. Abrangência que se estende a todo o tecido social que envolve esse paciente e que também se transcende aos familiares. Todos estarão irreversivelmente enredados pelo câncer e num imbricamento indissolúvel diante do sofrimento que lhes é legado. Se somarmos a esses aspectos do confronto humano com sua própria finitude os aspectos socioeconômicos vividos por muitos familiares no enfrentamento do surgimento do câncer em um de seus membros, teremos, então, o quadro de severidade que a doença impõe. Assim, é muito frequente assistirmos familiares que acompanham pacientes que vêm aos grandes centros especializados em busca de tratamento e que se deparam com o custeio de transporte, hospedagem, alimentação etc., que dista de maneira abismosa de sua realidade econômica. Em uma certa ocasião, ouvi de uma familiar a afirmação de que "o câncer é pior que o ladrão, pois este nos leva o que temos, ao passo que o câncer leva até o que não temos". Decididamente temos nessa afirmação algo que engloba a maioria dos familiares, tanto na dificuldade de se conseguir recursos materiais para o enfrentamento do custeio necessário ao tratamento como também para as locomoções necessárias para se estar junto a esse paciente em sua luta contra a doença.

Algo muito insólito nessa questão envolvendo o enfrentamento do câncer é justamente essa busca efetiva pelos pacientes e que na verdade, muitas vezes, resvala em algo mágico que está muito além até mesmo de questões místicas. A afirmação religiosa "Se você acredita em Deus, você então acredita em milagres" torna-se algo não apenas distante dos fatos de destruição presentes no hospital, como também algo que coloca em xeque a própria religiosidade do paciente. Dessa forma, aquele paciente que possui o acolhimento da própria religiosidade deveria estar isento de sofrimentos e das agruras provocadas pela doença. É como se o poder da oração vencesse não apenas a doença, como também a própria morte.

É fato que lidar com a finitude do paciente não deixa titubeios: ou o profissional da saúde se torna extremamente místico ou extremamente cético a tudo que o cerca. Uma simples observação dos profissionais da saúde envoltos em atividades com pacientes em estado avançado de degeneração e próximo da finitude não deixa qualquer dúvida: ou estaremos diante de pessoas extremamente religiosas ou, ao contrário, de pessoas totalmente céticas. Exemplo maior dessa conversão é o da dra. Elizabeth Kübler-Ross, autora de um os livros mais citados sobre pacientes em situação de finitude, *Sobre a morte e o morrer* (1999)[34], no qual expõe que após anos de convivência com esses pacientes, ela também se converge totalmente para caminhos místicos e religiosos. Um de seus últimos livros, *Morte – estágio final da evolução* (1975)[35], deixa de ser um trabalho de um profissional da saúde diante do paciente e sua finitude para se tornar um tratado místico-religioso sobre a morte. Diversas visões místicas e religiosas são pareadas em um verdadeiro tratado sobre a morte envolvendo diferentes lideres líderes religiosos explanando seus conceitos e asserções.

Uma das primeiras reações experimentadas pela maioria dos pacientes diante do diagnóstico do câncer e seu consequente imbricamento com a morte é o desespero. Dessa maneira, por mais que possamos viver um uma sociedade que delimita a vida entre o nascimento e a morte, e que esta se apresente como algo irreversível e do qual ninguém poderá se desvencilhar da possibilidade de se estar com algo degenerativo e que leva o paciente ao óbito é, por si, algo quase sempre desesperador. A questão que se coloca à nossa frente é como deve ser o acolhimento a esse paciente se o seu desespero deriva da perspectiva de enfrentamento de algo diante

---

34 Kübler-Ross, E. "Sobre a Morte e o Morrer", Editora Pá, São Paulo: 1999.

35 Kübler-Ross, E., "Morte – Estágio Final da Evolução", Editora Record, Rio de Janeiro: 1975.

do qual certamente não logrará êxito?! Esse tipo de questionamento exige um ponteamento inicial para que não percamos o alcance de nossas reflexões.

É necessário que tenhamos claro que a intervenção psicológica em nenhuma circunstância pode objetivar a cura do câncer, pois se assim for balizada, certamente incorreremos um redundante fracasso. Essa ideia, embora simplista e sem qualquer fundamentação teórico-prática, no entanto, se espraia tanto nas lides academias como nos simpósios e seminários em que a prática da psicoterapia é discutida. Aceitar nossas limitações nesse quesito de acolhimento é condição inicial para podermos parear o verdadeiro significado dessa intervenção. Do contrário, estamos indo ao encontro do paradigma médico em que a morte do paciente, muitas vezes, é vista como fracasso de sua intervenção profissional. E isso em que pese esse profissional estar diante de uma doença irreversível e que leva esse paciente a quadros degenerativos irreversíveis. Da mesma forma, o acolhimento psicológico não traz em seu bojo tentáculos capazes de tornar o câncer ou qualquer outra doença irreversível curável a partir dessa intervenção. Acolhimento etimologicamente tem sua origem no verbo acolher, que significa:

Acolher. V.d. 1. Dar acolhida ou agasalho a; hospedar. 2. Dar acolhida a; receber. 3. Atender, receber. 4. Dar crédito a, dar ouvidos a (Ferreira, 1988)[36].

Temos, então, que a própria definição de acolhimento já estabelece contornos bastante específicos para que a intervenção psicológica sob esse preceito tenha definições e nuances que, embora abrangentes, tenham também suas limitações definidas.

Ao falarmos de acolhimento, estamos delimitando que a nossa área de atuação não será aquela concebida pelos princípios da psicoterapia, ou seja, um trabalho sequencial feito em circunstâncias específicas de isolamento e privacidade. E isso naturalmente sem excluirmos os objetivos da psicoterapia que são bem delimitados: levar o paciente ao autocrescimento, ao autoconhecimento e a cura de determinados sintomas (Angerami, 2011)[37]. O acolhimento é uma arte de escuta que implica em se saber necessariamente dos limites que a hospitalização impõe

---

[36]   Ferreira, A. B. H., "Dicionário Aurélio Básico da Língua Portuguesa", Editora Nova Fronteira, Rio de Janeiro: 1988.

[37]   "O Psicólogo no Hospital", Angerami, V. A. In "Psicologia Hospitalar. Teoria e Prática", Cengage Learning, São Paulo: 2011.

ao atendimento, e por assim dizer, ao paciente ao determinar suas condições de alta hospitalar.

Somos impelidos por diversos modelos de intervenção clínica a conceber todo e qualquer atendimento dentro da ótica clínica tradicional. No entanto, cada paciente hospitalizado tem sobre si uma patologia que implica necessariamente em se conceber formas de atendimento que transcendam essa visão clínica acadêmica, e assim conceber formas de acolhimento a esse paciente que sejam algo que vá ao encontro de suas necessidades.

Acolher o paciente em sua dor e desespero é, antes de qualquer outro balizamento, compreender suas necessidades de amparo nessa situação crítica determinada por sua patologia. O que temos nessa realidade é o aspecto do desespero legado pela patologia e que nos impele a abarcar a dor e o desespero do paciente de modo a fazer com que ele possa encontrar algum alívio a partir das reflexões trazidas por esse acolhimento. É fazer com que o paciente sinta o mesmo acolhimento de uma criança que segura a mão do pai para atravessar a rua; sensação de segurança e afeto transmitidos no momento da travessia. Igualmente, o paciente precisa ter uma fé inquebrantável nesse acolhimento para que sua dor, ao ser exposta, tenha algum tipo de alívio.

Se adentrarmos para questões que envolvem os aspectos do acolhimento ao desesperado, o determinante maior sempre será o fato de que, ao expor sua dor, esse paciente estará sendo aliviado dos aspectos emocionais de seu sofrimento. O olhar de um paciente desesperado traz em si toda a angústia e dor presentes na condição humana. Palavras são inócuas diante desse olhar e de mãos que clamam vida a despeito do sofrimento em que o paciente se ache entregue. A simples presença do cuidador tem, muitas vezes, a condição de, por si, trazer alívio e esperança ao desesperado.

O paciente diante do câncer é alguém cuja esperança se alimenta de pequenos detalhes que são mostrados e muitas vezes apreendidos em situações das mais diversas e muitas vezes análogas ao próprio tratamento. Dissemos anteriormente que o paciente, ao se perceber diante de sua finitude, se direciona pelos caminhos da religiosidade em busca do sagrado. O contrário também pode ocorrer de pessoas religiosas que diante desse momento se distanciam da crença do sagrado e se distanciam de todo e qualquer tema místico. Nesse sentido é importante que o acolhimento ao paciente nunca enverede pelos caminhos do sagrado, pois para essa temática, inclusive, temos pessoas mais qualificadas que poderão dar um conforto com subsídios mais bem fortalecidos. Assim, padres, pastores, rabinos e médiuns, por exemplo, poderão prestar auxílio religioso ao paciente com muito mais gabarito que os profissionais da saúde. Aliás, o campo da religiosidade é algo que não pode ser colocado como excludente à presença do profissional da saúde, pois são atendimentos que se complementam no acolhimento do paciente desesperado. A religiosidade do paciente nesse momento de desespero é algo que não pode ser simplesmente questionado, uma vez que isso pode, muitas vezes, ser o sustentáculo a fortalecê-lo em sua luta. E nunca é demais repetir, o profissional da saúde não precisa prescindir de nenhum dos recursos que estejam à disposição do paciente em sua tentativa de enfrentamento ao sofrimento imposto pela doença. Ainda que o paciente se apoie em detalhamentos que se distanciem de modo abismal daquilo que é preconizado na instituição de saúde, a ingestão de água benta, por exemplo, suas buscas precisam ser respeitadas. Poelman (1993)[38] coloca que para o homem religioso, o mundo apresenta sempre uma valência supranatural, revela uma modalidade do Sagrado. Ele encontra em si mesmo a santidade que reconhece no cosmo. Nesse sentido, a acolhimento do profissional da saúde não pode sequer tangenciar tais valores, pois eles se dimensionam além de qualquer compreensão racional, por mais privilegiada que esta possa ser.

A angústia experimentada diante de sua finitude faz do paciente alguém com a consciência de que o sentido da existência humana não está no finito. O desespero desarraiga o paciente em si mesmo e lança-o naquilo que temos de mais perene: a morte. Poder falar sobre sua doença, sabendo que o profissional da saúde esforça-se por entendê-lo, e sem receio de ser criticado ou repreendido, possibilita ao paciente equacionar a ameaça que provém de sua enfermidade. O efeito catártico sobre o sofrimento do paciente poderá, inclusive, aliviar aspectos que envolvem até mesmo a ansiedade inerente aos procedimentos terapêuticos que envolvem o adoecimento.

Ao se falar do acolhimento, estamos fazendo referência a algo primordial no trabalho junto ao paciente em situação desesperadora. Pois o que temos de concretude, antes de qualquer outra terapêutica, é nossa presença calorosa e disponível para o seu sofrimento. Isso é, indiscutivelmente, algo que por si já traz alívio a esse paciente na situação em que ele se encontra, institucionalizado em ambiente

---

[38]   Poelman, J. "O Homem a caminho de si mesmo", Editora Paulina, São Paulo: 1993.

hostil às suas necessidades vitais e diante do confronto com sua finitude. Tudo envolto em muita dor e sofrimento físico.

Vivemos em uma era em que, cada vez mais, as relações interpessoais estão comprometidas e distantes, e quando o paciente adentra para a realidade hospitalar que por si já despersonaliza totalmente sua condição pessoal e individual, a maneira como esse distanciamento está cronificado em nossa subjetividade torna o acolhimento em seu leito de dor simplesmente único, pois trata-se de um momento em que as relações interpessoais estão cada vez mais impessoais, e, muitas vezes, sem qualquer resquício de afetividade. O acolhimento nesse momento de confronto com a finitude, uma das mais cruéis facetas da condição humana, certamente é a própria esperança de que a vida, ao receber esse acolhimento, está também recebendo mais vida.

1.7 Considerações complementares

"Onde existe amor, Deus aí está...".
Leon Tolstói

Leonardo da Vinci, o grande gênio da Renascença italiana, famoso por alguns dos mais magníficos quadros do mundo, incluindo *A Última Ceia* e *Mona Lisa*, era também alguém que, ao largo de sua vasta abrangência cultural e intelectual, possuía um amor incondicional pelos animais. Ele era seriamente interessado em entender o voo (seus caderno contêm desenhos de helicópteros rudimentares, por exemplo), e não podia suportar a visão de pássaros em cativeiros. Sabe-se que, em muitas ocasiões, ele comprava pássaros, retirava-os da gaiola e então os libertava. Essa imagem me ocorre justamente devido à nossa impotência diante do paciente hospitalizado e em desespero crucial por causa de sua finitude. Como seria maravilhoso se igualmente tivéssemos algum arbítrio para adquirirmos sua libertação, e simplesmente, então, retirá-los do hospital para em seguida libertá-los. Ou então que pudéssemos oferecer minimamente uma alternativa aos tratamentos medicamentosos caríssimos de que são mantidos com preços estratosféricos para resguardar interesses comerciais das multinacionais farmacêuticas. Ou ainda que o câncer não fosse algo que, ao surgir, acabasse como todos os recursos emocionais e econômicos do paciente. Assim como me foi dito em uma ocasião por uma paciente, "a doença é pior que o ladrão. O ladrão rouba o que temos, a doença o que temos e o que não temos", dizemos que as inúmeras citações efetivadas ao longo deste trabalho sobre as circunstâncias muitas vezes desumanas que cercam o paciente quando ele se vê acometido por uma enfermidade severa é algo que torna o enfrentamento da doença, por si, algo muito mais difícil e penoso.

Este trabalho não é conclusivo, nem poderia conceber um item intitulado considerações finais, pois, ao contrário, ao abrir tantas e tão polêmicas questões, ele se abre para infinitas reflexões sem qualquer condição de se pleitear aceitação tampouco unanimidade. Postulados teóricos são criados a cada dia na tentativa de mitigar o sofrimento de tantos pacientes que se encontram paralisados diante do sofrimento e do confronto com sua finitude. Talvez nesse ponto resida o que existe de mais intrigante em tantas publicações e pesquisas envolvendo o câncer: a maneira como todos somos envolvidos em uma aura de mistério e dor que simplesmente nos arrasta em um turbilhão de emoções estonteantes.

Não temos como atravessar a vida de maneira impune e até mesmo imune ao contato com as doenças degenerativas. Não existe como não experimentarmos mudanças radicais em nossas vidas diante da dor e do desespero do paciente em estado de finitude. O mar quando deságua sua fúria incontida contra rochedos rígidos mostra, em nuances, um espetáculo indescritivelmente belo. E nos mostra que, por maior que seja a rigidez das pedras e dos rochedos, a ação da água contínua e sem esmorecimento irá moldar essas pedras de modo inconcebível à própria razão. Essa imagem nos remete a uma metáfora muito forte em que a ambivalência de forças antagônicas se mostra irredutível em sua fúria e determinação. Igualmente, o câncer agride o organismo saudável ceifando todas as suas possíveis resistências de modo a levá-la a destruição final. A consciência de nossa fragilidade é algo que se mostra de modo intrigante diante da espreita dolorosa da maneira como vidas são impiedosamente extintas diante das doenças degenerativas.

Esta parte destes escritos estão sendo finalizados em uma das últimas manhãs de um verão em que as árvores de florada de outono já se anunciam e prenunciam uma nova estação e uma nova florada. As árvores que de florada no verão já perderam suas flores e ganharam nova folhagem para a chegada da nova estação. Ao ver essas mudanças e diante das flores das paineiras, quaresmeiras, cássias aleluias e espatódias que emolduram meu horizonte, uma dor pungente me estrangula o peito por saber que talvez esta seja a última florada de muitas pessoas queridas. Entes que se harmonizam com nossas vidas, mas que talvez não tenham sobrevida para outros outonos. Talvez nem nós mesmos, que estamos escrevendo como se a nossa permanência fosse assegurada de modo irrebatível, estejamos vivos para apreciar outras floradas de outono. É como se colocássemos a morte como possibilidade real apenas e tão somente aos pacientes hospitaliza- dos e que estejam em situações desesperadoras em suas condições de vida. Não, a morte é presença real e inextricável da vida, não apenas àqueles que se encontram em um leito mortuário. Ao colocarmos a morte como algo inerente somente aos pacientes portadores de doenças degenerativas, estamos nos colocando em uma situação de imortalidade sequer concebível em qualquer ângulo que se queira analisar. Não podemos perder de vista o fato de que, ao se conceber uma reflexão sobre o câncer, suas incidências e desdobramentos na condição humana, estamos igualmente nos expondo a uma série de lacunas que surgem à medida que cami- nhamos por esses aspectos. No entanto, seguramente, contribuímos para a com- preensão da complexidade conceitual pareada com os aspectos que envolvem a condição emocional de tantos que se encontram envolvidos nessas práticas junto ao paciente portador de câncer. Se existe algo que sempre repetimos à exaustão é que todo e qualquer trabalho se justifica se tiver a condição de ajudar a uma pessoa que seja. Uma simples pessoa envolta em dor que encontre alívio ao que escrevemos já valeu pelos momentos que nos dedicamos a esta empreitada.

A vida contemporânea com grandes avanços tecnológicos e que nos imprime uma dinâmica simplesmente alucinante aos nossos afazeres diários nos impede muitas vezes de apreciarmos o dom maravilho da vida. Isso realmente é a perda maior que assistimos em nossa realidade atual. Ao buscarmos a grandiosidade das coisas, perdemos simplesmente o fascínio das coisas que se encontram em nosso entorno. Perdemos de vista que o maior dos livros foi escrito letra por letra, parágrafo por parágrafo e página por página. Que o tempo, senhor abso- luto de tudo e todos, caminha sem sua trajetória milenar segundo a segundo sem qualquer outra forma de apressamento. Que o maior dos rios é um conjunto de filetes de água, e a maior das florestas cresceu árvore por árvore em seu próprio tempo e dimensão (Angerami, 2008b)[39]. É dizer que , ao perdermos a noção do simples, perdemos igualmente detalhes de como as coisas mais grandiosas são tecidas em suas nuances e enfeixamentos.

---

[39]   Angerami, V.A., "Psicoterapia & Subjetivação", Cengage Learning, São Paulo: 2008.

Escrever sorvendo minha taça de vinho e um punhado de queijo estepe no molho de ervas e azeite, e tendo uma de minhas músicas preferidas ao fundo, a música maravilhosa de Debussy, me traz uma sensação de plenitude e faz da passagem desse verão para o outono o arrebatamento maior da vida. Nesses momentos, sempre me projeto um pouco mais à frente, a espera da minha florada preferida, a florada de inverno. As flores do ipê roxo, das suinãs, das azaleias, dos bicos de papagaios, das hortênsias e das copaíbas. Flores que são o contraponto do sofrimento infindável e inefável do câncer. Flores que certamente nos energizam de maneira única para esse enfrentamento. A vida é fascinante justamente por esse mistério de desdobramentos infindáveis e inenarráveis.

1.8 Apêndices. A subjetivação do câncer em diferentes desdobramentos

Pássaros de mesma plumagem voam juntos...
(Sabedoria cigana)

Valdemar Augusto Angerami
Eli de Souza Ferreira
Tânia Fontes de Resende
Carolina M. Lopes Nouran

1.8.1 Introdução

Sino, claro sino, tocas para quem?
- Para o Deus menino, que de longe vem
- Pois, se o encontrares, traga o meu amor
- E o que lhes ofereces, velho pecador?
- Minha fé cansada, meu vinho, meu pão, meu silêncio limpo,
minha solidão.
(Capiba)

Esta parte do trabalho se articula com o enfeixamento de conceitos de subjetivação com depoimentos de partes envolvidas com o câncer: paciente, familiares e médico. A ideia é mostrar diferentes visões das partes envolvidas nesse enfrentamento. Solicitamos depoimentos que foram efetivados com óticas e ângulos diferentes sobre a mesma temática, e que por isso contribuem de maneira ilustrativa dos diferentes impactos provocados pelo câncer. Frise-se ainda que não modificamos o teor desses depoimentos para que o câncer pudesse ser observado por meio da subjetivação pura e sem depuração das partes envolvidas. Não tivemos a intenção de fazer pesquisa qualitativa, mas apenas de ilustrar nossas reflexões com depoimentos que pudessem mostrar parcialmente o câncer em diferentes pessoas envolvidas em seu enfrentamento.

Seguramente, esses aspectos envolvendo as diferentes partes presentes no enfrentamento do câncer e seus desdobramentos irão nos levar a um novo modelo em que paradigmas anteriores foram quebrados para dar lugar a esse novo formato reflexivo. Preservamos os depoimentos em sua formatação original, não modificamos em nada a essência do que foi narrado para que o mais significativo, a emoção, ficasse preservada e longe de qualquer arcabouço teórico e reflexivo.

Não houve a intenção de qualquer balizamento a confrontar princípios de nossos posicionamentos teóricos e filosóficos sobre o câncer e a condição humana. Os depoimentos foram escritos sem qualquer orientação e mesmo sem qualquer outro parâmetro para estabelecer formas e conteúdos. Nosso intento é mostrar como o confronto com o câncer determina facetas superdimensionadas da emoção e a maneira como surge o enfrentamento diante desse algoz tão temível.

1.8.2 Minha experiência com o câncer [40]

Eli de Souza Ferreira[*]

A vida é uma grande oportunidade de aprendizado, pelo menos penso assim, sempre acreditei que nada ocorre por acaso. É lógico que não acredito que tudo seja obra de Deus, pois temos nosso livre-arbítrio e o seu mau uso pode nos trazer muito sofrimento, mas até nestes casos, aprendemos algo.

E foi essa maneira de enxergar a vida que me ajudou no momento em que mais precisei.

---

[40] Depoimento de paciente escrito entre junho e agosto de 2012.

[*] Eli de Souza Ferreira faleceu dia 11 de julho de 2013

Em julho do ano de 2010, comecei a sentir muitas dores nos ombros e, até então, achava que era fruto de um mau jeito, mas depois essa dor foi ficando constante e comecei a senti-la também na região do fígado. As dores eram intensas e seguidas de muitos vômitos, os médicos diziam que era cólica e me tratavam apenas para aliviar a dor. Essa situação foi ficando cada vez mais difícil até que, no mês de janeiro do ano de 2011, um grande amigo oncologista me alertou sobre a importância de fazer os exames de imagens, e assim o fiz. Foram muitos exames e nisso eu já estava pesando apenas 45 kg e muito debilitado, precisando da ajuda sempre presente de minha amiga e esposa querida Carla Patrícia, ela me dava banho e me ajudava na troca de roupas, pois eu passava a maior parte do tempo deitado buscando uma posição que doesse menos.

No mês de abril comecei a ter uma ideia do que realmente estava ocorrendo comigo, e, então, todos os exames de imagens comprovaram a existência de um tumor de 15 cm no fígado e diversas lesões no peritônio. Fui então fazer a biópsia e foi constatado que o tumor era maligno, seria um câncer neuroendócrino, um carcinoma. Quando recebi essa notícia, eu estava vendo meu time, o Fluminense, perder na Taça Libertadores da América, e brincando com minha esposa dizia que não sabia o que era pior.

A minha preocupação quando recebi esta notícia não foi o medo da doença, e sim como iria custear o tratamento e como ficaria minha família diante daquela luta que se avizinhava tão feroz. Então, comecei minha peregrinação em busca de tratamento, e como sempre acreditei que Deus nunca desampara ninguém. Conheci, por meio de uma amiga, a Marli Ferrazoli, um anjo que trabalha no Instituto do Câncer em São Paulo, a Oli, uma pessoa extremamente boa, e através dela conheci os caminhos para iniciar meu tratamento ali no ICESP. Lembro--me que um dos meus primeiros contatos com este ótimo hospital foi depois de uma crise horrível que me levou a ficar internado no pronto-socorro de lá. E foi desde então que me fortaleci ainda mais para lutar, pois minha mãe havia vindo de Mendes/RJ me visitar e vendo o seu sofrimento também sofreu muito. Diante disso, decidi que não tinha o direito de fazer tantas pessoas sofrerem, pois assim como ela, minha esposa, meu filho e diversos amigos verdadeiros, igualmente estavam todos bastante dolorosos com a minha situação.

Fiquei internado por vinte dias e muitas lições tive nesse tempo. Permaneci na enfermaria por dois dias dormindo em uma poltrona, confortável poltrona, diga-se de passagem, e enquanto estava ali acabei me afinando com um jovem de aproximadamente 15 anos de idade sem uma das pernas e com diversas lesões pelo seu corpo. Numa tarde, como que querendo desabafar, me perguntou por que Deus havia permitido que ele sofresse daquele jeito, sendo que ele sempre foi um menino bom e passou quase toda a sua pequena experiência de vida na lavoura com o pai. Pedi a Deus inspiração e lhe disse que os fortes são sempre chamados aos exemplos para que aqueles que ainda não suportam pequenos pesos da vida possam se espelhar e também vencer, e que ainda o veria numa olimpíada de atletas especiais. Minha alegria foi grande quando percebi que ele sorria e seus olham brilharam.

Quando fui levado ao quarto, me surpreendi com a estrutura daquele hospital, todos os enfermeiros bem treinados em nos tratar como seres humanos e todo o apoio de psicólogos e médicos, enfim, toda uma estrutura para que o paciente se sinta mais fortalecido, acolhido.

Dividi o quarto nos primeiros dias com um amigo que estava sofrendo bastante com a doença, via as enfermeiras tirarem líquidos de seu pulmão com uma agulha que só de ver já dava medo. Em uma tarde, percebi que algo estava acontecendo com ele, vi muitas enfermeiras e médicos e senti que ele estava partindo, pedi a Deus que o recebesse com glórias, pois lutou até o fim sem de nada reclamar.

Outro paciente foi colocado em seu lugar, este era um artista, no sentido literal da palavra, sua família levou para o quarto uma de suas obras, um busto esculpido em um pedaço de madeira de uma árvore fruto do desmatamento.

Um dia entrou um senhor empolgado em nosso quarto e começou a falar da palavra de Deus. Eu gostei, pois sempre fui aberto a ouvir outros pontos de vista, sempre entendi que cada um tem sua forma de enxergar Deus. Mas, infelizmente, a forma de ele entender Deus não pude concordar. Ele então se aproximou de mim e me perguntou se ele podia falar de Deus para mim, logo concordei e lhe dei atenção. Percebi que quando lhe disse que era espiritualista ele mudou sua fisionomia e seus argumentos. E quando me disse que estava sofrendo por não ter aceitado Jesus e acreditado nos espíritos, Deus estava me castigando. Tentei argumentar em sentido contrário, dizendo que na Terra era um ser tão pequeno diante da criação, e que Deus não iria punir um filho deste jeito por tão pouco. E com certeza Ele não iria me dar tal tratamento. No final da conversa, perguntei a ele por que então ele também estava com câncer se ele havia aceitado Jesus, e, sem resposta, saiu pensativo e também fiquei bastante pensativo naquele dia.

Naquela tarde pedi à minha esposa que me trouxesse o notebook, pois iria começar a escrever um livro. Ela não entendeu, expliquei que queria neste trabalho mostrar minha visão sobre Deus, mostrar um Criador que nos move para frente e que nos ama e que é cheio de misericórdia. E assim, no final do vigésimo dia em tratamento no ICESP, concluí o livro *O Evangelho que conheci* (2011)[41]. Ao sair do hospital, editei este livro com o apoio da Editora Meca, e no dia do lançamento no Templo Espiritual Maria Santíssima, fui premiado com mais de uma centena de pessoas prestigiando o lançamento, e hoje toda a primeira edição já foi vendida.

Havia iniciado, no hospital, a sessão de quimioterapia e, segundo os médicos, em função de os exames de biópsia não terem localizado o câncer de origem, eles me dariam uma das mais fortes [sessões de quimioterapia] para combater onde estivesse. Disseram-me todas as reações que teria em função do tratamento. Tal foi a surpresa de todos que nenhuma delas se deu em meu corpo, não caíram meus cabelos e nem minhas unhas, não perdi peso, não tive vômitos e todos os remédios que eram para amenizar os efeitos colaterais foram suspensos.

Isso não foi para mim uma surpresa, pois uma semana antes de eu ser internado no ICESP, recebi em minha casa, pela mediunidade do meu amigo e irmão Gilberto Rissato, uma cirurgia sem cortes do Dr. Fritz, espírito muito conhecido por suas cirurgias. Após o término do trabalho, ele me disse que foi necessária aquela intervenção espiritual para que suportasse o tratamento e que foi colocada em mim uma espécie de filtro que não deixaria o tratamento prejudicar o meu corpo. O interessante é que depois dessa cirurgia tudo transcorreu muito bem, ganhei peso, consegui me alimentar naturalmente e todos os exames, mesmo depois de muitas quimioterapias, apontavam que meu organismo funcionava bem, inclusive o fígado.

Logo na primeira checagem geral através dos exames de imagens, recebi uma ótima notícia da boca dos médicos, que diziam que era para não criar nenhuma expectativa, pois se tratava de uma doença perigosa. No entanto, eles me disseram no final do ano de 2011 que o tumor já havia regredido 30% e que a doença havia se estabilizado. Evidentemente que para alcançar a cura definitiva

---

[41]   Ferreira, S., E., "O Evangelho que conheci", São Paulo: Meca, 2011.

vai demorar um pouco, pois o tratamento é lento, mas com a ajuda dos médicos do ICESP, dos Espíritos de Luz e das orações dos amigos, vou conseguindo caminhar neste importante momento de aprendizado.

Muitas coisas estou aprendendo com tudo isso, pois todas as vezes que vou receber a quimioterapia (uma por semana), eu vejo muitas pessoas debilitadas, algumas idosas, e todas lutando pela vida, e isso me deixa fortalecido. Aprendi a ser mais humilde e nunca menosprezar a dor ou os problemas do outro por menores que pareçam.

Mas o maior de todos os ensinamentos foi ter a certeza de que Deus não é uma utopia, é realidade pura e que se manifesta de acordo com a nossa receptividade, pois Ele respeita nosso livre-arbítrio. Muitos dizem não acreditarem em Deus por que veem os erros humanos nas religiões, mas Deus não é religião. Outros ainda querem dimensionar Deus pelas unidades de medidas da matéria, mas Deus está acima de tudo isso.

Quer ver Deus? Observe sua obra, pois assim como vemos o artista através da manifestação de sua inspiração numa bela obra sem que ele esteja presente, assim Deus não será visto com nossos pequeninos olhos, mas certamente poderemos enxergar suas obras naquilo que o homem ainda não compreende e nas respostas que ainda não têm, como a cura de doenças incuráveis, por exemplo. Vejam a Terra, que não é obra das mãos humanas. Imaginem se estivesse um pouco mais perto do Sol. Se aqueceria tanto que queimaria a vida terrestre, e se estivesse um pouco mais afastada do sol, congelaria. Quem é o autor desta obra tão perfeita?

Este é meu testemunho de que Deus é amor e se manifesta de diversas formas, mas jamais para satisfazer a curiosidade humana!

Desejo que todos aprendam a tirar boas lições de todos os desafios que encontrarem no caminho e agradeçam da sua forma a Deus tudo o que tens. Pela manhã, antes de reclamar do trânsito, eleve a Deus um pensamento de gratidão por ter acordado ainda vivo na matéria, pois são muitos que morrem dormindo sem ter a oportunidade de beijar a fronte do filho ou da esposa querida. E à noite, ao chegar a casa, antes de reclamar do cansaço natural, eleve a Deus um pensamento de gratidão por ter chegado a casa em paz e poder beijar os teus, pois muitos morrem antes de chegarem a seus lares à noite.

Tudo nós temos na medida certa e podemos ter mais ao passo que somos gratos pelo que temos!

1.8.3 Quando o câncer entra em nossas famílias...[42]

Tânia Fontes de Resende

Há algo nos seres humanos que não se encontra nas máquinas, surgido há milhões de anos no processo evolutivo, quando emergiram os mamíferos, dentro de cuja espécie nos inscrevemos: o sentimento, a capacidade de emocionar-se, de envolver-se, de afetar e de sentir-se afetado (Boff, 1999, p. 99).

O diagnóstico do câncer ainda é recebido como um grande impacto emocional, tanto para pacientes quanto para sua família, uma vez que acarreta uma série de profundas alterações em suas vidas; além de adaptações à nova condição existencial, permeada pela necessidade constante de acompanhamento médico e tratamentos por vezes invasivos e dolorosos, que impõem uma nova dinâmica à vida e ao cotidiano.

E em nossa família não foi diferente, pois uma longa "batalha" contra o câncer estava se iniciando...

O nosso sofrimento, enquanto familiares, iniciou-se desde a primeira consulta médica e prolongou-se durante todo o tratamento do ente querido.

A primeira consulta aconteceu por causa de um pequeno caroço que, segundo meu tio, não doía, mas estava crescendo e preocupando. Quando nós, familiares, recebemos a notícia da cirurgia, já fomos acometidos por sentimentos de insegurança, medo, esperança. Insegurança por conhecermos os perigos que envolvem todo e qualquer procedimento cirúrgico, medo do fantasma da vivência do câncer e esperança de ser apenas um "carocinho".

No entanto, o que tanto temíamos aconteceu: o tio Ota estava com uma neoplasia maligna. Apesar de sabermos que, atualmente, muitos casos de câncer têm cura, o diagnóstico abalou emocionalmente todos os familiares.

Como conviver com o sofrimento que envolve o paciente com câncer? Como diminuir o sofrimento do tio Ota, logo ele que sempre foi a personagem cuidadora dentro da família? Será que a tia Preta conseguiria cuidar do tio Ota? Como conseguiríamos ajudá-los nesse momento tão difícil?

---

[42] Depoimento de familiar escrito entre junho e agosto de 2012.

Os familiares, bem como o paciente, diante de um diagnóstico de câncer são afetados emocionalmente, pois são expostos a uma maior vulnerabilidade a perdas da saúde, bem-estar, financeira e de equilíbrio físico, mental e emocional. Essas características realçam a importância do papel da família diante da responsabilidade de exercer o cuidado familiar ao seu membro doente (Sales, Matos, Mendonça & Marcon, 2010).

Sabíamos que o cuidar não se reduziria apenas ao médico, enfermeiro, fisioterapeuta, psicólogo, porque esses profissionais certamente estariam aliados ao tratamento, mas o cuidado contínuo seria da família, com tios, filho, irmãos, sobrinhos envoltos com o processo de tratamento.

Durante quatro anos, vivenciamos as dores de conviver com um tio acometido pelo câncer. Como foi difícil o processo doença/ tratamento/ falecimento.

Durante os primeiros anos de tratamento, não presenciei o dia a dia, a luta contra o câncer junto à família nuclear, por estar ausente de minha cidade natal, por motivo da graduação. No entanto, sempre durante os feriados e férias acompanhava de perto a destruição que o câncer provoca no doente e em nós, familiares, que pouco podemos fazer para amenizar tais dores.

Após várias intervenções médicas, cirurgia, sessões de quimioterapia, radioterapia, medicamentos, o câncer estava curado. A notícia foi transmitida pela família do tio, que esteve juntamente com os demais familiares envolvidos nos cuidados, atenção, visitas, apoios, orações em prol do restabelecimento da saúde.

A melhor notícia que recebemos naquele ano, que fora marcado por ansiedade, medo, dúvidas, cansaço do doente e de sua cuidadora, a querida tia Preta, que não se ausentava da companhia do marido de forma alguma. Eu me perguntava como a pequena Preta aparentemente tão frágil, fisicamente, suportou tudo.

Hoje, escrevendo essa vivência, relembro-me da leitura do livro de Boff sobre o cuidar e tais questionamentos são esclarecidos pela definição do cuidar. A definição apresentada por Boff para o cuidar é:

> Cuidar é mais que um ato; é uma atitude. Portanto, abrange mais que um momento de atenção, de zelo e de desvelo. Representa uma atitude de ocupação, preocupação, de responsabilidade e de envolvimento afetivo com o outro (Boff, 1999, p. 33).

Depois de todos os cuidados que a doença exigia, éramos comemorações, alegrias, orações por parte dos familiares que são, assim como o tio Ota, católicos praticantes e crentes de uma fé inabalável. O estar doente e necessitar de cuidados já não eram mais uma constante na vida do tio.

Mas o câncer, como é sabido, pode reincidir. Eu observava toda alegria dos familiares e, às vezes, sozinha, temia que o câncer pudesse "reincidir", não por ser pessimista, mas por experiência junto a pacientes com câncer durante minha formação acadêmica. No entanto, sempre que esse pensamento surgia, repetia para mim mesma: "não, com o meu tio será diferente".

Infelizmente, depois de menos de um ano, observamos o reinício das consultas médicas, exames, mas segundo a querida tia Preta e o tio Ota, não se tratava de câncer, e sim de um problema de coluna. Eu queria muito ter acreditado neles, quando observei a desilusão, tristeza e silêncio do tio. Ele que sempre fora tão animado, brincalhão e confiante não parecia nada bem. Era a negação da doença, afinal, precisamos de algumas defesas, mesmo que momentâneas para lidar com fatalidades da vida.

Nesse momento de reincidência do câncer, eu presenciei e sofri intensamente diante do processo de adoecimento/enfrentamento/falecimento do tio Ota. Conviver com pacientes, profissionais e familiares que vivenciam o câncer é sofrido, mas quando estava no estágio, eu sabia como intervir profissionalmente, no entanto, todo esse saber parecia não existir diante do tio Ota e tia Preta. Eu sentia que precisava fazer/falar/confortar, mas não tinha palavras.

As visitas ao tio eram sempre muito confortantes, porque mesmo dependendo de ajuda para caminhar, ele continuava no seu papel de cuidador, preocupado com nosso bem-estar. Naquele momento, eu ainda estava desempregada e ele sempre dizia "fique tranquila e preste concursos, vai dar tudo certinho". E sua esperança não se resumia à minha colocação profissional, ele acreditava na vida e nos seres humanos e, principalmente, acreditava em sua cura, planejava passeios, trabalhos, compras, viagens...

O câncer, apesar de todos os cuidados da querida tia Preta e dos demais familiares – não me incluo muito entre os cuidadores, mas sempre atendi a todos os pedidos da tia e do tio: transportar ao hospital, visitar, ficar momentos presente durante as internações e presenciar o último dia de vida do querido tio –, chegou ao temido estágio final e foi com muita dor que percebemos, mesmo com todas as tentativas dos tios de "esconderem/negarem", que já não havia mais recursos médicos.

A cada período prolongado de internação torcíamos para que o tio retornasse para casa, mesmo percebendo que ele estava muito mal, que a vida envolta a tanto sofrimento (os medicamentos não controlavam/sanavam a dor) era um fardo muito pesado, não queríamos ficar sem a presença do tio Ota.

Nos últimos meses ele já não ficava na sala conversando com as visitas, seu cansaço não permitia, a vida escapava e nós não podíamos fazer nada. A tia Preta também perdera um pouco da vivacidade, mas continuava inabalável em sua fé quanto à cura. Acredito que se não fosse a determinação dela, provavelmente, o último aniversário do tio não teria sido comemorado, porque em fevereiro já sabíamos que não tinha mais procedimentos médicos capazes de reverter ou estabilizar o câncer. Mas, mesmo assim, comemoramos o último aniversário do tio Ota, que fez questão de um bolo com direito a parabéns, velinhas, presentes, convidados. Uma festa para comemorar uma vida, que insistia em ceifar.

Em março foram duas internações hospitalares. Na primeira, com o tio já bastante debilitado, pensei que ele não retornaria para casa, mas felizmente estava equivocada. Ele retornou para casa e por lá ficou alguns dias, prova evidente do quanto lutava de todas as maneiras contra a morte, mas o corpo já estava cansado e extremamente debilitado, por causa do câncer ósseo. Era muito doído observar a dificuldade de ele caminhar de forma ereta, e somente com a ajuda de sua esposa fiel, a Preta. Sofria muito ao vê-lo assim, porque minhas lembranças de um tio grande, forte, alto não condiziam com a realidade. Como o câncer destruiu, paulatinamente, meu grande tio?

Na segunda internação hospitalar, infelizmente, tio Ota já não tinha esperanças, mas nunca verbalizou sua falta de fé e continuou até o último momento acreditando na vida. Essa internação foi a mais difícil para nós e para querida tia Preta, pois o tio Ota não aceitava a ausência da mulher em momento algum. Parece que ele sabia da proximidade da morte, e precisava, agora mais do que nunca, da presença da esposa que durante todo o processo de adoecimento se manteve forte, esperançosa e acreditou mais que o próprio tio Ota que o câncer seria, novamente, vencido.

No entanto, num lindo dia de outono com sol brilhante, céu azul, quando cheguei ao hospital para que a tia Preta não ficasse sozinha (ela parecia sentir que o marido não iria deixar o hospital em vida, mesmo dizendo que eles voltariam para casa no final de semana, e pediu que não a deixássemos sozinha), o tio Ota já não percebia nossa presença. Ele estava muito agitado, debatia-se contra a máscara de oxigênio e solicitava, constantemente, a presença da esposa, para segurar sua mão, como se o contato físico com sua fiel e dedicada esposa pudesse devolver-lhe a vida. Tentei ajudá-los, mas, infelizmente, não foi possível, apenas fiquei junto à tia em solidariedade ao momento vivido.

As tentativas que realizei para tentar acalmar o tio Ota, acariciando-lhe os cabelos, tentando conversar, evidentemente não tiveram resultados. Naquele momento, a sensação que tive era de ver um paciente lutando, quase que fisicamente contra a falta de ar, dores, desconforto... Talvez uma luta contra a morte?

Essas lembranças, ainda hoje, estão muito vívidas em minha memória, e ao relatá-las, lembrei-me de uma poesia, que expressa o meu desejo não realizado de dizer tantas coisas ao tio, que demonstrassem meu carinho, compaixão, orgulho diante de sua determinação, mas naquele momento não era mais possível.

Eis um trecho da poesia *Canção Póstuma* de Cecília Meireles:

> *Fiz uma canção para dar-te; porém tu já estavas morrendo.*
> *A morte é um poderoso vento.*
> *E é um suspiro tão tímido, a Arte...*
> *É um suspiro tímido e breve*
> *como o da respiração diária.*
> *Choro de pomba. E a morte é uma águia*
> *Cujo grito ninguém descreve.*
> *Vim cantar-te a canção do mundo,*
> *mas estás de ouvidos fechados*
> *para meus lábios inexatos,*
> *atento a um canto mais profundo.*

Durante a tarde, retornei ao hospital, e o tio Ota já não estava consciente, dormia profundamente... Foi uma vivência muito marcante, porque o encontrei deitado, apenas de fralda geriátrica, sem um lençol a cobri-lo e pensei o quanto somos pequeninos e indefesos em alguns momentos da vida, naquele momento segurei para não chorar.

Como somos de uma família católica, conversaram com tia Preta e sugeriram que um padre fosse ao hospital; a tia temendo a famigerada extrema unção não concordou e solicitou que um pastor fosse ao hospital. A família é católica, mas nos momentos de maior desespero buscou ajuda em outras religiões evangélicas, e até curas espirituais provenientes de médiuns espíritas.

No momento em que se iniciou a oração e, mesmo sem acreditar e distante das religiões, supliquei para que todo aquele sofrimento fosse cessado. Não suportava mais presenciar todo sofrimento e, mesmo com a saudade eterna e toda falta que o tio Ota faz em nossas vidas, aceitei que a hora dele havia chegado, e que sua história na vida tinha sido concluída.

Sendo assim, depois da oração, retornei para casa, pois a tia estava na companhia de uma irmã. E em menos de uma hora após sair do hospital, recebi a notícia de que o tio Ota, agora, existiria somente em nossas doces lembranças.

Numa bela tarde de outono, com céu azul e sol brilhante, em final de março, tio Otacílio nos deixou... Temos a certeza de que sua história de vida será lembrada por todos os amigos e familiares com muito carinho.

1.8.4 O depoimento médico[43]

Carolina M. Lopes Nourani

Sabe aquela pergunta que te fazem quando é criança: o que você quer ser quando crescer? A minha resposta sempre foi: médica! Ao longo da graduação e da residência de clínica médica, podia perceber que tinha feito a escolha certa, me agradava o contato com as pessoas e poder sentir que estava ajudando na solução dos males dos pacientes.

A escolha por oncologia veio, em primeiro lugar, pelo vínculo extremamente forte que existe entre o oncologista e seu paciente, diferente da maioria das especialidades médicas. E, em segundo lugar, porque sempre acreditei que tão importante quanto buscar a cura, está o alívio do sofrimento, o que é muito forte na prática diária da oncologia.

No entanto, diferentemente do sentimento de alegria e prazer que eu nutria nos anos de residência em clínica médica, o primeiro ano praticando oncologia foi muito difícil. Comecei a sentir o peso de estar em contato diário e constante com uma doença muito carregada emocionalmente, e me senti muitas vezes impotente, incapaz de suportar o tamanho da minha escolha. Diversas vezes compartilhei das vivências dos pacientes e de suas famílias de forma excessiva e outras vezes

---

[43] Depoimento médico prestado entre agosto e setembro de 2012.

tentei desenvolver mecanismos de defesa para fugir de determinadas situações que me causavam dor, como por exemplo dar uma notícia ruim a um paciente com quem tinha grande empatia, e acabei sendo dura demais.

No meu primeiro mês cuidando da enfermaria em oncologia, em abril de 2010, teve um caso que me marcou muito, um garoto da mesma idade que eu (na época, 26 anos), recém-casado (eu estava prestes a me casar) e recém-formado na universidade. O paciente tinha acabado de ser diagnosticado com um melanoma, infelizmente já numa fase muito avançada da doença, e teria poucas semanas de vida. Ele chegou até mim transferido de outro hospital, virgem de tratamento e cheio de esperança, porém muito debilitado, já acamado e com metástases difusas, inclusive para o cérebro.

No mesmo momento, passei a apresentar o mecanismo da contratranferência. Coloquei-me no lugar do paciente e depois também no lugar de sua esposa, e comecei a viver com aquela família todas as cinco fases do luto descritas por Elisabeth Kübler-Ross. Não conseguia mais ser simplesmente médica, eu vivia a doença daquele paciente e a situação de sua esposa como se fosse a minha vida.

Primeiro foi a negação. Não. Não era possível um garoto jovem, cheio de vida e cheio de planos futuros, recém-casado e recém-formado ter uma doença tão grave e fatal. Fui na anatomia patológica e revisei o laudo da biopsia de outro serviço. Era verdade! Era melanoma! Repeti todos os exames de imagem e constatei que realmente a doença estava espalhada, era tarde demais para conseguirmos a cura.

Depois veio a raiva. Passei a ser dura nas minhas condutas. Respondia mal não só a esse paciente e sua família, mas também a outros pacientes da enfermaria e até à equipe de enfermagem. Eu que gostava tanto de conversar, agora era seca nas minhas respostas e sentia muita, muita raiva daquela situação toda vez que passava em frente ao quarto do paciente.

Depois a barganha. Passada a raiva, comecei a tentar achar um culpado para tal situação. Talvez o médico que retirou uma simples "manchinha" da pele meses antes e não alertou o doente? Talvez o próprio doente por não ter tido um auto-cuidado melhor? Talvez Deus? Mas aí iniciamos o tratamento com quimiotera-pia, numa tentativa não de cura, mas de prolongar sua vida, controlando a doença. E eu depositei toda minha confiança de que ele iria responder ao tratamento.

Uma semana depois da quimioterapia, ele estava pior, não respondera ao tratamento. Ele iria morrer. E rápido. Aí eu caí. Isolei-me. Chorava todos os dias. Agora simplesmente não conseguia conversar com ninguém, ficar perto de ninguém. Era a depressão.

Até que em uma tarde, o paciente me chamou no quarto e disse que queria conversar. Ele me fez uma pergunta, mas já em tom de afirmação, como já sabendo a resposta: eu não vou melhorar, né, doutora? Eu disse que não. Eu não vou pra casa, né, doutora? Eu disse que não. Aí ele me disse que estava muito tranquilo, e que nessas últimas semanas já tinha conversado com o pai e a esposa sobre sua partida. Ele só me fez um pedido: não queria sentir dor quando chegasse o momento.

Meu paciente tinha experimentado a aceitação antes de mim! E naquela hora ele também me fez aceitar: ele iria partir. Dois dias depois, cheguei ao hospital às 7 horas da manhã, e sua esposa me chamou até o quarto com pressa. Ele estava com dificuldade respiratória e dor, tinha passado muito mal à noite, estava cansado. Perguntei se ele queria um remédio mais forte para dor, para deixá-lo confortável, mas que podia deixá-lo sonolento. Ele segurou na minha mão e na mão de sua esposa e disse que sim. Alguns minutos depois ele estava dormindo, sereno, tranquilo. Ao meio-dia ele faleceu.

Foi preciso alguns meses e ajuda de diversos profissionais para que eu tomasse consciência das minhas reações emocionais e aprendesse que a prática da oncologia é, antes de tudo, um grande ensinamento sobre humildade. Por mais que o médico seja muitas vezes visto pelo paciente e por sua família como "o todo poderoso" ou o "solucionador de todos os problemas", a verdade é que somos todos muito frágeis e precisamos uns dos outros para alcançar a felicidade.

Hoje, ao final da residência de oncologia, me sinto muito realizada, pois tenho a oportunidade de trazer conforto para meus pacientes e ao mesmo tempo aprender com eles. É claro que ainda tem dias em que me sinto triste e mais "tocada" com alguns casos específicos, mas isso não me traz mais sofrimento como no início.

Agora entendo que ser oncologista não é simplesmente uma escolha, mas sim uma missão!

1.9 Referências bibliográficas

Angerami, V. A., "Breve Reflexão Sobre a Postura do Profissional da Saúde Diante da Doença e do Doente" In "Psicossomática e Suas Interfaces. O Processo Silencioso do Adoecimento", Angerami, V.A., (Org.) Cengage Learning, São Paulo: 2012.

Angerami, V. A. (2006). Sobre a Atuação do Psicólogo no Contexto Hospitalar. In *Tendências em Psicologia Hospitalar*, São Paulo: Cengage Learning.

Angerami, V. A., Meleti, M.R., "Atuação do Psicólogo no Contexto Hospitalar Junto a Pacientes Mastectomizadas" in "Tendências em Psicologia Hospitalar", Angerami, V.A., Cengage Learning, São Paulo: 2006;

Angerami, V. A. (2008a). A fé. In V. A. Angerami (Org.) *Psicologia & Religião*, São Paulo: Cengage Learning.

Angerami, V. A., "Sobre a Atuação do Psicólogo no Contexto Hospitalar" in "Tendências em Psicologia Hospitalar", Cengage Learning, São Paulo: 2006.

Angerami, V. A. (2008b). Psicoterapia & Subjetivação. São Paulo: Cengage Learning.

Angerami, V. A. (2011). O Psicólogo no Hospital. In *Psicologia Hospitalar. Teoria e Prática*, São Paulo: Cengage Learning.

Angerami, V. A. (2012). Breve Reflexão Sobre a Postura do Profissional da Saúde Diante da Doença e do Doente. In V. A. Angerami (Org.), *Psicossomática e Suas Interfaces. O Processo Silencioso do Adoecimento*, São Paulo: Cengage Learning.

Angerami, V. A., & Meleti, M. R. (2006). Atuação do Psicólogo no Contexto Hospitalar Junto a Pacientes Mastectomizadas. In V. A. Angerami, *Tendências em Psicologia Hospitalar*, São Paulo: Cengage Learning.

Boff, L. (1999). *Saber cuidar*: ética do humano – compaixão pela terra (10ª ed., 199p.).

Rio de Janeiro: Vozes.

Ferreira, A. H. H. (1988). *Dicionário Aurélio Básico da Língua Portuguesa*. Rio de Janeiro: Editora Nova Fronteira.

Ferreira, S. E. (2011). *O Evangelho Que Conheci*. São Paulo: Editora Meca.

Kalina, E., & Kovadloff, S. (1989). *Dualismo*. São Paulo: Martins Fontes.

Kübler-Ross, E. (1975). *Morte – Estágio Final da Evolução*. Rio de Janeiro: Editora Record.

Kübler-Ross, E. (1999). *Sobre a Morte e o Morrer*. São Paulo: Editora Pá.

Kübler-Ross, E., "Morte – Estágio Final da Evolução", Editora Record, Rio de Janeiro: 1975;

Kushner, R. (1977). *Por que eu? O que toda mulher deve saber sobre o câncer de seio.* São Paulo: Summus Editorial.

Meireles, C. (1994). *Canção Póstuma. Retrato Natural.* Poesia Completa. Rio de Janeiro: Nova Aguilar.

Merleau-Ponty, M. (1971). *O Invisível e o Invisível.* São Paulo: Editora Perspectiva.

Merleau-Ponty, M. (1999). Fenomenologia da Percepção. São Paulo: Martins Fontes.

Mora, J. F. (2001). *Dicionário de Filosofia.* São Paulo: Editora Martins Fontes.

Neme, C. M. B. (2010). Psico-oncologia: caminhos, resultados e desafios da prática. In C. M. B. Neme, *Psico-oncologia. Caminhos e Perspectivas*, São Paulo: Summus Editorial.

Penha, J. (1987). *Períodos Filosóficos.* São Paulo: Editora Ática.

Poelman, J. (1993). *O Homem a caminho de si mesmo.* São Paulo: Editora Paulina.

Sales, C. A., Matos, P. C. B., Mendonça, D. P. R., & Marcon, S. S. (2010, outubro/dezembro). Cuidar de um familiar com câncer: o impacto no cotidiano de vida do cuidador. *Rev. Eletr. Enf.* [internet]. Recuperado em 30 de março de 2012.

Telles, S. S., & Valle, E. R. M. (2010). Doença na Infância e Resiliência. Atuação do Psicólogo Hospitalar em Psico-oncologia. In C. M. B. Neme, *Psico-oncologia. Caminhos e Perspectivas*, São Paulo: Summus Editorial.

Veríssimo, L. J. (2010). *A Ética da Reciprocidade: Diálogo com Martin Buber.* Rio de Janeiro: Editora Uapê.

Capítulo 2

Carcinogênese e prevenção do câncer

CARMEN SILVIA PASSOS LIMA

2.1 Introdução

A célula normal que compõe orgãos e tecidos do corpo humano cumpre um ciclo vital: divide, amadurece e morre. Quando danificada, em geral por anormalidades em um ou mais de seus genes, se divide de forma descontrolada e produz células anormais, que se não detectadas e destruídas, um tumor maligno ou câncer se desenvolve.

O câncer altera o tecido de origem, invade estruturas vizinhas e atinge outras partes do corpo por meio de suas metástases e, assim, determina a destruição de orgãos e tecidos diversos e a morte de seu portador, caso não receba o tratamento adequado em momento propício.

O câncer resulta da interação entre susceptibilidade genética e fatores relacionados ao modo de vida e ao ambiente em que vivem indivíduos distintos.

Já é de conhecimento geral que mutações nos genes BRCA1 e BRCA2, relacionados ao reparo de lesões de DNA, estão associadas ao câncer hereditário de mama e ovário, enquanto que mutações nos genes MLH1, MSH2, MSH3, MSH6, PMS1 ou PMS2 e no gene APC, importantes no reparo de lesões de DNA e supressão de tumores, estão associadas ao câncer hereditário colorretal não polipoide (síndrome de Lynch) e polipoide (adenomatose polipose colônica), respectivamente. Os tumores hereditários, em geral, acometem vários indivíduos de uma mesma família e ocorrem em idade mais precoce do que a usualmente observada para a doença.

Por outro lado, cerca de 35% das mortes por câncer no mundo foram atribuídas ao efeito isolado ou associado de fatores de risco, tais como as infecções, o uso de substâncias aditivas, a dieta inadequada, a obesidade, o sedentarismo, os fatores ambientais e a exposição ocupacional a carcinógenos.

Diante do exposto, medidas de prevenção dos diversos tipos de câncer são mandatórias para evitar mortes desnecessárias. Atualmente, a palavra-chave em cancerologia é prevenção, nos seus vários níveis. Para que possa tratar da prevenção do câncer, é necessário que se comente, mesmo que de forma sucinta, os principais fatores de risco a ele associados. Assim, neste capítulo, abordamos inicialmente os fatores de risco associados aos cânceres de maior prevalência e, a seguir, as recomendações relacionadas à prevenção dos diversos tipos da doença.

2.2 Fatores de risco em câncer

2.2.1 Infecções

Estima-se que 25% dos casos mundiais de câncer resultem de infecções, como as causadas pelo papilomavírus humano (HPV), pelos vírus das hepatites B (HBV) e C (HBC), pelo vírus Epstein-Barr (EBV), pelo herpesvírus humano tipo 8 (HHV8), pelo vírus da imunodeficiência humana (HIV) e pela bactéria *Helicobacter pylori*.

O HPV está definitivamente associado ao carcinoma do colo uterino. Os tipos mais prevalentes, o 16 e o 18, são responsáveis por cerca de 70% dos casos da doença em diversos países do mundo e também no Brasil. A integração do DNA do vírus ao genoma de célula epitelial do colo uterino determina o desarranjo dos genes virais E1 e E2. A proteína E2 inibe o promotor dos genes virais E6 e E7. A rotura do gene E2 pela integração ao genoma da célula hospedeira libera o promotor dos genes E6 e E7 da atividade inibidora do E2, com consequente aumento de suas expressões. As proteínas E6 e E7 são oncoproteínas que contribuem para a transformação celular por meio da ligação e inativação das proteínas reguladoras do ciclo celular p53 e Rb, respectivamente. Os HPV dos tipos 16 e 18 estão também associados ao carcinoma de ânus, vulva, vagina, pênis, língua e orofaringe, particularmente em adultos jovens.

Já o hepatocarcinoma está associado a infecções pelo HBV e HCV. Infecções isoladas pelo HBV e HCV e por ambos os vírus determinam cerca de 60%, 34% e 90% dos casos da doença, respectivamente, em países em desenvolvimento. Portadores de infecção crônica pelo HBV estão sob risco cem vezes maior de hepatocarcinoma do que os não infectados. A injúria aos hepatócitos em infecções crônicas é determinada predominantemente pela resposta imune induzida pelo reconhecimento de antígenos virais na superfície das células infectadas. A proliferação reativa de hepatócitos aumenta o risco de mutações gênicas que podem contribuir para a perda do controle de proliferação celular e para o desenvolvimento do tumor.

O EBV determina 85% dos linfomas de Burkitt, a quase totalidade dos carcinomas de nasofaringe e a 50% dos linfomas de Hodgkin de países em desenvolvimento. O EBV imortaliza linfócitos B humanos e induz linfomas de células B em primatas. O linfoma de Burkitt é ainda caracterizado pela translocação recíproca no lócus c-myc/Ig, com hiperexpressão do oncogene c-myc em células linfoides infectadas. Essas descrições suportam o papel do vírus na patogênese pelo menos da neoplasia linfoide.

Além desses, o sarcoma de Kaposi está frequentemente associado às infecções pelos HHV8 e HIV. A infecção pelo HHV8 é documentada em praticamente todos os portadores do tumor, e a infecção pelo HIV constitui importante fator de risco para o desenvolvimento tumoral. Três processos estão associados ao sarcoma de Kaposi: a proliferação de células endoteliais fusiformes, a presença de linfócitos B, T e monócitos, e a formação de vasos sanguíneos. A dependência do tumor a fatores exógenos é bem estabelecida. Linfócitos B infectados pelo vírus HHV8 produzem as citocinas IL6 e IL8 que promovem a proliferação das células endoteliais fusiformes. Linfócitos CD4 positivos infectados pelo vírus HIV estão também associados à proliferação das células endoteliais fusiformes, por meio da proteína Tat. Ainda, o HIV contribui de forma inequívoca na oncogênese do linfoma não Hodgkin e do linfoma de Hodgkin.

Por outro lado, a infecção pela *Helicobacter pylori* é responsável por 78% dos casos de câncer gástrico em países em desenvolvimento. O agente determina uma inflamação crônica da mucosa gástrica. As lesões teciduais e o reparo delas aumentam a taxa de proliferação celular, com consequente maior probabilidade de mutações ou translocações cromossômicas durante a mitose. Ainda, a inflamação crônica pelo patógeno pode reduzir a expressão de genes de reparo de lesões de DNA, como o MLH1 e o MSH2, determinando instabilidade genética e maior taxa de erros durante a replicação de DNA.

2.2.2 Substâncias aditivas

O tabaco determina 30% das mortes por câncer e constitui a primeira causa evitável da doença. Os cigarros constituem o principal tipo de tabaco consumido no mundo. Contêm inúmeros compostos que induzem o câncer em animais e humanos, como hidrocarbonetos aromáticos policíclicos, benzeno, nitrosaminas e aminas aromáticas. Ligações entre esses compostos e o DNA produzem adutos de DNA e mutações em genes críticos de células normais, como o supressor de tumor TP53 e o oncogene RAS, com consequente perda de mecanismos de controle de proliferação celular e formação de tumores. Redução da morte de células anormais (apoptose), estímulo da formação de vasos sanguíneos e silenciamento de genes supressores de tumor por metilação de regiões promotoras podem também ser determinadas por ações dos compostos químicos em células. O câncer de pulmão é fortemente associado ao tabaco: 90% dos casos da doença ocorrem em fumantes, em particular em indivíduos que consomem grande número de cigarros ao dia durante longos anos. A mortalidade pela doença é quinze vezes maior em fumantes do que em não fumantes, enquanto em ex-fumantes é cerca de quatro vezes maior. Ainda, não fumantes expostos à fumaça do tabaco têm risco 30% maior da doença do que não fumantes e não expostos. O câncer de laringe, pâncreas, fígado, bexiga, rim e leucemia aguda também estão associados ao hábito de fumar.

O etanol e o acetaldeído de bebidas alcoólicas têm efeito antifolato e consequentemente podem induzir mutações no DNA ou hipometilação de oncogenes. A ingestão crônica de bebidas alcoólicas está associada a maiores riscos de câncer de boca, faringe, laringe, esôfago, fígado e mama, que são diretamente proporcionais à quantidade de álcool ingerido e não propriamente do tipo de bebida.

Indivíduos que bebem e fumam apresentam riscos ainda maiores de câncer do que os que só fumam ou ingerem bebida alcóolica, indicando efeito sinérgico do tabaco e álcool na carcinogênese.

2.2.3 Dieta, sobrepeso, obesidade e atividade física

Alimentação inadequada, consumo de álcool, sobrepeso, obesidade e sedentarismo estão relacionados a pelo menos 20% dos casos de câncer em países em desenvolvimento e são considerados, em conjunto, a segunda causa evitável de câncer.

A relação entre câncer e padrão de dieta é complexa, pois depende do tipo de alimento, do tipo de preparo do alimento, do tamanho das porções, da variedade de alimentos, do equilíbrio calórico diário e da conservação dos alimentos. O consumo de frutas, legumes e verduras, cinco porções ou 400g por dia, confere proteção contra alguns tipos de câncer. As frutas, legumes e verduras são fontes importantes de ácido fólico, que participa de reações de síntese de DNA e de grupos metila envolvidos na supressão de genes de proliferação celular. Em contraste, dietas com alimentos gordurosos, conservados em sal, embutidos, defumados e tostados, e contaminados por aflatoxinas produzidas pelo fungo *Aspergillus flavus*, assim como o consumo de bebidas alcoólicas são fatores da dieta associados ao câncer.

A ingestão de fibras está associada à prevenção do câncer colorretal, pois reduz o tempo de trânsito do bolo fecal e por se ligar a potenciais carcinógenos químicos na luz intestinal. As fibras podem ainda induzir a apoptose de células com lesão de DNA.

Por outro lado, enquanto o sobrepeso, a obesidade e o sedentarismo aumentam os riscos de vários tipos de câncer, a atividade física funciona como um fator de proteção à doença (Tabela 1), principalmente por prevenir ganho de peso e obesidade. Entretanto, a atividade física também pode atuar de forma independente na prevenção do câncer.

Tabela 1 – Relação entre a dieta, sobrepeso, obesidade e atividade física com redução e aumento do risco de câncer

Evidência	Reduz o risco de câncer	Aumenta o risco de câncer
Bem estabelecida	Atividade física: câncer colorretal	Sobrepeso e obesidade: câncer do esôfago, colorretal, endométrio, rim e mama na pós--menopausa Álcool: câncer da cavidade oral, faringe, laringe, esôfago, fígado e da mama Grãos e cereais com aflatoxina: câncer do fígado Peixes salgados: câncer da nasofaringe
Provável	Frutas, legumes e verduras: câncer da cavidade oral, esôfago, estômago e colorretal	Carnes conservadas: câncer colorretal Alimentos conservados em sal (carne de sol, peixe salgado): câncer do estômago Bebidas e alimentos muito quentes: câncer da cavidade oral, faringe e esôfago

Possível	Fatores que parecem reduzir o risco de alguns cânceres, como o colorretal Alimentação rica em fibras Peixe (salmão) Soja Vegetais de folha verde escura Feijão, cebola e alho Frutas amarelo-alaranjadas Grãos, oleaginosas e sementes	Fatores que parecem aumentar o risco de alguns cânceres, como o colorretal e o gástrico Gordura animal Peixes e carnes tostados Alimentos embutidos (salsicha, salame, presunto)

Fonte: Adaptado de Diet Nutrition and the Prevention of Chronic Diseases. Report of a Joint WHO/FAO Expert Consultation. Genebra, World Health Organization, 2003 (WHO Technical Report Series, n. 916).

2.2.4 Fatores ambientais

A principal causa de câncer de pele, melanoma e não melanona, é a exposição à radiação não ionizante ultravioleta (UV) A e B da luz solar. Estima-se que a maioria dos tumores de pele não melanoma e até 65% dos casos de melanoma possam estar relacionados à exposição solar.

A radiação UVA, que corresponde a mais de 90% da radiação solar, danifica o DNA indiretamente pela formação de espécies reativas de oxigênio (EROs), que podem levar a dano oxidativo e quebras na dupla fita. A radiação UVB é absorvida pela epiderme e danifica os queratinócitos e melanócitos, com formação de dímeros de pirimidina ciclobutano e fotoprodutos de pirimidina-pirimidona, que alteram as ligações e consequentemente a estrutura do DNA. Seus efeitos são mais marcantes do que os da radiação UVA, devido à degradação do DNA provavelmente por estresse oxidativo e estreita relação com a via da p53.

A intensidade dos raios UV varia com a localização geográfica, hora do dia e estação do ano. Assim, no Brasil, um país tropical, os raios UV são mais intensos das 10:00 às 16:00 horas e no verão. O risco do câncer de pele é proporcional à exposição cumulativa a raios UV ao longo da vida, sendo as crianças particularmente vulneráveis aos efeitos nocivos do sol. Também varia com o tipo de pele, clara ou escura, e ocupações que exponham ou não indivíduos à radiação solar: trabalhadores agrícolas do sul do país, loiros ou ruivos, são altamente susceptíveis ao câncer de pele melanoma e não melanoma.

Os tumores não melanoma, embora comuns, raramente são fatais. Já o melanoma, menos comum no país, é altamente letal.

A exposição à radiação ionizante de exames de imagens, como a tomografia computadorizada, de armas e acidentes nucleares ou de terapêutica radioterápica pode ter um tumor como evento final. Há evidências de que os fótons determinam quebras no DNA de células irradiadas e, portanto, modificações no material genético, com consequente transformação neoplásica.

Vale comentar que os tumores determinados por exposição à radiação ionizante, como a leucemia aguda, a leucemia mieloide crônica e os carcinomas da tireoide e de mama, surgem após período de latência variável e conferem, em geral, prognóstico reservado a seus portadores.

2.2.5 Exposição ocupacional e câncer

Cerca de 2% a 4% dos cânceres são atribuídos à exposição a carcinógenos, como alumínio, hidrocarbonetos aromáticos policíclicos, amianto e sílica (Iarc, 2006), no ambiente de trabalho em países diversos e no Brasil (Tabela 2).

Tabela 2 – Tipos de indústrias e respectivos tipos mais incidentes de câncer

Tipo de indústria	Localização primária do câncer
Alumínio	Pulmão, bexiga
Borracha	Leucemia, estômago
Coqueria	Pele, pulmão, rim, intestino, pâncreas
Fundição de ferro e aço	Pulmão, leucemia, estômago, próstata, rim
Madeira e mobiliário	Carcinoma nasal, pulmão, mieloma
Couro e sapatos	Carcinoma nasal, leucemia, pulmão, cavidade oral, faringe, estômago, bexiga
Siderúrgica	Leucemia
Fibroaquecimento e construção naval	Pulmão

Fonte: Adaptado de Iarc (2006).

Assim, verificamos que tudo que alguém faz para ganhar a vida, por prazer, para se tratar ou simplesmente por ter nascido engorda, é imoral ou oncogênico.

Mais de um terço das mortes por câncer no mundo podem ser atribuídas a fatores de risco modificáveis, como o sexo sem proteção, as injeções contaminadas, o tabagismo, o consumo de álcool, o reduzido consumo de frutas, legumes e verduras, o sobrepeso, a obesidade, a inatividade física, a queima de combustíveis sólidos e a poluição do ar, que justificam medidas de prevenção para os cânceres a eles relacionados.

2.3 Prevenção do câncer

Prevenção, em medicina, significa qualquer ação capaz de reduzir a morbidade e a mortalidade causada por determinada doença. A prevenção pode ser classificada em primária, secundária e terciária. As medidas de prevenção do câncer são específicas para cada etapa.

As ações que evitam que o câncer ocorra constituem medidas de prevenção primária e incluem as modificações de fatores relacionados ao estilo de vida. Prevenção secundária são as ações que visam à detecção e ao tratamento de um câncer ainda assintomático, por meio do rastreamento em pessoas aparentemente sadias, usando algum método diagnóstico. Prevenção terciária visa reduzir o impacto negativo do câncer já estabelecido, tratando e reabilitando o indivíduo. Neste capítulo serão abordadas somente as prevenções primária e secundária.

Em se tratando de países com recursos limitados como o Brasil, em que outros problemas de saúde pública competem com o câncer por atenção, as medidas de prevenção adotadas deveriam ser predominantemente aquelas com comprovada relação custo-efetividade e que certamente têm impacto na mortalidade de seus portadores. Nessa perspectiva é que se tornam prioridades de saúde pública o controle dos cânceres de colo de útero, de mama e o controle do tabagismo. Outras medidas, como a prevenção e o tratamento de infecções, a restrição de bebidas alcoólicas, as orientações dietéticas, a realização de atividades físicas, a proteção da pele dos efeitos deletérios do sol e a exposição a carcinógenos são também preconizadas.

2.4 Prevenção primária

2.4.1 Prevenção e tratamento de infecções

Cerca de 25% dos casos de câncer estão associados a infecções e são potencialmente evitáveis com a adoção de medidas preventivas ou terapêuticas para o agente específico. As infecções virais pelo HPV, HBV, HCV, HIV e HHV8 podem ser evitadas com a adoção do sexo com proteção e cuidados com as transfusões dos componentes do sangue. Evitam a ocorrência do câncer do colo uterino, hepatocarcinoma, linfoma não Hodgkin e sarcoma de Kaposi.

A vacina contra o HBV reduz a incidência da hepatite crônica, cirrose e hepatocarcinoma na população vacinada, com boa relação custo-efetividade. A vacinação está indicada para todas as crianças e adolescentes e para adultos que se enquadrem nos seguintes quesitos: profissionais da saúde, politransfundidos, parceiro sexual de portador crônico do HBV, indivíduos com comportamento sexual promíscuo, imigrantes de áreas endêmicas e pacientes submetidos à diálise. Após as três doses da vacina, cerca de 90% dos vacinados desenvolvem títulos adequados de anticorpos contra o antígeno de superfície do HBV, o anti-HBs. Um esquema vacinal adequado confere cerca de vinte anos de proteção. Já o tratamento da infecção pela *Helicobacter pylori* com antibióticos atua na prevenção do carcinoma e do linfoma gástricos.

O câncer do colo uterino é, entre os causados por infecções, o que merece maior destaque para medidas de prevenção primária em nosso país. O tumor é de alta prevalência, principalmente em países e regiões em desenvolvimento. No Brasil, estima-se que serão diagnosticados 17.540 casos novos da doença desde 2012. Dentre as mulheres, somente o câncer de mama causa mais óbito do que o câncer do colo uterino.

O câncer do colo uterino é um tumor que evolui de forma lenta a partir de lesões precursoras até se apresentar como um carcinoma. A infecção pelo HPV é a etapa inicial da doença, ainda que na maioria das mulheres essa infecção cura espontaneamente e não dá origem a lesões precursoras e, menos ainda, ao próprio câncer. Cerca de quarenta tipos de HPV já foram isolados na região ano-genital, sendo que destes apenas quinze tipos podem ser considerados como de alto risco para o desenvolvimento do câncer.

A transmissão do vírus é sexual e ocorre com maior frequência em mulheres com vários parceiros. A prevenção primária se faz por medidas que evitem a infecção por HPV. O uso de preservativo diminui a transmissão, mas não a evita completamente; ter menos parceiros sexuais também reduz a possibilidade de adquirir a infecção.

Mais recentemente surgiram as vacinas contra a infecção por HPV dos tipos 16 e 18, responsáveis por cerca de 70% dos casos de câncer do colo uterino. Essas vacinas podem ser eficazes para controlar as lesões precursoras causadas por esses dois tipos de vírus, porém não evitam as lesões causadas pelos outros tipos de HPV. Para que a vacina seja eficiente, é necessário que seja administrada antes do início da atividade sexual, ou seja, em mulheres entre 10 e 12 anos. Se a mulher já adquiriu a infecção pelos HPV 16 e 18, a vacina não evitará que as lesões precursoras ocorram. Atualmente preconizam-se três doses, e a opção pela vacina é voluntária. É importante comentar que a avaliação convencional dessas mulheres com base no exame Papanicolaou deve ser mantida, pois desconhece-se o tempo de proteção conferido pela vacina e, ainda, a vacina não confere imunidade para todos os tipos de HPV.

A incorporação da vacina no calendário nacional de imunizações deve ser apropriadamente discutida pelo Sistema Único de Saúde (SUS), tendo em vista a elevada morbidade e mortalidade do câncer do colo uterino no Brasil.

2.4.2 Combate ao tabaco e álcool

O pulmão é o quarto sítio mais frequente de câncer no Brasil; estima-se que 27.320 casos novos da doença foram diagnosticados no ano de 2012. Temos cerca de 20 milhões de fumantes no país, que justificam as campanhas para a prevenção do início do hábito de fumar, particularmente entre adolescentes e adultos jovens, e para a interrupção do tabagismo nos demais. O Ministério da Saúde desenvolve, desde 1989, o Programa Nacional de Controle do Tabagismo, cujas diretrizes incluem as advertências sobre os malefícios do tabaco, a proibição de propaganda de tabaco em meios de comunicação e o tratamento dos dependentes em unidades públicas de saúde. A base do tratamento dos dependentes no país é a abordagem cognitivo-comportamental. Apoio medicamentoso, como o adesivo transdérmico, a goma de mascar, as pastilhas com nicotina e o cloridrato de bupropiona podem ser necessários para minimizar os sintomas da síndrome de abstinência da nicotina.

Por outro lado, o consumo abusivo de bebidas alcóolicas foi referido por 25% dos homens do Recife e 8% das mulheres de Belo Horizonte. Esses dados justificam a recomendação de que, caso haja consumo de bebida alcóolica, esta se limite a, no máximo, duas doses por dia para homens e uma dose por dia para mulheres.

A interrupção do tabaco e a limitação da ingestão de bebidas alcóolicas reduzem o risco do câncer de pulmão, cavidade oral, faringe, laringe, esôfago, fígado e mama.

2.4.3 Alimentação e atividade física promovendo a saúde

Menos de 5% dos adolescentes e adultos de diferentes capitais de estados brasileiros ingeriram quantidades adequadas de frutas, legumes e verduras no período de 2002 a 2005. Percentuais variáveis de adultos com atividade física insuficiente, nas mesmas regiões e períodos, atingiram o máximo de 60% em João Pessoa. Ainda, o excesso de peso atingiu cerca de quatro em cada dez brasileiros adultos no ano de 2003.

Assim, dieta inadequada, excesso de peso e falta de atividade física são características de nossa população e justificam as recomendações de ingerir cinco porções de frutas, verduras e legumes ao dia, buscar o peso saudável e realizar pelo menos 30 minutos de atividade física de intensidade moderada a intensa, regularmente, para a prevenção do câncer de esôfago, colorretal, endométrio, rim e mama em mulheres no pós-menopausa.

2.4.4 Proteção da exposição à luz solar

Cerca de 134.200 casos novos de câncer de pele não melanoma e 6.200 casos novos de melanoma foram estimados pelo Instituto Nacional do Câncer para o ano de 2012 no Brasil.

O contingente de indivíduos expostos à luz do sol varia nas diferentes regiões do país. Até 65% dos adultos da região Norte e 75% dos da região Sul do nosso país foram expostos diariamente ao sol, no período de 2002 a 2005. Esses dados justificam que medidas específicas de proteção para a pele sejam tomadas para prevenir o câncer, como evitar a exposição ao sol das 10 horas às 16 horas, usar chapéu, óculos escuros, camisa e filtro solar com fator de proteção (PFS) 15 ou mais, aplicado 30 minutos antes da exposição e quando sair da água.

2.4.5 Prevenção da exposição a carcinógenos

A prevenção dos cânceres relacionados à exposição ocupacional à carcinógenos, como o de pulmão, bexiga, leucemia aguda, rim, estômago, intestino, pâncreas, próstata e mieloma múltiplo, inclui a orientação da população geral sobre os malefícios do contato com os agentes químicos e na adoção de medidas específicas para trabalhadores de indústrias, polos petroquímicos e serviços médicos.

As restrições à utilização industrial e comercial do asbesto e sílica estão associadas à redução do câncer de pulmão a ele relacionado.

2.4.6 Quimioprevenção e avaliações genéticas

Avaliações do potencial de quimioprevenção, ou seja, uso de alguma medicação para prevenir câncer, e da identificação de mutações na prevenção de câncer parecem ter maior importância no câncer de mama e no câncer do cólon e reto.

O câncer de mama apresenta alta incidência no mundo ocidental, principalmente em países desenvolvidos, onde constitui a primeira causa de óbito por câncer entre mulheres. Em 2012 foram diagnosticados 52.680 casos novos da doença no Brasil.

A exposição das mamas ao hormônio estrogênio é uma etapa importante para a ocorrência da doença, o que justifica sua associação com o uso prolongado de anticoncepcionais orais e terapia de reposição hormonal na mulher no climatério, a nuliparidade ou primeira gravidez tardia, a menarca precoce e a menopausa tardia. O uso prolongado de medicamentos como o tamoxifeno e o raloxifeno, que reduzem a ação do hormônio na mama, reduzem a incidência do câncer de mama. Por outro lado, anti-inflamatórios, como os inibidores da enzima ciclooxigenase-2 (COX-2) e o ácido acetilsalicílico, foram usados para prevenir o câncer da mama, mas sem eficácia comprovada até o momento.

O câncer de mama pode ser hereditário. Mutações nos genes BRCA1 e BRCA2 oferecem um risco altíssimo da doença para as portadoras das anormalidades genéticas. Todavia, como os testes genéticos não estão ainda disponíveis para a população geral no país, as mutações devem ser pesquisadas em mulheres que apresentam forte evidência de doença hereditária. As portadoras das mutações precisam de medidas de prevenção eficientes. Discute-se a indicação de medidas que reduzam a ação dos estrogênios nas mamas, como o uso de tamoxifeno ou ooforectomia profilática. A mastectomia profilática bilateral pode ser indicada em mulheres portadoras de mamas com lesões histológicas de alto risco de malignidade, como as neoplasias intraepiteliais, e naquelas portadoras de mutações germinativas nos genes BRCA1 ou BRCA2.

Foram diagnosticados 30.140 casos novos de câncer de cólon e reto no Brasil no ano de 2012, sendo 14.180 casos em homens e 15.960 casos em mulheres, o que parece justificar a adoção de medidas de prevenção da doença no país.

Os inibidores da COX-2 e o ácido acetilsalicílico foram usados para prevenir o câncer do cólon, mas sem evidência consistente de sua eficácia.

Mutações no gene APC estão associadas com a polipose adenomatosa familial, doença caracterizada por grande número de pólipos intestinais em indivíduos de uma mesma família, que apresentarão transformação de pólipos para o câncer colorretal aos 30-40 anos de idade. As mutações podem ser pesquisadas em indivíduos que apresentam evidência de doença hereditária. Portadores das mutações são, em geral, submetidos à colectomia ou proctocolectomia total, quando adultos, para a remoção dos pólipos.

2.5 Prevenção secundária

Para a maioria dos cânceres, as taxas de cura estão relacionadas com a extensão da doença no momento do diagnóstico. A prevenção secundária, por meio do uso de algum teste de rastreamento, pode detectá-los em fase inicial e, assim, possibilitar para o paciente um tratamento menos agressivo e mais efetivo.

O rastreamento pode ser promovido para os cânceres de alta prevalência e mortalidade na população. Esses cânceres precisam ter uma fase inicial assintomática que seja longa e com alta taxa de cura. Também é necessário que se disponha de um exame para o rastreamento que seja de fácil execução em larga escala e capaz de identificar os indivíduos com lesão inicial com suspeita de câncer. A confirmação do câncer se fará por meio da biópsia da lesão identificada pelo exame de rastreamento.

Para cada câncer, a efetividade de um programa de rastreamento é avaliada de forma mais consistente pela redução da mortalidade, porém podem ser necessários muitos anos de seguimento ou mesmo décadas. A avaliação da efetividade também pode ser feita pela redução da incidência do câncer invasor e do aumento do diagnóstico nas fases mais iniciais, com a vantagem de se obter dados com menos tempo de seguimento, ainda que podem não ser conclusivos. De maneira geral, quando se inicia um programa de rastreamento numa população, o primeiro resultado é o aumento do número de casos diagnosticados (soma dos casos iniciais e avançados); somente na segunda fase é que se observará uma redução dos casos avançados.

Serão apresentados, a seguir, os cânceres em que há ações de prevenção secundária com evidências de resultados efetivos.

2.5.1 Câncer do colo uterino

A prevenção secundária se faz por meio da citologia cervical, conhecida como teste de Papanicolaou. Esse teste consiste na análise de material citológico do colo do útero, sendo coletada uma amostra da parte externa (ectocérvice) e outra da parte interna (endocérvice). Uma redução significativa da incidência do câncer do colo uterino utilizando a citologia cervical foi observada em países com programa organizado de prevenção do tumor, mas essa não é a realidade geral, principalmente em países menos desenvolvidos.

No Brasil, o Ministério da Saúde recomenda que as mulheres entre 25 e 60 anos que já tiveram relação sexual façam o exame de citologia cervical com intervalo de até três anos. Essas recomendações variam entre diferentes países, sendo que raramente se recomenda que o início ocorra antes dos 20 anos.

Sabe-se que as mulheres jovens podem apresentar um exame citológico positivo, porém a maioria não tem lesão ou a lesão não é importante e regride espontaneamente. As lesões precursoras que têm maior chance de progredir para câncer ocorrem em mulheres a partir dos 30 anos de idade. As mulheres com 60 anos, com três exames citológicos negativos e que não tiveram exames anormais nos últimos dez anos podem interromper os controles. Há algumas recomendações que indicam rastreamento até aos 70 anos de idade.

Como o câncer do colo uterino é causado pelo HPV, pesquisar se a mulher está infectada por esse vírus tem sido uma alternativa para o rastreamento. Todavia, como antes dos 30 anos de idade muitas mulheres apresentam essa infecção e não desenvolvem lesão, recomenda-se fazer o teste de HPV somente a partir dessa idade.

Ainda, em países ou regiões muito pobres têm sido testada a inspeção visual do colo uterino com aplicação de ácido acético ou lugol (iodo) para identificar possíveis imagens suspeitas.

Para reduzir a morbidade e mortalidade por câncer do colo uterino é importante considerar que o teste de rastreamento precisa ter qualidade suficiente para discriminar as mulheres com e sem lesão, e que cerca de 80% das mulheres alvo precisam realizar periodicamente os controles.

Também é preciso garantir que as mulheres que tenham um teste de rastreamento positivo tenham acesso aos exames complementares para estabelecer o diagnóstico definitivo, como colposcopia e biópsia. O câncer do colo uterino pode ser avaliado pelo teste de Papanicolaou. O exame é indicado para mulheres com vida sexual ativa, com idade entre 25 e 60 anos, uma vez ao ano. Após dois exames normais negativos, com intervalo de um ano entre eles, pode ser repetido a cada três anos.

A descoberta de lesões pré-cancerosas, com alto risco de evolução para a fase invasora, exige condutas mais efetivas, como as conizações. De fato, na vigência de resultados de Papanicolaou sugestivos de neoplasia intraepitelial cervical 2 (NIC2) e NIC3, e no caso de colposcopia com achado suspeito de lesões de alto grau de malignidade comprovadas por exame histológico, indica-se a ressecção das áreas de risco da cérvice uterina, quer pela cirurgia de alta frequência, quer pela cirurgia clássica com bisturi ou a amputação do colo do útero.

2.5.2 Câncer de mama

A prevenção secundária se faz por rastreamento mamográfico em mulheres entre 50 e 70 anos, conforme estabelecem as normas do Ministério da Saúde e de muitas outras instituições. O intervalo entre os controles pode ser de até dois anos. Em mulheres entre 40 e 49 anos de idade, a indicação do rastreamento mamográfico já não é tão óbvia, mas a tendência atual é a de realizar o exame também nessas mulheres. Nesse grupo etário, a incidência de câncer é menor e o desempenho da mamografia não é tão bom. Nas mulheres jovens, a mama é radiologicamente mais densa, o que dificulta identificar com maior precisão na mamografia alterações que sugiram a presença de um câncer. Assim, muitas mulheres com exames positivos ou duvidosos são submetidas à biópsia e não apresentam câncer. Para as mulheres entre 35 e 49 anos, é recomendado o exame clínico da mama, e mamografia anual apenas para as mulheres de grupos populacionais com risco elevado de desenvolver o câncer.

2.5.3 Câncer de próstata

O câncer de próstata é o tumor de maior incidência em homens no Brasil, após o câncer de pele não melanoma. Foram diagnosticados 60.180 casos novos da doença no Brasil em 2012, o que parece justificar as medidas de prevenção da doença no país.

Os principais exames para o diagnóstico precoce do câncer de próstata é a concentração sérica do antígeno prostático total (PSA), o toque retal e a ultrassonografia endorretal. O PSA é um método com sensibilidade máxima de 80-85%. Entretanto, o teste é de baixa especificidade, que resulta em números significativos de homens com falsos resultados negativos. O toque retal tem especificidade de 15-30% e sensibilidade de 60%, isto é, apenas um em cada três pacientes com toque retal suspeito tem efetivamente o câncer de próstata. A ultrassonografia endorretal é um exame com sensibilidade e especificidade em torno de 41% e 79%. Já a associação do PSA com o toque retal aumenta a identificação efetiva de casos da doença.

Assim, a quantificação do PSA e o toque retal são indicados para o rastreamento do câncer de próstata em homens com idade maior do que 50 anos, quando a incidência do câncer começa a aumentar, e com expectativa de vida de cerca de dez anos, em vários serviços médicos dos Estados Unidos, mas não em todos. Dados recentes sugerem que a identificação precoce desse câncer resulta em redução da mortalidade pela doença, ainda que faltem evidências definitivas. No Brasil, o rastreamento populacional do câncer de próstata não é recomendado pelo Ministério da Saúde, uma vez que não há estudos epidemiológicos que embasem de forma conclusiva sua adoção como política de saúde pública.

2.5.4 Câncer colorretal

Três exames são utilizados para o rastreamento do câncer colorretal: a pesquisa do sangue oculto nas fezes, a sigmoidoscopia e a colonoscopia.

A pesquisa anual do sangue oculto nas fezes é um exame não invasivo e de baixo custo, cuja principal limitação é a baixa especificidade, isto é, resulta em número significativo de falsos resultados positivos. A visualização direta do reto e colón é possível com a sigmoidoscopia, que tem ainda como vantagens a possibilidade de biopsiar lesões suspeitas, a eficácia evidente de diagnóstico precoce do câncer em alguns serviços e a necessidade de ser realizado apenas a cada cinco anos. A colonoscopia é o exame de maior sensibilidade e especificidade para o rastreamento desse câncer. Entretanto, o alto custo e as complicações inerentes ao exame, como a perfuração intestinal e hemorragia em poucos indivíduos, são desvantagens a ela atribuídas.

Assim, o rastreamento do câncer colorretal, nos Estados Unidos, é realizado em indivíduos com mais de 50 anos, quando a incidência do câncer começa a aumentar, por meio do exame anual de sangue oculto nas fezes e da sigmoidoscopia a cada cinco anos. No Brasil, o rastreamento populacional para o câncer colorretal é preconizado por algumas sociedades médicas, com base na alta incidência e mortalidade da doença em nosso meio e na eficiência dos métodos diagnósticos da doença, mas não é recomendado de forma geral.

Portadores de mutações no gene APC, MLH1, MSH2, MSH3, MSH6, PMS1 e PMS2 são, em geral, submetidos à colonoscopia anual para o diagnóstico precoce do tumor.

2.5.5 Câncer de pulmão

O câncer de pulmão é o segundo tumor mais incidente em homens e o quarto tumor mais incidente em mulheres no Brasil. Estima-se que tenham sido diagnosticados 27.320 casos novos da doença em 2012, sendo 17.210 casos em homens e 10.110 casos em mulheres, o que poderia justificar a adoção de medidas de prevenção da doença no país.

Entretanto, o exame citológico do escarro, a radiografia e a tomografia computadorizada do tórax possibilitaram o diagnóstico da doença em estágios mais precoces, mas nenhum efeito na redução da mortalidade pode ser observada nos pacientes com a doença.

Assim, o rastreamento para o câncer de pulmão não é preconizado nos Estados Unidos e tampouco no Brasil.

2.6 Considerações finais

O câncer resulta da interação entre susceptibilidade genética, como mutações nos genes BRCA1 e BRCA2, relacionadas ao câncer hereditário de mama e ovário, e mutações nos genes MLH1, MSH2, MSH3, MSH6, PMS1, PMS2 ou APC, relacionadas ao câncer hereditário colorretal, e fatores relacionados ao modo de vida e ao ambiente em que vivem indivíduos distintos, como infecções por micróbios oncogênicos, hábitos do tabaco e das bebidas alcoólicas, dieta carente em frutas, verduras e cereais, sobrepeso, obesidade, sedentarismo, exposição à radiação ionizante e não ionizante e exposição ocupacional a agentes químicos.

Medidas de prevenção primária e secundária para tumores de alta prevalência poupam anos de vida útil dos portadores das doenças.

2.7 Referências bibliográficas

Antunes, R. C. P. (2010). *Perdicaris AAM. Prevenção do Câncer*. São Paulo: Editora Manole Ltda.

Brasil. (2012). Ministério da Saúde. Instituto Nacional do Câncer (Inca). Coordenação de Prevenção e Vigilância. *A Situação do Câncer no Brasil*. Recuperado de http://www.inca. gov.br/estimativa/2012.

DeVita, V. T., Lawrence, T. S., & Rosenberg, S. A. (Eds.). (2011). *Cancer: Principles & Practice of Oncology* (9th edition). Philadelphia: Lippincott Williams & Wilkins.

Fearnhead, N. S., Wilding, J. L., & Bodmer, W. F. (2002). Genetics of colorectal cancer: hereditary aspects and overview of colorectal tumorigenesis. *Br. Med. Bull, 64*, 27-43.

Fisher, B., Constantino, J. P., Wickerham, D. L., Cecchini, R. S., Cronin, W. M., Robidoux, A. et al. (1998). Tamoxifen for prevention of breast cancer: report of the National Surgical Adjuvant Breast and Bowell Project P-1 study. *J. Natl. Cancer., 90*, 1371-1388.

Folkard, M., Prise, K. M., Turner, C. J., & Michael, B. D. (2002). The production of single strand and double strand breaks in DNA in aqueous solution by vacuum UV photons below 10. *Ev. Radiat. Prot. Dosimetry, 99*, 147-149.

Hecht, S. S. (1999). Tobacco smoke carcinogens and lung cancer. *J. Natl. Cancer Inst., 91*, 1194-1210.

Hecht, S. S. (2003). Tobacco carcinogens, their biomarkers, and tobacco-induced cancer. *Nature Rev. Cancer, 3*, 733-744.

Horikawa-Miura, M., Matsuda, N., Yoshida, M., Okumura, Y., Mori, T., & Watanabe, M. (2007). The greater lethality of UVB radiation to cultured human cells is associated with the specific activation of a DNA damage-independent signaling pathway. *Radiat. Res., 16*, 655-662.International Agency for Research in Cancer (Iarc). *Overall Evaluations of Carcinogenecity: An Updating of IARC Monographs*, 1(42) Supplement 7. Recuperado em 4 de setembro de 2006, de http://monographs.iarc.fr/ENG/Monographs/supplements.php.

Kielbassa, C., Roza, L., & Epe, B. (1997). Wavelength dependence of oxidative DNA damage induced by UV and visible light. *Carcinogenesis, 18*, 811-816.

Ministério da Saúde, Instituto Nacional do Câncer, Coordenação de Prevenção e Vigilância. A Situação do Câncer no Brasil. Disponível em: http://www.inca.gov.br/estimativa/2012

Newman, L. A., & Vogel, V. G. (2007). Breast cancer risk assessment and risk reduction. Surg Clin North, 2007, Apr., 87(2): 307-16, vii-viii.

Capítulo 3

O tratamento do paciente com câncer

BRUNO DE ARAÚJO LIMA FRANÇA

3.1 Introdução

O paciente com o diagnóstico de câncer necessita de cuidados especiais e especializados por parte da equipe de saúde e também da existência de uma forte integração entre os seus respectivos membros. Ou seja, todas as ações e decisões têm que ser amplamente discutidas entre os múltiplos profissionais responsáveis pelo paciente em questão, visando a sua qualidade de vida e à sobrevida digna. Essa atitude se inicia no momento da suspeita diagnóstica de uma neoplasia maligna e da consequente realização de métodos investigacionais complementares e estende-se por todo o período de acompanhamento do paciente.

É importante destacar que essa equipe de saúde com tamanha responsabilidade e que é desafiada por um paciente fragilizado e acometido por complexa e angustiante enfermidade, define-se como multidisciplinar e deve ser constituida pelos seguintes profissionais: médico oncologista, médico radioterapeuta, cirurgião oncológico, enfermeiro, técnicos e auxiliares de enfermagem, nutricionista, farmacêutico, assistente social, psicólogo, fisioterapeuta, fonoaudiólogo, terapeuta ocupacional, médico paliativista e odontologista. Devemos mencionar também que demais profissionais, sendo alguns com funções administrativas (recepcionistas, secretárias etc.), e outros com formação em determinadas especialidades médicas (cirurgião de cabeça e pescoço, cirurgião plástico, neurocirurgião, infectologista, hepatologista, endocrinologista etc.) poderão vir a fazer parte desse time. Portanto, entende-se que não há rigidez na formação da equipe, mas sim uma flexibilidade que será regida conforme cada situação específica.

A multidisciplinaridade é essencial para o desenvolvimento de uma assistência de qualidade e de sucesso ao paciente oncológico, sendo também característica fundamental para definirmos o tratameno como pleno e humanizado.

Além disso, pode-se dizer ainda que o aspecto multidisciplinar também serve de base e como potencializador das atividades de ensino e de pesquisa no cenário oncológico, uma vez que a integração, a convivência e a discussão entre os diversos profissionais contribuem para o surgimento de questões e ideias científicas, além de promover um debate envolvendo formas de aprimorar o ensino. É extremamente importante ressaltar que a multidisciplinaridade oncológica não deve apenas ser citada e ficar somente como um conceito, mas deve ser incorporada na prática assistencial dos serviços de oncologia. Destacamos, portanto, que uma estreita relação entre os diversos profissionais, uma integração de fato e a busca incessante pela maior qualidade na assistência são os pilares de uma multidisciplinaridade humanizada e de sucesso.

Portanto, ao abordarmos neste capítulo o tratamento do paciente portador de tumores malignos, por meio de intervenções como cirurgia, radioterapia, quimioterapia e terapia-alvo, não podemos negligenciar nem subvalorizar as ações também terapêuticas de enfermeiros, nutricionistas, psicólogos, assistentes sociais, farmacêuticos, fisioterapeutas, fonoaudiólogos, terapeutas ocupacionais e odontologistas.

3.2 O tratamento

3.2.1 Aspectos gerais

Inicialmente, para estabelecermos o tratamento a qual o paciente será submetido, necessitamos de uma caracterização detalhada do paciente e do respectivo tumor. Em relação ao paciente, precisamos avaliar a sua condição clínica, ou seja, a presença de comorbidades e aspectos envolvendo a idade e a consequente fragilidade do paciente. Dessa forma, uma anamnese e um exame físico criteriosos e bem elaborados são fundamentais para detectarmos algumas doenças que possam limitar ou inviabilizar a realização de tratamentos específicos. Os pacientes que apresentam doença pulmonar obstrutiva crônica moderada a grave, ou insuficiência cardíaca congestiva moderada a grave, ou insuficiência hepática moderada a grave, ou ainda encefalopatia demencial secundária, por exemplo, respectivamente, ao tabagismo, ao infarto agudo do miocárdio, à cirrose hepática alcoólica e ao acidente vascular encefálico isquêmico muito provavelmente não poderão se submeter às intervenções oncológicas. Somam-se a esses casos extremos outras situações nas quais os pacientes apresentam condições que limitam a realização de um tratamento específico, sendo necessárias algumas adaptações ou o adiamento daquela intervenção até a obtenção de uma melhor condição clínica ou estabilização do quadro. Citam-se como exemplos desse grupo os pacientes portadores de hipertensão arterial sistêmica grave e descompensada, diabetes mellitus descontrolado, obesidade mórbida, desnutrição moderada a grave, insuficiência renal, transtornos psiquiátricos descompensados e outros. Em muitas situações, além da história clínica, serão necessários dados obtidos por meio de exames complementares para caracterizar de maneira objetiva determinada condição clínica do paciente. Assim, deve-se ter cautela e aguardar os resultados de métodos diagnósticos complementares como exames laboratoriais, ecocardiograma, prova de função respiratória, radiografia de tórax, exames de medicina nuclear, entre outros, para se decidir quanto à terapêutica.

Em relação à idade dos indivíduos portadores de neoplasias malignas a serem submetidos a tratamentos, é importante mencionar que ela não pode ser considerada como um fator isolado. Tal fato se deve, por exemplo, porque simplesmente encontramos alguns pacientes com melhor condição clínica nas sétima e oitava décadas de vida do que outros nas quinta e sexta décadas de vida. Assim, a idade deve estar estreitamente relacionada ao conceito de fragilidade e às comorbidades que aquele idoso apresenta ou não. Portanto, somente assim ela poderá vir a desempenhar um peso no momento da decisão do tratamento.

Todo esse cuidado na avaliação dos pacientes e na minuciosa caracterização de suas condições clínicas se deve pela agressividade da medida terapêutica a ser implementada, seja ela a cirurgia, a quimioterapia, a terapia-alvo ou a radioterapia e as suas prováveis consequências. Há que se destacar o grande risco de deterioração clínica a qual estão expostos aqueles pacientes mal selecionados e submetidos a tratamentos inadequados ou equivocados. Portanto, é importante frisar a imensa responsabiliade de desencadear um processo terapêutico oncológico, uma vez que há uma linha tênue separando o sucesso e a chance de cura do fracasso e do risco de morte pelo próprio tratamento.

Dessa forma, considerando-se a importância do assunto, diversas escalas e padronizações foram elaboradas e difundidas internacionalmente. Tal medida visava ao estabelecimento de um conceito e de um critério padrão para avaliar e classificar o estado clínico dos pacientes, permitindo as comparações e facilitando a realização dos trabalhos científicos. Portanto, temos hoje as clássicas escalas para avaliação do performance status (PS): ECOG e Karnofsky.

ESCALA ECOG PERFORMANCE STATUS	
Grau	ECOG
0	Ativo, sem restrições
1	Limitação para atividades intensas
2	Capaz apenas de desempenhar atividades leves. Ativo mais de 50% das horas despertas do dia
3	Grande limitação para cuidar de si próprio. Restrito ao leito ou ao assento mais de 50% das horas despertas do dia
4	Totalmente incapaz e acamado
5	Óbito

ESCALA KARNOFSKY PERFORMANCE STATUS		
Capaz de desempenhar as atividades normais do dia a dia e de trabalhar; não há necessidade de nenhum cuidado especial	100	Normal e sem queixas; sem evidência de doença
	90	Desempenha atividades normais; sinais e sintomas mínimos de doença
	80	Realiza atividades normais com esforço; alguns sinais e sintomas da doença
Incapaz para o trabalho; em sua maioria consegue permanecer em casa e cuidar das necessidades pessoais	70	Apenas realiza os cuidados consigo mesmo; incapaz de realizar atividades normais ou de trabalhar
	60	Requer ajuda em alguns momentos, mas é ainda capaz de realizar a maioria das suas necessidades pessoais
	50	Requer ajuda e assistência consideráveis e frequentes cuidados médicos
Incapaz de cuidar de si; necessita de internação; doença pode progredir rapidamente	40	Incapaz; necessita de assistência e cuidados especiais
	30	Incapaz e grave; internação indicada apesar da morte não ser iminente
	20	Muito grave; internação necessária com medidas de suporte
	10	Moribundo; curso fatal rapidamente progressivo
	0	Óbito

Logo, antes de se considerar o início de qualquer intervenção terapêutica, mas já ciente quanto às opções a serem administradas, o que deve ser feito é a definição de elegibilidade do paciente. Isso se aplica para a cirurgia (paciente operável ou inoperável), assim como para a radioterapia, a quimioterapia e a terapia-alvo.

Em seguida, após a caracterização do paciente e pensando-se na melhor maneira de tratá-lo, devemos estabelecer a real extensão do seu acometimento pela neoplasia. Isto é, definir se esta encontra-se localizada, localmente avançada ou disseminada. Os métodos utilizados para essa avaliação são o exame físico, os exames de radiologia, de medicina nuclear e os exames endoscópicos. Eles estabelecem o estadiamento clínico que será fundamental para a definição de prognóstico e da conduta terapêutca a ser implementada.

O estadiamento da imensa maioria dos tumores sólidos é regido pela Union Internationale Contre le Cancer/American Joint Committee on Cancer (UICC/AJCC), sendo seguido o sistema Tumor-Nódulo-Metástase (TNM), exceção feita às neoplasias sólidas hematológicas (linfoma de Hodgkin e linfoma não Hodgkin), que seguem o sistema Ann Arbor. O sistema TNM é uma convenção internacional, elaborado por um painel de especialistas e estudiosos do tema, com reuniões periódicas (7ª edição, 2010) para discussão de modificações e atualização.

Portanto, após a realização de um método endoscópico (colonoscopia, endoscopia digestiva alta, broncoscopia, laringoscopia, cistoscopia etc.), ou até mesmo de um procedimento invasivo (laparotomia, laparoscopia, toracotomia etc.) para a realização da biópsia do tumor, obtenção da sua definição histopatológia e determinação da extensão local e da condição de ressecabilidade, parte-se para a elaboração de um plano sobre os exames de imagem a serem solicitados e que constituirão a base do estadiamento.

Conforme o sítio primário do tumor maligno e o resultado do laudo histopatológico, podem ser solicitados exames de imagem distintos, como as tomografias computadorizadas de pescoço, de tórax, de abdome superior, de pelve e de crânio; as ressonâncias magnéticas de pescoço, de crânio, de pelve e de membros inferiores ou superiores; a cintilografia óssea e o PET-TC. Todo o protocolo de estadiameto a ser seguido servirá para estabelecer a condição de ressecabilidade do tumor, sua extensão local e disseminação, ou seja, trata-se atualmente do melhor definidor de prognóstico do paciente oncológico e sua doença.

Após a conclusão do estadiamento, elabora-se a conduta terapêutica, e exatamente nesse momento a interação multidisciplinar é muito importante. Portanto, somente após esse processo teremos condição de definir se o paciente será submetido a uma cirurgia curativa, paliativa ou simplesmente a nenhum procedimento cirúrgico; qual esquema quimioterápico terá indicação; se a quimioterapia é curativa, adjuvante ou paliativa; se haverá necessidade de radioterapia etc.

Além disso, têm-se outros fatores histopatológicos, imuno-histoquímicos, bioquímicos e moleculares que auxiliam na definição de prognóstico e também ajudam a guiar a melhor conduta terapêutica a ser implantada. São características de menor impacto se comparadas ao estadiamento, como: o grau de diferenciação (pouco diferenciado, G3 ou indiferenciado, G4), a presença de invasão perineural, a invasão angiolinfática, o comprometimento das margens cirúrgicas, o *status* de receptores hormonais, o *status* do receptor cerbB2 (HER2), a mutação c-kit, os níveis séricos de PSA, CEA, CA 19.9, a mutação KRAS, a mutação EGFR, a mutação BRAF V600 etc.

3.2.2 A cirurgia

A cirurgia de um paciente portador de uma neoplasia maligna pode ter um caráter curativo ou paliativo, uma vez que ela será sempre regida pelos critérios de operabilidade, referentes ao paciente, e por aqueles quanto à ressecabilidade, relacionados ao tumor. Assim, a cirurgia oncológica com finalidade curativa respeitará princípios como a radicalidade e a garantia de uma margem de segurança.

Em relação à radicalidade, é importante que o paciente seja informado de forma detalhada sobre os riscos, as sequelas, as alterações e limitações funcionais provenientes do procedimento cirúrgico. Da mesma forma, deve-se salientar a indicação e a importância da cirurgia em questão, uma vez que trata-se da chance de se obter a cura. Em muitos hospitais e respectivos serviços de especialidades cirúrgicas que lidam com pacientes com diagnóstico de câncer, utiliza-se o termo de consentimento informado como uma maneira de formalizar e documentar os benefícios e os riscos do procedimento.

A cirurgia radical somente pode ser executada mediante aceitação do paciente e, além de comprometer-se com a garantia de aumento da sua sobrevida, o cirurgião também deve se preocupar com aspectos funcionais e estéticos. Portanto, a garantia da qualidade de vida e a possibilidade de reabilitação pós-operatórias são duas importantes condições que devem ser debatidas no momento do planejamento cirúrgico.

Um planejamento cirúrgico com intenção curativa se inicia no pré-operatório e é concluído no próprio ato cirúrgico (intraoperatório), por meio da avaliação tridimensional *in loco* e da análise histopatológica de congelação, visando garantir as margens cirúrgicas oncologicamente adequadas. Em relação aos aspectos técnicos, obviamente cada sítio tumoral específico e suas estruturas anatômicas adjacentes tem uma determinada e apropriada abordagem cirúrgica. Entretanto, sabe-se que certos princípios de cirurgia oncológica devem ser respeitados, como a ressecção em bloco (monobloco ou dibloco) e a técnica da centripeticidade, nas quais as estruturas mais periféricas ou mais externas são abordadas, dissecadas e ressecadas num primeiro momento. Na sequência, a atenção concentra-se sobre o tumor propriamente dito. Um exemplo clássico desse padrão oncológico de cirurgia é o esvaziamento cervical radical modificado uni ou bilateral com posterior abordagem também radical do sítio primário em topografia de cabeça e pescoço.

A cirurgia radical e com finalidade curativa somente estará indicada se o estadiamento definir que a neoplasia maligna encontra-se localizada ou localmente avançada, porém com critérios que revelem viabilidade quanto à ressecção. Logo, aqueles pacientes acometidos por tumores já disseminados (estádio IV) não terão indicação de serem submetidos às ressecções amplas, mórbidas e radicais. Tais pacientes, na maioria dos casos, não serão submetidos sequer a procedimentos de ressecção simples envolvendo o sítio primário, porque tais medidas não mostraram impacto em sobrevida e, por outro lado, aumentaram a morbimortaliadade deles. Entretanto, há exceções, como ressecção em tumores malignos de cólon com metástases hepáticas, ressecção de extensas massas renais com metástases pulmonares e ósseas, ressecção de câncer de testículo com disseminação pulmonar, mediastinal e retroperitoneal. Tais situações específicas se explicam, uma vez que essas lesões primárias descritas anteriormente podem ocasionar complicações graves e maior sofrimento aos respectivos pacientes caso permaneçam sem serem abordadas. Uma outra situação peculiar ocorre naqueles pacientes portadores de neoplasias malignas hematológicas sólidas (linfoma não Hodgkin ou linfoma de Hodgkin), em que devido à rápida proliferação celular e à disseminação linfática sistêmica, não há indicação nem benefício de abordagem cirúrgica nesses casos.

Portanto, diante de pacientes em boas condições clínicas ou com suas comorbidades estabilizadas, ou seja, definidos como operáveis e que apresentem tumores localizados ou localmente avançados, mas ressecáveis, a cirurgia oncológica e radical ainda é a principal etapa de um tratamento visando à cura. Podemos enumerar apenas com finalidade ilustrativa alguns exemplos de cirurgia oncológica, como a hemicolectomia direita com linfadenectomia adjacente, a prostatectomia radical com linfadenectomia pélvica, a lobectomia pulmonar superior esquerda com linfadenectomia hilar e mediastinal, a laringectomia total com esvaziamento cervical radical modificado bilateral, a amputação abdomino-perineal com ressecção linfonodal pélvica etc. Ratifica-se que a definição do correto estadiamento, por meio dos métodos complementares de radiologia, medicina nuclear e endoscopia, é a etapa essencial para definição da conduta terapêutica e, consequentemente, do tipo e magnitude da abordagem cirúrgica.

É importante comentar também a existência da cirurgia de resgate no cenário oncológico, que é empregada ao se constatar a presença de doença residual ou recidiva tumoral mesmo após a realização de procedimentos ou terapias radicais prévias. Dessa forma, após a realização de cirurgias com critérios oncológicos radicais ou da concomitância de radio-quimioterapias, pode haver falha terapêutica e a necessidade de um procedimento cirúrgico radical de resgate. Portanto, deve-se destacar que a cirurgia de resgate seguirá os mesmos princípios da cirurgia curativa inicial.

Além da intervenção cirúrgica com caráter radical e curativo e da modalidade de resgate, há também as cirurgias paliativas. Nessa situação, ou o paciente encontra-se extremamente debilitado e fragilizado pela doença ou o tumor encontra-se localmente extenso, irressecável, ou houve disseminação sistêmica. O consenso é que não há mais possibilidade de cura e, portanto, não é indicado qualquer procedimento radical. Portanto, visa-se à manuteção ou à melhora da qualidade de vida do paciente sem serem agregadas medidas mórbidas ou que acabem prolongando a permanência deles em ambiente hospitalar. Assim, alguns procedimentos visando garantir a nutrição (gastrostomia ou jejunostomia), a respiração (traqueostomia), a perviedade da via biliar (derivação bíleo--digestiva ou stent biliar), a função gastrointestinal (derivação gastrocolônica ou colostomia descompressiva) ou com intenção de interromper uma hemorragia (gastrectomia simples ou ligadura de determinados ramos arteriais) são definidos como paliativos e também representam uma importante modalidade terapêutica no manejo do paciente portador de câncer.

3.2.3 A radioterapia

Dentre as modalidades terapêuticas oncológicas, certamente a radioterapia foi aquela que apresentou a maior evolução nas últimas cinco décadas. Essa revolução se deve ao grande e acelerado avanço tecnológico pelo qual o mundo todo passou e ainda vivencia e a sua consequente incorporação por setores das ciências médicas, como a radiologia e a radioterapia. Dessa forma, pode-se afirmar que os equipamentos dos melhores e mais conceituados serviços de radioterapia do Brasil e do mundo foram totalmente substituídos nos últimos quarenta ou cinquenta anos, e que a velocidade com a qual tais renovações continuam a ocorrer é cada vez maior.

A teleterapia ou radioterapia externa, que por muitos anos foi sinônimo de cobaltoterapia e planejamento bidimensional, sofreu uma espantosa metamorfose, e atualmente, em grande parte dos serviços, caracteriza-se pelo menos como conformacional com planejamento tridimensional. A partir dessa etapa no progresso da radioterapia, sucessivas e rápidas mudanças nos equipamentos e suas técnicas passaram a ocorrer, sendo estabelecidas novas modalidades de tratamento radioterápico. Podem ser citadas a radioterapia externa de intensidade modulada (IMRT), a radioterapia estereotáxica intracraniana e extracraniana e a radioterapia externa guiada por imagem (IGRT). Busca-se, mediante a incorporação de avançada tecnologia, uma maior precisão e eficácia terapêuticas, associadas a baixas taxas de toxicidade. O fundamento consiste em conseguir concentrar ao máximo as doses de radiação ionizante na exata topografia do tumor maligno e, ao mesmo tempo, poupar os tecidos sãos adjacentes dos efeitos deletérios e tóxicos da radioterapia.

Além da teleterapia, tem-se também a radioterapia interna ou braquiterapia, sendo esta de indicação mais restrita. Os aparelhos de braquiterapia também apresentaram evolução ao longo das últimas décadas, muitas vezes refletindo mudanças na fonte radioativa a ser utilizada. A braquiterapia pode ser caracterizada como de alta taxa de dose ou de baixa taxa de dose, sendo utilizada isolada ou em combinação à radioterapia externa. Ela pode ser utilizada para lesões neoplásicas localizadas e pequenas como primeira opção de tratamento ou como um retratamento, assim como em caráter adjuvante após a realização de cirurgia e teleterapia. Os pacientes que mais frequentemente se submetem à braquietrapia são aqueles com diagnóstico de câncer de colo de útero, de endométrio, de próstata e de cabeça e pescoço.

Em relação à radioterapia externa, é importante mencionar ainda que, além dos aparelhos de alta tecnologia e seus respectivos manejos e programações distintos, há diferentes formas de se aplicar a radiação ionizante, seja utilizando o mesmo equipamento ou em modelos distintos de aparelhos. Trata-se do fracionamento, que consiste na forma como a dose total de radioterapia a ser aplicada será subdividida. Assim, ela pode ser administrada por meio do chamado fracionamento convencional, de um hiperfracionado, do hipofracionado ou de forma acelerada.

A radioterapia pode ter diversas finalidades terapêuticas, isto é, pode ser empregada como medida adjuvante ou neoadjuvante, de forma radical ou em caráter paliativo. No cenário neoadjuvante, ou seja, administrada previamente ao tratamento tido como definitivo (cirurgia), a radioterapia geralmente é associada à quimioterapia, porém, caso tal combinação seja excessivamente mórbida ao paciente, deve-se empregá-la isoladamente. Um exemplo típico de radioterapia neoadjuvante é aquela empregada em determinados pacientes portadores de adenocarcinoma de reto ainda não operados. Já a adjuvância é feita após a realização do tratamento radical de caráter definitivo (cirurgia), podendo também ser combinada ou não à quimioterapia. São exemplos clássicos a radioterapia empregada em certas pacientes que se submeteram a ressecção de câncer de mama, a alguns pacientes operados de câncer de estômago e geralmente naqueles que foram submetidos a cirurgias para tumores de reto e não realizaram tratamento radioterápico neoadjuvante.

A utilização da radioterapia com finalidade radical ou caráter definitivo pode ser demonstrada em pacientes que apresentam lesões tumorais localizadas em regiões de difícil acesso cirúrgico, onde haveria grande risco quanto às complicações fatais, às sequelas com limitação funcional e às mutilações. Assim, a radioterapia externa combinada ou não à quimioterapia é empregada com finalidade radical em tumores macroscópicos que não sofreram abordagem cirúrgica, visando erradicá-los mas também proporcionar a preservação de órgãos e de sua função. São exemplos característicos desse manejo os pacientes portadores de carcinoma de células escamosas de laringe localmente avançado e metastático para linfonodos cervicais, os pacientes acometidos por glioblastoma multiforme em área encefálica central e aqueles com diagnóstico de carcinoma epidermoide de esôfago localmente avançado. É importante comentar que, nesses casos, a intenção da radioterapia externa associada ou não com à quimioterapia é deixar aquele determinado paciente livre de tal neoplasia maligna, porém, em algumas situações, o sucesso pleno dessa terapia não é atingido. Logo, caso permaneça alguma doença tumoral residual e dependendo da viabilidade quanto a sua ressecção e também da própria aceitação do paciente, o passo seguinte é a cirurgia de resgate. Deve-se deixar claro que esta seguirá os princípios oncológicos de radicalidade, mas caso tal abordagem não seja possível, será discutida uma nova opção terapêutica (ex.: quimioterapia paliativa).

A teleterapia ou radioterapia externa pode ser empregada ainda com finalidade paliativa. Dessa forma, não se buscará a eliminação de um determinado câncer ou tornar aquele paciente curado, mas sim paliar ou aliviar um sintoma que esteja causando um sofrimento excessivo. Essa aplicação da radioterapia externa é extremamente comum e o seu objetivo maior é a garantia ou o restabelecimento da qualidade de vida do paciente. Podemos citar como exemplos típicos da radioterapia paliativa aquela que é empregada para controlar a dor óssea causada por metástases ósseas de câncer de próstata, para desobstruir brônquios ou a luz esofageana obstruídos, respectivamente, por tumores de pulmão e de esôfago e, consequentemente, aliviar a dispneia e a disfagia nesses casos, para combater e cessar episódios de hemoptise em decorrência de tumores primários ou secundários de pulmão, para aliviar e reverter uma compressão medular ou uma síndrome de veia cava superior.

Apesar dos inúmeros avanços tecnológicos e das novas técnicas de radioterapia cujo objetivo principal é atuar de forma mais eficiente sobre o leito tumoral e poupar as estruturas e os órgãos adjacentes não acometidos, um sério problema ainda é a sua toxicidade. Obviamente, houve uma nítida evolução no cenário dos efeitos colaterias se compararmos a atual radioterapia moderna com os antigos aparelhos e seu rudimentar planejamento bidimensional, entretanto, as toxicidades ainda preocupam. Em muitos casos, elas são responsáveis pela interrupção dos tratamentos e sua suspensão por período indeterminado, e em outras situações, já prevendo a ocorrência de toxicidades e a consequente deterioração clínica do paciente, a radioterapia nem é iniciada. Dependendo do caso, há momentos de piora significativa na qualidade de vida do paciente ao longo da radioterapia, seja ela associada à quimioterapia ou não. Nessa situação de angústia, é muito importante uma relação estreita e de comprometimento entre a equipe de saúde e o paciente, sendo essencial o trabalho multidisciplinar. É de fundamental importância que o paciente compreenda os efeitos adversos do tratamento, mas também a sua importância e o seu real benefício.

As toxicidades relacionadas à radioterapia se manifestarão localmente, ou seja, dependem da topografia que recebe a radiação ionizante. Além disso, conforme critérios e padronização internacionais (NCI-CTCAE 4.0), elas podem ser classificadas em ausente, leve, moderada, grave, muito grave e que determinou o óbito. Dessa forma, tem-se a graduação das toxicidades da radioterapia e da quimioterapia em zero, um, dois, três, quatro e cinco, respectivamente. Alguns aspectos quantitativos e qualitativos relacionados a cada toxicidade e que estabelecem a sua graduação devem ser analisados de maneira isolada. São exemplos clássicos de toxicidade à radioterapia a mucosite oral, orofaríngea, esofageana e anorretal; a dermatite; a xerostomia e a xerodermia; a diarreia; a retite e a cistite.

3.2.4 A quimioterapia

O tratamento do câncer durante muitos anos foi sinônimo, para o público em geral, de administração de quimioterapia. O estigma de ter o diagnóstico de um câncer e o verdadeiro pavor em ter que se submeter a tal tratamento tornavam a vida do paciente um imenso sofrimento, um martírio antes mesmo da decisão quanto às medidas terapêuticas a serem implementadas. Todo esse preconceito e pânico com os termos "câncer" e "quimioterapia" foi amenizado ao longo dos últimos trinta anos, principalmente em decorrência da enxurrada de informação veiculada nas mídias e pela curiosidade e maior instrução da própria população, ajudando, assim, a romper o bloqueio do preconceito. Além disso, durante esse período, também ocorreram melhorias significativas e grande evolução dos tipos de quimioterapia e dos esquemas quimioterápicos, assim como houve o surgimento de importantíssimos medicamentos de suporte que auxiliam de maneira extraordinária o manejo dos temíveis efeitos adversos. Em relação a essas melhorias, podemos destacar o surgimento de drogas menos ou pouco tóxicas, a possibilidade de combinação de drogas visando a um efeito mais eficiente do esquema terapêutico e a administração de esquemas sequenciais ou de um número maior de linhas de tratamento. Em relação aos medicamentos de suporte, destacam-se os antieméticos, sobretudo os antagonistas da 5-HT3.

O princípio da quimioterapia consiste na administração, geralmente por via intravenosa e menos comumente por via oral, de um medicamento que atuará no organismo de forma sistêmica. Isto é, a quimioterapia, a princípio, poderá atingir todas as células dos organismo, exceção feita aos chamados santuários tumorais (sistema nervoso central e testículos). Portanto, ao sabermos que o quimioterápico circulará por todo o organismo, podemos compreender que os efeitos colaterais poderão vir a ser os mais variados e atingir tecidos doentes e sãos. Sabe-se que o tumor e as células malignas têm um comportamento aberrante e um metabolismo acelerado. Tal carcterística se reflete em uma divisão e proliferação celulares mais aceleradas e agressivas, que ocasionarão o crescimento tumoral desordenado e sua disseminação. Assim, considerando-se que os mecanismos de ação dos quimioterápicos consistem na inibição ou no bloqueio das diversas fases do ciclo celular, conclui-se que eles atuam tanto sobre as células tumorais doentes quanto sobre as células saudáveis. Entretanto, aquelas com metabolismo e proliferação celular acelerados sofreriam os maiores danos.

É importante destacar que existe um grande número de medicamentos quimioterápicos e que eles são classificados ou subdivididos em grupos conforme os respectivos mecanismos de ação. Tais drogas podem ser combinadas das mais diversas maneiras e, portanto, dessa forma elaboram-se os distinos esquemas de quimioterapia. Destaca-se que esses esquemas só podem ser prescritos e administrados no dia a dia após a confirmação de sua eficácia e de sua validade, por meio da conclusão de todas as etapas do processo de investigação científica de uma droga (estudos pré-clínicos e de fases um, dois e três).

Dentre as subclasses de quimioterapia, podemos citar os agentes alquilantes, os análogos da platina, os antimetabólitos, os inibidores da topoisomerase, os agentes antimicrotúbulo e o subgrupo miscelânea. Os alquilantes são compostos por bussulfan, tiotepa, melfalan, clorambucil, ciclofosfamida, ifosfamida, carmustina, dacarbazina, temozolomida e estreptozotocina. Os análogos da platina são a cisplatina, a carboplatina e a oxaliplatina. Os antimetabólitos são constutídos pelo metotrexato, pemetrexato, 5-fluorouracil, capecitabina, citarabina, gencitabina, 6-mercaptopurina, 6-tioguanina, fludarabina, cladribina e clofarabina. Os inibidores de topoisomerase são o irinotecano, topotecano, doxorrubicina, daunorrubicina, epirrubicina, idarrubicina, mitoxantrona, dactinomicina, etoposide e teniposide. Os agentes antimicrotúbulo são compostos por paclitaxel, docetaxel, cabazitaxel, ixabepilona, vincristina, vinblastina, vinorelbina, vinflunina e estramustina. O subgrupo caracterizado como miscelânea é formado por bleomicina, L-asparaginase e procarbazina.

A quimioterapia a ser administrada a determinado paciente respeitará aspectos dele, assim como da neoplasia maligna em questão. Em relação ao paciente, características como performance status e comorbidades são essenciais. Ao considerarmos o câncer, propriamente dito, tem-se que atentar fundamentalmente para características como o sítio primário de doença, o tipo histopatológico e a extensão do tumor. Além disso, dados referentes à análise imuno-histoquímica e características genéticas também contribuem para a definição da estratégia quimioterápica.

Assim como a radioterapia, a quimioterapia terá uma finalidade predeterminada, ou seja, será administrada com um intuito curativo, neoadjuvante, adjuvante ou paliativo. Diz-se que o tratamento é curativo com quimioterapia quando ela é a etapa essencial do esquema terapêutico, mesmo que em algumas situações seja combinada a outras intervenções como a radioterapia e a cirurgia. São casos em que mesmo que o paciente apresente doença extensa localmente ou disseminada, a quimioterapia é empregada de maneira curativa. Podemos descrever como exemplos de pacientes submetidos à quimioterapia curativa aqueles portadores de linfoma não Hodgkin, linfoma de Hodgkin, leucemias agudas, tumores de células germinativas de testículo, tumores de células germinativas de ovário e carcinoma indiferenciado de nasofaringe.

A quimioterapia neoadjuvante ou de indução é feita anteriormente ao procedimento definitivo e radical. O embasamento para a sua utilização consiste na ação precoce a ser exercida sobre as prováveis células tumorais circulantes ou micrometástases e também visando à redução da massa tumoral (*downstaging*), o que melhoraria as condições de um tratamento local (cirurgia ou quimio-radioterapia) sequencial. São exemplos clássicos de quimioterapia neoadjuvante aquelas destinadas a pacientes com carcinoma ductal infiltrante de mama com massas volumosas, infiltração cutânea ou acometimento extenso da axila ipsilateral. Outros exemplos são os pacientes portadores de tumor de pulmão de não pequenas células localmente avançados e de carcinoma escamoso de cabeça e pescoço com linfonodomegalia cervical volumosa. O tratamento adjuvante também pressupõe que as células tumorais que escaparam ou que já se encontravam circulando no momento da intervenção cirúrgica serão destruídas pela quimio-terapia. É importante mencionar que a quimioterapia a ser administrada ao paciente, tanto no cenário neoadjuvante quanto adjuvante, somente é empregada e transformada em protocolo após a constatação de benefício estatisticamente significativo nos estudos controlados e randomizados de fase três. Os parâmetros que tem maior peso nessa tomada de decisão são as análises de sobrevida global e sobrevida livre de doença. Como exemplos de quimioterapia adjuvante tem-se aquela empregada após a cirurgia de paciente portador de adenocarcinoma de cólon com acometimento de linfodos peri-cólicos ou de carcinoma ductal infil-trante de mama com resultado de imuno-histoquímica que revele perfil triplo negativo (receptor de estrogênio negativo, receptor de progesterona negativo e receptor cerbb2 negativo ou hipoexpresso).

Ainda no contexto do tratamento baseado em quimioterapia, devemos res-saltar que a maioria dos pacientes que o fazem no Brasil está no cenário palia-tivo. Isso não significa que encontram-se extremamente debilitados nem que somente lhes restam poucos dias de sobrevida, uma vez que quase todo o paciente que apresente doença disseminada ou metastática e tenha condição clínica de se submeter a um tratamento será definido como em quimioterapia paliativa. É importante ressaltar que fora os ganhos estatísticos em sobrevida global e em sobrevida livre de progressão, devemos ter especial atenção aos reais benefícios em qualidade de vida e no alívio de sintomas que a quimioterapia paliativa trará. Devemos acompanhar de forma intensiva e cuidadosa tais pacientes, pois eles apresentam maior risco de repentina deterioração clínica, seja por toxicidade do tratamento ou progressão de doença. Portanto, a ponderação quanto ao trata-mento a ser utilizado e seus efeitos adversos é um ponto importante no manejo desses pacientes. Além disso, é importante destacar também que o paciente em tratamento quimioterápico paliativo exigirá e necessitará do máximo empenho da equipe multidisciplinar.

Em relação ao acompanhamento e à avaliação da resposta do paciente ao tratamento, há critérios preestabelecidos (RECIST ou OMS) que auxiliam a concluir se houve resposta completa, resposta parcial, progressão de doença ou se a doença se manteve estável. Portanto, a partir de exames radioló-gicos (tomografia computadorizada, ressonância magnética etc.) periódicos e baseando-se em tal normatização, é possível caracterizar a evolução de uma neoplasia maligna e o grau de eficiência do tratamento. É importante destacar que esse paciente, já fragilizado emocionalmente pelo diagnóstico de câncer e sua apresentação metastática, necessitará de suporte psicológico e apoio multidisciplinar para se submeter a sucessivos métodos de imagem que servirão para avaliá-lo e determinar o seu prognóstico.

Não podemos deixar de comentar sobre os efeitos adversos ou toxicidades da quimioterapia, sendo estas muitas vezes responsáveis pela interrupção temporária ou definitiva de um tratamento, redução da dosagem dos medicamentos ou até mesmo ocorrência de complicações fatais. Essas toxicidades são avaliadas e classificadas da mesma forma que aquelas desencadeadas pela radioterapia, ou seja, há um consenso internacional que rege tais definições (NCI-CTCAE 4.0). É importante mencionar que os efeitos colaterais variam conforme o tipo e o esquema de quimioterapia utilizado, sendo mais comum a alopécia, a mucosite ou estomatite em cavidade oral, as náuseas e vômitos, a diarreia, a constipação, a mielotoxicidade (leucopenia, neutropenia, trombocitopenia e anemia), a parestesia em extremidades, o eritema com descamação palmo-plantar e a fadiga. Além disso, episódios de febre em vigência de quimioterapia devem ser comunicados prontamente à equipe de saúde, uma vez que o paciente pode estar com leucopenia e neutropenia, para que as devidas medidas sejam providenciadas.

3.2.5 A terapia-alvo

A terapia-alvo surgiu e se desenvolveu rapidamente nos últimos dez anos baseada no conceito da busca de um tratamento específico para cada subgrupo de pacientes, ou seja, a partir de determinadas características dos pacientes e de seus respectivos tumores, seriam estabelecidos os chamados alvos celulares e as novas drogas atuariam exclusivamente sobre eles. Além de se buscar um tratamento mais eficiente, mais "inteligente" e personalizado, a possibilidade em eliminar ou diminuir significativamente os efeitos altamente tóxicos e indiscriminados da quimioterapia parecia conduzir o tratamento oncológico para uma nova era.

A identificação de inúmeras proteínas da membrana celular com seus domínios extra, trans e intracelular, assim como a relação de tais receptores com suas respectivas vias de sinalização e suas respectivas funções na manuteção da viabiliadade da célula tumoral, permitiu o estudo minucioso de tais cascatas e o desenvolvimento de compostos visando bloqueá-las. Portanto, a outrora citotoxicidade desgovernada e promíscua da quimioterapia seria combinada ou substituída pelas ações específicas em receptores e vias celulares que coordenassem a proliferação celular aberrante, a neoangiogênese tumoral, os mecanismos de escape da apoptose, os mecanismos de invasão tecidual e ocorrência de metástase e também a autossuficiência em sinais de crescimento tumoral. Dessa maneira, foram desenvolvidos os novos medicamentos com a estrutura e a função de um anticorpo ou de um composto molecular inibidor de proteína quinase, todos considerados de última geração, reflexo de alta incorporação tecnológica e também de alto custo.

Assim, o cenário da oncologia começou a ser rapidamente bombardeado por diversas drogas-alvo, e atualmente muitas subáreas como câncer de mama, câncer colorretal, câncer de pulmão, neoplasias hematológicas, câncer de cabeça e pescoço, melanoma e câncer de rim já incorporaram esses novos compostos ao arsenal terapêutico. Alguns exemplos de anticorpos monoclonais já bem conhecidos são trastuzumabe, rituximabe, cetuximabe, panitumumabe, bevacizumabe e ipilimumabe. Em relação aos agentes moleculares inibidores de proteínas quinases e de demais sítios celulares e suas respectivas vias, tem-se o sunitinibe, sorafenibe, imatinibe, lapatinibe, axitinibe, pazopanibe, erlotinibe, gefitinibe, vemurafenibe, bortezomibe, everolimus e tensirolimus.

Alguns saudosos relembrarão que os manejos clássicos de bloqueio hormonal ou hormonioterapia empregados em pacientes portadores de câncer de mama e de próstata já representavam a terapia-alvo. De fato, os antiestrógenos (tamoxifeno e fulvestranto), os inibidores de aromatase (anastrozol, letrozol, exemestane), os antiandrógenos (flutamida, bicalutamida, ciproterona) e os análogos de LHRH (goserelina, leuprorelina) já representavam agentes terapêuticos seletivos e com alvos específicos. Apesar de beneficiar um segmento significativo de pacientes com neoplasias altamente prevalentes, a verdadeira explosão da terapia-alvo somente ocorreu muitos anos depois, no início do século XXI. Hoje em dia, assistimos a essa revolução da intervenção medicamentosa na oncologia, a sua consolidação e também sabemos que novos desdobramentos ainda estão por vir.

Embora represente um avanço no tratamento de paceintes com diagnóstico de neoplasias malignas, a terapia-alvo ainda está longe de ser considerada um sucesso. Em primeiro lugar, deve-se destacar que diversos mecanismos de compensação ou de resistência são ativados e desenvolvidos ao bloquearmos um receptor de célula tumoral ou uma determinada via de sinalização aberrante da células maligna. Outro ponto a ser considerado e que serve para refletirmos sobre a necessidade ainda de muito progresso na área da intervenção medicamentosa é a toxicidade provocada pela terapia-alvo. Muitos agentes, apesar de não serem citotóxicos, causam variados efeitos adversos, e também vê-se o surgimento de um novo perfil de toxicidades. Pacientes que apresentam erupções cutâneas acneiformes extensas, pele amarelada, descoloração capilar ou de pelos faciais, paroníquia, descamação e dor em regiões palmoplantar, hemorragia, hipercolesterolemia, hipertrigliceridemia, hipotireoidismo e mucosite com formação de crostas podem estar em uso dos novos compostos-alvo relacionados.

3.2.6 Os cuidados paliativos

É correto afirmar qua as medidas de cuidados paliativos idealmente devem acompanhar os pacientes com diagnóstico de câncer desde o início de qualquer tratamento até o óbito por progressão da neoplasia. O manejo dos efeitos adversos dos tratamentos e das complicações pós-operatórias deve ser valorizado e constitui em importante etapa visando ao bem-estar e à qualidade de vida do paciente. Entendemos que o suporte paliativo necessita acompanhar as intervenções, mesmo aquelas definidas como curativas, e que a coordenação desses cuidados geralmente é de responsabilidade do médico oncologista ou de um médico exclusivamente paliativista. Independente de quem exerça a função de coordenador, o grande segredo de uma assistência oncológica realmente benfeita e de um suporte paliativo de qualidade está na existência e atuação integrada da equipe multidisciplinar.

Muitas vezes, o maior conforto recebido pelo paciente e por conseguinte a sua maior gratidão em relação à equipe de saúde assistente estará vinculada às medidas de cuidados paliativos recebidas em estágios avançados da doença. Aquele paciente que não possui mais indicação, benefício nem condição de receber um tratamento medicamentoso, radioterápico ou cirúrgico estará caracterizado como fora de possibilidades terapêuticas oncológicas. Ele será considerado um paciente em curso terminal de doença, porém ainda se beneficiará de muitas medidas e intervenções da equipe multiprofissional. O manejo, a estabilização e o alívio da dor, da dispneia e dos vômitos, assim como importantes cuidados com as feridas tumorais, entre outros, são verdadeiras maneiras de tratar o paciente. Além disso, diante de condições como uma imensa fragilidade emocional e uma angústia crescente em decorrência da proximidade do fim da vida, o paciente e seus cuidadores necessitam de um acompanhamento psicológico especializado e intensivo visando não apenas ao conforto, mas à dignidade.

Destacamos ainda que em muitos casos será imprescindível uma integração e colaboração entre a equipe multidisciplinar do serviço de oncologia clínica de um hospital terciário e integrantes da equipe de uma unidade básica de saúde. Essa interação e sua importância são facilmente compreendidas nos casos de pacientes extremamente debilitados e sem condições de se locomover, onde a exigência de comparecimento na unidade terciária torna-se um enorme transtorno, sendo a visita domiciliar da equipe de saúde da família essencial e de fato terapêutica.

Caros leitores, o tratamento de um paciente com diagnóstico de câncer não se resume apenas a intervenções medicamentosas, radioativas e cirúrgicas. Muito menos que isso, ele pode ser definido simplesmente como uma mera e convencional batalha. Trata-se de um tema extremamente complexo e que exige uma estrutura e uma equipe multidisciplinares, onde seus integrantes realmentente auxiliem tais pacientes e também vivenciem esse conflito contra o "imperador de todos os males".

3.3 Referências bibliográficas

Common Terminology Criteria for Adverse Events (CTCAE) – versio 4.0. (2009). U.S. Department of Health and Human Services. National Institutes of Health, National Cancer Institute.

DeVita Jr., V. T., Lawrence, T. S., & Rosenberg, S. A. (2011). Cancer – Principles & Practice of Oncology (9th edition), Philadelphia.

Edge, S. B., Byrd, D. R., Compton, C. C., Fritz, A. G., Greene, F. L., & Trotti, A. (2010). *AJCC Cancer Staging Manual* (7th edition). Hanahan, D., & Weinberg, R. A. (2000). The Hallmarks of cancer. *Cell, 100,* 57-70. New York: Springer.

Hanahan, D., & Weinberg, R. A. (2011). Hallmarks of cancer: The next generation. *Cell, 144,* 646 - 673.Hollen, P. J. et al. (1994). Measurement of quality of life in patients with lung cancer in multicenter trials of new therapies. *Cancer, 73,* 2087-2098.

Schag, C. C.; Heinrich, R.L.; Ganz, P.A.; Karnofsky performance status revisited: Reliability, validity, and guidelines. *J Clin Oncology. 2:187-193, 1984.*

Mukherjee, S. (2012). O imperador de todos os males – uma biografia do câncer (1ª ed.). São Paulo: Cia das Letras.

Oken, M. M., Creech, R. H., Tormey, D. C., Horton, J., Davis, T. E., McFadden, E. T. et al. (1982). Toxicity And Response Criteria Of The Eastern Cooperative Oncology Group. *Am. J. Clin. Oncol. 5*, 649-655.

Schag, C. C., Heinrich, R. L., & Ganz, P. A. (1984). Karnofsky performance status revisited: Reliability, validity, and guidelines. *J. Clin. Oncology., 2*, 187-193.

Common Terminology Criteria for Adverse Events – CTCAE – versio 4.0; U.S. Department of Health and Human Services, National Institutes of Health, National Cancer Institute, 2009.

Hanahan, D.; Weinberg, R.A.; The Hallmarks of cancer. Cell 100: 57-70, 2000.

Hanahan, D.; Weinberg, R.A.; Hallmarks of cancer: The next generation. Cell 144: 646 – 673, 2011.

Mukherjee, S; O imperador de todos os males – uma biografia do câncer; 1ª edição, 2012.

Capítulo 4

Aconselhamento genético em oncologia

FÁTIMA APARECIDA BÖTTCHER-LUIZ
CARMEN SILVIA BERTUZZO

4.1 Introdução

As primeiras observações sobre a associação entre genética e câncer datam do início do século XX, quando o zoólogo Theodor Boveri ([1902] 2008) lançou a ideia de que tumores malignos ocorriam em consequência de anomalias da constituição cromossômica, geradas por mitoses multipolares. Encarada inicialmente com ceticismo pelos cientistas da época, a teoria foi reativada anos depois e paulatinamente comprovada nos últimos quarenta anos, com o avanço das técnicas de citogenética e de biologia molecular. Assim, valendo-se dos recursos disponíveis da moderna tecnologia diagnóstica e do conhecimento acumulado, atualmente o câncer pode ser definido como uma doença complexa e multifatorial, decorrente do acúmulo de mutações genéticas e da interação destas com o ambiente, resultando no crescimento descontrolado de células e tecidos do organismo (Mowery-Rushton & Surti, 2000).

A transformação celular é um processo iniciado a partir de uma célula mutante que adquire vantagens perante as demais, de modo a gerar um clone estável na mesma condição. Esse clone, por meio do acúmulo de mutações sucessivas e da interação com o ambiente, adquire uma vantagem proliferativa e pode evoluir para a formação de uma estrutura anômala, com características próprias, chamada tumor (Martin, 1996). Quando benigno, mantém-se circunscrito e não invade tecidos vizinhos. Se maligno, a inibição de contato celular é perdida e metástases destacam-se do tumor original para colonizar tecidos vizinhos e órgãos distantes, caracterizando a neoplasia maligna ou câncer (Bishop, 1991).

É importante salientar que as transformações celulares que resultam em neoplasia maligna poderão ser detectadas apenas localmente e, eventualmente, em adjacências. Nessa situação, o portador de câncer pode ser considerado um mosaico formado por células constitucionais não alteradas, além do tecido tumoral anômalo. Essa apresentação caracteriza o padrão de mutação esporádica e adquirida, a qual não será transmitida à linhagem descendente (Knudson, 1971).

Por outro lado, se a mutação original for herdada de um dos genitores, todas as células do indivíduo abrigarão a mutação, que poderá ser transmitida para a geração seguinte, por meio dos gametas do indivíduo afetado (Knudson, 1971; Li & Fraunemi, 1969). Essa composição define o padrão hereditário para desenvolvimento de tumores e constitui o principal foco de atenção da oncogenética. Nesses casos, os testes genéticos são feitos a partir de material colhido por punção venosa do paciente índice (aquele que manifesta a neoplasia) e extração de seu material genético. Esse material poderá ser estocado ou transferido para laboratórios de análise sem maiores problemas, desde que acondicionados adequadamente.

Em geral, várias mutações são necessárias para a manifestação do fenótipo maligno, mas, no padrão hereditário, já existe a condição prévia de vulnerabilidade, bastando uma condição ambiental favorável para a ocorrência de alterações posteriores e desenvolvimento da neoplasia. É por isso que, nos tumores hereditários, os sujeitos afetados manifestam a doença precocemente, em geral antes dos 50 anos de idade Lynch (1967).

O caráter hereditário de neoplasia maligna é responsável, segundo a literatura científica, por 5 a 10% de todos os tumores diagnosticados (Hodgson & Mahler, 1993). Embora esse percentual pareça pouco representativo, indivíduos nessa condição apresentam risco cumulativo de desenvolver outros tumores primários. Além disso, seus familiares poderão estar sob risco elevado de manifestar a doença, uma vez que a maioria delas segue o padrão de herança autossômica dominante Lynch (1967). Como em nosso meio a maioria das neoplasias malignas é detectada em estágios mais avançados da doença, esses casos exigem, frequentemente, tratamentos complexos e muito mais onerosos para os sistemas de saúde.

Considerando que, no câncer hereditário, esse panorama não se restringe ao indivíduo portador da doença, mas se estende aos familiares que carregam a mesma mutação, pode-se inferir o alcance do aconselhamento genético (AG) como meio de acolher famílias sob risco, legitimando estratégias de diagnóstico precoce e adoção de medidas profiláticas e preventivas (DeVita, Hellman, & Rosenberg, 2001). Quanto ao tratamento, sabe-se que portadores de mutações específicas são mais vulneráveis ao tratamento radioterápico e, adicionalmente, podem apresentar resistência primária aos agentes antineoplásicos. Desta forma, a identificação de síndromes de predisposição a neoplasias, quando seguidas de aconselhamento genético, podem promover a otimização dos tratamentos disponíveis e diminuir a defasagem entre aplicação de medidas e previsão de resposta. Neste sentido, é consenso entre os oncologistas que as medidas de prevenção deverão constituir, num futuro próximo, a ferramenta básica de controle dessas afecções (Palmero, Kalakun, Schuler-Faccini, Giuliani, Vrgs, Rocha, & Ashton-Prolla, 2007).

A inserção do câncer hereditário na lista de prioridades dos programas de saúde pública teve início em 1998, quando os EUA criaram uma rede nacional de estudos com essa finalidade, patrocinada pelo National Institutes of Health (NIH) (Jenks, 1996). Essa rede, denominada Cancer Genetics Network (CGN), mantém um conjunto de pesquisadores distribuídos em vários centros, que apresentam a missão comum de dar suporte a estudos colaborativos sobre as bases hereditárias de diversos tipos de câncer, além de oferecer aconselhamento genético e educação às famílias dos participantes. Adicionalmente, devem favorecer o desenvolvimento de novos testes diagnósticos e o armazenamento de material biológico em bancos repositórios especiais (Cancer Genetics Network, 2012).

No Brasil e na América Latina, a maioria dos serviços de genética clínica não é considerada prioritária, em parte porque a deficiência nutricional e as doenças infectocontagiosas ainda respondem por taxas preocupantes em diversas regiões, e, por outro lado, porque persiste certa indisposição natural para estudos genéticos, visto serem considerados eventos raros, de alto custo, com esparsas expectativas de tratamento e muito menos prevenção. Em oncogenética não seria diferente, não fossem os estudos que comprovam a extensão da sobrevida dos afetados e a diminuição da frequência de câncer nas famílias sob risco, em razão das medidas preventivas adotadas após aconselhamento genético (Love, 1988; Stormorken, Clark, Grindedal, Maehle, & Møller, 2007).

Até o momento, os serviços de oncogenética do Brasil estão concentrados nos hospitais universitários das grandes capitais brasileiras, onde os usuários podem se beneficiar de alguns poucos exames especializados e oferecidos gratuitamente pelo Sistema Único de Saúde (SUS). Paralelamente, uma pequena parcela da população utiliza os serviços privados, enquanto os demais interessados se beneficiam somente quando inseridos em casuística subvencionada por projetos de pesquisa que contemplam a realização de exames e testes genéticos (Palmero, Kalakun, Schuler-Faccini, Giuliani, Vrgs, Rocha, & Ashton-Prolla, 2007). No entanto, apesar das dificuldades, os serviços de oncogenética constituem uma

realidade que caminha para a consolidação de suas práticas em todos os seguimentos de saúde das nações desenvolvidas ou em desenvolvimento.

4.2 Aconselhamento em oncogenética

Em termos de composição étnica, a população brasileira resulta da miscige-
nação de nativos indígenas, colonizadores portugueses e negros africanos, acres-
cida posteriormente pelas correntes migratórias de europeus, árabes, japoneses
e outros povos asiáticos e sul-americanos (Nero da Costa, 1986; Bacci, 2002).
Dispomos, assim, de um incrível celeiro de diversidade étnico-racial, compondo
uma população de aspectos genéticos únicos, inclusive quanto às particularidades
regionais. Se por um lado essa diversidade genética é interessante, por outro ela
compromete a transposição de dados populacionais externos. Em outras palavras, tanto a frequência de mutações como os riscos decorrentes dessas alterações permanecem obscuros em nosso meio, o que realça a necessidade urgente
de construirmos uma casuística própria, principalmente no que se refere às neoplasias de origem hereditária (Palmero, Kalakun, Schuler-Faccini, Giuliani, Vrgs,
Rocha, & Ashton-Prolla, 2007).

O AG em oncologia requer o conhecimento consistente da composição
étnica da população, além da disponibilidade de serviços especializados nas áreas
de anatomia patológica, banco de material biológico, diagnóstico por imagens,
banco informatizado de dados e ainda laboratórios de suporte para a detecção de
mutações nas diferentes síndromes, todos dependentes de pessoal técnico especializado (Instituto Nacional do Câncer, 2009). Considerando que o aconselhamento genético deve se manifestar a partir do momento em que as implicações de
ser portador de um tumor maligno transpõem a esfera individual para a familiar,
é importante lembrar que a sua prática deve sempre se basear nas normas de boas
práticas em AG, divulgadas em documento da Organização Mundial de Saúde
(OMS, 2012) e resumidas nos seguintes princípios: (1) utilização voluntária dos
serviços; (2) tomada de decisão após informação; (3) aconselhamento não diretivo
e não coercitivo; (4) proteção à privacidade e confidencialidade das informações;
(5) atenção aos aspectos psicossociais e afetivos, relacionados ao impacto e ao
manejo da informação genética.

Entre os pesquisadores da área, existe o consenso de que, nas regiões metro-
politanas, as neoplasias de caráter hereditário de maior impacto social e científico

são aquelas inseridas nos espectros do câncer de mama e do câncer colorretal, em suas variadas apresentações. Além dessas, várias outras síndromes se associam na composição de um painel expressivo, conforme os dados divulgados pela Rede Nacional de Câncer Familiar (Instituto Nacional do Câncer, 2009) (Quadro 1).

Quadro 1 – Principais síndromes de câncer hereditário e genes associados

Síndromes e neoplasias	Genes
Síndromes de câncer de mama e ovário hereditários (HBOC)	BRCA1 e BRCA2
Síndromes de câncer colorretal com e sem polipose	hMSH2; hMLH1; hPMS1; hPMS2
Polipose adenomatosa familiar	APC
Síndrome de Li-Fraumeni	TP53
Neoplasia endócrina múltipla tipos 1 e 2;	MENIN; RET
Neurofibromatose 1 e 2	NF1; NF2
Melanoma familiar	CDKN2; CDK4
Doença de Von Hippel – Lindau	VHL
Retinoblastoma hereditário	RB1
Síndromes de Cowden e Bananyan-Riley-ruvalcaba	PTEN
Tumor de Wilm's hereditário	WT1

Fonte: modificado do Manual Operacional da Rede Nacional de Câncer familiar (Instituto Nacional do Câncer, 2009).

No atendimento às famílias, o AG promove a identificação dos sujeitos sob risco, estabelece a estimativa do risco individual e as estratégias de prevenção e manejo da doença. Neste sentido, são considerados aspectos sugestivos de predisposição hereditária, além da história familiar positiva, a manifestação precoce da doença (anterior aos 50 anos de idade), a presença de tumores bilaterais em órgãos duplos, presença de tumores multifocais, presença de outros tumores primários no mesmo indivíduo e a presença de tumores em indivíduos com anomalias congênitas ou de desenvolvimento (Mowery-Rushton & Surti, 2000; Hodgson & Mahler, 1993).

O processo de investigação da família se inicia com o levantamento do histórico pessoal e familiar de doenças, não se detendo apenas nos antecedentes oncológicos (malignos e/ou benignos), mas verificando igualmente a presença de doenças crônicas, malformações de qualquer ordem, história reprodutiva, realização de biópsias, doenças da infância e exposição a agentes ambientais. Complementando essas informações, o exame dermatológico torna-se fundamental. Esse exame, visando identificar lesões variadas, de caráter benigno, maligno ou constitucional que, associados ao exame clínico com foco nos sinais patognomônicos, poderão compor um espectro de sinais associados às síndromes específicas (Li, 1999; Gorlin, Cohen, Cordon, & Burke, 1992).

É importante salientar que tais informações preveem um nível de detalhamento que os interessados normalmente não sabem informar com precisão (Roth & Giugliani, 2007), daí a necessidade de se obter documentos comprobatórios dos acometimentos relatados pelo indivíduo. Laudos de exames de imagem e, sobretudo, os exames anátomo-patológicos e certidões de óbito são essenciais para fundamentar o diagnóstico e o cálculo do risco, por isso devem ser insistentemente solicitados aos familiares. A partir dessas informações, torna-se possível traçar um quadro baseado na diferenciação entre tumores de origem esporádica, familial ou hereditária e estabelecer o risco para desenvolvimento de neoplasia.

Se a conclusão do caso direcionar para o padrão esporádico de doença, a investigação genética é encerrada e o paciente retorna ao ambulatório de origem com a recomendação de comunicar-se com a equipe nos casos de mudanças no heredograma ou de sua condição oncológica. Se o local contar com recursos laboratoriais adequados, é possível prosseguir na investigação e oferecer o teste molecular, pois uma mutação esporádica pode constituir uma mutação de novo germinativa, o que implicaria no risco de transmissão desta para seus descendentes.

Se o padrão de herança for caracterizado como familial, poderão ser oferecidos alguns testes para polimorfismos genéticos disponíveis e retornos espaçados, para a verificação de mudanças no heredograma e acompanhamento no setor.

Nos casos de padrão hereditário definido, a investigação genética deve prosseguir com o oferecimento de testes moleculares, quando pertinentes, e estabelecimento de risco por meio de critérios e modelos específicos, como os de Claus e Gail para câncer de mama (Claus, Risch, & Thompson, 2003; Gail, Brinton, Byar, Corle et al., 1989), e os critérios de Bethesda e Amsterdam para câncer colorretal (Boland, 2005; Vasen & Boland, 2005).

Genericamente, pode-se considerar o percentual que se aproxima do risco de desenvolver câncer da população geral como de baixo risco, enquanto os riscos moderado e alto apresentam-se aumentados, merecendo seguimento especial ao longo da vida. Visando poupar recursos de foro íntimo e financeiro, em geral reco-menda-se que a investigação genética se inicie com o paciente índice, condicionada à doação voluntária de material para o teste e assinatura de um Termo de Consen-timento Livre e Esclarecido (TCLE). De acordo com os resultados obtidos, a inves-tigação pode se estender aos demais familiares que tenham manifestado interesse no resultado. É importante deixar claro, neste momento, que uma mutação não conhecida irá consumir mais recursos tecnológicos e financeiros. Por outro lado, se identificada a mutação no paciente índice, a investigação nos demais familiares pode ser tecnicamente facilitada, além de diminuir sensivelmente os custos na rea-lização dos testes, uma vez que já se sabe o alvo a ser pesquisado.

Embora a identificação da maioria das mutações hereditárias seja realizada a partir da simples coleta de sangue periférico, a realização dos testes moleculares implica na existência de laboratórios especialmente adequados à realização de exames tecnicamente complexos, como os de sequenciamento gênico e citoge-nética molecular (Palmero, Kalakun, Schuler-Faccini, Giuliani, Vrgs, Rocha, & Ashton-Prolla, 2007; Instituto Nacional do Câncer, 2009). Mais recentemente, algumas técnicas são de domínio geral e podem ser consideradas mais simples, como as técnicas de PCR para mutações já identificadas. No entanto, para a famí-lia investigada, a coleta de material biológico e a autorização para realização dos exames genéticos estão associadas a representações e significados muito particu-lares que, por isso, exigem a interação multidisciplinar de profissionais.

É recomendado que o acompanhamento psicológico ocorra em todas as fases do aconselhamento genético, desde a primeira consulta, o que nem sempre é exequível. O primeiro impedimento está ligado à falta de profissionais com familiaridade em oncogenética que possam absorver a demanda de casos em acompanhamento na instituição. Como agravante, tem-se ainda a possível recusa em receber tal atendimento, seja por falta de tempo dos membros da família, seja pelas representações que esse atendimento possa caracterizar. Se acrescentarmos a isso a repercussão que pode haver a partir de um diagnóstico genético para neoplasia, não é difícil vislumbrar o que essa condição representa em termos pessoais, trabalhistas, reprodutivos e familiares. Segundo Roth e Giuliani (2007), tais situações não se sujeitam à condição financeira dos envolvidos, mas sim ao seu *status* sociopsicológico, que pode tanto auxiliar como dificultar o acesso às informações e manejo da doença.

Outro ponto importante a ser considerado consiste no momento da abordagem pelo profissional que realizará o AG. Sentimentos de ansiedade, revolta e impotência misturam-se à necessidade de resolução de questões práticas, como o tipo de cirurgia que será indicado, se há previsão de avanço das margens cirúrgicas, qual o tempo de recuperação, além dos inevitáveis questionamentos sobre os tratamentos radio e quimioterápicos, entre muitos outros. No caso de pacientes jovens, a preocupação com a função reprodutiva ou com o bem-estar de filhos menores, incluindo o gerenciamento financeiro dos custos, são questões que afloram inevitavelmente, de modo que o risco hereditário pode se tornar, a princípio, secundário em relação à demanda de providências e solicitações.

Após a cirurgia e com a progressão do tratamento, tudo pode ser facilitado ou dificultado, dependendo das implicações da neoplasia hereditária em questão, da disposição para lidar com as eventuais sequelas e limites funcionais gerados pela doença, do surgimento de culpa e outros sentimentos subjacentes ao diagnóstico de doença neoplásica de fundo hereditário. Por último, emerge a questão da terminalidade, vivenciada tanto pelo portador da doença como pelos seus entes mais queridos e, neste momento, é imperioso que se lance mão de todos os recursos disponíveis para acolhimento da família e enfrentamento da doença (Fonseca & Labate, 2005).

Com o estabelecimento de risco e aconselhamento após teste genético, as estratégias de prevenção e profilaxia deverão ser abordadas e, neste momento, novos desafios se impõem. Cirurgias profiláticas, assim como o uso de medicamentos protetores, como os conhecidos tamoxifeno e trastuzumab (para tumores de mama e próstata), colaboram com chances consideráveis de prevenção, embora não isentos de efeitos colaterais. Paralelamente, exames de rastreamento periódicos e mudanças no estilo de vida, valorizando a atividade física e a adoção de alimentação equilibrada, devem acompanhar as demais medidas no caminho da prevenção, embora possam representar mais uma barreira a ser transposta pelos já fragilizados portadores de neoplasia ou para aqueles sob risco de desenvolvimento de tumor. Por outro lado, para todos eles e também para a equipe de saúde, a perspectiva de uma nova chance de dirigir a vida de acordo com novos valores pode revelar oportunidades nunca pensadas anteriormente e, se bem conduzidas, consistir num surpreendente caminho a ser trilhado.

4.3 Referências bibliográficas

Bacci, M. L. (2002). 500 anos de demografia brasileira: uma resenha. Rev. Bras. Estudos de População, 19(1), jan.-jun.

Boland, C. R. (2005). Evolution of the nomenclature for the hereditary colorectal cancer syndromes. Familial Cancer, 4, 211-218.

Boveri, T. (2008). Concerning the Origin of Malignant Tumours by Theodor Boveri. Translated and annotated by Henry Harris. J. Cell Sci., 121(1), 1-84.

Cancer Genetics Network (CGN). Recuperado em 11 de setembro de 2012, de http://www.cancergen.org.

Claus, E. B., Risch, N., & Thompson, W. D. (2003). Autosomal dominant inheritance of early-onset breast cancer. Implications for risk prediction. Cancer, 9, 208-221.

DeVita, V. T., Hellman, S., & Rosenberg, A. S. (2001). Cancer principles and practice in oncology (6th ed.). Philadelfia: Lippincott Williams and Wilkins.

Fonseca, C. S., & Labate, R. C. (2005). Vivências de familiares de pacientes com câncer em processo de terminalidade da vida: um estudo clínico-qualitativo. Tese de Mestrado, Ribeirão Preto, SP, Brasil.

Gail, M. H., Brinton, L. A., Byar, D. P., Corle, D. K. et al. (1989). Projecting individualized probabilities of developing breast cancer for white females who are being examined annually. JNCI, 81, 1879-1886.

Gorlin, R. J., Cohen, M. M., Condon, L. M., & Burke, B. A. (1992). Bannanyan-Riley--Ruvalcaba syndrome. Am. J. Med. Gen., 44, 307-314.

Hodgson, S. V., & Mahler, E. R. (1993). A practical guide to human cancer genetics. Cambridge: Cambridge University Press.

Jenks, S. (1996). NCI plans national cancer genetics network. JNCI, 88, 579-580.

Knudson, A. G. (1971). Mutations and cancer: statistical study of retinoblastoma. Proc. Natl. Acad. Sci., 69, 820, USA.

Li, F. P., & Fraumeni, J. F. (1969). Soft tissues sarcomas, breast cancer, and other neoplasms: a familial syndrome? Ann. Int. Med., 71, 747-752.

Love, R. R. (1988). Smalll bower cancers, B-cell lymphatic leukemia, and six primary cancers with metastasis and prolonged survival in the cancer family syndrome of Lynch. Cancer, 83, 741-747.

Lynch, H. T. (1967). Cancer families: adenocarcinomas and multiple primary malignant neoplasms. Rec. Results Cancer Res., 12, 125-142.

Martin, G. S. (1996). Normal Cells and Cancer Cells. In J. M. Bishop, & R. Weinberg (Eds.), Scientific American Molecular Oncology (254p.), New York: Scientific American, Inc. Bishop, J. M. (1991). Molecular Themes in Oncogenesis. Cell, 64, 235.

Mowery-Rushton, & Surti, U. (2000). Expressão fenotípica das anomalias cromossômicas. In Patrícia Hoffe (Ed.), Genética Médica molecular (319p.), Rio de Janeiro: Guanabara Koogan.

Nero da Costa, Iraci (Ed.). (1986). Brasil: história econômica e demográfica. São Paulo: IPE/USP.

Organização Mundial da Saúde (OMS). Recuperado em 15 de outubro de 2012, de http://www.who.int/genomics/elsi/regulatory_data/region/international/004/en/. Li, F. P. (1999). Cancer control in susceptible groups. J. Clin. Oncology, 17, 719-722.

Palmero E. I., Kalakun, L., Schuler-Faccini, L., Giuliani, R., Vrgs, F. R., Rocha, J. C. et al. (2007). Cancer genetic counseling in public health care hospitals: the experience of three Brazilian services. Community Genetics, 10, 110-119.

Rede Nacional de Câncer familiar: manual operacional (229p.). (2009). Instituto Nacional do Câncer, Rio de Janeiro.

Roth, F. L., & Giugliani, R. (2007). Consistência da história familiar de câncer em um estudo de base populacional. Tese de Mestrado, Porto Alegre, RS, Brasil.

Stormorken, A. T., Clark, N., Grindedal, E., Maehle, L., & Møller, P. (2007, may). Prevention of colorectal cancer by colonoscopic surveillance in families with hereditary colorectal cancer. Scand. J. Gastroenterol., 42(5), 611-617.

Vasen, H. F., & Boland, C. R. (2005). Progress in genetic testing, classification, and identification of Lynch syndrome. J. Am. Med. Association, 293, 2028-2030.

Da minha dor, a tua dor...

Valdemar Augusto Angerami

Para Patrícia...
E todos os cuidadores que transformam a vida do
desesperado...

Alquebrado pela dor, te vejo ao meu lado...
Acolhimento sereno, amigo, companheiro...
Vejo-te sorrir mesmo quando a alma sangra...
É o desdobramento da própria vida no teu sorriso...
Sorriso que escancara a tua fé na minha superação.
De como a luta, embora árdua, seja também amor...
E da fé de que, embora caminhando por caminhos turvos,
pede coragem e mais luta. Luta e um caminhar sem
fim... Um caminhar sobre linhas tortuosas em que a tua aura
é a minha guia e luz nesse momento em que o Sol insiste em
se ausentar no meio das tormentas... Você me ensinou a não desacreditar
da existência das estrelas por elas estarem escondidas sob as nuvens...

Serra da Cantareira, numa manhã azul de outono...

Considerações psiquiátricas no manejo de pacientes com câncer

AMILTON DOS SANTOS JÚNIOR

Dedicatórias

Por fornecerem as bases teóricas para a escuta ativa e interessada ao paciente com doenças clínicas graves, este capítulo é dedicado aos professores: Neury José Botega, professor doutor titular do Departamento de Psicologia Médica e Psiquiatria da Faculdade de Ciências Médicas da Unicamp, coordenador do Serviço de Interconsulta Psiquiátrica do Hospital das Clínicas da Unicamp; Roosevelt Moises Smeke Cassorla, analista didata da Sociedade Brasileira de Psicanálise de São Paulo e do Núcleo de Psicanálise de Campinas e Região. Professor doutor titular colaborador do Departamento de Psicologia Médica e Psiquiatria da Faculdade de Ciências Médicas da Unicamp.

5.1 Introdução

A seriedade do diagnóstico de câncer desafia a capacidade de sobreviver, definir um rumo na vida e realizar sonhos e esperanças. O câncer é um dos maiores problemas de saúde pública no mundo, tanto devido a suas altas taxas de incidência, prevalência e morbimortalidade como ao impacto psicossocial que acarreta. Cerca de metade dos pacientes oncológicos em estado avançado apresenta transtornos mentais ou comportamentais, sendo muitos desses quadros considerados reativos ao fato de se saber portador da doença (Botega, Garcia & Stefanello, 2012; Sadock & Sadock, 2007; Braun, Pirl, & Greenberg, 2010).

A habilidade de uma pessoa para manejar o diagnóstico e tratamento de câncer comumente varia ao longo do curso da doença, na dependência também de fatores psicológicos e sociais. Ao serem diagnosticados, os indivíduos são confrontados com vários medos, como morte, desfiguramento, dor e incapaticação, impotência, abandono, perda da independência, perturbações em relacionamentos, funcionamento de papéis, situação financeira, entre outros. As reações despertadas, como negação, ansiedade, raiva e culpa, podem se alternar ou se sobrepor.

A localização da doença, seus sintomas, curso clínico, prognóstico e tipo de tratamento requerido são fatores que influenciam em como o indivíduo lida com sua situação. O funcionamento psicológico prévio e a experiência com perdas também são fatores importantes, bem como a ameaça que o câncer traz à concretização de objetivos de vida e ao enfrentamento de dificuldades próprias a certos períodos do desenvolvimento (como adolescência, carreira, família, aposentadoria). Fatores culturais e espirituais, atitudes religiosas e a possibilidade de contar com pessoas queridas e que prestam suporte emocional também são aspectos importantes.

Embora a taxa de suicídio não seja muito mais alta que na população geral, são frequentes os pensamentos e desejos suicidas, e tanto aspectos relacionados ao diagnóstico quanto ao tratamento e à evolução merecem atenção. O relacionamento profissional-paciente dependente de comunicação efetiva, exerce influência no cuidado de todos os pacientes, em todas as avaliações, em todos os sítios e fases do câncer, e durante todas as fases do tratamento. O estresse psicológico do profissional de saúde que presta cuidado de saúde a pacientes com câncer também deve ser considerado. Muitos centros oncológicos e hospitais possuem equipes interdisciplinares de atenção psicossocial, consistindo de investigadores clínicos das áreas de psicologia, psiquiatria, assistência social, enfermagem e clérigo.

Psiquiatras devem se preocupar em entender quem era o paciente antes do diagnóstico e como era a situação existencial dele. A entrevista psiquiátrica pode acessar o passado pessoal, a condição presente, antecipações futuras, arrependimentos, preocupações prementes, sintomas físicos, incapacidades, estratégias de enfrentamento e vulnerabilidades psicológicas.

Quando o médico psiquiatra deve ser chamado para avaliações de pacientes oncológicos (Botega, 2012)?

Quando um paciente está em seguimento oncológico, seja em um serviço ambulatorial, seja internado em uma enfermaria de especialidade clínica ou cirúrgica, é importante haver diálogo permanente entre todos os membros da equipe envolvidos na sua assistência. Embora seja o médico responsável quem idealmente deva fazer o encaminhamento ao psiquiatra, quando necessário, cada médico tem um "limiar de encaminhamento" diferente, ou seja, um nível pessoal de tolerância, a partir do qual o estímulo da situação clínica desencadeia o encaminhamento. Esse limiar é influenciado pelo tipo de formação por ele recebido, por sua experiência, por sua tolerância à incerteza, pelo senso de autonomia e pelo interesse por aspectos psicológicos da prática médica.

Nesse sentido, a situação ideal é que todos os profissionais da equipe oncológica possam trocar vivências e informações referentes a cada paciente assistido, para que o médico possa se dar conta de aspectos psicossociais por vezes não avaliados durante as consultas clínicas de rotina, bem como lidar com resistências pessoais e reconhecer mecanismos defensivos dos pacientes que eventualmente possam complicar o acesso das suas dificuldades pessoais. Tais partilhas de informações pela equipe interdisciplinar diminuem o distanciamento sociocultural, favorecem que os pacientes não sejam encaminhados indevidamente e que não se "deixe" para o psiquiatra a obtenção de dados essenciais ao manejo do caso.

Pacientes em fase de cuidados paliativos não devem ser encaminhados simplesmente por estarem em situações terminais. Por outro lado, se o psicólogo ou o enfermeiro puderem discutir as dificuldades emocionais e comportamentais que observam, o psiquiatra será efetivamente chamado naquelas situações em que sua ação possa fazer diferença efetiva no cuidado, a saber: dificuldades e manejo de pacientes com mecanismos defensivos patológicos e tratamento de transtornos psiquiátricos coexistentes, como delirium, depressão, quadros ansiosos, psicóticos, maniatiformes etc.

5.2 Principais transtornos psiquiátricos em pacientes oncológicos

5.2.1 Ansiedade

Segundo Holland (2009) e Massie e Miller (2011), esta é a forma de estresse mais comumente experimentada por pacientes oncológicos (Quadro 1), além das reações psicológicas diante do impacto do câncer. A ansiedade pode ocorrer em estados metabólicos orgânicos anormais, tais como: hipóxia, embolia pulmonar, sepse, delirium, sangramento, arritmia cardíaca, hipoglicemia. Existem neoplasias secretoras de hormônios que podem produzir sintomas ansiosos, como: feocromocitoma, alguns tumores tireoideanos, síndromes carcinoides, adenomas de paratireoide, tumores produtores de hormônio adrenocorticotrópico, insulinomas e síndromes paraneoplásicas que acarretam complicações imunológicas não metastáticas no sistema nervoso central, em consequência de alguns tumores (particularmente de pulmões e ovários). Além disso, muitos medicamentos utilizados na terapia oncológica podem ocasionar sintomas ansiosos: corticosteroides, neurolépticos, broncodilatadores, tiroxina e psicoestimulantes. Antieméticos, incluindo metoclopramida, utilizados para o tratamento de náuseas e vômitos induzidos pela quimioterapia, podem ocasionar inquietude, acatisia e distonias. Abstinência de álcool, opioides, benzodiazepínicos e outros sedativos e hipnóticos podem também ocasionar ansiedade. Alguns pacientes que fazem ciclos de quimioterapia com regimes medicamentosos que provocam vômitos podem desenvolver ansiedade antecipatória e náuseas dias a horas antes de receberem o próximo ciclo.

Pacientes com transtornos ansiosos preexistentes, como fobias, ataques de pânico, transtorno de ansiedade generalizada, e transtorno obsessivo-compulsivo, possuem risco de exacerbação de sintomas psiquiátricos durante o tratamento. Fobias de agulhas, sangue, hospitais, aparelhos de ressonância magnética ou de irradiação complicam a capacidade de um paciente tolerar os procedimentos médicos. Ataques de pânico podem sobrepor-se aos sintomas físicos de dispneia e taquicardia, o que pode ser alarmante para muitos indivíduos. Pacientes com experiências traumáticas anteriores de tratamento podem desenvolver hipervigilância e pensamentos intrusivos relacionados a memórias dolorosas das ocorrências já vivenciadas.

Pacientes com transtorno obsessivo-compulsivo podem apresentar medos que levam à indecisão quanto a opções terapêuticas e relutância em aceitar intervenções de eficácia comprovada. Rituais compulsivos que consomem tempo excessivo podem interferir com a aderência a consultas. Inflexibilidade de pensamento, hostilidade e, ocasionalmente, baixo entendimento contribuem para o desafio de engajar esses pacientes a aceitarem intervenções.

Ansiedade antecipatória a procedimentos costumam responder à validação empática do medo e à preparação adequada para se estabelecerem perspectivas realistas quanto ao evento temido. Algumas medicações psicotrópicas também podem ser úteis ao manejo da ansiedade incapacitante.

Quadro 1 – Causas de ansiedade em pacientes com câncer

Situacionais
Diagnóstico de câncer, discussões sobre prognóstico
Crises em relação à doença e ao tratamento
Conflitos com família ou equipe
Antecipações de procedimentos temidos
Espera pelo resultado de testes
Medo de recorrência após completar o tratamento
Relacionados à doença
Dor de difícil controle
Estados metabólicos anormais
Tumores secretores de hormônios
Síndromes paraneoplásicas com efeitos no sistema nervoso central

Relacionados ao tratamento
Procedimentos assustadores ou dolorosos (ressonância nuclear magnética, debridamento de feridas)
Drogas que produzem ansiedade (broncodilatadores, antieméticos)
Estados de abstinência (opioides, álcool, benzodiazepínicos)
Ansiedade, náusea e vômitos condicionados a ciclos de quimioterapia
Exacerbação de transtornos ansiosos preexistentes
Fobias (agulhas, claustrofobia)
Pânico ou transtorno de ansiedade generalizada
Transtorno de estresse pós-traumático
Transtorno obsessivo-compulsivo

Fonte: Holland (2009).

5.2.2 Transtornos de humor

A depressão em pacientes oncológicos requer pronto reconhecimento e intervenção terapêutica, pois tanto psicoterapias quanto medicações psicotrópicas são eficazes em reduzir os sintomas depressivos presentes em pacientes com câncer. Além disso, é fundamental a atenção a sintomas físicos de difícil controle, como a dor. Analgesias adequadas não apenas controlam a dor, como também atenuam o sofrimento psíquico dela decorrente.

Todavia, aspectos da depressão podem ser de difícil diagnóstico em pacientes oncológicos, pois as neoplasias produzem diversos sintomas neurovegetativos comuns aos quadros depressivos, como distúrbios do sono, perda de massa corporal, retardo psicomotor, fadiga, apatia e redução de concentração. Dessa forma, a avaliação deve ser focada em sintomas psicológicos de irritabilidade, perda de prazer nas atividades, sentimento de falta de esperança, ideias de menos-valia, culpa excessiva e ideação suicida. Tais aspectos ajudam a distinguir a ocorrência de depressão no contexto de doenças clínicas e predizem sobre a necessidade de tratamento farmacológico.

O Quadro 2 destaca os fatores médicos de risco para o desenvolvimento de depressão.

Quadro 2 – Fatores médicos de risco para o desenvolvimento de depressão

Dor de difícil controle
Estado avançado / outras doenças crônicas, incapacitantes

Medicações
  Corticosteroides (predinisona, dexametasona)
  Interferon, interleucinas
  Agentes quimioterápicos (vincristina, vimblastina, procarbazina, L-asparaginase)
  Outros: cimetidina, indometacina, levodopa, metildopa, pentazocina, fenobarbital, propranolol, tamoxifeno, alguns antibióticos)

Outras condições médicas
  Metabólicas (anemia, hipercalcemia)
  Nutricionais (deficiência de folato ou vitamina B12)
  Endócrinas (hiper ou hipotireoidismo, insuficiência adrenal)
  Neurológicas (síndrome paraneoplásica)

Determinados tipos de câncer   Pancreático, pulmonar de pequenas células, mama, linfoma etc.

Fonte: Holland (2009).

Incertezas de médicos quanto à eficácia de intervenções psicossociais também podem contribuir para o não reconhecimento ou não encaminhamento de pacientes deprimidos a profissionais de saúde mental. Dificuldades de acesso aos serviços são barreiras adicionais. Do ponto de vista do paciente, podem ocorrer também outros fatores, conscientes ou não, que contribuam para mascarar sintomas depressivos, como estigmas percebidos em relação ao recebimento de cuidados psicossociais, temores quanto às repercussões de se expressar de forma negativa em relação ao curso da doença e medos de efeitos adversos de medicações psicotrópicas.

O risco de suicídio em pacientes com câncer e deprimidos sempre deve ser considerado e torna-se maior quando a doença é avançada, se houver sintomas não controlados (especialmente dor) e se o grau de depressão e de falta de perspectiva for elevado. A avaliação sobre o risco de suicídio deve considerar o estágio da doença e o prognóstico. Quase todos os pacientes que recebem o diagnóstico de câncer, mesmo que o prognóstico seja otimista, consideram ou contemplam a possibilidade de suicídio na eventualidade de desenvolverem estresse intolerável.

Alguns pacientes mantêm suprimentos de medicações para este propósito, como forma de manter a percepção de controle sobre a doença progressiva. Entretanto, embora a incidência de suicídio seja aumentada em pacientes com câncer, se comparada à população geral, ela não é tão alta quanto frequentemente presumido.

Um episódio depressivo maior tratável pode precipitar ideação suicida, de forma que é particularmente importante avaliar a presença de sentimento de falta de esperança, o qual melhor prediz o risco de suicídio que a depressão por si própria. Mesmo pacientes cuja doença oncológica esteja em remissão ou que possuam bom prognóstico demandam avaliação bastante cuidadosa quanto a esse aspecto, como forma de prevenir o risco de suicídio, otimizar a aderência ao tratamento e a qualidade de vida.

5.2.3 Delirium

Delirium é uma disfunção cerebral global caracterizada por flutuações no nível de atenção e por perturbações cognitivas. Os sintomas incluem: desorientação e confusão, desatenção e prejuízo na concentração, distúrbios perceptivos (ilusões, alucinações), pensamento desorganizado (inclusive com delírios e ideação paranoide), agitação ou retardo psicomotor (inclusive com acessos de raiva e recusa em cooperar com equipe, sacando sondas e equipos) e alteração no ciclo sono-vigília. Por ser reversível na maioria das vezes, distingue-se de quadros demenciais. Entretanto, em estágios avançados de câncer, conforme a falência de órgãos progride e resulta em problemas metabólicos refratários, o delirium pode se tornar irreversível. Deve-se garantir a segurança do paciente e de seus cuidadores, pois ele pode assumir comportamentos agressivos. Os familiares devem ser orientados quanto a entender os estados do paciente e de que a causa do comportamento alterado é uma disfunção cerebral.

Dores de difícil controle em pacientes com falências de órgãos e encefalopatia metabólica podem prejudicar o julgamento e o controle de impulsos, com a possibilidade de ocorrerem tentativas de suicídio imprevisíveis, mesmo sem ideação suicida prévia, de modo que é importante a presença de um acompanhante junto ao paciente (familiar, enfermeiro ou outro cuidador) que compreenda o prejuízo orgânico quanto ao julgamento crítico da realidade.

Além da dor, em pacientes com câncer, especialmente se idosos e nos estágios avançados da doença, uma mudança abrupta no humor ou no comportamento é, na maioria das vezes, relacionada a quadros neurológicos, vasculares ou metabólicos, sendo uma base puramente psicológica bem menos provável. Cerca de três quartos de pacientes terminais podem desenvolver delirium antes de morrer.

O cuidado começa com a atenção à segurança do paciente. É importante uma observação bastante próxima, preferencialmente por alguém que possa corrigir as interpretações errôneas que o paciente fizer sobre a realidade. Cuidadores consistentes, interações estruturadas com os demais e reorientação frequente podem limitar o estresse vivenciado pelo paciente. Idosos estão mais vulneráveis a desenvolverem delirium, principalmente aqueles com algum prejuízo cognitivo ou mesmo demência. É preferível tentar evitar restrições físicas. Entretanto, a contenção mecânica temporária em casos de agitação severa pode evitar quedas, remoção de tubos endotraqueais, acessos intravenosos e cateteres. Tentar manter o paciente em ambientes com iluminação natural, pouco barulhentos e com relógios pode ajudar a recuperar a atenção e a orientação. Alguns medicamentos podem ser utilizados para o manejo dos principais sintomas do delirium, mas a causa orgânica deste deve ser sempre pesquisada e, quando possível, tratada. O Quadro 3 mostra as causas comuns de delirium em pacientes com câncer.

Quadro 3 – Principais causas de delirium em pacientes com câncer

Causas	Exemplos
Encefalopatia metabólica por falência de órgãos vitais	Fígado, rins, pulmões (hipóxia), tireoide, adrenal
Desequilíbrio eletrolítico	Alterações nos níveis de sódio, potássio, cálcio, glicose
Efeitos adversos do tratamento	Narcóticos, analgésicos, anticolinérgicos, fenotiazinas, anti-histamínicos, agentes quimioterápicos, esteroides, radioterapia
Infecções	Sepse
Anormalidades hematológicas	Anemias, problemas de coagulação
Nutricionais	Desnutrição, deficiência de tiamina, ácido fólico, vitamina B12
Síndromes paraneoplásicas	Efeitos remotos de tumores
Tumores cerebrais (primários ou metastáticos)	Glioblastoma multiforme, linfoma primário de sistema nervoso central

Fonte: Holland (2009).

5.3 Interações medicamentosas de risco entre quimioterápicos oncológicos e psicofármacos

De acordo com Owen e Ferrando (2010), interações medicamentosas, tanto farmacocinéticas quanto farmacodinâmicas, são comuns em terapia oncológica, devido ao uso de múltiplos fármacos, incluindo quimioterapia citotóxica, agentes hormonais e medicações adjuvantes para o cuidado de suporte e de outros problemas médicos preexistentes. Como muitos pacientes com câncer são idosos, o impacto de drogas usadas no tratamento de outras doenças pode ser considerável.

Muitos agentes quimioterápicos prolongam o intervalo QT de condução cardíaca, e o uso concomitante de muitos psicofármacos que também possuem esse risco potencial deve ser evitado, como forma de prevenção de arritmias.

Muitos agentes quimioterápicos são metabolizados no fígado pelos citocromos P450 do sistema 3A4. Há psicofármacos que inibem esse sistema e que, por isso, podem exacerbar a toxicidade da quimioterapia. Também devem, portanto, ser evitados.

O Quadro 4 versa sobre os efeitos que os psicofármacos podem provocar em pacientes que estejam em uso de quimioterápicos oncológicos. O Quadro 5, por sua vez, resume algumas das principais interações que podem ocorrer quando um quimioterápico oncológico atua sobre determinados psicofármacos.

Quadro 4 – Efeitos que os psicofármacos podem provocar em pacientes que estejam em uso de quimioterápicos oncológicos

Medicação	Mecanismo de interação	Efeito sobre drogas psicotrópicas e manejo
Alemtuzumab, trióxido arsênico, cetuximab, daunorrubicina, denileucina, etoposídeo, homoarringtonina, idarrubicina, mitoxantrona, nilotinib, rituximab, tamoxifeno, tretinoina	Prolongamento do intervalo QT de condução cardíaca	Aumento do prolongamento quando em combinação com outras drogas que também promovam esse efeito, como antidepressivos tricíclicos, antipsicóticos típicos, pimozida, risperidona, paliperidona, iloperidona, quetiapina, ziprasidona e lítio

Asparaginase	Hipoalbuminemia	O monitoramento terapêutico da droga total (frações livres + ligadas à albumina) pode trazer resultados enganosos. Utilizar métodos seletivos para monitorizar níveis de droga livre
Cisplatina	Nefrotoxicidade	Eliminação reduzida de drogas excretadas pelo rim, como lítio, paliperidona, desvenlafaxina, gabapentina, pregabalina e memantina. Monitorizar litemia
	Desconhecido	Diminuição nos níveis de carbamazepina, fenitoína e valproato
Carboplatina, ifosfamida, metotrexate	Nefrotoxicidade: reduções agudas e crônicas em taxa de filtração glomerular	Eliminação reduzida de drogas excretadas pelo rim, como lítio, paliperidona, desvenlafaxina, gabapentina, pregabalina e memantina. Monitorizar litemia
Desatinib	Inibição dos citocromos 3A4	Aumento de níveis séricos e toxicidade da pimozida, quetiapina, ziprasidona, iloperidona, fentanil, meperidina e tramadol
Capecitabina, 5-fluorouracil	Redução na ação de citocromos 2C9	Redução no metabolismo da fenitoína com maior risco de toxicidade
Imatinib	Inibe os citocromos 2C9, 2D6 e 3A4	Aumento de níveis séricos e de toxicidade da fenitoína, pimozida, quetiapina, risperidona, ziprasidona, iloperidona, tricíclicos, bupropiona, paroxetina, venlafaxina, fentanil, meperidina, tramados, atomoxetina e benzodiazepínicos, exceto exazepam, lorazepam e temazepam

Interleucina-2 (aldesleucina)	Prolongamento do intervalo QT de condução cardíaca	Aumento do prolongamento quando em combinação com outras drogas que também promovam esse efeito, como antidepressivos tricíclicos, antipsicóticos típicos, pimozida, risperidona, paliperidona, iloperidona, quetiapina, ziprasidona e lítio
	Nefrotoxicidade e redução da função renal	Eliminação reduzida de drogas excretadas pelo rim, como lítio, paliperidona, desvenlafaxina, gabapentina, pregabalina e memantina. Monitorizar litemia
	Redução das funções hepática e renal	Redução do metabolismo hepático e da eliminação renal da maioria das drogas
Interferon-alfa	Inibição global dos citocromos p450	Aumento de níveis séricos e de efeitos adversos de drogas com metabolismo oxidativo, especialmente aquelas metabolizadas pelos citocromos 1A2, 2C19 e 2D6
	Prolongamento do intervalo QT de condução cardíaca	Aumento do prolongamento quando em combinação com outras drogas que também promovam esse efeito, como antidepressivos tricíclicos, antipsicóticos típicos, pimozida, risperidona, paliperidona, iloperidona, quetiapina, ziprasidona e lítio
	Inibição da glicoproteína-P	Possível aumento na biodisponibilidade de substratos da glicoproteína-P (carbamazepina, fenitoína, lamotrigina, olanzapina, risperidona, quetiapina)

Nilutamida	Inibição dos citocromos 1A2, 2D6, 3A4	Aumento de níveis e de toxicidade de clozapina, olanzapina, pimozida, quetiapina, risperidona, ziprasidona, iloperidona, tricíclicos, bupropiona, paroxetina, venlafaxina, fentanil, meperidina, tramadol, atomoxetina e benzodiazepínicos, exceto oxazepam, lorazepam e temazepam
Procarbazina	Inibição da monoamina oxidase	Síndrome serotoninérgica com inibidores seletivos da receptação da serotonina, inibidores da receptação da serotonina e da noradrenalina, tricíclicos, lítio, opioides (fentanil, meperidina, matadona, tramadol, dextrometorfan e propoxifeno) etc. Reação hipertensiva com tricíclicos, simpatomiméticos, psicoestimulantes etc.
Tamoxifeno	Inibe os citocromos 2C9	Redução do metabolismo da fenitoína, com risco de toxicidade aumentado

Fonte: Owen e Ferrando (2010).

Quadro 5 – Algumas das principais interações que podem ocorrer quando um quimioterápico oncológico atua sobre determinados psicofármacos

Medicação	Efeito farmacocinético	Efeitos sobre a droga oncológica e manejo
Armodafinil, carbamazepina, modafinil, oxcarbazepina, fenitoína, erva de São João	Indução dos citocromos 3A4 e outros	Aumento do metabolismo e menor exposição a efeito terapêutico de substratos dos citocromos 3A4, incluindo bexaroteno, desatinib, docetaxel, doxorrubicina, etoposídeo, gefitinib, imatinib, lapatinib, metotrexato, paclitaxel, sorafenib, sunitinib, teniposídeo, topotecan, toremifeno, vimblastina, vincristina e vinorelbina. Aumento no metabolismo da ciclofosfamida e tioTEPA e aumento à exposição de metabólitos ativos tóxicos. Reduzir a dosagem para evitar toxicidade excessiva. Maior ativação metabólica das pró-drogas ifosfamida e procarbazina aumenta a toxicidade e reduz a duração do efeito. Maior inativação metabólica da pró-droga irinotecan reduz o efeito terapêutico
Fluoxetina, nefazodona	Inibição dos citocromos 3A4	Aumento do metabolismo e menor exposição a efeito terapêutico de substratos dos cltocromos 3A4, incluindo bexaroteno, desatinib, docetaxel, doxorrubicina, etoposídeo, gefitinib, imatinib, lapatinib, metotrexato, paclitaxel, sorafenib, sunitinib, teniposídeo, topotecan, toremifeno, vimblastina, vincristina e vinorelbina. Redução do metabolismo da ciclofosfamida e tioTEPA e redução à exposição a metabólitos tóxicos ativos. Redução da ativação metabólica das pró-drogas ifosfamida, irinotecan e procarbazina

Atomoxetina, bupropiona, duloxetina, fluoxetina, moclobemida, paroxetina	Inibição dos citocromos 2D6	Bioativação reduzida do pró-droga tamoxifeno. Efeito terapêutico reduzido
Carbamazepina	Regulação negativa dos carreadores de folato	Redução da eficácia do tratamento do metotrexato
Valproato	Inibição da uridina difosfato glucoronosiltransferase	Metabolismo reduzido do metabólito ativo do irinotecan (SN-38) a aumento de toxicidade Possível redução no metabolismo do sorafenib

Fonte: Owen e Ferrando (2010).

5.4 Considerações finais

Segundo Gregurek, Braš, Đorđević, Ratković e Brajković (2010), é bastante significante o número de pacientes com câncer que apresentam experiências estressantes, físicas ou psicossociais, que requerem avaliação e tratamento psiquiátrico. Além disso, a própria doença e seus tratamentos podem estar envolvidos na ocorrência de transtornos mentais e comportamentais de base orgânica. Os diagnósticos psiquiátricos mais prevalentes em pacientes oncológicos incluem ansiedade, depressão, transtornos de adaptação e síndromes orgânicas agudas com repercussões sobre o funcionamento psíquico (delirium).

O ideal é que psiquiatras com bons conhecimentos de interconsulta e de psiquiatria de ligação participem ativamente da equipe de cuidados aos pacientes com câncer, seja para o reconhecimento e manejo precoce de transtornos mentais e de estruturas defensivas, tanto dos pacientes quanto de outros profissionais da equipe, seja para a identificação de efeitos adversos e interações medicamentosas entre os fármacos oncológicos e psicotrópicos que necessitem serem utilizados. Pesquisas futuras são importantes para determinar a efetividade das diferentes intervenções psicológicas e psicofarmacológicas envolvidas em oncologia e medicina paliativa.

5.5 Referências bibliográficas

Botega, N. J. (2012). Relação médico-médico (pp. 88-98). In Botega, N. J. (Ed.). Prática psiquiátrica no Hospital Geral (3a ed). Porto Alegre: Artmed.

Botega, N. J., Garcia, Jr. C., & Stefanello, S. (2012). Psicofármacos: Uso em situações clínicas especiais (pp. 585-612). In Botega, N. J. (Ed.). Prática psiquiátrica no Hospital Geral (3a ed.). Porto Alegre: Artmed.

Braun, I. M., Pirl, W. F., & Greenberg, D. B. (2010). Patients with cancer (pp. 371-382). In Stern, T. A., Fricchione, G. L., Cassem, N. H., Jellinek, M. S., & Rosenbaum, J. F. (2010). Massachusetts General Hospital handbook of general hospital psyhicatry (6th ed.). Philadelphia, PA: Saunders Elsevier.

Gregurek, R., Braš, M., Đorđević, V., Ratković, A. S., & Brajković, L. (2010). Psychological problems of patients with cancer. Psychiatria Danubina, 22(2), 227-230.

Holland, J. C., & Stiles, J. (2009). Psychiatric aspects of cancer (pp. 1101-1105). In Gelder, M. G., Andreasen, N. C., López-Ibor, Jr. J. J., & Geddes, J. R. (Eds). New Oxford textbook of psychiatry (2nd ed). New York: Oxford University Press Inc.

Massie, M. J., & Miller, K. (2011). Oncology (pp. 525-550). In Levenson, J. L. (Ed.). The American Psychiatric Publishing textbook of psychosomatic medicine: Psychiatric care of the medically ill. (2nd ed). Washington; London: American Psychiatric Publishing.

Owen, J. A., & Ferrando, S. J. (2010). Oncology (pp. 237-270). In Ferrando, S. J., Levenson, J. L., & Owen, J. A. (Eds). Clinical manual of psychopharmacology in the medically ill (1st ed.). Washington; London: American Psychiatric Publishing.

Sadock, B. J., & Sadock, V. A. (2007). Fatores psicológicos que afetam condições médicas e medicina psicossomática: Psiconcologia (pp. 892-893). In Cancro, R. (Ed.). Compêndio de psiquiatria: Ciência do comportamento e psiquiatria clínica (9a ed.). Porto Alegre: Artmed.

Capítulo 6

Implicações nutricionais no câncer

Marcella Esbrogeo Cal

6.1 Introdução

Existem várias doenças que interferem direta e indiretamente no estado nutricional do indivíduo, sendo o câncer uma das principais patologias. No decorrer deste capítulo, serão abordados, de uma forma geral, quais são as implicações nutricionais que o câncer pode causar no estado nutricional de um indivíduo com neoplasia.

O câncer é definido como uma enfermidade multicausal crônica, caracterizada pelo crescimento descontrolado das células (World Cancer Research Fund, 1997). Sua prevenção tem tomado uma dimensão importante no campo da ciência, uma vez que recentemente foi apontada como a primeira causa de mortalidade no mundo (World Cancer Research Fund, 1997; World Health Organization, 1998; Instituto Nacional de Câncer, 2010).

Nas últimas duas décadas, tem ocorrido, nos países em desenvolvimento, o processo de transição epidemiológica e nutricional. Tal processo é caracterizado pela modificação do perfil de morbimortalidade, com envelhecimento da população, urbanização, mudanças socioeconômicas, alimentares e no estilo de vida. Dessa forma, verificou-se diminuição das doenças infecciosas e aumento na prevalência e na incidência de doenças crônicas não transmissíveis, como o câncer (Cervi, Hermsdorff, & Ribeiro, 2005, 2008).

A etiologia do câncer está relacionada à interação entre fatores endógenos, como os genéticos e ambientais (World Health Organization, 2002). Dentre os fatores ambientais, destacam-se a exposição à radiação, o uso de tabaco, a ingestão de álcool, a obesidade, o sedentarismo e o consumo de uma alimentação inadequada (Garófolo, Avesani, Camargo, Barros, Silva, Taddei et al., 2004). Por sua vez, a prevenção baseia-se na adoção de hábitos saudáveis de vida, como a prática regular de exercícios e alimentação saudável, rica em fibras, vegetais e frutas (Instituto Nacional de Câncer, 2002). Segundo o Instituto Nacional de Câncer, um terço da incidência mundial de câncer poderia ser prevenida (Instituto Nacional de Câncer, 2007; The World Health Organization's Fight Against Cancer, 2007). Para o Comitê de Peritos da World Cancer Research Fund, é necessário que ocorra modificações para que se adote uma dieta mais saudável, capaz de reduzir cerca de 60% a 70% da incidência de câncer no mundo (World Cancer Research Fund, 1997).

Dessa forma acredita-se que cerca de 35% dos diversos tipos de câncer ocorrem em razão de dietas inadequadas (Doll & Peto, 1981). É possível identificar, por meio de estudos epidemiológicos, associações relevantes entre alguns padrões alimentares observados em diferentes regiões do globo e a prevalência de câncer (Byers, 1999; Flegal, 1999).

As manifestações clínicas do câncer dependem do tipo, da localização do tumor e do estadiamento. Os sinais e sintomas mais comuns são: perda ponderal progressiva, anemia, anorexia, dor, náuseas, vômitos e fadiga. Esses sintomas aumentam a morbimortalidade de indivíduos com câncer e prejudicam sua qualidade de vida (Neves, Mattos, & Koifman, 2005; Silva, 2006; Garófolo, Lopez, & Petrilli, 2005).

Contudo, torna-se imprescindível uma avaliação nutricional e dietética nos pacientes oncológicos, a fim de possibilitar a manutenção ou recuperação do estado nutricional deste paciente, assim como a minimização dos desconfortos causados pela doença e tratamento antineoplásico.

6.2 Distúrbios nutricionais no câncer

O câncer é uma doença catabólica em que o tumor maligno atua de forma a consumir as reservas nutricionais do hospedeiro, levando-o a um déficit nutricional.

Várias evidências mostram que substâncias produzidas em decorrência da presença do tumor, bem como substâncias produzidas pelo tumor, podem ter papel importante na síndrome da anorexia-caquexia, levando ao aumento da resposta inflamatória, resultando, assim, em diversas alterações metabólicas.

Dependendo da localização do tumor, a interferência na alimentação ocorre mais acentuadamente do que em outros lugares do corpo, como no câncer de cabeça e pescoço, que possui uma interferência mais direta na ingestão, e no câncer no trato gastrointestinal, que interfere mais na digestão e absorção dos alimentos.

Alterações nutricionais também decorrem do tratamento antineoplásico, tendo a desnutrição um lugar importante neste contexto. Em geral, a desnutrição está associada a procedimentos cirúrgicos mais agressivos e à intensidade da terapia antineoplásica, sendo que a quimioterapia e a radioterapia, quando combinadas, podem causar vários efeitos negativos.

Os agentes quimioterápicos utilizados em altas doses, bem como a radioterapia direcionada para regiões da cabeça, pescoço, tórax, abdome e pelve, com frequência causam anorexia, náuseas e vômitos intensos, diarreia, constipação intestinal, má absorção de nutrientes pelo intestino e mucosites. Além disso, pode ocorrer dor no local do tumor, que interfere direta ou indiretamente na alimentação (Mota & Pimenta, 2002; Leite, Carvalho, Santana, & Meneses, 2005).

A ingestão de alimentos sofre influência de fatores emocionais e psicológicos, bem como do tratamento antineoplásico e da própria doença. Segundo Heideman et al. (2009), entre as situações mais frequentemente associadas à redução alimentar e à perda de peso, destacam-se:

- tumores na região da cabeça e pescoço e trato gastrointestinal;
- radioterapia de cabeça, pescoço e tórax;
- doença avançada ou recorrente;
- procedimentos cirúrgicos;
- toxicidades da quimioterapia;
- redução do apetite por atividade de doença neoplásica;
- compressão mecânica por tumores abdominais;
- infecções.

Os principais efeitos tóxicos da quimioterapia e da radioterapia associados aos distúrbios nutricionais são: náuseas e vômitos, mucosites, dor ao engolir, intolerância a lactose, má absorção de nutrientes, diarreia, constipação intestinal, desconforto abdominal, boca seca, perda do paladar e aversão alimentar.

No entanto, alguns tipos de tumor podem predispor menos à desnutrição, e, ao contrário, caracterizar-se mais por causarem aumento de peso e de tecido adiposo, predispondo à obesidade. Um estudo realizado com mulheres com câncer de mama demonstraram um aumento do peso no primeiro ano após o diagnóstico, principalmente as que receberam tratamento sistêmico combinado, em especial com terapia hormonal para controle tumoral (Nourissat et al., 2007).

Apesar disso, são poucos os estudos que avaliaram os efeitos do estado nutricional e da resposta à terapia nutricional no prognóstico de pacientes com câncer.

6.3 Câncer e desnutrição

A desnutrição é definida pelo Ministério da Saúde como a expressão biológica da carência prolongada da ingestão de nutrientes essenciais ao organismo humano (Brasil, 2007). Tal condição acomete a maioria dos sistemas orgânicos do hospedeiro, principalmente o gastrintestinal, o hematopoiético e o imunológico (Garófolo, 2005).

As neoplasias malignas, principalmente aquelas cujo crescimento é lento, levam maior tempo para serem diagnosticadas, promovendo, consequentemente, alterações catabólicas intensas no hospedeiro. Essas alterações podem culminar em caquexia, desnutrição que apresenta uma incidência entre 30% e 50% dos casos, podendo estar associada ao aumento da morbimortalidade pós-operatória e menor tolerância aos procedimentos cirúrgicos, quimioterápicos e radioterápicos (Fortes & Novaes, 2006).

Dessa forma, a perda de peso involuntária, como consequência da presença de um tumor maligno, é um desafio para os portadores de câncer. Diferente da perda de peso intencional em indivíduos saudáveis, a perda de peso involuntária nos pacientes com câncer é associada a um pior prognóstico (Whitman, 2000).

A desnutrição é o diagnóstico secundário mais comum em pacientes com câncer (Wilson, 2000). Geralmente, o maior risco nutricional acomete portadores de tumores sólidos e está associado, ainda, ao tratamento antineoplásico (Heideman et al., 2009). No momento do diagnóstico, 80% dos pacientes com câncer gastrointestinal e 60% dos portadores de câncer de pulmão apresentam perda de peso significativa (Wilson, 2000). Estudos mostram a frequência de perda de peso e desnutrição entre 31% a 87%, variando de acordo com a localização e estágio do tumor (Mota & Pimenta, 2002; Huhmann & Cunningham, 2005).

No Brasil, um estudo de prevalência de desnutrição hospitalar verificou que 66% dos pacientes portadores de câncer estavam desnutridos, indicando que a presença do tumor aumentou o risco para a ocorrência de desnutrição em 3,7 vezes (Waitzberg, Caiaffa, & Correia, 2001).

A perda de peso é comum em pacientes oncológicos e pode ser indício de doença maligna (Huhmann & Cunningham, 2005). A desnutrição em tais pacientes é um processo multicausal relacionado a fatores associados à doença, ao tratamento e à ingestão alimentar, assim como à condição econômica e social. Dessa forma, a perda de peso pode ser desencadeada ou potencializada durante a terapia antineoplásica devido ao aumento dos efeitos colaterais gastrointestinais, como aversão alimentar, náuseas e vômitos, além de problemas fisiológicos de mastigação e de deglutição. Os tumores do trato gastrointestinal podem, ainda, causar obstrução e levar ao impedimento físico à ingestão adequada de nutrientes, que implica diminuição da ingestão alimentar (Sarhill, Mahmoud, Walsh, Nelson, Komurcu, Davis M et al., 2003; Tisdale, 2001; Martignoni, Kunze, & Friess, 2003). Distúrbios indiretos podem causar anorexia, incluindo alterações na percepção de sabor e odor e anormalidades no sistema nervoso central que controla a ingestão de alimentos e a sensação de saciedade precoce (Rivadeneira, Evoy, Fahey, Liemberman, & Daly, 1998).

Pacientes oncológicos com perda ponderal maior que 10% do peso corporal possuem menor sobrevida que pessoas com o mesmo tipo e estágio da doença que se mantêm com o peso adequado (Mota & Pimenta, 2002). Bosaeus (2002) corrobora tal fato, concluindo, em seu estudo, que o hipermetabolismo e a perda de peso significativa predispõem a menor sobrevida, enquanto o aumento da ingestão energética foi associado ao aumento da sobrevida.

A desnutrição em pacientes com câncer tem efeito adverso na qualidade de vida e na sobrevivência (Inui, 1999; American College of Physicians (1989; Ravasco, Monteiro-Grillo, Vidal, & Camilo, 2004), sendo decorrente de interações do hospedeiro com o tumor (Whitman, 2000). O apetite e a habilidade de comer têm sido considerados alguns dos fatores mais importantes dos aspectos físicos e psicológicos da qualidade de vida dos pacientes (Tisdale, 1997), considerando que a ingestão de alimento não é algo simplesmente mecânico, mas está intimamente relacionada com seus aspectos emocionais.

Em relação à avaliação nutricional, não existe um indicador ideal que isoladamente possibilite a avaliação do estado nutricional. Portanto, a escolha dos indicadores utilizados é de difícil definição e depende, entre outros fatores, do tipo de doença estudada e da disponibilidade e da rotina do serviço (Papini-Berto, Maio, Módolo, Santos, Dichi, & Burini, 2002). Todos os pacientes oncológicos devem ser submetidos à triagem nutricional no momento da admissão, e essa prática deve ser incorporada à rotina clínica para ser efetiva (Huhmann & Cunningham, 2005).

Dessa forma, a avaliação nutricional fornece uma estimativa da composição corporal que ajuda a identificar os pacientes em risco de desnutrição induzida pelo câncer e estima a magnitude da depleção nutricional em pacientes que já estão desnutridos. Perda de peso involuntária maior que 10%, em seis meses, significa déficit nutricional importante e é um bom método para avaliar o prognóstico clínico (Rivadeneira, Evoy, Fahey, Liemberman, & Daly, 1998).

Realizar uma avaliação do estado nutricional e determinar o diagnóstico nutricional do paciente, no momento da admissão hospitalar, é imprescindível para a execução de uma triagem nutricional e o estabelecimento de condutas efetivas sobre a evolução clínica dos pacientes hospitalizados, principalmente aqueles com neoplasias malignas (Nehme, Martins, Chaia, & Vaz, 2006).

Detectar precocemente deficiências nutricionais e tratá-las com uma terapia nutricional disciplinada no intuito de restabelecer e/ou manter o estado nutricional do indivíduo oncológico constitui um desafio a ser aceito por diversos profissionais da área de saúde, devido às dificuldades de incorporação de conhecimentos multidisciplinares (Mauer, Burgess, Donaldson, Rickard, Stallings, & Von Eys, 1990; Moynihan, Kelly, & Fich, 2005).

Diante da complexidade do acompanhamento e tratamento da desnutrição, constituir uma equipe multiprofissional composta por nutricionistas, médicos, enfermeiros, psicólogos, farmacêuticos, fisioterapeutas ou de qualquer outra área com conhecimento em saúde pode ser essencial para garantir cuidados especiais ao paciente oncológico (Mauer, Burgess, Donaldson, Rickard, Stallings, & Von Eys, 1990; Moynihan, Kelly, & Fich, 2005).

Contudo, o estado nutricional é um fator prognóstico, além de ter uma significativa associação com as funções cognitivas, sociais, emocionais, psicológicas, qualidade de vida e senso de bem-estar nos pacientes com câncer (Inui, 2002; Ravasco, Monteiro-Grillo, Vidal, & Camilo, 2004). Dessa forma, por meio da avaliação nutricional precoce, é possível estimar o risco nutricional, a magnitude da desnutrição, determinar a intervenção e educação nutricional adequada e, consequentemente, melhorar ou manter o estado nutricional do paciente e sua qualidade de vida.

6.4 Avaliação nutricional no câncer

Em princípio, antes que seja realizada a avaliação nutricional propriamente dita, é necessário que se faça uma triagem nutricional, que se refere à avaliação clínica inicial que é feita para identificação de pacientes sob alto risco de desnutrição.

Dessa forma, instrumentos ou programas de triagem devem ser projetados para que se possam identificar, de maneira rápida e precisa, pacientes que porventura necessitem de uma avaliação nutricional mais abrangente. Os indicadores de triagem normalmente utilizados são altura, peso, mudança de peso e mudança da capacidade de se alimentar (Charney & Crangaru, 2010).

Um bom instrumento de triagem deve possibilitar que qualquer profissional da área da saúde possa aplicá-lo, com especificidade e valor preditivo positivo e negativo, seja rápido e prático, apresente boa relação entre custo e benefício e baixo risco para o indivíduo que está sendo avaliado (Charney & Crangaru, 2010).

O principal objetivo da triagem nutricional é reconhecer situações que levarão a um desfecho nutricional ruim e que interferem no prognóstico e qualidade de vida do paciente. Assim, instrumentos de triagem são utilizados para detecção do risco; já a avaliação nutricional visa à realização de diagnósticos nutricionais.

Dessa maneira, pacientes que apresentaram um resultado de triagem "positivo" devem ser encaminhados ao nutricionista para uma avaliação mais abrangente. Os principais dados recolhidos em uma avaliação nutricional são agrupados nos seguintes grupos:

- Histórico nutricional
- História do paciente
- Hábitos alimentares
- Exames laboratoriais
- Dados antropométricos (peso, altura, IMC)
- Exame físico

Os objetivos da avaliação nutricional são, principalmente, detectar comprometimento ou risco nutricional, realizar o diagnóstico nutricional, propor uma orientação e terapia adequada, indicar, se necessário, e acompanhar a terapia nutricional.

Ainda são poucas as ferramentas validadas que têm sido desenvolvidas para avaliação do estado nutricional no paciente com câncer. Entre elas, uma muito utilizada na prática clínica em oncologia é uma avaliação adaptada ao paciente com neoplasia, denominada Avalição Subjetiva Global Produzida pelo Próprio Paciente (ASG-PPP).

Trata-se de uma ferramenta de avaliação reconhecida pelo Oncology Nutrition Dietetic Group, da Americn Dietetic Association, como um método de avaliação nutricional de referência nesses pacientes. Com esse instrumento, é possível identificar os indivíduos desnutridos e possibilitar uma intervenção nutricional mais adequada para esse tipo de paciente, seja em regime hospitalar ou ambulatorial (McVallum & Polisena, 2000).

Contudo, o conjunto de informações geradas pela triagem e avaliação nutricional compõem o resultado mais adequado para o estabelecimento de uma plano nutricional. Portanto, é importante conhecer os vários aspectos do estado clínico nutricional do paciente, para que sejam identificados os riscos e implantadas intervenções individualizadas.

6.5 Terapia nutricional

A terapia nutricional constitui uma arma terapêutica essencial para que o paciente possa submeter-se ao tratamento antineoplásico, e deve ser instituída tão logo seja diagnosticada alteração no estado nutricional, para que possa se prevenir a perda de peso e desnutrição.

Entre os objetivos da terapia nutricional, constam: promover condições favoráveis ao paciente, minimizando os efeitos adversos da doença; prevenir e tratar a desnutrição; adequar a nutrição às condições fisiológicas de cada fase da vida; melhorar as respostas imunológicas; aumentar a tolerância ao tratamento específico; aumentar a sobrevida; melhorar o prognóstico e oferecer qualidade de vida.

Dessa forma, a terapia nutricional pode ser feita por três vias: oral, enteral ou parenteral. Cada método possui suas indicações precisas e adequadas, sendo que sempre que houver condições, a via fisiológica é a mais indicada.

Devido às várias complicações e aos efeitos colaterais que o tratamento antineoplásico causa no paciente oncológico, entre elas a diminuição da ingestão e consequente perda de peso, é muito utilizado na prática clínica como uma das formas de terapia nutricional a suplementação por via oral. A introdução de suplementos por via oral pode melhorar a oferta nutricional que fica comprometida, sendo que esses suplementos ofertam energia, proteína, vitaminas, minerais e outros nutrientes, sendo um método para se alcançar as necessidades nutricionais e, assim, manter ou até mesmo recuperar o estado nutricional.

Porém, quando o paciente não consegue por via oral ingerir alimentos e mesmo suplementos em quantidades adequadas que consigam suprir suas necessidades nutricionais, este possui indicação para terapia nutricional enteral, por ser a mais fisiológica, sendo indicada a terapia nutricional parenteral quando o trato gastrointestinal não está funcionante.

Atualmente, o uso de sonda nasoenteral vem se intensificando, por ser factível, seguro e apresentar boa tolerância (Garófolo, Maia, Petrilli, & Ancona--Lopez, 2010). Segundo Garófolo (2012), os critérios de indicação para nutrição enteral (uso de sonda) são:

- em casos de desnutrição ou quando há perspectiva de que o paciente não será capaz de se alimentar por mais de sete dias;
- ingestão oral inadequada (menos de 60% do gasto energético estimado) por mais de dez dias;
- melhorar ou manter o estado nutricional de pacientes que apresentam perda de peso secundária à ingestão oral insuficiente;
- casos em que uma obstrução pelo tumor de cabeça e pescoço ou de esôfago interfira na mastigação ou deglutição, ou naqueles em que há perspectiva de ocorrência de mucosite oral grave após o tratamento.

Nos EUA, o câncer é a condição que mais frequentemente indica a utilização de nutrição enteral, sendo que a indicação de sonda nasoenteral (SNE) já é usada de forma profilática ao quadro de desnutrição. Dessa forma, as diretrizes nutricionais da European Society for Clinical Nutrition and Metabolism (ESPEN) têm como evidência A que os pacientes sob risco de desnutrição grave podem beneficiar-se de um suporte nutricional prévio durante dez a catorze dias antes da cirurgia.

Deste modo, todas as modalidades de terapia nutricional podem ser aplicadas aos pacientes que têm câncer. Tendo em vista a diversidade de condições clínicas que podem acometer esses indivíduos, não há dúvidas de que todas as formas de terapia são úteis e poderão ser necessárias em algum momento do tratamento.

Contudo, a terapia nutricional tem como objetivo prevenir ou tratar a desnutrição, além de melhorar a resposta imunológica, a tolerância ao tratamento antineoplásico e o aumento da qualidade de vida desses pacientes (Garófolo, Maia, Petrilli, & Ancona-Lopez, 2010; Rivadeneira, Evoy, Fahey, Lieberman, & Daly, 1998). Assim, a intervenção nutricional precoce é muito importante para manter o estado nutricional e garantir a ingestão adequada de nutrientes, bem como a integridade física do paciente.

6.6 Considerações finais

As implicações nutricionais no paciente com câncer são variadas e se não diagnosticadas precocemente podem comprometer seriamente no prognóstico da doença, interferindo na manutenção do tratamento, recuperação e qualidade de vida do paciente. Dessa forma, é essencial um acompanhamento do estado nutricional deste indivíduo, realizando todos os procedimentos necessários, possibilitando ao paciente um tratamento completo para que este consiga superar todos os obstáculos que essa doença inflige.

6.7 Estudos de caso comentados

Estudo 1 Paciente do sexo masculino, 67 anos, com diagnóstico de câncer no esôfago, chega no ambulatório se queixando de dificuldades para se alimentar, (deglutir alimentos sólidos), com uma perda de peso intensa (8kg em 3 meses), em risco nutricional. Irá iniciar radioterapia e quimioterapia.

Primeira conduta: Inicialmente, é explicado ao paciente os possíveis efeitos colaterais do tratamento em relação à sua alimentação e orientações em relação a esses efeitos, sendo orientada mudança da consistência da alimentação para líquida/pastosa, dieta fracionada (seis refeições/dia) e prescrição de suplementação via oral para recuperação e manutenção de seu estado nutricional.

1ª Evolução: Paciente volta ao ambulatório em vinte dias depois da primeira consulta, com uma contínua perda de peso, desnutrido, se alimentando apenas três vezes/dia, com dificuldade de ingestão/deglutição de alimentos pastosos, não conseguindo ingerir a quantidade adequada do suplemento via oral prescrito.

Segunda conduta: Considerando que este paciente é idoso, está desnutrido e sua ingestão via oral não está conseguindo suprir suas necessidades nutricionais, é indicado o uso de sonda nasoenteral, já que seu trato gastrointestinal está funcionante. É explicado a este paciente como funciona o uso desta sonda e como ela o ajudaria na recuperação de seu estado nutricional. O paciente, no começo, reluta em relação à passagem da sonda, mas por fim aceita, sendo orientado em relação à alimentação pela sonda, mais via oral com o que conseguir.

2ª Evolução: Paciente retorna ao ambulatório um mês depois, com um ganho de peso, estando este adaptado ao uso da sonda, se alimentando exclusivamente através da sonda nasoenteral. Se queixa de constipação (cinco dias sem o intestino funcionar).

Terceira conduta: Paciente é parabenizado pelo uso correto da sonda e ganho de peso. As calorias pela sonda são evoluídas, já que este apresentou um ganho de peso, sendo orientada uma hidratação adequada pela sonda, passagem de sucos naturais de frutas laxativas e troca da dieta por uma rica em fibras para melhora do trânsito intestinal.

Estudo 2 – Paciente do sexo feminino, 58 anos, com diagnóstico de câncer no estômago, tendo realizado uma gastrectomia de 50% (retirada de parte do estômago), com uma perda de peso acentuada, 12kg em seis meses, desnutrida. Refere não estar com apetite, se alimentando com pequenas quantidades, quatro vezes/dia. Irá iniciar quimioterapia.

Primeira conduta: Pelo fato de esta paciente ter retirado parte do estômago, já ocorre uma perda de peso significativa e má absorção dos nutrientes, somando com a doença propriamente dita, que já leva a uma diminuição do apetite e posterior diminuição da ingestão de alimentos. Dessa forma, é prescrito o uso de suplementação via oral, orientação em relação a uma alimentação fracionada (até oito vezes/dia), com pequenas porções e alimentos hipercalóricos (procurar se alimentar com alimentos que sejam visualmente atraentes e preferidos, dentro de uma alimentação saudável).

1ª Evolução: Paciente retorna ao ambulatório um mês depois da primeira consulta com manutenção do seu peso, referindo estar sentindo muita náusea, perda do paladar e episódios de diarreia dias depois da realização da quimioterapia.

Segunda conduta: São reforçadas informações em relação à importância de se alimentar fracionadamente (várias vezes ao dia, mesmo que pouca quantidade cada vez), importância de ingerir adequadamente todo o suplemento prescrito e orientações de alimentos que são obstipantes no caso de diarreia, ingestão de alimentos em temperatura ambiente, pois alimentos quentes exalam mais odor, e utilização de temperos naturais, ervas aromáticas e condimentos que intensifiquem o sabor dos alimentos.

2ª Evolução: Paciente retorna com um ganho de peso, referindo estar se sentindo melhor depois da quimioterapia, com melhora dos sintomas de náusea e diarreia, porém ainda com um pouco de perda do paladar (alimentos com gosto estranho). Mantendo alimentação fracionada e uso correto do suplemento.

Terceira conduta: Parabenização pelo ganho de peso e esforço por estar se alimentando corretamente, apesar de todas as dificuldades. Manutenção das orientações em relação ao fracionamento, alimentação saudável e uso do suplemento até completa recuperação do peso.

6.8 Quando indicar para nutricionista

Todo paciente oncológico deve passar por consulta com o profissional nutricionista, sendo este capacitado para a realização da triagem/avaliação nutricional e suposto seguimento nutricional se caso o paciente necessitar.

Contudo, quando outros profissionais, sendo estes da área da saúde ou não, perceberem que o paciente se encontra abatido, com cansaço extremo, emagrecimento aparente ou relato de perda de peso, com alguma dificuldade em relação à sua alimentação ou mesmo diminuição da ingestão de alimentos de uma forma geral, é indicado que este profissional faça um encaminhamento deste indivíduo a um nutricionista.

Agradecimentos

A toda equipe do ambulatório de oncologia e todos os pacientes que contribuíram para a construção do meu conhecimento e prática profissional, e, em especial, à nutricionista Maristela Talamoni pelo enorme conhecimento transmitido, paciência e carinho, que com certeza fizeram toda a diferença no aprimoramento de minha profissão como nutricionista na aréa de nutrição em oncologia.

6.9 Referências bibliográficas

American College of Physicians. (1989). Parenteral nutrition in patients receiving cancer chemotherapy. Annals of Internal Medicine, 10(9), 734-736.

Bosaeus, I., Daneryd, P., & Lundholm, K. (2002). Dietery intake, energy expenditure, weight loss and survival in câncer patients. Journal of Nutrition, 132 (Suppl.), S3465-3466.

Brasil. (2007). Ministério da Saúde. Secretaria-Executiva. Secretaria de Atenção Básica. Glossário temático: alimentação e nutrição. Brasília.

Brasil. (2010). Ministério da Saúde (MS). Instituto Nacional de Câncer (Inca). Consenso Nacional de Nutrição Oncológica. Rio de Janeiro: Inca.

Byers, T. (1999). The role of epidemiology in developing nutritional recommendations: Past, present, and future. Am J. Clin. Nutr., 69(6), 1304S-8S.

Cervi, A., Hermsdorff, H. H. M., & Ribeiro, R. C. L. (2008) Tendência da mortalidade por doenças neoplásicas em 10 capitais brasileiras de 1980-2000. Ciências Saúde. 19(2):171-180.

Charney, P., & Crangaru, A. (2010). Nutrition screening and assessment in oncology patients (pp. 21-44). Sudbury: Jones and Bartlet Publishers.

Doll, & R., Peto, R. (1981). The causes of cancer: Quantitative estimates of avoidable risks of cancer in the United States today. J. Natl. Cancer Inst., 66(6), 1191-308.

Flegal, K. M. (1999). Evaluating epidemiologic evidence of the effects of food and nutrient exposures. Am. J. Clin. Nutr., 69(6), 1339S-44S.

Fortes, R. C., & Novaes, M. R. C. G. (2006). Efeitos da suplementação dietética com cogumelos Agaricales e outros fungos medicinais na terapia contra o câncer. Revista Brasileira de Cancerologia, 52(4), 363-371.

Garófolo A. (2012). Terapia nutricional no paciente com câncer. In Nutrição clínica, funcional e preventiva aplicada à Oncologia: teoria e prática profissional (pp. 188-195). Rio de Janeiro.

Garófolo, A. (2005). Diretrizes para terapia nutricional em crianças com câncer em situação crítica. Revista de Nutrição, 18(4), 513-527.

Garófolo, A., Avesani, C. M., Camargo, K. G., Barros, M. E., Silva, S. R. J., Taddei, J. A. A. C. et al. (2004). Dieta e câncer: um enfoque epidemiológico. Revista de Nutrição, 17(4), 491-504.

Garófolo, A., Lopez, F. A., & Petrilli, A. S. (2005). High prevalence of malnutrition among patients with solid non-hematological tumors as found by using skinfold and circumference measurements. Sao Paulo Medical Journal, 123(6), 277-281.

Garófolo, A., Maia, O. S., Petrilli, A. S., & Ancona-Lopez, F. (2010). Resultados da implantação de um alogaritmo para terapia nutricional enteral em crianças e adolescentes com câncer. Rev. Nutr., 23(5), 715-730.

Heideman, W. H. et al. (2009). The frequency, magnitude and timing of post-diagnosis body weight gain in Dutch breast cancer survivors. Eur. J. Cancer, 45(1), 119-26

Huhmann, M. B., & Cunningham, R. S. (2005). Importance of nutritional screening in treatment of cancer-related weight loss. Lancet Oncology, 6, 334-343.

Instituto Nacional de Câncer (Inca). (2002). Prevenção e controle do câncer: normas e recomendações do Inca. Revista Brasileira Cancerologia, 48(3), 317-32.

Instituto Nacional de Câncer (Inca). (2007). Ministério da Saúde. Estimativas 2008: Incidência de Câncer no Brasil. Rio de Janeiro: Inca.

Inui, A. (1999). Cancer anorexia-cachexia syndrome: are neuropeptides the key? Cancer Research, 59, 4493-4501.

Inui, A. (2002). Cancer anorexia-cachexia syndrome: current issues in research and management. CA A Cancer Journal for Clinicians, 52, 72-91.

Leite, H. P., Carvalho, W. B., Santana, & Meneses, J. F. (2005, novembro/dezembro). Atuação da equipe multidisciplinar na terapia nutricional de pacientes sob cuidados intensivos. Revista de Nutrição, 18(6), 777-784.

Martignoni, M. E., Kunze, P., & Friess, H. (2003). Cancer cachexia. Molecular Cancer, 2(1), 36-39.

Mauer, A. M., Burgess, J. B., Donaldson, S. S., Rickard, K. A., Stallings, V. A., & Von Eys, J. (1990). Special nutrition needs of children with malignancies: a review. JPEN, 14(3), 315-324.

McVallum, P. D., & Polisena, C. G. (2000). Patient-generated subjective global assesment. In The Clinical guide to oncology nutrition (pp. 11-23). Chicago: The American Dietetic Association.

Mota, D. D. C. F., & Pimenta, C. A. M. (2002). Fadiga em pacientes com câncer avançado: conceito, avaliação e intervenção. Revista Brasileira de Cancerologia,. 48(4), 577-583.

Moynihan, T., Kelly, D. G., Fich, M. J. (2005). To feed or not to feed: is the right question? J. Clin. Oncol, 23(25), 6256-6259.

Nehme, M. N., Martins, M. E. V, Chaia, V. L., & Vaz, E. M. (2006, junho). Contribuição da semiologia para o diagnóstico nutricional de pacientes hospitalizados. ALAN, 56(2), 153-159.

Neves, F.J., Mattos, I. E., & Koifman, R. J. (2005). Mortalidade por câncer de cólon e reto nas capitais brasileiras no período 1980-1997. Revista de Gastroenterologia, 42(1), 63-69.

Nourissat, A. et al. (2007). Estimation of the risk for nutritional state degradation in patients with cancer: development of screening tool based on results from a cross--sectional survey. Ann. Oncol., 18, 1882-1886.

Papini-Berto, S. J., Maio, R., Módolo, A. K., Santos, M. D. B, Dichi, I., Burini, R. C. (2002). Desnutrição proteico-energética no paciente gastrectomizado. Arquivos de Gastroenterologia, 39(1), 3-10.

Ravasco, P., Monteiro-Grillo, I., Vidal, P. M., & Camilo, M. E. (2004). Cancer: disease and nutrition are key determinants of patients' quality of life. Support Care Cancer, 12, 246-252.

Rivadeneira, D. E., Evoy, D., Fahey, III T. J., Liemberman, M. D, & Daly, J. M. (1998). Nutritional Support of the Cancer Patient. CA A Cancer Journal for Clinicians, 48(2), 69-80.

Rivadeneira, D. E., Evoy, D., Fahey, T. J., Lieberman, M. D., & Daly, J. M. (1998). Nutritional support of the cancer patient. Cancer J. Clin., 48(2), 69-80.

Sarhill, N., Mahmoud, F., Walsh, D., Nelson, K. A., Komurcu, S., Davis, M. et al. (2003). Evaluation of nutrition status in advanced metastatic cancer. Support Care Cancer, 11, 652-659.

Silva, M. P. N. (2006). Síndrome da anorexia-caquexia em portadores de câncer. Revista Brasileira de Cancerologia,. 52(1), 59-77.

The World Health Organization's Fight Against Cancer: Strategies That Prevent, Cure and Care. (2007). Genebra: WHO.

Tisdale, M. J. (1997). Biology of cachexia. Journal of the National Cancer Institute, 89(23), 1763-1773.

Tisdale, M. J. (2001). Cancer anorexia and cachexia. Nutrition, 17, 438-442.

Waitzberg, D. L., Caiaffa, W. T., & Correia, M. I. T. D. (2001). Hospital malnutrition: the Brazilian national survey (Ibranutri): a study of 4000 patients. Nutrition, 17(7-8), 573-580.

Whitman, M. M. (2000). The starving patient: supportive care for people with cancer. Clinical Journal Of Oncology Nursing, 4(3), 121-125.

Wilson, R. L. (2000). Optimizing nutrition for patients with cancer. Clinical Journal of Oncology Nursing, 4(1), 23-28.

World Cancer Research Fund. (1997). Food, nutrition and prevention of cancer: A global perspective (pp. 35-71; 508-540). Washington: American Institute for Cancer Research.

World Health Organization. (1998). The World Health Report 1998: Life in the 21st century a vision for all (pp. 61-111). Geneva: WHO.

World Health Organization. (2002). Policies and managerial guidelines for national cancer control programs. Revista Panamericana de Salud Publica, 12(5), 366-7.

Capítulo 7

Direitos dos portadores de doenças graves

GINA COLOMBO FEIJÓ DE SOUZA
ROSANA OLIVEIRA CORTE FONTANA

> *"Trabalhamos com pessoas vulnerabilizadas que nos pedem um gesto humano: um olhar, um sorriso, uma palavra, uma escuta atenta, um acolhimento, para que possam se fortalecer na sua própria humanidade".*
>
> Profa. Dra. Maria Lúcia Martinelli

7.1 Introdução

O cotidiano do assistente social que trabalha em um hospital público, na área de oncologia, demonstra que o adoecimento pode causar intensa dor, não só física como também emocional e social, no paciente, em sua família e em toda rede de relacionamentos. As alterações na rotina de vida exigida pela dinâmica dos tratamentos, as incertezas, as adaptações ao novo contexto de viver "mais dentro do hospital do que em casa", as filas de espera para exames, internações, obtenções de medicamentos e subsídios necessários ao tratamento causam grande desgaste e estresse emocional, deixando para depois muitos sonhos, esperanças, desejos e necessidades.

Informações de qualidade e melhor preparo dos profissionais podem em muitos aspectos amenizar o sofrimento e promover o direito de cidadania. Embora seja competência do assistente social o atendimento e encaminhamento das questões sociais, é importante que os demais profissionais que atendam aos portadores de neoplasia conheçam os "direitos sociais" para um atendimento qualificado e eficiente, promovendo, assim, a superação das dificuldades e facilitando a aderência ao tratamento.

A Lei n. 8.662/1993 no artigo 4°, particularmente nos itens III e V, afirma que são competências do assistente social:

> [...] encaminhar providências e prestar orientação social a indivíduos, grupos e a população [e] orientar indivíduos e grupos de diferentes segmentos sociais no sentido de identificar recursos e fazer uso dos mesmos no atendimento e na defesa de seus direitos. (CRESS/SC, 1999).

A presença do assistente social na área da saúde tem sido cada vez mais frequente em equipes multiprofissionais. Uma das atribuições do serviço social no espaço institucional é interpretar os fatores sociais, políticos e econômicos que permeiam a realidade dos pacientes e de seus familiares, orientando o cuidado para um tratamento e acompanhamento globais, reconhecendo os aspectos biopsicossociais do homem. Assim, "...a atuação do assistente social na saúde vem aumentando quantitativamente e qualitativamente, sendo reconhecida como uma intervenção necessária para a promoção e atenção à saúde do homem em seu contexto global" (Silva et al., 2006, p. 44).

O trabalho do serviço social deve ser concomitante ao processo terapêutico, atuando nas questões que podem prejudicar o tratamento se não forem sanadas a contento. A resolutividade pode se traduzir, muitas vezes, na limitação a dar respostas concretas às necessidades imediatas, tais como: cesta básica, medicamentos, resolução de problemas e providências com relação ao transporte, adesão da família, acompanhante e outros. Porém, o profissional deve criar um espaço informativo, crítico e reflexivo, contribuindo para a superação da problemática socioeconômica apresentada.

Por meio do exercício da profissão, é possível aproximar as políticas de saúde, assistência social, previdência, educação, habitação, emprego, renda e outras no cotidiano profissional, principalmente no que se refere ao potencial educativo da intervenção, trabalhando na perspectiva da intersetorialidade proposto pelo Sistema Único de Assistência Social (SUAS). Assim, as políticas públicas precisam estar integradas para que se consiga realizar um trabalho efetivo com os usuários no sentido de criar condições dignas de cidadania, rumo à autonomia e emancipação.

É isso que nos pede a ética da proteção social como direito, como elemento fundante da cidadania, lembrando-nos da importância de se captar as diferenças sociais, as necessidades dos usuários, mas também as suas capacidades, que podem ser desenvolvidas tanto no contexto hospitalar quanto em sua própria comunidade através das redes de apoio que é fundamental para sua proteção e autonomia. O alcance do olhar do profissional eticamente comprometido transcende os muros do hospital, buscando os núcleos de apoio na família, na comunidade, lugares sociais de pertencimento onde se dá o cotidiano da vida das pessoas. É na cotidianidade da vida que a história se faz, é aí que se forjam vulnerabilidades e riscos, mas se forjam também formas de superação (Martinelli, 2007, p. 28).

7.2 A Constituição de 1988 e a Construção do SUS

A Constituição Federal de 1988 estabeleceu um marco na história da sociedade brasileira, definindo garantias individuais e coletivas e estabelecendo um sistema de seguridade social amplo, assegurando direitos universais de acesso à saúde, previdência e assistência social. A saúde é certificada como "um direito de todos e dever do Estado", as ações e serviços públicos passam a integrar uma rede regionalizada e hierarquizada, constituindo o Sistema Único de Saúde (SUS), organizado com diretrizes de descentralização, universalidade, equidade, resolutividade, integralidade e participação da sociedade e complementaridade do setor privado (Brasil, 1988, p. 20).

A forma de acesso à saúde mudou, passando a ser dever do Estado, independente do vínculo com a previdência social. As pessoas que anteriormente conseguiam atendimento em saúde somente por meio de entidades filantrópicas e caritativas passaram a usuários de direitos.

Com a atual legislação, todo e qualquer cidadão tem direito de acesso a todos os serviços públicos de saúde e àqueles contratados pelo poder público. Deve ser atendido conforme as suas necessidades, ter acesso aos serviços em todos os níveis do sistema, de acordo com a complexidade que cada caso requeira, sem privilégios e sem barreiras.

A Constituição Federativa de 1988 garante a participação da população por meio de suas entidades representativas, na formulação das políticas de saúde e no controle da execução, desde o nível federal até o local. Os instrumentos de participação da sociedade em relação às questões referentes à saúde são as conferências e os conselhos de saúde. As conferências têm como objetivo definir as prioridades e linhas de ação governamental no campo da saúde. Os conselhos têm composição paritária entre usuários e governo, profissionais de saúde e prestadores de serviços, exercendo função deliberativa. O Ministério Público também atua no sentido de exercer o controle social sobre as ações de saúde, assim como em diversas formas de manifestações sociais.

De acordo com a Constituição de 1988, a participação do setor privado no que diz respeito à execução dos serviços de saúde deve se dar de forma complementar em relação ao setor público, ou seja, quando este não estiver em condições de implementá-lo.

A responsabilidade e gestão quanto ao SUS são compartilhadas entre as três esferas de governo: federal, estadual e municipal.

O Sistema Único de Saúde, assim como as demais políticas públicas, garantem à população um status de cidadania na medida em que apontam para o reconhecimento do outro como portador de direitos. Se os direitos sociais estão garantidos em lei, direito passa a ser sinônimo de garantia.

No entanto, apesar deste direcionamento da política de saúde, o fortalecimento da política econômica neoliberal manteve a continuidade das desigualdades no acesso aos bens e serviços públicos, como a saúde. A crise econômica e sociocultural, intensificada nos anos oitenta, somada às mudanças econômicas e políticas de ordem mundial na década de 1990 e início do século XXI, chocou-se com os direitos afirmados constitucionalmente. Estes acontecimentos causaram uma filosofia dissonante aos direitos sociais e trabalhistas garantidos legalmente, mas distanciados no plano prático, tendo como consequências rebatimentos no modo de reprodução material de vida... A ideia social deste sistema de saúde, por partir do pressuposto da universalidade de acesso e da atenção integral da saúde como direito, surge como conflitante ao modo de viver e de produção predominante hoje na sociedade capitalista: desigual, individualista e excludente (Sarreta & Bertani, 2011, p. 32).

7.3 Direitos como forma de proteção social

7.3.1 Direitos dos usuários da saúde

A Portaria n. 675/GM, de 30 de março de 2006, aprova a Carta dos Direitos dos Usuários da Saúde, que consolida os direitos e deveres no exercício da cidadania em todo o País.

A carta baseia-se em seis princípios básicos de cidadania. Juntos, eles asseguram ao cidadão o direito primordial ao ingresso digno nos sistemas de saúde, sejam eles públicos ou privados. São eles:

- Primeiro princípio: assegura ao cidadão o acesso ordenado e organizado aos sistemas de saúde, visando a um atendimento mais justo e eficaz.
- Segundo princípio: assegura ao cidadão o tratamento adequado e efetivo para seu problema, visando à melhoria da qualidade dos serviços prestados.
- Terceiro princípio: assegura ao cidadão o atendimento acolhedor e livre de discriminação, visando à igualdade de tratamento e a uma relação mais pessoal e saudável.

- Quarto princípio: assegura o atendimento que respeite os valores e direitos do paciente, visando preservar sua cidadania durante o tratamento.
- Quinto princípio: assegura as responsabilidades que o cidadão também deve ter para que seu tratamento aconteça de forma adequada.
- Sexto princípio: assegura o comprometimento dos gestores para que os princípios anteriores sejam cumpridos.

7.3.2 Direitos sociais dos portadores de doenças graves

As leis brasileiras, em especial a Lei n. 7713, de 22 de dezembro de 1988, estabelece um rol de doenças graves, cujos pacientes podem usufruir de alguns direitos e garantias especiais para combatê-las:

- Moléstia profissional
- Esclerose múltipla
- Tuberculose ativa
- Hanseníase
- Neoplasia maligna (câncer)
- Alienação mental
- Cegueira
- Paralisia irreversível e incapacitante
- Cardiopatia grave
- Doença de Parkinson
- Espondiloartrose anquilosante
- Nefropatia grave
- Estado avançado da Doença de Paget (osteíte deformante)
- Síndrome da Deficiência Imunológica Adquirida (Aids)
- Fibrose cística
- Contaminação por radiação
- Hepatopatia grave.

7.4 Direitos e garantias especiais

- Acesso aos dados médicos

Pelo Código de Ética Médica, os dados do prontuário médico ou hospitalar, ficha médica ou exames médicos de qualquer tipo são protegidos pelo sigilo profissional e só podem ser fornecidos aos interessados doentes ou seus familiares. O doente ou seus familiares, no entanto, têm direito de acesso às informações existentes em cadastros, exames, fichas, registros, prontuários médicos, relatório de cirurgia, enfim, todos os dados referentes à sua doença.

• Seguro de vida

Normalmente, os contratos de seguro de vida contemplam também indenização por invalidez permanente total ou parcial. Doenças graves podem gerar deficiências físicas que se enquadram em invalidez permanente total ou parcial.

• Previdência privada

Alguns planos de previdência privada também contemplam a modalidade de renda por invalidez permanente total ou parcial. A invalidez deve ser comprovada por laudo médico oficial.

• Cirurgia de reconstrução mamária

Toda mulher que teve uma ou ambas as mamas amputadas ou mutiladas em decorrência do tratamento do câncer tem direito à realização de cirurgia plástica de reconstrução mamária, quando devidamente recomendada pelo médico responsável.

No caso de paciente com câncer que se encontra coberta por plano de saúde privado, a obrigatoriedade da cobertura está prevista na Lei Federal n. 10.223/01, que alterou a Lei Federal n. 9.656/98.

O referido dispositivo legal contempla, em seu artigo 10-A, que as operadoras de saúde são obrigadas, por meio de sua rede de unidades conveniadas, a prestar o serviço de cirurgia plástica reconstrutiva de mama, decorrente da utilização da técnica de tratamento de câncer utilizada.

• Saque do Fundo de Garantia por Tempo de Serviço (FGTS)

Tem direito de sacar o FGTS o trabalhador com doença grave ou qualquer trabalhador que tenha dependente nessa condição.

A liberação do benefício poderá ser requerida quantas vezes forem necessárias, persistindo os sintomas da doença. Deve ser solicitada em qualquer agência da Caixa Econômica Federal (CEF), mediante apresentação de relatórios médicos e documentos.

- Saque do Programa de Integração Social (PIS) / Programa de Assistência ao Servidor Público (PASEP)

Tem direito de retirar o PIS/PASEP o trabalhador com doença grave ou qualquer trabalhador que tenha dependente nessa condição. A liberação do PIS deverá ser solicitada em qualquer agência da Caixa Econômica Federal, e a do PASEP, em qualquer agência do Banco do Brasil, mediante a apresentação de relatórios médicos e documentos.

- Compra de veículos adaptados ou especiais

O portador de doença grave, que tenha alguma sequela limitante da doença (invalidez) poderá adquirir um veículo adaptado com desconto de impostos, sendo necessário possuir CNH (Carteira Nacional de Habilitação) especial.

Veículo adaptado pode ser aquele com direção hidráulica, câmbio automático ou outra adaptação especial. Na hipótese de não ter qualquer condição de conduzir veículos, deverá, então, apresentar até três condutores autorizados.

Após efetuar a compra do veículo, deverá requerer isenção de IPI, IOF, ICMS e IPVA.

- Isenção do Imposto sobre Produtos Industrializados (IPI)

A lei dispõe sobre a isenção do IPI na aquisição de automóveis de fabricação nacional para utilização no transporte autônomo de passageiros, bem como por pessoas portadoras de deficiência física. Para conseguir a isenção, o paciente precisa procurar o posto da Receita Federal mais próximo de sua residência. Para o deferimento, é necessário que o contribuinte não apresente pendências relativas à pessoa física na Receita Federal.

O benefício poderá ser utilizado uma vez a cada dois anos, sem limite do número de aquisições.

- Isenção do Imposto sobre Circulação de Mercadorias e sobre Prestação de Serviços (ICMS)

O ICMS é um imposto estadual e cada Estado possui sua legislação própria que regulamenta a concessão de isenção do imposto na compra de veículos especialmente adaptados e adquiridos por deficientes físicos. A pessoa com deficiência deve comparecer à Secretaria da Fazenda do Estado.

* Isenção do Imposto sobre Propriedade de Veículos Automotores (IPVA)

O IPVA é um imposto estadual, cada Estado tem sua legislação própria que regulamenta a isenção para veículos especialmente adaptados e adquiridos por deficientes físicos. O interessado na isenção do IPVA deverá apresentar o requerimento no Posto Fiscal da Secretaria da Fazenda próximo de sua residência. A seção de julgamento da Delegacia Regional Tributária do Estado julgará o pedido e, se favorável, emitirá a Declaração de Imunidade do Imposto sobre a Propriedade de Veículos Automotores.

* Quitação de financiamento de imóvel pelo Sistema Financeiro de Habitação (pelo Seguro Habitacional)

A pessoa com invalidez total e permanente, causada por acidente ou doença, tem direito à quitação, desde que esteja inapto para o trabalho e que a doença determinante da incapacidade tenha sido adquirida após a assinatura do contrato de compra do imóvel.

Ao pagar as parcelas do imóvel financiado pelo Sistema Financeiro de Habitação (SFH), o proprietário também paga um seguro que lhe garante a quitação do imóvel em caso de invalidez ou morte. A quitação do imóvel ocorrerá quando da morte do mutuário ou da aposentadoria por invalidez. O interessado deverá comparecer à Caixa Econômica Federal, Companhia de Habitação (Cohab) ou banco onde o financiamento foi realizado.

* Isenção do Imposto de Renda na aposentadoria, reforma ou pensão

Os portadores de doenças graves estão isentos do Imposto de Renda relativo aos rendimentos de aposentadoria, reforma ou pensão, inclusive as complementações, mesmo os recebidos acumuladamente não sofrem tributação.

A isenção do Imposto de Renda aplica-se mesmo quando a doença tenha sido identificada após a aposentadoria.

Para solicitar a isenção, deve-se procurar o órgão que paga a aposentadoria (INSS, Prefeitura, Estado etc.) com requerimento e comprovar a doença mediante laudo pericial a ser emitido por um serviço médico oficial da União, dos Estados, do Distrito Federal e dos Municípios.

* Andamento judiciário prioritário

Com a reforma do Código de Processo Civil, a lei foi alterada no sentido de reconhecer a necessidade de andamento prioritário dos processos na Justiça, em algumas hipóteses.

A abrangência incluiu todos os processos em âmbito judicial e administrativo, ainda que iniciados antes de 2003 (ano em que o Novo Código Civil entrou em vigor), de que façam parte pessoas com idade igual ou superior a 65 anos.

Uma pessoa portadora de doença grave, pelos princípios da analogia, da equidade e da isonomia, também deve ser contemplada com maior celeridade da Justiça.

* Transporte coletivo municipal

É aplicado de acordo com a legislação municipal, e refere-se à gratuidade no transporte urbano.

* Transporte coletivo intermunicipal – Empresa Metropolitana de Transportes Urbanos de São Paulo (EMTU)

Resolução Conjunta SS/STM – n. 03, de 9 de junho de 2004.

Refere-se à isenção do pagamento de tarifas de transporte coletivo regular, de âmbito metropolitano, sob responsabilidade do Estado, concedida às pessoas com deficiência.

* Passe Livre interestadual

Lei n. 8.899, de 29 de junho de 1944 – Decreto n. 3.691, de 19 de dezembro de 2000.

Refere-se ao transporte coletivo interestadual por ônibus, trem ou barco, incluindo o transporte interestadual semiurbano, porém, sem direito a acompanhante gratuito.

O Passe Livre é emitido pelo Governo Federal e não vale para o transporte urbano ou intermunicipal dentro de um mesmo Estado, nem para viagens em ônibus executivos e leitos.

Tem direito ao Passe Livre portadores de deficiência física, mental, auditiva ou visual, comprovadamente carentes (pessoas com renda familiar mensal per capita de até um salário-mínimo).

* Serviço de atendimento ao consumidor em caráter preferencial

De acordo com o Decreto n. 6.523, de 31 de julho de 2008, que regulamenta o Código de Defesa do Consumidor (Lei Federal n. 8.078/90), em seu artigo 6º, é assegurado às pessoas portadoras de deficiência auditiva ou de fala o atendimento em caráter preferencial, devendo a empresa estipular até mesmo número telefônico específico para atendimento.

Vale ressaltar que o referido atendimento se estende a pacientes com neoplasia maligna, aplicando-se o princípio da analogia ao caso.

• Prioridade de atendimento em estabelecimentos comerciais e bancários

Conforme previsão expressa na Lei Federal n. 10.048/00, em seu artigo 2º, parágrafo único, é assegurado aos portadores de deficiência física o atendimento prioritário em repartições públicas, empresas concessionárias de serviços públicos e instituições financeiras.

• Lei n. 8.112, de 11 de dezembro de 1990

Art. 5º – São requisitos básicos para investidura em cargo público:

[...]

§ 2º – Às pessoas portadoras de deficiência, é assegurado o direito de se inscreverem em concurso público para provimento de cargo cujas atribuições sejam compatíveis com a deficiência de que são portadoras; para tais pessoas, serão reservadas até 20% (vinte por cento) das vagas oferecidas no concurso. (Parágrafo regulamentado pela Instrução Normativa TST 07/96).

• Medicamentos gratuitos

O Ministério da Saúde publica no seu portal na internet todos os medicamentos incorporados ao SUS, protocolos clínicos e diretrizes terapêuticas. Estados e Municípios podem completar essa relação com outros itens. Muitas vezes, determinados medicamentos estão em falta na rede pública ou há situações especiais em que os medicamentos prescritos não tenham sido incorporados ao SUS. Nessas hipóteses, o paciente deve pleitear aos órgãos administrativos de controle, ou como alternativa extrema, recorrer à justiça.

• Acesso à Justiça

As leis brasileiras garantem diversos direitos aos pacientes portadores de doenças graves, porém, muitas vezes, são desrespeitadas e o paciente se vê privado de seus direitos. Quando isso ocorre, é necessário formalizar, primeiro, uma reclamação aos órgãos de defesa, controle e fiscalização competente, buscando a resolução do problema. Caso não seja suficiente para resolver a questão, poderá recorrer à via judicial. O acesso à justiça pode ser viabilizado por meio dos sistemas de Juizados Especiais ou por intermédio das Defensorias Públicas, que prestam serviço de assistência judiciária gratuita à população carente.

7.5 Direitos previdenciários

- Auxílio-doença

Tem direito o segurado inscrito no Regime Geral de Previdência Social (INSS) quando fica incapaz para o trabalho (mesmo que temporariamente) em virtude de doença.

A incapacidade para o trabalho deve ser comprovada por exame realizado pela perícia médica do INSS.

Para marcar a perícia médica, o interessado pode comparecer ao posto da Previdência Social mais próximo de sua residência, ou agendar sua visita pelo Prevfone 135 ou pela internet.

Apresentar documentos pessoais, cópia de exames e relatório médico atualizado.

- Aposentadoria por invalidez

De acordo com a Previdência Social, possui direito ao benefício o segurado que for considerado pela perícia médica da Previdência Social incapaz de trabalhar e não esteja sujeito à reabilitação para o exercício de atividade que lhe garanta a subsistência. Quem recebe aposentadoria por invalidez deve passar por perícia médica de dois em dois anos. Funcionários públicos são regidos por leis especiais.

Para marcar a perícia médica, o interessado pode comparecer ao posto da Previdência Social mais próximo de sua residência, ou agendar sua visita pelo Prevfone 135 ou pela internet.

Apresentar documentos pessoais, cópia de exames e relatório médico atualizado.

- Assistência permanente

Assistência permanente é o acréscimo de 25% na aposentadoria por invalidez do segurado do INSS que necessitar de assistência permanente de outra pessoa. A perícia médica do INSS avaliará a necessidade a partir da data de sua solicitação, mesmo que o valor recebido pelo segurado atinja o limite máximo legal.

Para marcar a perícia médica, o interessado pode comparecer ao posto da Previdência Social mais próximo de sua residência, ou agendar sua visita pelo Prevfone 135 ou pela internet.

Apresentar documentos pessoais, cópia de exames e relatório médico atualizado.

- Serviço de reabilitação profissional para trabalhador com Previdência Social

É um serviço da Previdência Social que tem por objetivo oferecer aos segurados incapacitados para o trabalho (por motivo de doença ou acidente) os meios de reeducação ou readaptação profissional para seu retorno ao mercado de trabalho.

Após a conclusão do serviço de reabilitação profissional, a Previdência Social emitirá certificado indicando a atividade para a qual o trabalhador foi capacitado profissionalmente.

- Plano de benefícios da Previdência Social (Lei n. 8.213, de 24 de julho de 1991)

A empresa com cem ou mais empregados está obrigada a preencher de 2% a 5% dos seus cargos com beneficiários reabilitados ou pessoas portadoras de deficiência.

- Amparo assistencial ao idoso e ao deficiente

A Lei Orgânica de Assistência Social (LOAS, Lei n. 8.742/93) garante o benefício de um salário-mínimo mensal ao portador de doença grave com deficiência física, incapacitado para o trabalho, ou ao idoso com idade mínima de 65 anos que não exerça atividade remunerada. É preciso comprovar a impossibilidade de garantir seu sustento e que sua família também não tem essa condição, devendo ser a renda familiar *per capta* inferior a um quarto do salário mínimo vigente, bem como que o deficiente físico e o idoso não estejam vinculados a nenhum regime de Previdência Social.

O amparo assistencial é intransferível, não gerando direito aos herdeiros ou sucessores. O beneficiário não recebe 13º salário.

O benefício deverá ser revisto a cada dois anos para avaliação das condições do doente e para a comprovação da permanência da situação de quando foi concedido.

O amparo assistencial pode ser pago a mais de um membro da família, desde que comprovadas todas as condições exigidas.

7.6 Referências bibliográficas

Brasil. (1988). *Constituição da República Federativa.*

Brasil. (2004, novembro). Ministério do Desenvolvimento Social e Combate à Fome. Secretaria Nacional de Assistência Social. *Política Nacional de Assistência Social – PNAS e Norma Operacional Básica –* NOB/SUAS. Brasília.

Cress. (2004). *Legislação brasileira para o Serviço Social: coletânea de leis, decretos e regulamentos para instrumentação da (o) assistente social.* São Paulo: Cress.

Lopes, Vivian de Lima. (2008). Aspectos Sociais da dor no Câncer: Espaço para Intervenção Sócioeducativa do assistente social. Trabalho de Conclusão do Curso de Aprimoramento Profissional, FCM – UNICAMP.

Martinelli, M. L. (2007). O exercício profissional do assistente social na área da saúde: algumas reflexões éticas. *Serviço Social & Saúde, 6*(6), 22-23.

São Paulo. (1997). Secretaria de Estado da Saúde. Fundação Oncocentro. Serviço Social em Oncologia. São Paulo: Oncocentro.

Sarreta, F. O., & Bertani, I. F. (2011, julho). *Revista Serviço Social & Saúde, 10*(11), Unicamp, Campinas.

Silva e Silva, Maria Ozanira S. (1994). O Serviço Social na conjuntura brasileira: demandas e respostas. *Serviço Social & Sociedade, 15*(44), 73-113, São Paulo: Cortez.

Sociedade Brasileira de Oncologia Clínica. (2011). *Cartilha dos Direitos do Paciente Oncológico* (4ª edi.).

7.7 Anexos

Sites para consultas:

www.accamargo.org.br

www.bvsm.saúde.gov.br

www.ciee.org.br

www.inca.gov.br

www.oncoguia.org.br

www.redesaci.org.br

www.sboc.org.br

Legislações

I - ACESSO AOS DADOS MÉDICOS

Constituição Federal – artigo 5°, inciso XXXIV (para hospitais públicos);
Lei Federal n° 8.079 de 11/09/1990 – Código de Defesa do Consumidor – artigo 43 (para os hospitais privados).

II - DOENÇAS GRAVES PREVISTAS EM LEIS

Decreto Federal n° 3.000 de 26/03/1999, artigo 39, inciso XXXIII
Lei n° 8.541 de 23/12/1992, art. 47
Lei n° 9.250 de 26/12/1995, art. 30, § 2°
Instrução Normativa SRF n° 15 de 06/02/2001, artigo 5°, XII
Lei Federal n° 8.213 de 24/07/1991, artigos 151 e 26, II
Medida Provisória n° 2.164 de 24/08/2001, artigo 9°

III - FUNDO DE GARANTIA POR TEMPO DE SERVIÇO

Lei Federal n° 8.922 de 25/07/1994 – FGTS, artigo 1°
Lei Federal n° 8.036 de 11/05/1990 – FGTS, artigo 20, XIII e XIV
Medida Provisória n° 2.164 de 24/08/2001, artigo 9°

IV - LICENÇA PARA TRATAMENTO DE SAÚDE - AUXÍLIO DOENÇA

Constituição Federal – artigos 201 e ss
Lei Federal n° 8.213 de 24/07/1991, artigos 26, II e 151

V - APOSENTADORIA POR INVALIDEZ

Constituição Federal – artigos 201 e seguintes;
Lei Federal n° 8.213 de 24/07/1991, artigos 26, II e 151
Lei Federal n° 10.666 de 08/05/2003 – art. 3°

VI - RENDA MENSAL VITALÍCIA/AMPARO ASSISTENCIAL AO DEFICIENTE

Constituição Federal – artigos 195, 203 e 204;
Lei Federal n° 8.742, de 07/12/1993 – LOAS, artigos 20 e 21
Decreto Federal n° 1.744 de 08/12/1995
Lei Federal n° 10.741 de 1°/10/2003 – Estatuto do Idoso

VII - PLANO DE SAÚDE OU SEGURO SAÚDE

Lei Federal n° 9.656, de 03/06/1998 – Dispõe sobre os planos privados de assistência à saúde

Lei Federal n° 10.223 de 15/01/2001 – Cirurgia reparadora dos seios em caso de câncer

VIII - ISENÇÃO DO IMPOSTO DE RENDA NA APOSENTADORIA OU PENSÃO

Constituição Federal – artigo 5° e 150 II

Lei Federal n° 7.713 de 22/12/1988, artigo 6°, XIV e XXI

Lei Federal n° 8.541 de 23/12/1992, artigo 47

Lei federal n° 9250 de 26/12//1995, artigo 30

Instrução Normativa SRF n° 15/01, artigo 5°, XII

Decreto Federal n° 3.000 de 26/03/1999, artigo 39, XXXIII

IX - ANDAMENTO JUDICIÁRIO PRIORITÁRIO

Lei Federal n° 10.173 de 09/01/2001 – acrescentou artigos 1.211-A e 1.211-B ao Código de Processo Civil.

Lei Federal n° 10.741 de 01/10/2003 – Estatuto do Idoso – artigo 71

X - PIS/PASEP

Resolução 01/96 do Conselho Diretor do Fundo de Participação PIS-PASEP.

XI - COMPRA DE CARRO COM ISENÇÕES DE IMPOSTOS (IPI, ICMS, IPVA)

Lei Federal n° 9.503 de 23/09/97 – Código de Trânsito Brasileiro, artigos 140 e 147 § 4°

Lei Federal n° 10.182 de 12/02/2001 (I.P.I)

Lei Federal n° 10.690 de 16/06/2003 (I.P.I.) artigos 2°, 3°, 4° e 5°

Lei Federal n° 10.754, de 31/10/03, artigos 1° e 2°

Instrução SRF n° 293 de 03/02/2003

Convênio n° 35 de 03/02/2003, do CONFAZ

Resolução CONTRAN n° 734/89, artigo 56

Decreto do Estado de São Paulo n° 45.490 de 30/11/2001 – ICMS

Portaria CAT n° 56/96 e CAT 106/97

Lei Federal n° 8.383 de 30/12/1991 – IOF artigo 72 IV

Instrução Normativa SRF n° 442 de 12/08/2004

XII - FORNECIMENTO DE REMÉDIOS PELO SUS

Constituição Federal, artigos 5º "LXIX, 6º, 23, II e 196 a 200

Constituição do Estado de São Paulo, artigos 219 a 231

Lei Federal nº 8.080 de 19/12/1990, artigo 6º, I, "d"

Lei Complementar Estadual de São Paulo nº 791 de 08/03/1995 Lei Estadual nº 10.241 de 17/03/1999 – do Estado de São Paulo

XIII - DIREITOS DOS PACIENTES

Lei Estadual nº 10.241 de 17/03/1999 – Estado de São Paulo

Hospital Universitário Clementino Fraga Filho, da Universidade Federal do Rio de Janeiro (UFRJ)

XIV - TRANSPORTE GRATUITO

Lei Federal nº 8.899, de 29/06/1994

Decreto Federal nº 3.691, de 19/12/2000

Lei Completar Estadual nº 666, de 26/11/1999 – Estado de São Paulo

Decreto Estadual nº 34.753, de 1º/04/1992 – Estado de São Paulo

Lei Municipal nº 11.250/92 – de São Paulo/Capital

XVI - PESSOA PORTADORA DE DEFICIÊNCIA FÍSICA

Constituição Federal, artigos 227, § 2º e 244

Lei Federal nº 7.853 de 24/10/1989

Decreto Federal nº 3.298 de 20/12/1999

Lei Federal nº 8.899 de 29/07/1994

Lei Federal nº 10.048 de 08/11/2000

As Leis e Decretos Federais podem ser encontrados no site: www.planalto.gov.br

As Leis e Decretos do Estado de São Paulo podem ser encontrados no site: www.saopaulo.sp.gov.br

A importância do cuidado em oncologia: considerações acerca dos profissionais de saúde

PAULA ELIAS ORTOLAN
KARLA CRISTINA GASPAR

Aos pacientes com câncer, que diariamente nos ensinam sobre a vida e a morte.

O que resta é um destino cuja única saída é fatal. À margem
dessa fatalidade única da morte, tudo, alegria ou felicidade,
é liberdade. Surge um mundo cujo único dono é o homem.
O que o atava era a ilusão de outro mundo. A sorte do seu
pensamento já não é renunciar a si, mas renovar-se em
imagens. Ele se representa – em mitos, sem dúvida –, mas
mitos sem outra profundidade senão a dor humana e, como
esta, inesgotável. Não mais a fábula divina que diverte
e cega, mas o rosto, o gesto e o drama terrenos em que se
resumem uma difícil sabedoria e uma paixão sem amanhã.
Albert Camus, *O Mito de Sísifo.*

8.1 Apresentação

O objetivo do presente capítulo é abordar as vivências emocionais da equipe de saúde implicadas no tratamento de pacientes com câncer, a fim de produzir uma reflexão sobre as atitudes atuais, as aspirações e os desejos destes profissionais. Curar e cuidar dos pacientes com câncer requer um investimento emocional e profissional, permeado por afeto, delicadeza e angústia, podendo chegar à Síndrome de Burnout e outras doenças ocupacionais, que comprometem a saúde mental e a qualidade do serviço.

8.2 Introdução

Durante o tratamento do câncer, o paciente, seus familiares e a equipe de saúde são envolvidos em um relacionamento intenso. O tratamento não afeta somente os pacientes e familiares. Os profissionais de saúde são implicados no processo de impacto do diagnóstico, tratamento, cura ou morte. Devido à frequência com que o paciente com câncer vai ao hospital para realizar o tratamento e à intimidade que se cria decorrente dos procedimentos invasivos, a equipe de saúde torna-se parte da família do paciente, como sujeitos presentes em momentos delicados e decisivos.

A relação transferencial[1] é a base do vínculo entre paciente e equipe de saúde e irá interferir em todo o processo do tratamento. Ao cuidar de um paciente com câncer, a equipe faz muito mais do que tratar. Cuidar significa estabelecer uma relação permeada por afeto[2] e responsabilidade, que vai além das situações isoladas dos procedimentos e das consultas. Na relação transferencial, o paciente reproduz com o profissional de saúde padrões de comportamentos, dos relacionamentos passados e atuais. O profissional de saúde reage de maneira contratransferencial[3] aos conteúdos das falas e ações, decorrentes dos procedimentos que realizam nos pacientes. Para a construção de um relacionamento sadio, os membros da equipe de saúde precisam ter a consciência do seu papel profissional, a fim de não haver um envolvimento emocional exagerado. Além disso, a percepção de que o sofrimento vivenciado em decorrência do câncer é do paciente pode auxiliar a equipe de saúde a manter uma atitude empática para perseguir a utopia da neutralidade.

---

[1] A definição do conceito de transferência do Vocabulário da Psicanálise (Laplanche & Pontalis, 2001) é: *Designa em psicanálise o processo pelo qual os desejos inconscientes se atualizam sobre determinados objetos no quadro de um certo tipo de relação estabelecida com eles e, eminentemente, no quadro da relação analítica. Trata-se aqui de uma repetição de protótipos infantis vivida com um sentimento de atualidade acentuada.*

[2] Afeto é uma terminologia relacionada a qualquer estado efetivo, como uma ressonância emocional de uma experiência. Pode ser observada em reações psicológicas agradáveis ou desagradáveis e dolorosas (Laplanche & Pontalis, 2001).

[3] A contratransferência é um conceito da psicanálise, que corresponde ao conjunto de reações inconscientes do profissional no relacionamento com o paciente. É a reação emocional e psicológica que o profissional apresenta em decorrência da relação com o paciente e o sentimento que é evocado a partir desta, baseado nos protótipos passados do profissional. A identificação que o profissional estabelece com a figura e as reações do paciente, podem influenciar essa contratransferência, à medida que traz para o presente os sentimentos originados em situações passadas, com pessoas de afeto (Laplanche & Pontalis, 2001).

Quando não há uma reflexão sobre o papel do profissional durante o tratamento do câncer, o limite entre ajudar o paciente e fazer uma identificação projetiva (Laplanche & Pontalis, 2001)[4] pode ser tênue. A identificação projetiva pode ser observada em situações nas quais os profissionais de saúde mantêm uma ligação mental repleta de investimento[5], que está relacionada a determinados pacientes. A formação dessa representação mental, ou seja, da percepção e do pensamento relacionado ao cuidado ao paciente com câncer, pode atrapalhar o funcionamento cotidiano do profissional, interferir em suas atividades profissionais, com ações direcionadas por sentimentos e emoções, que emergiram do contato dessa relação. A busca pela compreensão da sincronia entre a tentativa de nomear e identificar o que o profissional sente é importante para se acolher e ajudar. É importante ter a consciência de que a emoção irá emergir, e o pensar sobre esse sentimento pode ser uma sutileza capaz de ajudar o paciente.

No tratamento do câncer, as palavras cuidar e curar parecem misturar-se na percepção dos profissionais de saúde, dos pacientes e dos familiares. Como nem sempre curar é possível, a falta de discernimento entre essas palavras pode desencadear sentimentos de onipotência e impotência na equipe de saúde. Os profissionais implicados no cuidado ao paciente com câncer podem interpretar que devem e que são capazes de ter atitudes salvadoras, nas quais ignoram as reais possibilidades de tratamento, suas emoções e necessidades, e abrem espaço para um esgotamento psicológico. Os fatores principais que podem compor este esgotamento, sentido na forma de falta de estímulo, de motivação e fadiga, é a carga horária excessiva, o cuidado a pacientes sem bons prognósticos, a pacientes que necessitam de cuidados paliativos, falta de lazer e de uma vivência pessoal que seja capaz de trazer satisfação.

Curar requer um investimento para salvar por meio das possibilidades terapêuticas existentes e disponíveis, e cuidar envolve aceitar a morte como parte da condição existencial humana. Muitas vezes, resta à equipe cuidar e tentar

---

[4] A personalidade das pessoas é construída por meio de diversas identificações, que são constituídas pela assimilação de aspectos e atributos do outro, como modelos. A identificação projetiva pode ser observada quando além desta identificação, desejos, tendências, sentimentos etc., que a pessoa desconhece ou recusa em si mesma, são localizados no outro.

[5] O conceito de investimento refere-se ao afeto e à representação mental de determinados pacientes nas ações do profissional (Laplanche & Pontalis, 2001).

proporcionar ao paciente uma boa qualidade de vida (QV)[6]. O paciente pode ter sua QV prejudicada devido à doença e ao tratamento, além da interrupção de sua vida, devido à nova rotina decorrente do câncer, composta por exames, consultas e realização do tratamento. O paciente com câncer tem sua percepção objetiva e subjetiva da saúde alterada devido à doença e aos procedimentos invasivos, dolorosos e efeitos colaterais que podem ocorrer durante o tratamento.

Os membros da equipe de saúde devem permanecer em seu *setting*[7], apesar da empatia e do desejo em ajudar os pacientes. Assim, podem ser vistos como figuras seguras e, ao mesmo tempo, sensíveis o suficiente para propor alternativas de cuidados paliativos quando não há mais protocolos de tratamentos disponíveis, garantindo diminuição da dor e da QV. O cuidado paliativo não é uma fase da doença – terminal –, é uma atitude, que inclui medidas terapêuticas desde o momento do diagnóstico até o óbito, baseadas no alívio do sofrimento e da dor, manejo dos sintomas, da doença e acolhimento psicossocial.

A escolha por determinada profissão, as motivações e os reais desejos presentes nos membros da equipe de saúde interferem no relacionamento que estabelecem com o paciente. Independente de como ocorreu a opção pela profissão, se o profissional escolheu, se foi escolhido ou se escolheram por ele, o profissional de saúde precisa assumir suas responsabilidades. Ajudar um paciente é se esforçar para disponibilizar as melhores modalidades terapêuticas com segurança, respeito e dignidade. É um relacionamento que exige cuidado, delicadeza e compaixão, principalmente nos momentos de comunicar diagnósticos, metástases, recidivas e a falta de possibilidades terapêuticas. Entretanto, o profissional de saúde não deve assimilar a realidade do paciente como a sua própria realidade pessoal, como uma fusão, um contágio mental capaz de influenciar as atitudes da equipe. Quando os profissionais são muito influenciados emocionalmente pela postura de enfrentamento dos pacientes e pela resposta que estes apresentam ao tratamento, de uma maneira sutil, a equipe pode deixar transparecer essas emo-

---

[6]   O conceito de qualidade de vida (QV) tem sido amplamente discutido na área da saúde, principalmente na psico-oncologia. Em 1997, a Organização Mundial da Saúde (OMS) definiu a QV como a percepção individual de sua posição na vida, no contexto da cultura e sistemas de valores nos quais ele vive e em relação aos objetivos, expectativas, padrões e preocupações (Saxena & Orley, 1997).

[7]   *Setting* é o local onde ocorre o atendimento, baseado na técnica, no método e na ética do profissional.

ções, que norteiam suas atitudes. Essa emoção pode ser transmitida pelo olhar, pela voz, pelo toque e pelas ações, e pode estimular um vínculo patológico entre paciente e profissional, devido ao grande tempo que o sujeito com câncer permanece no hospital.

Ao longo do tratamento, o paciente precisa adaptar-se a uma nova rotina de vida em decorrência das pequenas mortes que vivencia, como a perda da autonomia, da independência, da vida social, profissional e, muitas vezes, o rompimento de vínculos com alguns familiares, devido ao estigma do câncer ainda presente em nossa sociedade. Apesar de o câncer não ser uma doença contagiosa, ainda existe o preconceito e a discriminação na sociedade atual. Muitos pacientes com câncer podem apresentar algumas deformações físicas e odores decorrentes do próprio câncer ou do tratamento. Além disso, o câncer é associado à morte e à falta de preparo para lidar com a ideia da própria morte e da finitude humana, e essas questões podem fazer com que o sujeito com câncer seja evitado. Entrar em contato com as emoções de pessoas próximas ou que compõem o círculo profissional e social evoca as próprias emoções, temores e crenças.

Os sujeitos implicados no adoecimento são impulsionados a criarem uma nova identidade que irá influenciar também a equipe de saúde. A relação que profissionais e pacientes estabelecem reflete uma intimidade forçada, por meio de um encontro invasivo. A exposição física em decorrência dos procedimentos que precisam ser realizados é iniciada pelo contato íntimo entre sujeitos desconhecidos. Os pacientes entregam para a equipe o que têm de mais valioso: a vida, o corpo e, consequentemente, a autonomia. O paciente é o objeto do trabalho de profissionais que desejam cuidar. Muitas vezes, esse investimento profissional e emocional pode ser observado quando estão presentes atitudes que infantilizam o paciente, e este estabelece uma dependência emocional com a equipe de saúde. A dificuldade do paciente para entrar em contato com a própria realidade pode comprometer o desenvolvimento de habilidades e potencialidades para enfrentar as repercussões do câncer e do tratamento.

O clima emocional da oncologia é permeado por dor e sofrimento e isso reflete na saúde mental dos profissionais. A motivação inicial para cuidar pode ser influenciada e, com isso, a prática profissional pode se tornar mecânica e técnica. O preparo da equipe para acolher um novo paciente é permeado pelo desejo de cura e, muitas vezes, por ilusões onipotentes da equipe, do paciente e dos seus familiares.

Vivemos em uma sociedade imediatista, que impõe a demonstração de bem-
-estar e felicidade. A tristeza inerente aos acontecimentos e relacionamentos
humanos passou a ser vista como transtornos de humor. As pessoas precisam
estar sempre bem e não devem demonstrar inseguranças. A demanda de hoje é
que todos desenvolvam habilidades de superação, não havendo mais lugar para
experiência tristes e frustrantes, que também fazem parte da vida humana. Esse
modelo de funcionamento social atual invadiu o ambiente hospitalar com um funcionamento paternalista, em que os profissionais de saúde rotulam os pacientes
difíceis de acordo com critérios pessoais.

Os sentimentos que emergem na equipe de saúde ao cuidar dos pacientes
com câncer estão diretamente relacionados às crenças do profissional em relação
à sua história pessoal, ao câncer, ao adoecimento, às perdas e à própria finitude.
As representações do câncer influenciam o relacionamento entre paciente e profissional de saúde, de maneira consciente e inconsciente. Por isso, alguns pacientes tornam-se objetos de maior afeto pela equipe, enquanto outros são evitados e
vistos como pacientes difíceis.

No tratamento do câncer, a equipe de saúde vai se comportando de acordo
com as projeções que o paciente faz. Quando ele inicia o tratamento, a equipe de
saúde pode ser percebida como a personificação da cura, por meio de cirurgias,
quimioterapias e radioterapias. Entretanto, os profissionais podem ser hostiliza-
dos, porque realizam procedimentos que provocam dor, náuseas, desconfortos e
mutilações. O corpo humano é relacionado diretamente com os contatos sociais
que o sujeito estabelece com todas as pessoas de seu convívio. As modificações
na imagem corporal que ocorrem devido ao câncer e ao tratamento, principalmente a alopecia, as alterações estéticas e as cirurgias mutiladoras, são fatores
de estresse para os profissionais e pacientes. As marcas que o paciente carrega
evidenciam o câncer para os relacionamentos sociais e podem remeter à representação da morte.

Existem fatores de estresse específicos no tratamento do câncer que emergem do estigma da doença, das reações orgânicas e das ansiedades relacionadas
à quimioterapia, à radioterapia, às cirurgias, à tomada de decisões e às respostas
dos pacientes ao tratamento realizado. Além dos fatores de estresse inerentes
ao tratamento do câncer, os pacientes geralmente apresentam respostas psicológicas diferentes. Mesmo quando submetidos ao tratamento para o mesmo tipo
de câncer ou à mesma modalidade terapêutica, as respostas variam de acordo

com a personalidade do paciente, dos familiares e o apoio das pessoas das redes sociais do paciente. Essas respostas também podem variar de acordo com a fase do enfrentamento psicológico da doença. Assim, podem estar presentes atitudes como embotamento, excesso de sensibilidade, negação, depressão, raiva, agressividade, medo, regressão, pensamentos mágicos, esperanças irreais, apelos, barganhas e aceitação. É importante promover a mobilização dos profissionais de saúde em relação à responsabilidade individual do dever profissional e à conscientização de um confronto consigo mesmo, para que a prática profissional não se torne algo mecânico e livre de desejos.

A equipe de saúde deve estabelecer uma boa comunicação com o paciente e com a família, demonstrando disponibilidade e interesse para atender às necessidades do paciente, gerando um relacionamento mais solidário, com menos conflitos e ansiedades. O paciente menos ansioso e mais bem atendido reduz a quantidade de solicitações e, consequentemente, reduz o estresse do profissional. É preciso escutar e compreender as demandas do paciente nos sentidos físico, emocional, social e espiritual, e preservar a autonomia, incentivando uma participação ativa no processo do tratamento.

A comunicação desde o momento do diagnóstico pode influenciar a postura do paciente durante todo o tratamento. Muda o relacionamento para pior ou para melhor. A notícia de um câncer ou de uma metástase pode ser intensificada quando não é feita uma boa comunicação, sem empatia e delicadeza. Dar a notícia de um câncer ou de uma metástase é como tirar a esperança do paciente com uma doença ainda letal e debilitante. Entretanto, acolher e demonstrar que irá cuidar dele com o tratamento disponível ou para controlar a dor é oferecer outra esperança.

O profissional deve procurar ter a percepção do que o paciente já sabe e o que deseja saber. Mesmo que o paciente demonstre que deseja saber a mais autêntica verdade, pode não ter recursos internos para assimilar e enfrentar a realidade de uma maneira saudável (Grinberg, 2010). É importante respeitar o tempo do paciente, assim como sua postura de enfrentamento, por meio de uma atitude que reflita a compaixão, além do conhecimento médico. Alguns fatores podem auxiliar a comunicação do diagnóstico: o local, a preparação para a consulta, a percepção do clima emocional do paciente, a informação (o que o paciente quer saber), dar a notícia com delicadeza, acolher as emoções despertadas no paciente e delinear planos de cuidados.

Durante muito tempo, diversos teóricos afirmaram que a equipe de saúde foi treinada para combater a morte. É evidente que essa postura de enfrentamento contribuiu significativamente para a melhora dos tratamentos. Entretanto, essa ideia de combater a morte é ilusória, pois a morte sempre vence, mesmo quando há a remissão clínica da doença. É um dos únicos eventos que não podemos evitar. O tratamento do câncer combate a doença até o ponto em que os recursos médicos permitem. Quando os profissionais assumem a postura onipotente de combater a morte, a constatação da morte ou o insucesso terapêutico poderão ser interpretados como impotência e dúvidas relacionadas à competência profissional. Por isso, é importante que a equipe de saúde trabalhe sempre com a realidade, e não com a ilusão.

Trabalhar com pacientes com câncer requer que os profissionais lidem com muitas angústias, incertezas, dor e sofrimento. Em muitos momentos, devido ao desejo de ajudar, o profissional pode incentivar uma ilusão, em vez de deixar uma esperança para o paciente. No cotidiano da equipe de saúde, a diferença entre ilusão e esperança pode ser tênue e sutil. A ilusão pode ser observada quando o profissional reforça o desejo do paciente, sem fundamento científico ou conhecimento médico, mas como uma tentativa de diminuir a angústia do outro e de si mesmo. São planos de vida e desejos elaborados durante o tratamento, que incluem a vida após a cura. E haverá a cura? O paciente irá recuperar a saúde, fará a reinserção psicossocial e conseguirá realizar seus objetivos? A angústia diante do desconhecido e da força de vontade de viver pode ser enfrentada com a esperança, mas não com a ilusão por meio de respostas que, diversas vezes, não existem. É importante resgatar o desejo de viver que percebemos no paciente, para, assim, estimular uma postura de enfrentamento realista e, ao mesmo tempo, com esperança.

8.3 Síndrome de Burnout

De maneira geral, os profissionais de saúde são treinados para curar e salvar vidas. Raramente aprendem a lidar com as angústias dos pacientes e com os próprios questionamentos e emoções que emergem no contato dessa interação. Os protocolos de tratamento não preveem a experiência de estar diante do outro. A consequência do conflito entre onipotência e impotência ou a falta de expressão das dores e emoções pode levar ao adoecimento, depressão e Síndrome de Burnout.

A Síndrome de Burnout foi descrita na literatura pela primeira vez em 1974, por Freudenberger (1974). É caracterizada por sofrimento e estresse crônico relacionado ao trabalho. Os sintomas mais comuns são: exaustão, fadiga, dor de cabeça, distúrbios gastrointestinais, alterações do sono, despersonalização, cansaço emocional, insensibilidade, irritabilidade, comportamentos de vícios por drogas, ruptura de relações afetivas, frustração, perda da capacidade de empatia, afastamento do trabalho, perda de idealismo e objetivos, entre outros sintomas psíquicos e físicos relacionados às funções laborais (Moreira, Magnago, Sakae, & Magajewski, 2009; Andrade & Cardoso, 2012; Trigo, Teng, & Hallak, 2007; Carlotto, 2011; Glasberg, Horiuti, Novais, Canavezzi, Miranda et al., 2007). Também é possível identificar certa deformação profissional quando há a percepção da ausência do sentido em relação à profissão, automatismo nos trabalhos realizados e fadiga excessiva com tarefas cotidianas. Outro aspecto importante que deve ser avaliado para realizar o diagnóstico da Síndrome de Burnout é a história profissional do envolvimento no trabalho, visto como uma prioridade na vida deste sujeito, além de fatores relacionados à hierarquia e remuneração profissional.

As implicações da Síndrome de Burnout entre os profissionais de saúde constituem um aspecto relevante, pois as faltas no trabalho, licenças, abandono do emprego e o comprometimento do atendimento aos pacientes podem deteriorar a qualidade do serviço de saúde (Saxena & Orley, 1997). Entretanto, diagnosticar e avaliar a incidência desses sintomas nos profissionais não é suficiente para produzir intervenções e mudanças. É importante haver estratégias para prevenção da Síndrome de Burnout na equipe de saúde e no ambiente profissional. O excesso ou a falta de envolvimento profissional com os pacientes parecem ser reconhecidos pela equipe somente quando a prática dos procedimentos realizados torna-se problemática, como um sintoma das manifestações psíquicas e orgânicas que emergem. Foi preciso criar uma entidade nosológica para ser capaz de legitimar os comportamentos pouco sadios da equipe decorrentes da profissão.

Diante desse contexto, reuniões grupais multidisciplinares são essenciais para identificar os significados da doença e da morte na vida dos membros da equipe, assim como para promover um espaço capaz de acolher o sofrimento, elaborar a dor, estimular a comunicação, permitir que os profissionais entrem em contato com as emoções e desejos dos pacientes, minimizando também as fantasias de poderes ilimitados de cura, evitação da morte e manutenção da vida. Além dos grupos multidisciplinares, programas de educação continuada incentivados por instituições e hospitais escola, e psicoterapia individual podem colaborar de maneira mais profunda para o desenvolvimento das habilidades e manejo das emoções dos profissionais.

A disponibilidade da equipe de saúde em informar o paciente adequadamente sobre os procedimentos necessários e as reais possibilidades terapêuticas pode auxiliar na adesão dos pacientes ao tratamento, minimizar as ansiedades e as solicitações aos profissionais. Em situações que exigem decisões difíceis ou no momento da comunicação do diagnóstico, os profissionais podem demonstrar comportamentos de evitação, ansiedade e depressão. Experiências negativas anteriores, história de câncer na família, ideias e crenças relacionadas ao câncer e à morte influenciam as atitudes da equipe de saúde, que precisa lidar com a imprevisibilidade dos resultados do tratamento e o desejo de obter bons resultados.

8.4 Quando encaminhar o paciente para o psicólogo?

Em nossa sociedade, existe uma interpretação errônea da prática do psicólogo, que é visto como um profissional que acolhe demais, não confronta, não intervém, é uma pessoa que está ali para ouvir, como um depositário de conflitos. Um dos pilares da psicologia hospitalar é a escuta ativa[8], que vai além dos sintomas e dos conteúdos verbais expressados pelo paciente. Entretanto, são interpretações e intervenções realizadas em um espaço físico, mas principalmente psíquico, que emergem da relação transferencial entre psicólogo e paciente, da empatia e da orientação teórica do profissional.

No ambiente hospitalar, uma das práticas comuns é encaminhar o paciente para o atendimento psicológico quando este apresenta comportamentos de choro, irritabilidade, excesso de emoção, de contestação e rebeldia. O trabalho do psicólogo está muito além de aconselhar, somente ouvir ou empregar alguma técnica imediatista que dê conta de forçar o paciente a elaborar suas

---

[8] O psicólogo hospitalar se propõe a auxiliar o paciente a elaborar a experiência do adoecimento ao escutar e acolher o que o sujeito com câncer pensa, deseja, sente, teme, em relação à vida, à morte e à doença. À medida que escuta aquilo que o paciente fala, o psicólogo hospitalar tenta apreender a realidade do sujeito, com uma compreensão que vai além das palavras ditas e que considera as expressões não verbais, os gestos e as atitudes diante do contexto do tratamento do câncer.

emoções, assim como estimular a assimilação da nova realidade, em decorrência dos procedimentos invasivos a serem realizados e das consequências do câncer e/ou do tratamento.

No tratamento do câncer, o psicólogo pode intervir de diversas maneiras, com diferentes pessoas e em vários contextos. No momento de comunicação do diagnóstico, o psicólogo tem a possibilidade de acolher o sofrimento do paciente que descobre uma doença, ainda terrivelmente assustadora socialmente. Acolher um paciente com câncer não é ter bondade ou dó, que são sentimentos imediatos. O psicólogo hospitalar tem a oportunidade de auxiliar o paciente a pensar sobre a situação atual, de tentar entender os mecanismos de defesa que o paciente utiliza, o significado do choro e das emoções despertadas pelo impacto do diagnóstico, do tratamento do câncer ou da recidiva. É o momento de ouvir sobre o impacto da doença na vida desse sujeito, que terá que modificá-la durante um período da sua vida e dos ganhos secundários que ocorrem devido ao tratamento e à doença. Mesmo que haja a cura, sua vida nunca será a mesma após o câncer. As marcas que a doença e o tratamento produzem são profundas e modificam a estrutura emocional do paciente, dos familiares e amigos próximos. É também um momento em que o psicólogo deve realizar intervenções que auxiliem o paciente a aceitar a nova realidade imposta pelo destino, composta por fases de negação, raiva, barganha, depressão e aceitação, e estimulá-lo a desenvolver estratégias de enfrentamento. O psicólogo trabalha com uma prática compreensiva e reflexiva das reações emocionais, geradas por meio das manifestações do adoecimento, com o objetivo de ajudar a promover a mudança que o paciente será capaz de construir a partir do sofrimento gerado pelo adoecimento e hospitalização.

Essas fases de enfrentamento da doença podem não acontecer com todos os pacientes e, principalmente, não ocorrem em uma ordem. São as expressões dos sentimentos que os pacientes demonstram, mas que não servem como um modelo para a postura do profissional em decorrência das emoções expressadas pelo sujeito com câncer. A compreensão da subjetividade do paciente com câncer pode ser melhor visualizada se entendermos alguns dos mecanismos de defesa mais comuns nesse contexto. A negação é a recusa de um fato da realidade exterior, por exemplo, um paciente que recebeu a notícia de que não existem mais possibilidades terapêuticas disponíveis e só resta o controle da dor e de uma morte com dignidade. Este paciente se recusa a falar sobre isso com os profissionais ou com os familiares e pessoas próximas, negando a proximidade da morte.

A regressão é o retorno a comportamentos de relações passadas, por exemplo, o paciente que reage de uma maneira infantilizada e dependente dos profissionais e dos acompanhantes, mesmo sem a real necessidade devido à preservação da autonomia (Laplanche & Pontalis, 2001). O deslocamento ocorre quando um fato importante se destaca e passa à outra representação, por uma associação, por exemplo, o paciente que apresentou diversos efeitos colaterais, mal-estar e náuseas em decorrência de uma sessão de quimioterapia, pode demonstrar medo ou resistência para realizar as outras sessões, devido ao medo de ocorrer os mesmos sintomas (Laplanche & Pontalis, 2001). Existem inúmeros mecanismos de defesa que podem ser observados nos pacientes com câncer. O conhecimento dessas formas de enfrentamento pode auxiliar o profissional a compreender melhor os comportamentos do paciente, mas não existem diretrizes para a equipe seguir, de acordo com o mecanismo identificado.

O trabalho do psicólogo pode ser importante nos momentos do início do tratamento e dos procedimentos invasivos. É possível realizar intervenções em preparações cirúrgicas, mutiladoras, preparação de tratamento quimioterápico, radioterápico, cuidados paliativos ou reinserção psicossocial após o término da terapia. No tratamento do câncer, o paciente vivencia diversos lutos devido às pequenas mortes que ocorrem diariamente, como a reestruturação da rotina cotidiana, da dinâmica familiar e da autonomia, e o psicólogo é capaz de auxiliar o paciente a elaborar essas perdas. Além disso, é possível realizar um trabalho de elaboração de luto com os familiares quando o paciente morre.

A equipe de saúde pode encaminhar o paciente com câncer para realizar atendimento psicológico, quando identificar que existe a demanda, o desejo ou a necessidade de intervenções, que poderão contribuir para o melhor enfrentamento diante do tratamento e das repercussões do câncer na vida desses sujeitos. É um momento que exige elaboração da angústia diante da falta, da perda da saúde e, principalmente, da falta de garantias em relação ao futuro, ao resultado do tratamento.

Não são todos os pacientes que demandam atendimento psicoterápico durante o tratamento do câncer. Alguns são resistentes, outros demonstram alto grau de resiliência e bom ajustamento psicológico diante da doença e do tratamento. Muitas vezes, a falta de um bom manejo por parte da equipe de saúde pode, em vez de ajudar, prejudicar o paciente. O envolvimento emocional exagerado, a frieza excessiva ou atitudes de cobrança para que haja justamente um bom enfrentamento influenciam a maneira como o paciente irá reagir. Talvez a questão de maior influência sobre a prática dos profissionais envolvidos no cuidado ao paciente com câncer, seja a seguinte reflexão pessoal: qual é o sentido em cuidar do outro? O sentido de cuidar do outro, que influenciou na escolha por determinada profissão, não é só técnico, mas é também pessoal. Refletir sobre si mesmo, sobre as dificuldades que emergem na interação entre profissional e pacientes, sobre os próprios medos e aspirações podem auxiliar para que a prática diária da equipe de saúde não se torne cristalizada, mas que o desejo seja resgatado e se renove a cada dia, em cada contato com os pacientes.

8.5 Referências bibliográficas

Andrade, P. S., & Cardoso, T. A. O. (2012). Prazer e dor na docência: revisão bibliográfica sobre a Síndrome de Burnout. Saúde soc., 21(1).

Carlotto, M. S. (2011). Fatores de risco da síndrome de burnout em técnicos de enfermagem. Rev. SBPH, 14(2).

Freudenberger, H. J. (1974). Staff burn-out. J. Soc. Issues, 30, 159-165.

Glasberg, J., Horiuti, L, Novais, M. A. B, Canavezzi AZ, Miranda, V. C et al. (2007). Prevalence of the burnout syndrome among Brazilian medical oncologists. Rev. Assoc. Med. Bras,. 53(1).

Grinberg, M. (2010). Comunicação em oncologia e bioética. Rev. Assoc. Med. Bras., 56(4), 375-393.

Laplanche, J., & Pontalis, J. B. (2001). Vocabulário da Psicanálise (Pedro Tamen, trad., 4ª ed.). São Paulo: Martins Fontes.

Moreira, D. S., Magnago, R. F., Sakae, T. M., & Magajewski, F. R. L. (2009). Prevalência da síndrome de burnout em trabalhores de enfermagem de um hospital de grande porte da Região Sul do Brasil. Cad Saúde Pública, 25(7).

Saxena, J., & Orley, J. (1997). Quality of Life assessment: the World Health Organization perspective. Eur Psychiatry, 12(3), 263s-66s.

Trigo, T. R., Teng, C. T., & Hallak, J. E. (2007). Síndrome de burnout ou estafa profissional e os transtornos psiquiátricos. Rev. Psiquiatr. clín., 34(5).

Gestos, Simples Gestos...

Valdemar Augusto Angerami

Para Pe. Julio Lancelotti

Deus é uma abstração insólita!

Irreal, de difícil concepção...

Mas todo gesto de amor... Todo acolhimento ao combalido,

ao desvalido é a configuração real da presença divina em nós...

Serra da Cantareira, em uma manhã azul de primavera...

Capítulo 9

Dilemas emocionais dos familiares de pacientes com câncer

JULIANA MARIA TODESCATO GOMES CAVINI
KARLA CRISTINA GASPAR

"Aqueles que tiveram a força e o amor para ficar ao lado de um paciente moribundo, com o silêncio que vai além das palavras, saberão que tal momento não é assustador nem doloroso, mas um cessar em paz do funcionamento do corpo".

Kübler-Ross (2002)

9.1 Introdução

O câncer é considerado uma patologia crônica e está adquirindo uma importância crescente nos problemas relativos ao sistema de saúde. Para uma diminuição das dificuldades vivenciadas por pacientes com câncer, há uma demanda para que as famílias realizem os cuidados aos pacientes e participem ativamente no tratamento.

No entanto, é importante ressaltar que diante do adoecimento há uma ampla gama de conteúdos psíquicos mobilizados, tanto para o paciente como para a família. Este capítulo irá abordar temáticas a respeito do cuidado familiar com pacientes em tratamento de câncer, o impacto do diagnóstico oncológico e do adoecimento para a família e o processo de luto enfrentado pelos familiares.

9.2 O cuidado no adoecimento

O câncer é considerado como uma patologia crônica grave e incapacitante. Portanto, trata-se de uma doença complexa que compromete significativamente a vida dos indivíduos em todas as suas instâncias, ou seja, as dimensões biológica, social e psíquica do ser humano adoecido são afetadas (Espírito Santo & Souza, 2008). Acrescido deste fato, o adoecimento por neoplasia acarreta em limitações para o paciente, o que ocasionará em uma progressiva dependência de um cuidado integral (Py, 2004).

O cuidado é parte integrante da vida do ser humano. Em concordância com Carvalho (citado por Santos & Volpato, 2007), o cuidar é revestido de múltiplos aspectos, sendo essencial nos acontecimentos das relações estabelecidas entre o viver e o morrer.

Segundo Boff (1999, p. 33), "Cuidar é mais que um ato; é uma atitude. Portanto, abrange mais que um momento de atenção, de zelo e de desvelo. Representa uma atitude de ocupação, preocupação, de responsabilidade e de envolvimento afetivo com o outro". O autor ainda diz que o cuidado é vivido pelo ser humano e que nele se estrutura. Em outras palavras, os seres humanos são cuidados, e sem o cuidado deixam de ser humanos.

Ainda de acordo com Boff, (1999), a origem da palavra cuidado, do latim, é curar. Essas duas palavras eram usadas como sinônimos, em um contexto de relações de amor e amizade, expressando desvelo, inquietação e preocupação pela pessoa amada. O cuidado surge quando a outra pessoa tem importância para o cuidador, e este se dedica à pessoa cuidada, participando da sua vida. Em decorrência desse voltar-se ao outro, a atitude de cuidar suscita responsabilidades, preocupações e inquietações por parte de quem cuida. Segundo Boff, todos os seres vivos necessitam de cuidado, caso contrário, adoecem e morrem.

O cuidado incita dentro dos seres humanos a compaixão, solidariedade e ajuda; busca a promoção do bem-estar, integridade moral e dignidade de quem está sendo cuidado. Portanto, os cuidadores devem conservar a intencionalidade integrada ao ato de cuidar (Carvalho citado por Santos & Volpato, 2007).

Segundo Santos e Volpato (2007), a denominação cuidar está na maior parte das vezes associada à relação de dependência do paciente ou pessoas que necessitam de cuidado, fazendo, desta maneira, parte de um processo de interação interpessoal. Em concordância com Carletti e Rejani (citados por Santos & Volpato, 2007), para não ocorrer uma manipulação e dominação dos cuidadores sobre os pacientes, é de suma importância uma coparticipação ativa das experiências prévias e um esforço de ambos para conhecerem a realidade e buscarem o crescimento sem distorções.

Em conformidade com Fernandes (citado por Santos & Volpato, 2007), cuidar ainda significa um escutar acolhedor das várias dimensões do ser humano, integrando a prática dos saberes da saúde e do bem-estar. Salienta-se a necessidade de buscar no cuidado a busca pela unidade do paciente, estimulando-o e incentivando-o a participar do tratamento, para que haja uma transformação em um sujeito ativo.

De acordo com Guerra, Oliveira e Queirós (2007), cuidar é um ato inerente à condição humana, pois conforme as etapas do ciclo vital são suplantadas com o adoecimento, os seres humanos necessitam de cuidados ou dispensam-nos. O ato de oferecer cuidado é uma experiência singular e única, vivenciado de uma maneira personalizada, dependendo das características pessoais do cuidador e da pessoa que está sendo cuidada.

Portanto, o cuidador é um indivíduo que cuida do doente ou de uma pessoa dependente na realização de suas atividades diárias, entre elas, higiene pessoal, alimentação, medicação, acompanhamento aos serviços de saúde, entre outras atividades demandadas no cotidiano (Floriani, 2004). O cuidador também está envolvido em atender todas as necessidades do paciente, sejam elas físicas e/ou sociais e/ou psíquicas (Carvalho citador por Santos & Volpato, 2007).

Segundo Hassanein, Hileman e Lackey (1992), o cuidador é significativamente importante no que se relaciona aos aspectos práticos, físicos, sociais e emocionais do paciente. No entanto, de acordo com Adams, Hauser e Rabow (2004), cuidar representa desafios a serem superados pelo cuidador, abrangendo longos períodos dispensados ao paciente com desgastes físicos, sobrecarga emocional e custos financeiros.

Quando ocorre o adoecimento de um indivíduo, a família naturalmente assume a função de cuidadora, sendo responsável por prover cuidados físicos, sociais e psíquicos do membro familiar que está adoecido.

Atualmente, o conceito de família é muito amplo, pois a cultura e os novos modelos de relações humanas produzem uma ampla gama de configurações familiares.

Observando-se as relações familiares no curso da história, ressalta-se a importância de não reduzi-las a uma definição simplória, pois as famílias possuem vários tipos de estrutura. Portanto, para uma conceituação de família, é necessária uma análise das circunstâncias sócio-históricas, pois a família também é produzida culturalmente, transformando sua função, estrutura e significado social de acordo com a época e local (Paulo, 2009).

Em concordância com a mesma autora, no transcorrer da história houve várias transformações da configuração e estrutura da família. No período colonial, as famílias eram extensas e viviam ao redor da figura patriarcal. Nos séculos XIX e XX, as famílias passaram a ser nucleares, e na contemporaneidade, as famílias possuem amplas constituições.

No entanto, em todas essas configurações familiares percebe-se o afeto como ligação entre seus membros, onde cada um se desenvolve e constitui como ser humano, partilhando seu projeto de vida com os outros elementos do grupo familiar (Paulo, 2009).

A mesma autora propõe uma explicação para família que abrange seus principais aspectos psicossociais, sendo esta o primeiro grupo social que os indivíduos fazem parte. Segundo a autora:

> [...] família é o grupo de pessoas a quem o indivíduo é vinculado por laços afetivos e sentimento de pertencimento, que lhe servem de referência primeira na construção de sua personalidade, e a quem se pressupõe que ele possa recorrer, em caso de necessidade material ou emocional (2009, p. 61)

9.3 O impacto do adoecimento na família

De acordo com a Organização Mundial de Saúde (2003), o câncer é uma doença crônica e está adquirindo uma importância crescente nos problemas relativos ao sistema de saúde. Para que ocorra uma minimização dessas dificuldades, as famílias dos pacientes oncológicos estão sendo solicitadas a realizarem os cuidados a eles, participando ativamente no tratamento junto ao paciente e à equipe de saúde.

Tendo-se em vista as múltiplas representações do câncer enquanto patologia crônica grave e incapacitante, faz-se necessário salientar a ampla gama de conteúdos psicológicos mobilizados diante dessa condição, tanto para os pacientes como para os seus familiares e cuidadores.

Segundo Santos e Sebastiani (2001), para grande parte das pessoas, a família corresponde a um importante amparo para a estruturação de seus vínculos afetivos e nos referenciais de segurança e apoio. Com o diagnóstico de uma patologia crônica como o câncer, o paciente vivencia um amplo leque de experiências emocionais que o remetem a condições primitivas e à necessidade de sentimentos de proteção e amparo. O paciente passa a solicitar de diversas maneiras essas figuras que já ocuparam historicamente esse papel de lhe oferecer apoio e proteção.

De acordo com os mesmos autores, a família tem um papel importante na assistência à adaptação do paciente, podendo contribuir com o trabalho da equipe de saúde ou comprometê-lo. É necessário considerar que, com o processo do adoecer, há paralelamente a existência de um processo de crise que se instala no núcleo familiar.

Essa crise ocasionada pelo surgimento de uma doença gera uma interrupção do estilo de vida do paciente e da família, ocasionando uma situação de risco e uma mudança. Constitui uma transformação importante e expressiva (Lustosa, 2007).

Segundo a autora, a crise pode ser dividida em evolutiva ou vital e acidental. A crise evolutiva ou vital é caracterizada por ser natural e esperada. Ela também está associada às modificações existenciais que acontecem no desenvolvimento evolutivo, ou seja, desde o nascimento até a senilidade do ser humano. A crise acidental corresponde a eventos inesperados no ciclo vital, ocorrendo de maneira inevitável e súbita. A perda do equilíbrio interno é comumente observada quando ocorre uma crise acidental.

Conclui-se, portanto, que o adoecimento representa uma crise acidental, e tanto o paciente como sua família necessitam de mecanismos de enfrentamento para superar esse período de adoecimento e de crise que estão vivenciando.

Quando um dos membros da família adoece, ocorre uma privação familiar desse indivíduo em decorrência das limitações que a doença ocasiona. Este fator gera na família um desequilíbrio, que pode ser temporário ou definitivo, pois há a perda de um de seus pontos de sustentação e referência. Essa crise suscita tanto no sistema familiar como no paciente uma tentativa de procurar formas adaptativas de reorganização diante da crise, procurando criar uma situação temporária de reequilíbrio, objetivando superá-la e resgatar sua situação anterior (Santos & Sebastiani, 2001).

Em concordância com os autores, em razão da reorganização e da tentativa de encontrar novamente o equilíbrio, a identidade e a integridade do sistema familiar encontram-se ameaçadas. Essa sensação, que pode ser objetiva ou subjetiva, mobiliza os membros da família, podendo desencadear múltiplos comportamentos em relação à pessoa adoecida, ao tratamento, à equipe de saúde e a eles próprios.

Ainda de acordo com os mesmos autores, diante dos momentos de crise, pode-se observar com maior constância três níveis de reações. O caso mais frequente é quando o sistema familiar se mobiliza na intenção de resgatar seu estado anterior, ou seja, após o impacto inicial atribuído ao diagnóstico, a família busca a recuperação do paciente e a reintegrá-lo no seu lugar e papéis no sistema. A segunda reação é quando o sistema paralisa diante da situação de crise impactante. Neste caso, a família inicia um processo de imobilidade que depende da importância que o paciente possuía para determinar o equilíbrio do sistema e do grau de maturidade que existe na família. A última reação descrita é quando o sistema percebe os benefícios acarretados pela crise e se mobiliza para mantê-la.

A família tem importância fundamental no processo de relação do paciente com seu adoecimento, tratamento e hospitalização, tornando-se um aliado no acompanhamento ao paciente junto à equipe de saúde (Santos & Sebastiani, 2001). Frequentemente, ela se torna a principal origem do cuidado ao paciente adoecido. Sabe-se que as mulheres adultas e idosas prevalecem no cuidado ao familiar adoecido, embora também haja registros de cuidadores masculinos, de adolescentes e de crianças. Algumas situações determinam a escolha do cuidador, como a proximidade parental, física e afetiva (Floriani, 2004).

Em concordância com Maia (2005), a família do paciente oncológico é um importante agente nos cuidados a ele, mas que também deve ser cuidadosamente observada pela equipe de saúde.

Floriani (2004) destaca que o cuidador apresenta comportamentos e necessidades específicas em cada fase ao longo do tratamento do paciente, que se diferenciam das necessidades apresentadas por ele, na medida em que este se encaminha para uma fase avançada e terminal da doença. Salienta-se a importância do cuidador ser percebido pela equipe médica no início do tratamento, para que haja um planejamento de orientação, suporte e apoio ao cuidador familiar.

Destaca-se a importância do cuidador familiar expressar suas ansiedades, medos e angústias diante do adoecimento do membro de sua família, e da necessidade de cuidarem de si mesmos pra que possam se dedicar ao cuidado do outro (Silva citado por Santos e Volpato, 2007). Ressalta-se que diante do sofrimento vivenciado pelo cuidador, a sua resistência orgânica fica baixa e ele fica mais vulnerável a doenças físicas (Franca citado por Santos e Volpato, 2007).

É relevante salientar ainda que o familiar também se encontra abalado emocionalmente com o adoecimento de um de seus entes. Com a ampla gama de conteúdos psíquicos mobilizados e em decorrência do desgaste de cuidar do membro familiar adoecido, alguns cuidadores familiares apresentam ideação suicida, levando a um risco de suicídio. Ressalta-se a importância de um suporte psicológico para que a família enfrente essa situação de adoecimento de maneira construtiva.

De acordo com Hayashi, Chico e Ferreira (2006), os familiares de pacientes oncológicos revelam que possuir um membro familiar adoecido com câncer é um fato social expressivo, pois essa patologia ainda é imbuída de significados estigmatizantes e provoca grande sofrimento, dor e medo tanto para o paciente como para as pessoas que estão em sua volta.

Apesar de todo sofrimento, dor e medo que o adoecimento acarreta no paciente e em sua família, esses fatores provocam um crescimento individual e familiar, visto que o câncer é considerado como uma patologia que gera transformações e desencadeia modificações significativas na dinâmica familiar. É necessário que ocorra um reajuste da família para enfrentar o tratamento e reestruturar suas atividades diárias (Hayashi, Chico, & Ferreira, 2006).

Em concordância com as mesmas autoras, após o diagnóstico, as relações familiares ficam abaladas, ocorrendo uma influência da doença sobre os membros da família. Pode ocorrer uma união familiar quando sua estrutura é sólida, havendo um resgate de sentimentos outrora esquecidos ou não demonstrados. Entretanto, pode haver uma desunião da família causada pelas exigências demandadas com o adoecimento. Portanto, é necessário que ocorra uma reorganização na rotina familiar a fim de enfrentar o processo de adoecimento de um de seus membros. Neste período, todos os membros da família ficam debilitados e suas vulnerabilidades são manifestadas.

Ainda segundo as mesmas autoras, entre as condições de vulnerabilidade da família diante da doença, encontram-se o fator econômico, as representações e experiências anteriores negativas sobre a doença e os conflitos familiares. As representações negativas associadas à doença suscitam tanto no doente quanto nos familiares a vontade de esconder o diagnóstico na tentativa de reduzir os comentários indesejáveis. As experiências negativas anteriores de outros doentes com o mesmo diagnóstico revelam as dificuldades e o triste momento vivenciados por eles. Os conflitos familiares impedem o auxílio adequado ao doente, que se faz necessário nesta fase.

Para enfrentar esse momento de adoecimento, a família busca recursos possíveis como o vínculo e o apoio mútuo entre seus membros, a fim de encontrar suas capacidades individuais. Também é o período onde os familiares buscam ajuda externa, nos serviços comunitários e de saúde. Além disso, há a busca de um apoio espiritual, onde a família aprofunda sua religiosidade e procura força em suas crenças e valores para enfrentar essa fase (Hayashi, Chico, & Ferreira, 2006).

Em conformidade com Carvalho (2008), estar acometido com uma doença como o câncer significa para o doente e seus familiares alterações em vários contextos de suas vidas, mudando seus papéis familiares e também sociais. O adoecimento traz consigo comprometimentos físicos, sociais, econômicos e emocionais para o paciente e também para sua família.

De acordo com o autor, é importante ressaltar que o estágio do adoecimento deve ser considerado no que diz respeito ao sofrimento do paciente e dos familiares. Em outras palavras, quanto mais avançada está a doença, maior é o sofrimento das pessoas envolvidas. A família passa a ser mais requisitada, pois o paciente passa a ser mais dependente e aumenta a necessidade de cuidados com ele.

É imprescindível considerar os aspectos emocionais, sociais, culturais e econômicos do paciente e de sua família, pois a doença surge neste contexto e é com essa estrutura sociofamiliar que eles irão enfrentar este momento de adoecimento (Carvalho, 2008).

O autor afirma que o diagnóstico de câncer traz consigo diversas implicações para o doente e também há alteração nas relações familiares, podendo ocasionar conflitos, tensões e estresse. O impacto do adoecimento pode gerar sentimentos e condições de desamparo, e a família não fica isenta a esse sofrimento. Fornecer suporte familiar para o enfrentamento da doença e tratamento faz-se necessário e importante para que ela se sinta amparada e tenha seu sofrimento acolhido.

No entanto, é importante ressaltar que alguns pacientes possuem vínculo negativo com sua família, fator que dificulta que os membros familiares prestem cuidado ao ente adoecido. Os vínculos negativos podem acontecer em decorrência de diversos fatores, entre eles, o uso de substâncias alcoólicas e/ou substâncias narcóticas.

O etilismo e/ou a drogadição afetam todos os membros da família, colabora para a existência de conflitos familiares, violência doméstica, abuso e descuido com crianças. Ocorrem também divórcios, dificuldades financeiras e problemas de saúde relacionados ao uso do álcool e das drogas (Reinaldo & Pillon, 2008).

Quando o membro familiar usuário de álcool e/ou droga apresenta o diagnóstico de uma patologia como o câncer, a família é solicitada a prestar cuidados ao paciente nesse período de adoecimento. No entanto, a família pode apresentar certa resistência em prestar auxílio ao membro adoecido, em virtude do vínculo familiar fragilizado.

Em concordância com Santos e Volpato (2007), ao receber o diagnóstico oncológico de um de seus membros, a família vivencia algumas mudanças de acordo com a atitude do paciente frente ao diagnóstico e de como este foi transmitido ao paciente. Kübler-Ross (2002) ressalta a importância de a família compartilhar as preocupações para que as emoções e pressões sejam amenizadas.

Carvalho (2008) aponta que o fato de o câncer ser uma doença estigmatizada dificulta o diálogo da família a respeito do adoecimento, afetando as relações familiares. Isso acontece principalmente quando a doença está em um estágio mais avançado.

Segundo o mesmo autor, o diagnóstico oncológico traz sofrimento para todas as pessoas envolvidas com o paciente. O fator da dificuldade do diálogo familiar sobre o adoecimento faz com que algumas pessoas consideradas mais fortes saibam do diagnóstico, enquanto outras consideradas mais frágeis permaneçam preservadas, incluindo a pessoa que está adoecida. Essa falta de comunicação familiar pode causar sofrimento, pois os familiares e o próprio paciente ficam limitados na demonstração de seus sentimentos.

Silva (2011) aponta que o envolvimento da família durante o adoecimento tem alguns aspectos negativos. Entre eles, encontra-se o fato de que em alguns casos a família atribui uma valorização exacerbada da doença, o que fragiliza o vínculo e a segurança no tratamento indicado pelo médico.

De acordo com o autor, outro elemento a ser destacado é o desejo da família de ocultar o diagnóstico do paciente. Essa ocultação faz com que a relação seja fragilizada e cria-se uma concepção errônea de saúde e doença diferente da realidade. Há um prejuízo na adesão ao tratamento quando o paciente não sabe o motivo pelo qual está sendo tratado e ignora a real seriedade de sua doença.

A família tenta preservar o paciente não o informando sobre seu diagnóstico, resguardando-o do impacto e da ansiedade causada pela informação. No entanto, a ocultação do diagnóstico para o paciente implica em impedi-lo de tomar decisões relevantes a respeito do tratamento e sobre assuntos pessoais (Visentin, Labronici & Lenardt, 2007).

Em conformidade com as mesmas autoras, o dilema de informar ou não o paciente a respeito de seu diagnóstico defronta-se com outro dilema, que é a maneira mais adequada de comunicar tal situação, causando menor dano e abalo possível.

Ressalta-se a importância de o médico revelar o diagnóstico para o paciente e para a família. No entanto, a forma de abordar este assunto com a família é de extrema importância. Em concordância com Silva e Zago (2005), a maneira como o médico transmite a notícia irá interferir na relação do paciente e da família com o diagnóstico.

O profissional da área da saúde tem que estar preparado para a comunicação de más notícias. Porém, há um grande incômodo para comunicar o diagnóstico de uma patologia grave como câncer. Em conformidade com Pereira (2005), a comunicação de más notícias é um campo de muita dificuldade na relação paciente, família e profissional da saúde, sendo uma situação de desconforto para quem concede e também para quem recebe a notícia.

A maneira como o diagnóstico é informado ao paciente influencia em seus aspectos físico, psíquico e interpessoal, podendo propiciar conflitos e abalar o comportamento, as relações sociais e a percepção de si mesmo, afetando também os sintomas e o prognóstico do paciente e sua relação com as demais pessoas (Silva e Zago, 2005).

Portanto, faz-se necessário uma adequação da informação a cada paciente e seus familiares, considerando as necessidades de cada um dentro de seu contexto de vida e da sua forma de enfrentamento. É importante levar em conta os limites e possibilidades do paciente e de cada ente familiar para enfrentar a situação de adoecimento (Carvalho, 2008).

De acordo com Silva e Zago (2005), o paciente espera, preferencialmente, que a revelação do diagnóstico oncológico seja realizada pelo médico. No entanto, é prudente que o médico escolha um ambiente adequado, ou seja, um lugar calmo e com privacidade, e que também disponha de tempo para o paciente e para a família para que a comunicação do diagnóstico seja feita de uma maneira apropriada.

Ainda em conformidade com as autoras, salienta-se também que o profissional de saúde tem que se fazer entender pelo paciente e sua família. Em outras palavras, não é aconselhável o uso de termos médicos, pois isso pode provocar má compreensão do estado de saúde do paciente. É importante que o médico fale em uma linguagem que o paciente e os membros da família entendam com clareza a respeito do diagnóstico.

Bérgamo (2005) afirma que a quantidade de informação a ser fornecida ao paciente e a seus familiares depende do quanto de informações eles querem e estão preparados a receber. É necessário considerar a capacidade individual do doente em receber o diagnóstico, e a informação deve ser dada de acordo com essa capacidade.

As informações dadas ao paciente e à família podem aliviar suas angústias, medos e ansiedades. Portanto, a revelação do diagnóstico deve ser realizada de maneira sincera, compreensível e respeitosa (Silva & Zago, 2005). Dessa maneira, serão diminuídas as incertezas e os medos diante do adoecimento, e tanto o paciente como a família, possuindo as informações sobre o diagnóstico, poderão ter uma aceitação maior da doença e contribuir de maneira ativa em todo o processo de tratamento e cuidado.

Portanto, pode-se concluir que é direito do paciente e também da família ter a informação sobre o diagnóstico, prognóstico e tratamento. Essas informações têm que ser transmitidas de uma maneira clara e verdadeira, para que o paciente possa tomar suas próprias decisões e exercer sua autonomia. De acordo com Albuquerque e Araújo (2011), o médico deve proporcionar informações ao paciente para que ele possa exercer sua autonomia, pois o conhecimento fundamenta toda decisão autônoma.

Em algumas situações, o médico solicita a ajuda da família para auxiliar a fornecer as informações sobre o diagnóstico do paciente. Isso ocorre, principalmente, quando o paciente encontra-se em uma fase mais avançada de adoecimento.

Nos casos em que há um prognóstico desfavorável, o médico estabelece uma aliança com a família do paciente. É comum ocorrer uma restrição de informações ao paciente sobre o grave diagnóstico e um prognóstico desfavorável. Essa aliança da família com a equipe de saúde é de grande importância para o tratamento do paciente, uma vez que há um trabalho em conjunto em prol deste. No entanto, essa aliança pode tornar-se inadequada quando o paciente é excluído das decisões (Mendes, Lustosa & Andrade, 2009).

A comunicação do diagnóstico e prognóstico ao paciente fora de condições terapêuticas é uma incumbência difícil para a equipe de saúde. Porém, Albuquerque e Araújo (2011) afirmam que cabe a equipe de saúde informar de maneira adequada ao paciente e à família sobre os riscos, benefícios e alternativas de tratamento. Salienta-se também que é importante informá-los a respeito da existência de cuidados paliativos quando estes forem necessários.

De acordo com as mesmas autoras (2009, p. 145), cuidado paliativo pode ser considerado como:

> Uma abordagem que melhora a qualidade de vida dos pacientes e dos familiares, em face de uma doença terminal, através da prevenção e

do alívio do sofrimento por meio da identificação precoce, avaliação rigorosa e tratamento da dor de outros problemas físicos, psicossociais e espirituais. Os cuidados paliativos vão além do modelo assistencial tradicional, pois impõem que a atenção aos pacientes seja completa sobre todos os aspectos da saúde.

Ainda em concordância com as autoras, quando necessários os cuidados paliativos, estes irão garantir maior qualidade de vida ao paciente tendo sua família ao seu redor, proporcionando melhores condições para enfrentar essa situação.

Quando é dado um diagnóstico de uma patologia grave como o câncer e com um prognóstico desfavorável, a família apresenta o sentimento de culpa. É necessário proporcionar à família um espaço de escuta, para que a razão mais profunda desse sentimento de culpa possa ser desvendada (Mendes, Lustosa & Andrade, 2009).

Salienta-se, portanto, que a forma como é dada a notícia, bem como a abordagem do prognóstico de determinada patologia é extremamente importante para o entendimento das reações posteriores do paciente e de seus familiares e suas estratégias de enfrentamento. É importante destacar que as informações oferecidas ao paciente e à família devem ser transmitidas de maneira humanizada, levando em consideração o momento de crise que estão vivenciando.

No caso de patologias de alta gravidade como o câncer, é comum que o paciente e seus familiares se deparem com a possibilidade da aproximação da finitude, vivenciando o luto em vida. De acordo com Silva (2005), o diagnóstico de uma neoplasia maligna traz a consciência da morte enquanto fato possível diante da condição do adoecer, ainda que o câncer na atualidade possua possibilidades significativas de remissão e cura. O acometimento pelo câncer ocasiona a reavaliação dos modos de vida e a ideia da proximidade da morte remete o paciente e também a sua família à angústia proveniente da escassez de tempo para se realizar projetos ou resgatar conflitos não elaborados.

O adoecimento, frequentemente, acarreta mudanças na dinâmica familiar, o que implica em uma flexibilidade na reestruturação das atividades diárias. Uma ampla gama de sentimentos pode suscitar tensões e desavenças entre os membros que assistem ao paciente. Normalmente, o adoecimento é carregado de ansiedades e medos, pois a doença tem um aspecto significativo na dinâmica psíquica que é a dissolução da fantasia de imortalidade e o desmoronamento da onipotência do homem com relação ao controle de seu estado de saúde (Bertuzzi & Gil, 2007).

9.4 O processo do luto

A família, quando fornecedora dos cuidados ao paciente, muitas vezes é mobilizada por uma ampla gama de conteúdos psíquicos. Em conformidade com Kübler-Ross (2002), a família submete-se a vários estágios de adaptação quando um de seus membros é acometido por uma enfermidade. Esses estágios de adaptação enfrentados pela família são semelhantes aos estágios enfrentados pelos pacientes, ou seja, as reações emocionais vivenciadas pelos pacientes são as mesmas enfrentadas pelos familiares. Essas reações são caracterizadas por sentimentos de raiva, barganha, depressão e aceitação.

Ainda de acordo com a mesma autora, no cerne da compreensão de que determinadas manifestações do adoecer confrontam o indivíduo e sua família com a factibilidade da morte, a iminência do morrer resulta na passagem por alguns estágios que consistem em reações psicológicas diante do acometimento pela patologia. Tais fases correspondem às vivências do luto na condição da perda de entes queridos.

O primeiro estágio remete à negação e ao isolamento. É uma postura radical adotada pela família diante da notícia, que por vezes pode ser comunicada de modo inadequado, sem o devido acolhimento e posterior promoção de conforto diante das reações emocionais do indivíduo. A família se recusa a acreditar que um de seus membros está acometido pela doença, comportando-se de modo a buscar outras confirmações ou refutações do diagnóstico. Nesta fase, a família não se encontra apta a lutar pela sua recuperação, sendo geralmente seguida de uma parcial aceitação para que as medidas terapêuticas sejam devidamente escolhidas e executadas para a busca da cura. Esse mecanismo culmina em uma espécie de desligamento da realidade, até que a família consiga elaborar adequadamente o diagnóstico da doença (Kübler-Ross, 2002).

De acordo com a mesma autora, o segundo estágio é o da raiva e vem geralmente em substituição à negação, quando esta já não pode ser mantida. Os sentimentos da família também podem ser de revolta, inveja e ressentimento. O indivíduo adota uma postura agressiva no ambiente em que se encontra inserido, incluindo os membros da equipe multiprofissional, que também é encarregada dos cuidados ao paciente. A família se questiona acerca do motivo pelo qual um de seus membros ser o alvo da patologia.

Ainda em concordância com a autora, o estágio subsequente é o da barganha, no qual a família negocia um tempo maior de longevidade do ente adoecido em troca de alguma forma de bom comportamento. Geralmente, essa negociação é realizada com forças transcendentes e/ou divindades. A barganha é utilizada pela família como uma possibilidade a mais de adiamento da morte iminente de seu ente. Na maioria dos casos, esse mecanismo encontra-se associado à culpa que o indivíduo carrega por estar com um de seus membros familiares com determinada doença e o adiamento, geralmente, só é solicitado uma única vez.

Kübler-Ross (2002) postula que o quarto estágio é a depressão. Nesta fase, a família pode apresentar embotamento diante da condição patológica de seu ente. Em outras palavras, a perda da condição plena de vida no período anterior à doença em substituição às inevitáveis limitações sofridas pelo adoecer do membro familiar adoecido resulta em sentimentos de frustração e melancolia. A depressão como fase do luto pode ser classificada por dois enfoques essenciais: a depressão reativa, que se relaciona a perdas passadas, ou seja, já sofridas pelo processo do adoecer de seu ente; e a depressão preparatória, que remete às perdas que podem acontecer com a proeminência da morte de seu familiar.

O quinto e último estágio é a aceitação. Já nesse estágio, a família se desproveu dos sentimentos de negação e isolamento, raiva, barganha e depressão, passando a vislumbrar novas formas de hábitos de vida ou de aquiescência diante de uma condição patológica irreversível do ente adoecido. Este estágio acontece quando todas as demais fases forem devidamente elaboradas (Kübler-Ross, 2002).

Faz-se necessário salientar que tais estágios não ocorrem separadamente, sendo observado, em muitos casos, o retorno a um estágio inicial depois de uma fase posterior, por exemplo. Esse fator evidencia o dinamismo do processo do luto nos casos do adoecer de um membro familiar, podendo ocorrer anacronismos ou avanços entre as fases comentadas.

Segundo a mesma autora, nos estágios do luto, o sentimento que permeia a todos sem distinção é a esperança. Em quaisquer fases da doença, independentemente da gravidade desta, a maior parte das famílias conserva o desejo e a expectativa da possibilidade da cura do paciente. Por vezes, esse sentimento de esperança pode se desestruturar, sendo substituído pela descrença na melhora do ente adoecido, mas a esperança tende a se revigorar.

Os estágios supracitados que consistem nas reações psicológicas da família diante do acometimento pelo câncer de um de seus membros correspondem aos estágios vivenciados no luto. Em outras palavras, quando um ente familiar vai a óbito, a família passa pelas fases do luto, que são permeadas por sentimentos de negação, raiva, barganha, depressão e aceitação.

O luto ocorre em decorrência de um rompimento de um vínculo significativo para o indivíduo, sendo uma resposta apropriada e esperada depois de uma perda. Esta perda pode ser real ou simbólica e acontece em circunstâncias como morte, perda de capacidade física e/ou psicológica, perda do ambiente conhecido, experiências que envolvem mudanças e requerem do indivíduo uma reorganização (Osório & Valle, 2009).

Kaplan (1997) define luto como um processo mental destinado à instalação de uma perda significativa na mente. O luto é uma resposta natural e manifesta-se inicialmente por um estado de choque, expressando sentimentos de atordoamento ou torpor. Pode-se observar que o indivíduo enlutado apresenta episódios de choro e sentimento de tristeza, acompanhados por uma repetida rememoração da perda. Com a evolução do processo de luto, ocorre a rememoração de episódios agradáveis e desagradáveis, que não são obrigatoriamente permeados por tristeza e choro, mas sim acompanhados pelo consolo.

Em conformidade com o autor, o luto é um processo prolongado entremeado por desinteresse pelo mundo exterior, que se ameniza conforme o prosseguimento do processo. Esse processo termina gradativamente com o desaparecimento da tristeza e do choro, e também com o estabelecimento do conforto e interesse pelo mundo exterior, havendo a lembrança da pessoa perdida e a possibilidade de novas ligações afetivas do enlutado.

Pode-se observar em pessoas enlutadas reações somáticas e psíquicas que procuram restabelecer o equilíbrio interno, que quando alcançado sem desfigurar o senso de realidade é denominado de luto normal. No entanto, quando há alterações importantes e prolongadas no senso de realidade, ocorre o luto patológico.

Segundo Bromberg (2000), o luto patológico ocorre quando as reações são exacerbadas e não correspondem às características de sintomatologia e curso estabelecidas para o processo de luto.

Parkes e Weis (citados por Bromberg, 2000) identificaram três causas para o desenvolvimento do luto patológico. Uma delas é quando ocorre a perda imprevista ou precoce, sendo denominada de síndrome da perda inesperada. Essa síndrome é caracterizada pela reação de choque e incredulidade do enlutado, que demonstra elevado grau de ansiedade e sensação de obrigação com a pessoa perdida. Outra causa é denominada síndrome do luto ambivalente, que é decorrente de relações ambivalentes, marcadas por discórdias ou discussões cuja reação inicial à perda é o alívio, ocorrendo depois reações de desespero, ideias de punição e a vontade de corrigir o passado. A síndrome do luto crônico é típica de relacionamentos de alta dependência e refere aos comportamentos do luto que persistem por tempo indeterminado após a morte.

O luto patológico ainda pode ser divido em luto crônico, adiado e inibido. O luto crônico tem duração excessiva e há a presença de ansiedade, tensão, insônia entre outros sintomas. O luto adiado ocorre quando há a presença de um comportamento considerado normal ou quando alguns sintomas são distorcidos, como o isolamento, sintomas da doença do morto e superatividade. Por fim, o luto inibido acontece quando não há sintomas do luto normal.

Ressalta-se que o luto patológico pode manifestar-se de diversas maneiras. Pode ocorrer uma tristeza ausente ou atrasada, tristeza demasiadamente intensa e prolongada, tristeza associada com ideação suicida ou sintomas psicóticos (Kaplan, 1997).

Salienta-se, portanto, a importância de um acompanhamento psicológico para que ocorra a manifestação de sentimentos do enlutado, facilitando a elaboração do processo de luto.

9.5 Considerações complementares

Pode-se concluir que a família é um importante alicerce para o paciente durante o seu tratamento, estabelecimento e manutenção da saúde. No entanto, a família, diante do ato de cuidar de um de seus membros que se encontra adoecido, é mobilizada por uma ampla gama de conteúdos psíquicos.

Sendo o processo do adoecer uma condição que engloba o indivíduo na vastidão de suas complexidades, faz-se crucial a necessidade de não só promover a cura em termos exclusivamente biológicos do paciente, mas também de propiciar o cuidado psíquico do sujeito e de seus familiares proveniente da equipe multiprofissional. Desta maneira, a família tornar-se-á apta a refletir sobre as questões mobilizadas pelo acometimento da doença de seu ente, além de atentar-se para conteúdos internos e vivenciá-los de forma construtiva.

9.6 Referências bibliográficas

Adams, J., Hauser, J. M., & Rabow, M. W. (2004). Supporting family caregivers at the end of life: "they don't know what they don't know". In: *JAMA, 2004, vol. 291, n.4*), 483-491.

Alburqueque, P. D. S. M. de; Araujo, L. Z. S. de. Informação ao paciente com câncer: o olhar do oncologista. In: *Rev. Assoc. Med. Bras., São Paulo, v. 57, n. 2,* Apr. 2011. p. 144-152.

Bérgamo, W. O direito à verdade ao doente. In *Revista Brasileira de Bioética, 2005, vol. 1, ano 1*, p. 75-79.

Bertuzzi, L. D; Gil, M. E. Desafios para a psicologia no cuidado com o cuidador. In: *Rev. Bioética, 2007, vol. 11, n. 42*, p. 49-55.

BOFF, L. *Saber cuidar:* ética do humano – compaixão pela terra. 10. Ed. Rio de Janeiro: Vozes, 1999.

Bromberg, M. H. P. F. (2000). *A psicoterapia em situações de perdas e luto.* Campinas: Livro Pleno.

Carvalho, C. S. U. de. (2008). A necessária atenção à família do paciente oncológico. In *Revista Brasileira de Cancerologia, 54*(1), 97-102.

Espírito Santo, F. H, & Souza, M. G. G. (2008). O olhar que olha o outro... Um estudo com familiares de pacientes em quimioterapia antineoplásica. In *Revista Brasileira de Cancerologia, 54*(1), 31-41.

Floriani, C. A. (2004). Cuidador familiar: sobrecarga e proteção. In *Revista Brasileira de Cancerologia, 50*(4), 341-345.

Guerra, M. P., Oliveira, M. A., & Queirós, C. (2007). O conceito de cuidador analisado numa perspectiva autopoiética: do caos à autopoiése. In *Psicologia, saúde e doenças, 8*(2), 181-196.

Hassahein, R. S., Hileman, J. W., & Lackey, N. R. (1992). Identifying the needs of home caregivers of patients with cancer. In *Oncol. Nurs. Forum, 19*(5), 771-777.

Hayashi, V. D., Chico, E. de, & Ferreira, N. M. L. A. (2006). Enfermagem de família: enfoque em oncologia. In *Rev. Enferm. UERJ, 14*(1), 13-20.

Kaplan, H, Sadok, B. J, & Grebb, J. A. (1997). *Compêndio de psiquiatria: ciências do comportamento e psiquiatria clínica* (7ª ed.). Porto Alegre: Artmed.

Kübler-Ross, E. (2002). *Sobre a morte e o morrer: o que os doentes terminais tem para ensinar a médicos, enfermeiros, religiosos e aos seus próprios parentes* (8ª ed.). São Paulo: Martins Fontes.

Lustosa, M. A. (2007, junho). A família do paciente internado. In *Rev. SBPH, 10*(1), São Paulo.

Maia, S. A. F. (2005). *Câncer e morte: o impacto sobre o paciente e a família.* Curitiba.

Mendes, J. A., Lustosa, M. A., & Andrade, M. C. M. (2009, junho). Paciente terminal, família e equipe de saúde. In *Rev. SBPH*, 12(1), 151-173, Rio de Janeiro.

Organização Mundial de Saúde (OMS). (2003). Cuidados inovadores para condições crônicas: componentes estruturais de ação: relatório mundial. Brasília.

Osório, L. C., & Valle, M. E. P. (2009). *Manual de Terapia Familiar.* Porto Alegre: Artmed.

Paulo, B. M. (2009, outubro/novembro). Em busca do conceito de família: Desafio da Contemporaneidade. In *Revista Brasileira de Direito das Famílias e Sucessões* (vol. 12). Porto Alegre: Magister.

Pereira, M. A. G. (2005, março). Má notícia em saúde: um olhar sobre as representações dos profissionais de saúde e cidadãos. In *Texto contexto - enferm.*, 14(1), 33-37, Florianópolis.

Py, L. (2004). Cuidar do cuidador: transbordamento e carência. In: *Revista Brasileira de Cancerologia, 50*(4), 346-350.

Reinaldo, A. M. dos S., & Pillon, S. C. (2008, agosto). Repercussões do alcoolismo nas relações familiares: estudo de caso. In *Rev. Latino-Am. Enfermagem*, 16(spe), 529-534, Ribeirão Preto.

Santos, C. T. dos, Sebastiani, R. W. (2001). Acompanhamento psicológico à pessoa portadora de doenças crônicas. In *Angerami*, V. A. (Org). E a psicologia entrou no hospital (3ª ed., cap. 3, pp. 147-176). São Paulo: Pioneira.

Santos, G. R. S. dos, Volpato, F. S. (2007, junho). Pacientes oncológicos: um olhar sobre as dificuldades vivenciadas pelos familiares cuidadores. In *Imaginário, 13*(14), 511-544.

Silva, C. M. G. C. H. et al. (2011). Relação médico-paciente em oncologia: medos, angústias e habilidades comunicacionais de médicos na cidade de Fortaleza (CE). In *Ciênc. saúde coletiva, 16*(suppl.1), 1457-1465.

Silva, V. C. E. da, & Zago, M. M. F. (2005, agosto). A revelação do diagnóstico de câncer para profissionais e pacientes. In *Rev. bras. enferm.*, *58*(4), 476-480, Brasília.

Visentin, A., Labronici, L.; & Lenardt, M. H. (2007, dezembro). Autonomia do paciente idoso com câncer: o direito de saber o diagnóstico. In *Acta paul. enferm.*, *20*(4), 509-513.

Capítulo 10

A mobilidade do psicólogo no contexto hospitalar e a intersecção com a oncologia: considerações clínicas a partir de um estudo de caso

KARLA CRISTINA GASPAR

"A cada chamado da vida o coração deve estar pronto para a despedida e para o novo começo, com ânimo e sem lamúrias, aberto sempre para novos compromissos. Dentro de cada começar mora um encanto que nos dá forças e nos ajuda a viver".

Herman Hesse

10.1 Introdução

Os estudos de caso vêm sendo cada vez mais empregados como estratégia metodológica na pesquisa em psicologia. Paradoxalmente, a maioria dos manuais de metodologia científica especializados dedica maior atenção a outras estratégias de pesquisa.

Ressalta-se, portanto, que a utilização de estudos de caso não é um fenômeno recente, ao contrário, trata-se de uma antiga tradição metodológica (Boulanger--Balleyguier, 1971).

A medicina, segundo Becker (1993), foi a primeira disciplina a utilizar estudos de caso na atividade científica. Essa metodologia era empregada com enfoque nos diagnósticos e tinha como objetivo a identificação e a compreensão dos fatores associados à gênese e à evolução de doenças. Recentemente, as ciências humanas e sociais também passaram a utilizar dessa metodologia com diversos enfoques e análises de objetos.

Um estudo de caso é caracterizado pela análise em profundidade do objeto e a preocupação com seu aspecto unitário. (Stake, 2000). Enfatiza-se nessa definição que o estudo de caso é um recurso interessante para o desenvolvimento de práticas, não tão somente a execução de pesquisas científicas.

André (2003) pontua que para efetuar adequadamente um estudo de caso é imprescindível admitir que a realidade possa ser compreendida sobre várias óticas. Assim sendo, o pesquisador que trabalha com estudos de caso não deve tentar convencer o leitor de que suas análises são as mais adequadas, deve, sim, fornecer os elementos necessários para que ele possa chegar às suas próprias conclusões. No entanto, o pesquisador não deve negligenciar suas considerações (Bruyne et al.,1991).

Partindo do pressuposto de que estudos de caso possuem como principal meta a produção de conhecimento, a seguir apresentaremos um caso clínico ocorrido em contexto hospitalar, na especialidade médica oncologia.

A proposta inicial desse estudo é apresentar a mobilidade que o psicólogo hospitalar deve ter no sentido de movimentar-se a partir das necessidades constatadas no caso clínico hospitalar com o intuito de articular os vários profissionais de saúde aos quais serão necessários para garantir o mínimo de bem-estar ao paciente e a seus familiares. Simultaneamente a essa mobilidade deve haver o raciocínio interdisciplinar.

10.2 Apresentação do caso clínico hospitalar

Antônio, paciente, 60 anos, natural do estado de São Paulo, casado, trabalhador informal: vendedor de recicláveis, pai de três filhos, dois meninos, um de 18 anos (desempregado, não estuda) e outro de 16 anos (faz supletivo e ajuda no recolhimento dos recicláveis), e uma menina de 9 anos, que não frequenta a escola. Cursou dois anos do ensino fundamental.

Há um ano, o paciente recebeu o diagnóstico de neoplasia de pulmão. Está hospitalizado pela progressão da doença e consequente agravamento de sua condição clínica geral.

A esposa de 42 anos, analfabeta, ajudante na venda dos recicláveis, é sua cuidadora principal.

Paciente e esposa não dispõem de nenhum familiar que possa formar uma rede de apoio. Recebe ajuda comunitária de uma agente de saúde da Unidade Básica de Saúde de seu bairro.

No segundo dia da internação e após a realização de alguns exames, o médico comunica ao paciente junto de sua esposa que o prognóstico de sua doença é ruim e, por isso, terá três meses de vida.

A esposa, desesperada pela informação, começa a chorar, sai do quarto e tenta se jogar do sexto andar da enfermaria, afirmando não suportar essa ideia. A psicóloga é chamada.

10.2.1 Apontamentos para reflexão a partir do estudo de caso clínico hospitalar

Situações como essa acontecem frequentemente nos hospitais, sendo o psicólogo instantaneamente lembrado em casos cuja temática é a manifestação do desespero humano. São situações em que o usuário "desrespeita a cartilha do bom comportamento de paciente" e obstrui a ordem da passividade a qual "deveria" permanecer. E, assim, é logo chamado de "paciente difícil" e o psicólogo é chamado para "fazer reinar a ordem novamente". Isso se agrava quando é o acompanhante que "não se comporta".

A seguir, o quadro apresenta os comentários desse caso clínico hospitalar dividido em duas etapas. Primeiro, mostra a sequência das intervenções psicossociais e em seguida apresenta algumas reflexões sobre o psicólogo no contexto hospitalar.

Quadro 1 – Etapas do estudo de caso

Primeira etapa: intervenções psicossociais	
Atendimentos a cuidadora	Abordagens multidisciplinar e interdisciplinar
Atendimentos ao paciente	Comunicação em saúde
Atendimento aos filhos	Mobilização emocional da equipe de saúde
Desfechos	
Segunda etapa: reflexões sobre o papel do psicicólogo no contexto hospitalar	

10.2.2 Primeira etapa: intervenções psicossociais

Atendimento a Teresa

Teresa é como chamarei a acompanhante do paciente. A acompanhante foi atendida pela situação emergencial gerada pelo impacto da notícia de que seu marido teria três meses de vida.

Quando cheguei à enfermaria, Teresa estava sentada, chorando muito e acompanhada por enfermeiros. Apresentei-me a ela e a convidei para me acompanhar até a sala da psicologia. Sem titubeios, Teresa se levanta e vem em minha direção. Caminhamos em silêncio até chegar à sala da psicologia.

Comentários: é importante frisar que em situações em que o paciente necessita de contenção física, o psicólogo não deve de forma alguma intervir, pois não tem técnica para isso e poderá até prejudicar a si e ao paciente causando danos físicos. Outros profissionais capacitados saberão como agir. Vale lembrar que a intervenção psicológica em situações de urgência se inicia somente quando o paciente consegue atingir certa quietude motora; muitas vezes necessitará de algum sedativo, outras vezes, não. Teresa não precisou. A conduta de retirar Teresa do local (enfermaria) onde ela tentou se jogar foi para poupá-la dos "olhares curiosos e julgadores" de pessoas que ali estavam (os profissionais, os pacientes e outros acompanhantes). Todo profissional de saúde deveria saber que a pessoa que tenta o suicídio, na maioria das vezes, não busca a morte real, o desaparecimento. Esse gesto é muito mais para resolver determinados conflitos, bem como um emaranhado de sofrimentos em que a existência muitas vezes se encontra (Angerami, 1997).

Chegamos à sala da psicologia. Teresa sentou-se e começou a chorar com mais intensidade. Permaneci em silêncio por alguns segundos. Em seguida, disse a ela: "Teresa, penso que aconteceu algo muito triste que te deixou muito desesperada". Ela movimenta a cabeça, concordando, e em seguida começa a relatar o que havia acontecido. Teresa inicia o relato de sua história de vida.

Comentários: Em minha frente, tinha uma mulher adulta, mas o clima emocional e a cena pareciam revelar um bebê desesperado, desprotegido e com muito medo. Winnicott, médico pediatra, trouxe como principal contribuição a importância do ambiente para o desenvolvimento da criança. É por meio do *holding* (suporte confiável) que se provém satisfação das necessidades físicas reais para o bebê e fortalece-se o ego imaturo por meio do "apoio egoico". E a mãe, ao oferecer condições favoráveis para o atendimento das necessidades básicas do bebê, contribui para o desenvolvimento emocional dele (Outeiral, 1998). Não é nossa proposta expor toda teoria de Winnicott, mas é importante trazer alguns conceitos para que o leitor saiba de que referencial teórico pensamos a prática. Quando afirmo que Teresa parecia um bebê, refiro-me ao seu estado mental daquele momento. Ansiedade de aniquilamento, fusão com o marido. Vale ressaltar que, apesar de parecer um bebê, ela não o é. É necessário retirá-la desse estado para que consiga reconhecer e aprimorar os seus recursos de enfrentamento. Quanto ao silêncio no início do atendimento, naturalmente que se tratou de uma resposta não verbal, mas que pode expressar muito. Da mesma forma que as palavras, o silêncio também tem um significado. Nesse contexto, significou empatia e julguei ser essa a atitude mais adequada para oferecer a Teresa no momento. Tanto que, em seguida, ela inicia o relato de sua história. Além disso, o silêncio nessa circunstância avisa a Teresa que "aqui ela será ouvida".

Teresa afirma que o marido é sua família, que não tem mais ninguém no mundo. "Ele é tudo para mim" (sic). Em seguida, relembra sua infância e diz que foi deixada pela mãe ainda criança (não sabe ao certo o motivo, mas desconfia que tenha sido por dificuldades financeiras). Foi criada por uma família adotiva que já tinha outras três filhas biológicas, apresentava boas condições financeiras. Relembra uma passagem em sua infância, quando tinha 12 anos (Teresa nesse momento intensifica o choro), diz que passou por momentos bem difíceis. Relata que tinha que cuidar da casa, fazer serviços gerais, que não podia sair para os bailes nem desfrutar de privilégios como as outras três irmãs. Se não fizesse as "obrigações de casa", sofria agressões verbais e físicas. E ainda foi impedida pela mãe adotiva de chamá-la de mãe. Além disso, tinha que lidar com a rivalidade que existia entre as "irmãs" e ela. Relata ainda dizendo que não frequentou a escola, porque tinha que cuidar da casa.

Comentários: Teresa foi me ajudando a compreender quem era ela e como poderia ajudá-la. E, para isso, precisei entender o que significava para ela "O meu marido é tudo para mim". O primeiro atendimento levou duas horas. Enquanto eu dispunha de escuta ativa (Botega, 2012), Teresa relembrava episódios marcantes de sua infância e início da adolescência, com isso, vinha em minha mente, por associação livre, a história do conto de fadas da Cinderela.

Aschenputtel é o título que os Irmãos Grimm deram à sua versão do conto. O termo originalmente designava uma empregada suja, de baixa condição, que devia vigiar as cinzas da lareira. Os contos de fadas representam muito bem os mecanismos da psique: o que são nossos problemas psicológicos e como podemos compreendê-los (Bettelheim, 1979).

Teresa relembra experiências tristes quando criança, teve que lidar com a separação da mãe biológica em tenra idade (2 anos), mas imediatamente é acolhida por uma mãe adotiva que a tratava muito mal: "Ela fazia muita diferença entre eu e as outras filhas dela" (sic). Ao chegar à adolescência, o ambiente familiar começou a apresentar características hostis. Teresa parece ter se sentido marginalizada, humilhada e rebaixada pelas irmãs, e a mãe adotiva a sacrificava em favor dessas irmãs, fazendo-lhe exigência para executar trabalhos domésticos e privando-a de situações agradáveis comuns a adolescência e até mesmo o direito a frequentar a escola.

Até este momento, estava querendo entender os registros emocionais de uma relação interpessoal que Teresa construiu para si, relembrando que o foco desse atendimento tinha sido a frase "o meu marido é tudo para mim". O gesto desesperado de se jogar do sexto andar foi consequência do impacto da notícia que seu marido morreria em três meses. Arrisco afirmar que Teresa não estava buscando a morte deliberadamente, e sim comunicando seu sofrimento e precisando de ajuda. Fiquei ainda pensando na Teresa criança.

Erik Erikson, um psicanalista norte-americano nascido em 1902, ampliou as teorias do desenvolvimento de Freud. Afirma que a personalidade se forma à medida que as pessoas progridem por estágios psicossociais e isso não ocorre ao acaso, depende da interação da pessoa com o meio que a cerca. Cada estágio é atravessado por uma crise psicossocial e a forma como cada crise é vivenciada irá influenciar a capacidade para se resolverem conflitos inerentes à vida. Essa teoria concebe o desenvolvimento em oito estágios.

Teresa demonstrava características psicológicas compatíveis com o primeiro estágio de desenvolvimento emocional proposto por Erik Ericson. Trata-se do estágio que conflita a confiança x desconfiança que ocorre aproximadamente durante o primeiro ano de vida: a criança adquire ou não uma segurança e confiança em relação a si próprio e em relação ao mundo que a rodeia, por meio da relação que tem com a mãe. Se a mãe não lhe der amor e não responder às suas necessidades, a criança pode desenvolver medos, receios, sentimentos de desconfiança que poderão vir a refletir-se nas relações futuras. Se a relação é de segurança, a criança recebe amor e as suas necessidades são satisfeitas, a criança vai ter uma capacidade melhor de adaptação às situações futuras, às pessoas e aos papéis socialmente requeridos, ganhando, assim, confiança. A virtude social desenvolvida é a esperança (Erickson, 1998).

O valor da primeira relação objetal está no fato de auxiliar na criação dos sentimentos de confiança e criatividade da criança, nesse momento a figura materna deverá agir como facilitadora desse processo.

Teresa apresentou-se em intensa fragilidade emocional, seus vínculos primários ficaram registrados como vulneráveis e não confiáveis. Parece claro que estabelece com o marido uma relação de extrema dependência, que a assegura proteção e cuidados em um quadro de bastante infantilização – "ele é tudo para mim" –, pois, ao saber que ele poderia morrer, Teresa não conseguiu, nesse momento, sustentar-se em si mesma, surgindo, então, angústia de aniquilamento. Trata-se de um estado afetivo penoso, caracterizado pela expectativa de algum tipo de perigo que se revela (morte do marido, desamparo, ver-se só) e nessa situação Teresa se sentiu indefesa. Apresentou-se, então, em estado aflitivo de perigo que surgiu na ameaça de perda do objeto amado dentro de um vínculo inseguro.

Os estudos das etapas primitivas do desenvolvimento dos vínculos afetivos permitiram importantes avanços na psicanálise: Melaine Klein desenvolveu estudos sobre a angústia de aniquilamento; W. R. Bion estudou a ansiedade psicótica; D. Winnicott, Eric Erikson e Margareth Mahler pesquisaram as ansiedades presentes no processo de separação-individuação, e John Bowlby descreveu o vínculo de apego e o relacionou ao surgimento da ansiedade com as situações de ameaça de perda do objeto, acrescentando que tal só ocorre dentro de uma relação de apego inseguro.

Teresa continuou o seu relato enfatizando como foram penosos esses anos. Até que enxugou suas lágrimas e disse com um singelo sorriso: "Mas, quando eu tinha quinze anos, eu estava voltando da vendinha e encontrei o Antônio, ele trabalhava em uma oficina... Todo dia encontrava com ele, até que um dia nós fugimos juntos e desde então nunca mais nos separamos" (sic). Começou a chorar novamente, e disse: "Ele é a minha família, foi meu único namorado, sempre cuidou de mim... Ele é a minha vida!" (sic). Disse à Teresa que entendia todo o desespero que ela estava sentindo, que o Antônio era muito importante para ela e não era possível pensar a vida sem ele. Nesse momento, Teresa começou a chorar mais uma vez, e disse: "Eu nunca tive ninguém na vida que pudesse conversar assim... Como estou fazendo agora... As coisas sempre foram difíceis e agora serão mais ainda...". E chorou. Falei a Teresa que ela não esperava que o Antônio pudesse ficar doente. Teresa: "Não, não esperava, ele era forte, sempre resolvia todos os problemas, a gente recolhe os lixos para vender... A gente consegue sobreviver com esse dinheiro... A gente parece ser um só... Agora está tudo acabado!". Comentários: Penso ser muito limitado apenas "diagnosticar" que Teresa estivesse vivenciando luto antecipatório. Mas essa ideia pode dar pistas para compreensão do tipo de vínculo que ela estabelece com Antônio. E para além de uma relação de dependência, estabelece-se uma simbiose. Antônio como príncipe, assim como nos contos de fada.

Teresa, após dizer que estava tudo acabado, enxugou suas lágrimas, respirou fundo, olhou bem para os meus olhos e disse: "Karla, sabe, estou aqui conversando com você, contei sobre minha vida, foi bom... E agora tive uma ideia... Eu não vou mais querer me matar agora, você pode ficar tranquila. O Antônio está precisando de mim agora, e por isso eu vou cuidar dele. O médico disse que ele tem três meses de vida. Então, eu cuido dele esse tempo, depois meu filho mais velho tem 18 anos, ele é muito malvado, ele tem muito ciúme da minha filha caçula, desde que ela nasceu. Ele já a espancou uma vez, fiz até boletim de ocorrência. Ele usa drogas, não trabalha, não ajuda a gente no lixo. É bem quieto. Então ele vai cair no mundo quando o pai morrer. Tem meu outro filho, de 16 anos, ah esse... É estudioso, trabalha com a gente, ajuda muito. Ele é muito inteligente e vai se dar bem na vida, não vai precisar de mim, quando o pai morrer. Daí tem minha filha de 9 anos, essa, coitada, não terá como se virar, é muito pequena. Então, assim que o pai morrer, eu dou veneno para ela e depois eu também tomo. Pronto, resolvo assim a situação" (sic).

Comentários: Bom, quem respirou fundo fui eu, ao ouvi-la contando o seu plano para mim. Tinha que pensar rápido, e pensei o seguinte: Eu tenho três meses (se a estatística do médico não falhar) para conseguir trabalhar a relação simbiótica que ela estabeleceu com o marido e ajudá-la a construir o que ela for capaz de achar como outra possibilidade senão a morte. Escutei Teresa, ouvi cada palavra que ela me falou. A descrição do plano foi me conduzindo mentalmente para a realidade da cena. Eu precisei interromper o fluxo do meu pensamento, pois estava mobilizando um desespero em mim. Se eu me desesperasse, ficaria como ela e não conseguiria ajudá-la. Precisei ficar o tempo todo um ser pensante. Eu precisei pensar sobre a emoção que ela estava colocando em mim. E então me aproximar de Teresa e conseguir oferecer sustentação (*holding*, na teoria winnicottiana) e não um depositário apenas de suas emoções.

A noção de *holding* na teoria winnicottiana é de extrema importância para o manejo clínico. Significa oferecer um ambiente/ *setting* que sustente e permita o processo de integração do sujeito.

Para Winnicott, "esse *holding*, como a tarefa da mãe no cuidado do lactente, reconhece tacitamente a tendência do paciente a se desintegrar, a cessar de existir, a cair para sempre" (Winnicott, [1963a] 1983). Se o *holding* é encontrado, esses sentimentos agonizantes podem ser transformados em experiências positivas.

A desintegração pode ser vivida como um relaxamento e um repouso, cair para sempre passa a ser a alegria no movimento de ser carregado e morrer transforma-se em uma boa sensação de estar vivo, enfim, o *holding* fornece ao indivíduo a confiança na realidade e nos contatos humanos (Safra, 1995).

Outro psicanalista importante, Wilfred Ruprecht Bion (1897 - 1979), além de consolidar o termo vínculo na clínica, traz como contribuição o conceito de continente/conteúdo. Trata-se, portanto, de teorizar que o analista precisa criar uma ligação de confiança com o seu paciente e oferecer a ele uma recepção para sua dor, que denominou de capacidade de *reverie*. A falha ocorrida na formação emocional do paciente deve ser recebida pelo terapeuta, que deve contê-la, elaborá-la e devolvê-la ao paciente de forma "palatável" (Lino, 1998).

A conceituação de Bion quanto à origem, à natureza e ao funcionamento do continente do psicólogo constitui-se como um dos postulados fundamentais, tanto da teoria como da prática psicanalítica (Zimerman, 1999, 2004). Assim, partindo da noção de identificação projetiva, de M. Klein, ele concluiu que para todo um conteúdo projetado deve haver um continente receptor.

Baseado nesses conceitos que seguiram os atendimentos de Teresa e sua família e ressaltando que o atendimento psicológico é breve e oportuno na situação de crise, após essa fase, Teresa seria encaminhada para a psicoterapia.

Quando Teresa terminou de contar seu plano, propus a ela um contrato entre nós. Eu disse a ela que não iria me opor a esse plano, que eu não poderia fazer nada, que isso estava em suas mãos, mas que eu gostaria de ajudá-la a pensar em outras formas de enfrentar essa situação. E isso aconteceria se ela aceitasse ser atendida por mim e também aceitasse receber ajuda da assistente social. Teresa me olhou, eu inferi que ela estava um pouco desconfiada sobre a proposta, se daria certo, mas aceitou. E disse: "Tudo bem, eu aceito, mas meu plano final é esse que te falei porque eu não vou conseguir viver sem o Antônio" (sic).

Comentários: Ao "concordar" com Teresa, expressei um tom de voz muito intenso, e relendo a transcrição da sessão na ocasião, pude observar que eu estava bastante envolvida nesse caso.

Eu tive que me preparar para a condução desse caso. O "final" já estava estabelecido, não poderia invadir a minha mente, senão eu correria o risco de paralisar e não pensar as possíveis condutas que poderiam ajudar Teresa e sua família. Estou grifando a palavra "ajuda", porque trazer para si mesmo o desejo de ajudar pode te ajudar a ajudar. Mas o que trazemos conosco, psicólogos hospitalares? Dentro de nós, a nosso respeito, que possa ajudar bloquear ou atrapalhar nossos atendimentos? Não tenho respostas, mas alguns apontamentos. Segundo Benjamin (1998), é necessário trazer para o contato com o paciente tanto de nós mesmos quanto sejamos capazes, atentando-se e detendo os excessos para o quanto disso poderá constituir de obstáculo para ajudar ao paciente. Outro aspecto que o autor menciona é sentir dentro de nós mesmos que desejamos ajudar o paciente tanto quanto possível, e que nada naquele momento é mais importante. No entanto, trata-se de ideais que nem sempre realizamos por completo, mas quando o paciente percebe que estamos fazendo o melhor que nos é possível nesse sentido, isso vai ter significado para o paciente. Certamente, ele levará o clima emocional da entrevista e o sentimento de que poderá confiar em nós. O autoconhecimento é uma tarefa ética do psicólogo, seja ou não um lugar-comum, mas quanto mais conheço de mim mesmo, melhor posso entender, avaliar e controlar o meu comportamento e melhor compreendo e observo o comportamento do outro. Benjamin (1998) diz que quanto mais familiarizados com nós mesmos, menor a ameaça que sentimos diante do que encontramos. Além disso, por estarmos bem com nosso "eu", menor será a tendência deste a interferir em nossa compreensão do "eu" do outro.

Outra questão interessante que Teresa "denunciou" foi sobre a temática da prevenção ao suicídio. É utópico afirmar que realizamos prevenção de suicídio propriamente dito. Ajudamos a prevenir o suicídio quando conhecemos os fatores de risco para tal ação. No entanto, ressaltamos que houve uma prevenção do suicídio quando a equipe de enfermeiros segurou literalmente Teresa de se atirar do sexto andar. Infelizmente, essa conduta é pouco requerida, haja vista que nem sempre haverá pessoas próximas para impedir uma ação como esta, que poderá ser irreversível.

Teresa relatou também sobre o contexto social ao qual estava inserida. "O quintal da minha casa tem muito entulho, mas é porque a gente trabalha reciclando as embalagens e acumula lixo mesmo. Às vezes, tem umas criançadas que passam em frente de casa e jogam pedras e chamam a gente de lixeiro. Ninguém gosta da gente lá no bairro. Mas é nosso trabalho" (sic).

Perguntei a Teresa se ela não se lembrava de alguém que ela gostasse e confiasse para que pudesse ser mais uma pessoa a ajudá-la. Ela pensou um pouco e se lembrou da Ana. Explicou que a Ana (nome fictício) era a agente social do bairro dela, de quem, por sinal, ela gostava muito. Teresa relatou que Ana realiza visitas periódicas em sua casa, leva cesta básica, faz grupo de oração e às vezes leva bolo. "Ana parece ser alguém bem presente em sua casa e que te ajuda", disse à Teresa, que concordou. Então, propus e pedi autorização à Teresa para que eu pudesse telefonar para Ana apresentando-me e comentando que ela estava passando por momentos difíceis e de adoecimento com o marido. Teresa concordou no mesmo momento e disse: "Pode ligar, sim, ela nem está sabendo que o Antônio está internado". Teresa imediatamente começou a mexer em sua sacola a procura do telefone da Ana. Ao encontrar, me entregou e disse: "Que bom que eu me lembrei dela". Eu respondi: "Que bom mesmo, nós vamos reunir algumas pessoas para te ajudar, para que você não se sinta sozinha para enfrentar essa situação com o seu marido". Teresa, pela primeira vez, sorriu. Terminamos o atendimento e combinamos que no dia seguinte eu a atenderia novamente. Ela concordou. Disse que iria "falar tchau" para o Antônio e iria embora para casa, mas que voltaria sim no dia seguinte, inclusive para o atendimento psicológico. Despedimos-nos. Teresa agradeceu e disse até amanhã.

Comentários: Ao terminar o atendimento com Teresa, tinha a intenção de atender o Antônio, mas Teresa disse que iria se despedir dele na enfermaria e achei prudente esperar um pouco para atender o Antônio sozinho. Enquanto isso, eu chamei a assistente social em minha sala para discutirmos o caso. Ao final de nossa conversa, a assistente social ficou responsável pela inserção da filha de 9 anos na escola e pelos benefícios que todo paciente com câncer tem direito. Em seguida, telefonei para a Ana (a agente social do bairro). Apresentei-me a ela e comentei sobre a situação da Teresa, que havia recebido uma notícia grave a respeito do estado de saúde do marido (não achei necessário comentar sobre a tentativa de suicídio). Enfatizei sobre o estado emocional de Teresa e o quanto ela estava precisando de pessoas em seu entorno para que não se sentisse tão sozinha. Disse que precisaríamos formar uma rede de apoio junto a Teresa. Aqui no hospital haveria a equipe, principalmente a psicologia e o serviço social, e fora do hospital precisaríamos dela reforçando o apoio. Ana foi bastante receptiva. Disse que, além dela, também haveria um médico psiquiatra que atende no posto e que também teria a disponibilidade de realizar visitas domiciliares a Teresa e sua família. Forneci os telefones do ambulatório para a Ana e combinamos de nos falarmos uma vez na semana e quando fosse necessário.

Atendimento ao Antônio

Após contato com a Ana, fui à enfermaria para realizar o atendimento psicológico ao Antônio. Apresentei-me a ele. Antônio parecia receptivo ao dizer: "Preciso falar mesmo" (sic).

Iniciou comentando que à tarde recebeu uma notícia que deixou a sua mulher muito "nervosa", mas que ela – "que acabou de sair daqui" – estava mais calma porque falou com uma psicóloga. Em seguida ele me perguntou se fui eu quem a atendeu. Respondi que sim.

Antônio continuou dizendo que ele não ficou muito nervoso com o que o médico falou sobre sua saúde, sabe que a morte está próxima. Enfatizou preocupação com relação à sua filha de 9 anos. A preocupação era de conseguir obter o benefício previdenciário para que, quando morresse, a filha pudesse ficar assegurada. Afirmou ser esse o seu único desejo, e perguntou se eu poderia ajudá-lo. Respondi que poderia ajudá-lo trazendo uma assistente social para conversar com ele, pois seria ela a profissional mais indicada. Antônio perguntou quando que ela poderia conversar com ele. Ele parecia ter pressa. Informei que ela poderia conversar com ele naquele momento. Abriu um sorriso e disse aliviado: "Que bom".

O paciente apresentava-se lúcido, orientado, consciente e pouco comunicativo pela dificuldade respiratória. Tinha aparência debilitada e emagrecida. Estava naquele momento sem uma queixa emocional específica. O impacto da notícia sobre a sua saúde pareceu reverberar para a praticidade do assunto, ou seja, deixar sua filha assegurada. Claro que a queixa latente envolveria trabalhar aspectos emocionais que diziam respeito à sua relação com a filha, mas deixei essa questão para o próximo encontro (acreditando que haveria). A questão do tempo na clínica oncológica é muito importante, às vezes, o mais tarde não existirá mais. A morte não marca hora nem dá prazo de vida. Médico, sim, dá prazo de vida (no caso de Antônio, três meses). Optei por atendê-lo na queixa manifesta. Supus que traria um alívio "mais imediato" a ele se chamasse a assistente social para provocar uma expressão emocional sobre a relação com a filha (isso não seria necessário nesse momento). Pensei na hora que isso poderia ser secundário, mas não menos importante.

Despedi-me dele e disse que voltaria com a assistente social. Antônio agradeceu com um sorriso que parecia fazer força para mantê-lo.

Conversei com a assistente social que o atendeu prontamente, pois já estava sabendo do caso (era a mesma profissional que eu havia conversado após o atendimento com Teresa). Ao retornar do atendimento com Antônio, a assistente social informou-me que entraria com o pedido do benefício que ele havia solicitado, mas que demoraria certo tempo para que ele pudesse receber a notícia da liberação (ou não) do benefício. Vamos aguardar. Assim encerrou o nosso dia.

No dia seguinte, Teresa retornou ao hospital logo cedo para ficar junto do marido. Não demorou para que ela aparecesse no ambulatório de oncologia. Solicitou atendimento com a psicologia e o serviço social. Avaliei essa iniciativa como positiva. Pensei sobre a efetivação do vínculo que dava indícios de estar se instalando, senão já instalado.

Atendimento a Teresa

Teresa parecia um pouco mais centrada, no entanto, não perdeu a expressão facial indicando tensão. As sobrancelhas franzidas quase se encostavam em seus olhos verdes opacos que contrastavam com a sua pele parda. Apresentava-se com os cabelos presos em forma de coque com muitos grampos aparecendo, no entanto, escapavam algumas mechas em cima da cabeça dando um ar descabelado. Vestia-se de forma simples. Blusa sem mangas, saia longa aproximando-se do tornozelo e nos pés, chinelos de dedo que foram brancos e naquele momento tinham algumas manchas marrons supostamente sujos de terra. As unhas dos pés e das mãos malcuidadas.

Teresa, ao entrar na sala da psicologia, cumprimentou-me com um bom dia. Iniciou comentando que já tinha ido ver Antônio na enfermaria. Nisso começou a chorar, dizendo sentir-se muito triste ao ver o marido naquela situação. Teresa contou-me que Antônio comentou sobre a conversa com a assistente social e o quanto estava esperançoso com o recebimento do benefício. Teresa enfatizou a ligação que o marido tinha com a filha mais nova. "Ele adora essa menina, ele é muito amoroso com ela, com os meninos nem tanto, principalmente com o mais velho, que é mais distante da gente e muito agressivo". Terminou a frase chorando muito. Fez alguns segundos de silêncio. Enxugou as lágrimas no lenço de papel disponível em nossa sala. Relatou: "Hoje cedo a Ana já foi até a minha casa visitar-me, ela levou um bolo e quis saber sobre o Antônio. Foi muito boa a nossa conversa, chorei um pouco com a Ana e contei o que o médico tinha falado sobre o Antônio. Ela ficou triste também, mas disse que eu não estou sozinha, que ela vai me ajudar... Eu sei, você também está me ajudando e a assistente social também... Eu ainda estou muito triste, mas agora com vocês juntos, não estou sentindo tanto medo" (sic).

Atendimento aos filhos

Após atendimento com a Teresa, propus que ela trouxesse os filhos para que eu pudesse conhecê-los. Ela concordou imediatamente e disse que talvez o mais velho fosse mais difícil de trazer, mas que os outros dois viriam sem problemas.

Geralmente não realizamos atendimentos com crianças e adolescentes – filhos de nossos pacientes –, e sim encaminhamos para serviços especializados de crianças e adolescentes.

Nesse caso, considerei prudente chamar os filhos de Antônio para conhecê--los e, caso fosse necessário, realizar encaminhamentos.

Compareceram no outro dia apenas o filho do meio e a caçula, assim como Teresa havia previsto.

Recebi os dois na sala da psicologia. A menina de 9 anos apresentava-se de forma muito simpática, sorridente e parecendo receptiva ao contato. O filho do meio tinha uma expressão séria, mas também receptiva.

Apresentei-me a eles e em seguida perguntei se eles sabiam o motivo pelo qual o pai estava internado. O filho respondeu que sabiam que o pai estava com câncer e estava muito mal. Perguntei como ele se sentia com essa situação. Acrescentei que era por isso que ele estava fazendo o serviço do pai. Comentou que recolhem recicláveis e que tinham um carro "bem velhinho" (sic), e que o enchiam com os lixos e depois iam para casa separar os materiais para vender.

"A minha mãe geralmente vai junto, mas agora ela precisa ficar aqui (no hospital) com o meu pai. O meu outro irmão não quer saber de nada, você viu, ele nem quis vir hoje para conversar com você. Essa aqui (aponta para a irmã) nem vai para a escola, agora sou eu quem cuida dela enquanto a minha mãe está aqui no hospital. Se eu deixar ela (irmã) sozinha com o meu irmão, ele bate muito nela" (sic). Perguntei por que aquilo acontecia. Ele responde que o irmão "é muito estranho, não ajuda e só dá trabalho. É que ele usa droga" (sic).

Comentários: O filho do meio parecia ter a função de assumir as responsabilidades de cuidar da irmã e dar andamento ao trabalho da família na ausência dos pais. E parecia exercer essa função com muita seriedade. Não se aprofundou em seus sentimentos com relação à situação do pai. Apenas descreveu o que tinha feito para ajudar.

Enquanto o irmão descrevia a situação, a irmã ficava observando todo o espaço da sala com o olhar bastante atento junto de um sorriso meigo estampado no rosto. Afirmou apenas que queria que o pai ficasse bom logo.

Atendimento a Teresa

Vários foram os atendimentos realizados com Teresa. E em todos a temática versava sobre o estado de saúde de Antônio, sobre os filhos, as atividades que Ana levava até a casa de Teresa (grupo de orações, lanches da tarde, visitas médicas periódicas). Teresa relatava que essa atividade trazia a ela a sensação de ter uma família e isso obviamente a fazia muito bem. Introduzia nela o sentimento de pertença a um grupo, o que desencadeava um amparo emocional de grande valia. Nesse ínterim, Antônio recebeu alta hospitalar e continuou com consultas médicas ambulatoriais. Seu estado de saúde continuava grave, mas estava estável. Teresa era quem o trazia às consultas com o carro da família. Depois que Antônio recebeu alta, Teresa vinha aos atendimentos psicológicos apenas quando Antônio tinha consultas ou precisava pegar remédios na farmácia de alto custo (foi uma escolha dela). Nesse intervalo, eu telefonava a Teresa e também a Ana para não perdê-los de vista, pois o mais importante era manter o vínculo. Teresa, nessas consultas e contatos telefônicos, nunca mais abordou o "seu plano" de morte.

Atendimento a Antônio

Esse atendimento deveria ter sido realizado após a consulta médica ambulatorial de Antônio, que não quis ser atendido pela psicologia, pois sentia falta de ar para conversar e disse preferir ficar quieto. Esse pedido obviamente foi respeitado. Teresa disse que acompanharia Antônio na internação e que viria para o atendimento no dia seguinte. Concordei.

No dia seguinte, fui até a enfermaria e encontrei Antônio dormindo e Teresa ausente. Fui avisada pela equipe de enfermagem que Teresa havia ido tomar um lanche. Antônio ficou internado durante três dias e então recebeu alta.

Atendimento a Teresa

Teresa retornou ao ambulatório e comentou que o médico prescreveu uma receita de remédio para Antônio, mas ela estava desconfiada que houvesse algum erro e me mostrou a receita. Teresa (relembrando ao leitor, era analfabeta) mostrou um número que era a quantidade de miligramas do remédio e disse: "Eu acho que está errado, a outra receita não tinha esse risquinho". Apontou para o número. Chamei a assistente social, que levou a receita de Teresa para conferir com o médico. Tempo depois, retornou e afirmou que realmente a receita estava errada. Teresa tinha razão! Esse foi o tema do atendimento psicológico. E pode-se dizer o início da intervenção psicológica efetiva, ou seja, a transformação de conteúdos emocionais negativos para positivos.

Enfatizei junto a Teresa sobre a sua percepção quanto a um detalhe que poderia passar despercebido, haja vista que era analfabeta. Ao contrário, indaguei com ela se tinha consciência do quanto tinha realizado ações para promover cuidados a Antônio. Começou pelo fato de trazê-lo ao hospital dirigindo um automóvel e sozinha. Além disso, conseguiu se locomover por todo o hospital, se orientando pelas cores dos corredores, não perdeu nenhuma consulta e ainda estava atenta ao receituário. Fui descrevendo a Teresa todas as ações que praticava junto a Antônio, sozinha e analfabeta, mas que isso não era impeditivo para conseguir realmente ajudá-lo. Com isso, quis mostrar a ela o quanto é ativa, inteligente, capaz de resolver problemas sem a ajuda de Antônio. Estava na verdade contando a ela sobre ela mesma. Ou seja, promovendo um autoconhecimento de suas potencialidades, condição esta "enfraquecida" pela dependência que se criou do marido baseada em sua história de vida e acentuada pela condição de "excluída" no bairro pelo fato de trabalhar com lixo. O conjunto disso fazia Teresa acreditar que não era capaz de nada e que dependia das pessoas. Enquanto conversava com Teresa, esta nem piscava os olhos, foi abrindo um tímido sorriso e disse: "Você acha tudo isso de mim?".

Respondi a ela: "Teresa, eu não acho isso de você, eu apenas estou contando a você as coisas que eu vejo você fazendo... E eu vejo também, pelo que você me contou sobre a sua história de vida e as situações que você passa no bairro, que elas não te deixam se sentir valorizada, capaz... É como se você se deixasse de lado, sem se dar muita importância, acredita que não é capaz de fazer nada sozinha... E essa situação que você está vivendo com o Antônio está revelando suas características que são bem legais, que pelo o que estou percebendo, você nem sabia que era assim".

Teresa manteve o sorriso tímido e apresentou-se pensativa, parecendo estar processando o sentido de minha fala. E então acrescentou, parecendo ter tido um *insight*: "Nossa! Eu faço tudo isso?!". Confirmei com um "sim" enfático. Com isso, Teresa disse que iria pensar. Despedimos-nos e combinamos o atendimento para o dia seguinte.

No dia seguinte, Teresa veio para o atendimento psicológico no final da tarde. Chegou com o cabelo mais bem penteado e de batom (bem clarinho). Entrou na sala da psicologia, sentou-se, cruzou as pernas e começou a balançar o pé calçado em um chinelo de borracha. Observei que ela estava com o calçado mais limpo e também de esmaltes nas unhas dos pés. Claramente que esse gesto deu continuidade ao nosso atendimento do dia anterior. Ou seja, Teresa quis mostrar que havia alguma mudança interna ocorrendo. Se considerarmos o fato isolado, das unhas dos pés com esmaltes, esse fato se tornaria insignificante. No entanto, ao contextualizar essa situação e articular com o processo do acompanhamento psicológico, então teríamos um sinal do desenvolvimento emocional de Teresa. Minimamente, um autocuidado estava florescendo em Teresa.

Olhei para os pés de Teresa e olhei para os seus olhos e reconheci o que esse ato estava significando para nós duas. Abro parênteses aqui para comentar que, ao propor comentar um caso clínico, ele nunca será o retrato fiel do que aconteceu, pois é muito difícil trazer o clima emocional do momento. Apreender o sentimento do momento e transcrevê-lo é uma tarefa bastante difícil.

Comentários: Teresa revelou-se "doente" em sua autoestima. O que significa afirmar que a avaliação subjetiva que faz de si mesma era intrinsecamente negativa em algum grau. Ao mesmo tempo em que podemos entender que a vida psíquica não é estática, salvos transtornos de personalidade. Teresa parecia se entregar àquela ajuda psicológica. Com base nisso, pudemos traçar uma relação entre os termos autoestima, autoconfiança, autoaceitação e autoimagem, e fizemos uma compreensão psicológica significativa de Teresa. Baumeister e cols. (2003) definem o "si mesmo" como conhecimento que o indivíduo tem de si próprio. Em uma análise um pouco mais aprofundada, autoconfiança refere-se quase sempre à competência pessoal e a uma convicção que uma pessoa tem de ser capaz de fazer ou realizar alguma coisa. Enquanto autoestima inclui conceitos sobre as próprias qualidades, autoaceitação indica uma aceitação profunda de si mesmo, inclusive das próprias fraquezas. Todos esses termos tendem a estar intimamente ligados e se influenciam mutuamente.

O acompanhamento psicológico a Teresa foi focado naqueles conceitos com o objetivo de oferecer sustentação mais segura adiante de sua frágil identidade e, em última instância, evitar que executasse o plano suicida.

Trabalhamos em direção ao fortalecimento egoico de Teresa, isso significa afirmar que ela pudesse estabelecer uma relação consigo mesma como pessoa; fortalecer as convicções de saber e conseguir fazer alguma coisa e fazê-lo bem, e ainda de suportar as dificuldades e poder prescindir de algo; sentir capaz de lidar com situações difíceis e ter reações flexíveis; estar ligada a uma rede social de apoio, poder contar com pessoas, sentir-se importante para outras pessoas. Para tanto, Teresa precisou tomar consciência das próprias emoções, sentimentos, sensações, necessidades corporais e psíquicas.

Compreendo que esses atendimentos psicológicos trouxeram à consciência de Teresa conteúdos emocionais antes nunca trabalhados. E o pintar das unhas dos pés, e se ver e ser a principal cuidadora do marido (e tudo que isso significa), arriscaria afirmar que fez toda a diferença para o mês seguinte de enfrentamento da situação de adoecimento de Antônio.

Após esse atendimento que considerei bastante significativo com Teresa, seu marido, Antônio, teve mais duas internações e alguns retornos ambulatoriais nos intervalos das hospitalizações. Com isso, o tempo passou, inclusive os três meses previstos também passaram, e estamos agora no sexto mês desde a comunicação do prognóstico reservado a Antônio. Nesse intervalo, foram realizados os atendimentos psicológicos com Teresa e Antônio, além de contatos frequentes com a agente de saúde e encaminhamentos sociais aos filhos.

10.2.3 Desfechos

Sobre os filhos

Devo registrar que o trabalho mais efetivo foi realizado pela assistente social do ambulatório de oncologia. Foi possível conseguir uma vaga em uma escola mais próxima para a filha do casal, garantindo que ela ficasse em segurança, sendo acolhida em um centro comunitário no período contrário à escola. Ao filho do meio (de 16 anos), foi oferecida uma bolsa para ingressar em um curso de informática. Ao filho de 18 anos, foi ofertada também uma bolsa para o curso de informática, que aceitou com muito entusiasmo. Ainda para o filho de 18 anos, realizei encaminhamento para o Ambulatório de Substâncias Psicoativas do Ambulatório de Psiquiatria do Hospital de Clínicas – Unicamp (ASPA), mas, infelizmente, não aderiu.

Sobre Antônio

O paciente recebeu o benefício social que tanto almejava, fato atribuido à eficiência do serviço social.

Participei do momento da comunicação entre assistente social e o paciente sobre a aquisição do benefício. Antônio ouviu a assistência social e respondeu com uma profunda respiração (dentro da possibilidade dele), parecendo sentir--se imensamente aliviado e em seguida abriu um sorriso escanteado e tímido. E fechou os olhos. Permaneceu internado por mais dois dias.

10.2.4 Acompanhamento familiar na última internação

Nesses dois dias de internação, o médico chamou toda a família para que pudessem se "despedir" do paciente, e eles permaneceram no hospital durante todo esse tempo. Minha rotina foi passar a visitá-los duas vezes por dia, em média.

No primeiro contato a partir do chamado do médico, Teresa e os filhos pareciam assustados e sem saber o que fazer. Teresa pediu para falar comigo em separado dos filhos. Concordei. E então, pela primeira vez após seis meses de seu episódio de desespero, tocou novamente no assunto, e disse: "Sabe aquela dia que falei para você o que faria se Antônio morresse?" Respondi que lembrava. Continuou: "Então, eu não penso mais naquilo, não, eu vou sofrer muito sem ele, mas eu vou continuar a trabalhar, eu vou conseguir! E minha filha depende muito de mim e também sei que tem gente que se importa comigo". Teresa apresentou-se de forma muito triste, mas não desesperada.

Nas intervenções em crise, o foco foi voltar a atenção para as variáveis que aguçavam o desespero de Teresa. Ao localizar e trabalhar o conteúdo emocional que evocava tal estado emocional de desespero desencadeado pela possibilidade de morte do marido, identificou-se em Teresa baixa autoestima, baixa autoconfiança, pouco conhecimento de si mesma e uma identidade fragilizada e infantilizada que a colocava em absoluta dependência emocional de seu marido. E estando o marido em estado de vulneralidade pelo prognóstico reservado de sua doença, Teresa, que estabelecia uma relação simbiótica com o marido, também se colocava em risco de vida.

O acompanhamento psicossocial oferecido a Teresa pode ter contribuído para transformar o desespero em autoconhecimento e possibilidade de rede de apoio consistente. Essa consideração se faz pela "conclusão" que Teresa fez ao chamar-me para conversar. O clima emocional dessa internação de Antônio era de despedida, então, parecia pertinente que Teresa retomasse esse assunto, no entanto, apresentou um desfecho diferente de seu plano inicial.

Assim sendo, apresentou-se entristecida pela situação, mas conseguiu pensar a vida sem a presença do marido, conseguiu planejar um futuro (cuidar da filha – Teresa deixou de precisar receber cuidados para oferecer cuidados) e, assim, existir!

Após esse atendimento com Teresa, nos juntamos aos filhos que estavam em uma antessala ao leito de Antônio. Em um gesto muito sereno, a filha de Teresa olhaou para mim e perguntou: "Será que o meu pai irá passar o Natal lá em casa com a gente? Todo ano ele compra um presente para mim e leva um frango pra gente comer!". Estávamos nesse momento a uma semana do Natal.

Respondi à pequena filha de 9 anos que eu não sabia se isso poderia acontecer, mas que ela poderia aproveitar para ficar com o pai agora, pois ele estava ali, bem pertinho dela!

Em um gesto delicado, a menina se levantou do sofá onde estava sentada, pegou em minha mão e levou-me até o leito de Antônio. Soltou de minha mão e então eu parei, e ela foi até o armário em que os pacientes guardam seus pertences. Em seguida, retirou uma escova de cabelo e seguiu em direção ao pai. Ao se aproximar dele, que estava muito debilitado e com os olhos fechados, começou a escovar os cabelos dele com muita suavidade e, então, Antônio abriu os olhos, e os dois ficaram se olhando enquanto a filha, em um gesto de muito carinho, penteava os cabelos do pai. Em alguns momentos, ela olhava para mim e sorria e eu também respondia a ela com um sorriso.

Algum tempo passou e a última vez que ela passou a escova no cabelo do pai sorriu para ele e este também tentou retribuir o sinal. Então, a menina seguiu até o banheiro, olhou-se no espelho, cheirou várias vezes a escova, com inspirações profundas, e então começou a pentear o seu próprio cabelo, e ora olhava para mim pelo espelho, ora fixava-se a si mesma. Fez isso várias vezes. Ao terminar essa sequência de gestos, pegou novamente em minha mão e me disse: "Agora ficarei com o cheirinho do meu pai para sempre". Eu sorri e concordei com ela.

Essa foi uma das cenas mais emocionantes que vivenciei. O grau de compreensão que essa criança demonstrou foi surpreendente, pois a comunicação verbal foi pouco utilizada, no entanto, foi indescritível sua atitude. Seus gestos mostravam que ela estava entendendo que o pai poderia morrer, que de repente não seria possível passar o Natal com ele. No entanto, conseguiu abstrair e deixar nela lembranças dele. Parece que o cheiro era a característica mais marcante.

Muitas interpretações poderiam ser feitas a partir desse gesto, no entanto, não quis aprofundar em nenhuma delas, para que não corresse o risco de retirar toda a beleza dessa cena reduzindo-a em interpretações.

Os dias de internação se passaram e Antônio recebeu alta hospitalar. A família o levou embora para sua casa. No entanto, essa foi mesmo a última internação. Antônio faleceu em sua residência um dia depois do Natal, contudo, teve presente e frango assado.

Teresa informou-me por telefone sobre o falecimento de Antônio um dia depois do sepultamento. Relatou que estava muito triste e que sentiria muito a falta de Antônio, mas que tinha que continuar. Reassegurou que não estava pensando em "bobagens" (referindo-se ao plano de tirar sua própria vida). Chorou ao telefone, agradeceu pelo apoio que oferecemos a ela (incluiu também a assistente social). Comentou como foi boa a noite de Natal e como a filhinha ficou feliz. E que Antônio "até conseguiu comer um pouquinho". No Núcleo de Psicologia do Ambulatório de Oncologia Clínica, oferecemos atendimentos psicológicos denominados pós-óbito aos familiares de nossos pacientes (Gaspar, 2010).

Teresa não aceitou, afirmou que seria difícil voltar ao hospital depois de tudo que viveu. Então, sugeri que eu poderia telefonar para ela uma vez na semana. Aceitou imediatamente, combinamos dia e horário e assim foi durante oito semanas. Após esse tempo, aumentamos o intervalo das ligações para quinze dias, depois uma vez por mês e, então, finalizamos os telefonemas de suporte emocional. De qualquer forma, o Núcleo de Psicologia ficou à disposição de Teresa para futuros atendimentos.

Nesses cinco meses de acompanhamento por telefone, também era feito contato com a agente de saúde do posto de saúde para assegurar-me que a rede de apoio continuava a funcionar para Teresa. O médico psiquiatra também se envolveu com o caso e estava oferecendo suporte a Teresa.

A manutenção do apoio emocional após episódios tão traumáticos vivenciados por Teresa, somado à sua história de vida e à sua frágil estrutura de personalidade, nos obrigou a garantir a ela acompanhamento psicológico e social sistemáticos.

A intervenção psicológica em hospital geral tem como objetivo identificar sofrimentos psicológicos que vão desde reações de ajustamentos até transtornos mais graves, intervir de forma breve até alta hospitalar e realizar encaminhamentos para que o paciente possa continuar o tratamento referente à saúde mental de foma mais sistemática em seu município.

10.3 Reflexões sobre o papel do psicólogo no contexto hospitalar

10.3.1 Mobilização emocional da equipe de saúde

É importante ressaltar a mobilização emocional causada na equipe de saúde quando ocorrem emergências psicológicas em hospital geral.

Ressalto a difícil tarefa de promover e articular estratégias visando ações que propiciem um melhor entrosamento entre as diversas especialidades que assim se constituem de equipe multidisciplinar e que muito precisa se desenvolver para se tornar uma equipe interdisciplinar.

Tomando como exemplo a reação de Teresa ao receber a notícia de prognóstico reservado ao seu marido, temos uma equipe apavorada, sem saber o que fazer diante da atitude de Teresa. E, ao mesmo tempo, é a conduta da equipe que precipitou a reação de desespero em Teresa pela forma como foi dada a notícia a ela.

Propostas como discussão de casos clínicos e grupos informativos com temáticas que visem melhorar a relação profissional de saúde, paciente e família poderiam minimizar situações como essa de Teresa.

No entanto, apesar de parecer uma proposta simples, não o é, pois o que vem antes da adesão dos profissionais a esse tipo de proposta é a qualidade do ser humano que há por dentro do jaleco. E nisso não é possível intervir, pois não há como ensinar sensibilidade, comprometimento e respeito ao outro, principalmente esse "outro" sendo alguém adoecido, com tudo que isso significa.

É importante observar que, a quem chamamos apenas de paciente, é chamado por outro alguém de marido, filho, pai, mãe, ou seja, há um vínculo afetivo e tudo que isso significa na vida de alguém.

Contudo, ainda assim, perseveramos na intenção e na ação de melhorarmos essa interação profissional.

10.3.2 Grupo informativo

Se a morte é um tabu, falar em comportamento suicida dentro de um hospital é estar no sentido contrário aos princípios da missão hospitalar que é salvar vidas.

Contudo, após o acolhimento psicológico inicial a Teresa, convidei a equipe para participar de um grupo informativo sobre comportamento suicida. Parte da equipe aceitou participar.

Nesse grupo, informações como o que é comportamento suicida, dados epidemiológicos, fatores de risco, fatores protetores, principais comorbidades psiquiátricas associadas ao comportamento suicida e, o mais importante, a comunicação de um sofrimento intenso foram abordados.

O principal objetivo foi retirar concepções errôneas que se formam nas pessoas a partir de informações de senso comum. A reprodução de preconceitos induz a atitude de negligência, e isso é muito grave em qualquer contexto, e no campo da saúde isso pode significar a morte. Entender que o comportamento suicida está vinculado à saúde mental e não é um desvio de caráter é fundamental.

10.4 Considerações complementares

Sensibilidade, compromisso, seriedade e conhecimento técnico-teórico constituem condições indispensáveis para a efetividade de um trabalho psicológico de qualidade no contexto hospitalar seja em qualquer especialidade médica.

Compreendo que o objeto da intervenção da psicologia seja o sofrimento humano, seja ele advindo de qualquer situação vivida. Trouxemos aqui um recorte da especialidade médica oncologia, pois desenvolvemos um trabalho com pacientes e familiares com essa patologia.

O foco da intervenção da psicologia hospitalar deve ser nas comorbidades psiquiátricas, nas reações psicológicas e na articulação com a equipe interdisciplinar.

É notória a necessidade de o profissional de saúde ter noções sobre comportamento suicida e intervenção em crise. Podemos ajudar muitas pessoas sabendo manejar e entender esse fato como comunicação de sofrimento intenso e um gesto que denuncia uma história de vida de desamparo, desesperança e desespero.

E o hospital deve ser o local que identifica e intervém em questões psicológicas e/ou psiquiátricas, e que realiza encaminhamentos referenciados aos pacientes para continuar o tratamento psicológico e/ou psiquiátrico de forma mais sistemática.

Agradecimentos

Ao Prof. Dr. Neury José Botega pelos ensinamentos consistentes sobre comportamento suicida e intervenção em crise.

À Profa. Dra. Carmen Silvia Passos Lima pela abertura à Psicologia no Ambulatório de Oncologia do Hospital de Clínicas-Unicamp.

10.5 Referências bibliográficas

André, M. (2003). *Etnografia da prática escolar* (9ª ed.). Campinas: Papirus.

Angerami, V. A. (1997). *Suicídio: fragmentos de psicoterapia existencial.* São Paulo: Editora Pioneira.

Angerami, V. A. (Org). (2002). *Urgências Psicológicas no Hospital.* São Paulo: Tomson Pioneira.

Baumeister, R. F., Campbell, J. D., Krueger, J. I., & Vohs, K. D. (2003). Does High Self-Esteem Cause Better Performance, Interpersonal Success, Happiness, or Healthier Lifestyles? *Psychological Science in the Public Interest, 4*(1).Benjamin, A. (1998). *A entrevista de ajuda.* São Paulo: Martins Fontes.Botega, N. J.(2012). *Prática psiquiátrica ho hospital geral: interconsulta e emergência* (3ª ed.). Porto Alegre: Artmed.Boulanger-Balleyguier, G. (1971). *La investigacion em ciências humanas.* Buenos Aires: Amorrortu.Bruyne, P., Herman, J., & Schoutheete, M. (1991). Dinâmica da pesquisa em ciências sociais. Rio de Janeiro: Francisco Alves. Gaspar, K. C. (2010). Psicologia hospitalar e oncologia. In Angerami V. A, *Psicologia da saúde: ressignificado da prática clínica.* São Paulo: Ed. Cengage.

Gaspar, K. C, Laterza, I. D. O. (2011). O entrelace da adolescência à (con) vivência do câncer: sonorizações da dor. In Angerami V. A. *Psicossomática e Psicologia da Dor*. São Paulo: Ed. Cengage.

Gaspar, K. C, Jr., A. S., Azevedo, R. C. S, Mauro, M. L. F, & Botega, N. J. (2011, setembro). Depression in general hospital inpatients: challenges for consultation-liaison psychiatry. Revista Brasileira de Psiquiatria, 33 (3).

Gaspar, K. C. (2011). Depressão em pacientes internados em hospital geral: evolução após seis meses da alta hospitalar. Dissertação de Mestrado. Faculdade de Ciências Médicas (FCM) Universidade Estadual de Campinas – Unicamp.

Gaspar, K. C. (2012). Depressão, ideação suicida e etilismo na oncologia. In Angerami V. A, *Psicossomática e suas interfaces: o processo silencioso do adoecimento*. São Paulo: Cengage Learning. Outerial, J. O. (1998). A criança normal e o brinquedo: um estudo de psicologia evolutiva. In Outerial, J. O. *Clínica psicanalítica de crianças e adolescentes: desenvolvimento, psicopatologia e tratamento*. Rio de Janeiro: Revinter.Safra, G. (1995). *Momentos mutativos em psicanálise: uma visão winnicottiana*. São Paulo: Casa do Psicólogo. Sedikides, C., & Gregg, A. P. Portraits of the self. In. Hogg MA., & Cooper J. *Sage handbook of social psychology* (pp.110-138). Londres: Sage Publications.

Winnicott, D. W. (1963a/1983). Comunicação e falta de comunicação levando ao estudo de certos opostos. In *Da pediatria à psicanálise: obras escolhidas* (p. 163-173). Rio de Janeiro: Imago. Zimmernan, D. (1999). Fundamentos psicanalíticos: teoria, técnica e clínica. Porto Alegre: Artmed. Zimmernan, D. (2004). Bion: da teoria à prática. Porto Alegre: Artmed.

Capítulo 11

Ansiedade em pacientes oncológicos em início de tratamento radioterápico

NATÁLIA MICHELATO SILVA
KARLA CRISTINA GASPAR

Aos nossos pais, pelo amor e dedicação.

"O que vale na vida não é o ponto
de partida e sim a caminhada.
Caminhando e semeando,
no fim terás o que colher".
Cora Coralina

11.1 Apresentação

A radioterapia é uma das modalidades terapêuticas para o tratamento de neoplasias e está associada a quadros de ansiedade. Estima-se que 50% dos pacientes com câncer precisam de radioterapia em algum momento de sua doença (Waldroni & O'Sullivan, 2006). A presença de sintomas de ansiedade nos pacientes pode significar uma reação psicológica à própria doença, ao início do tratamento, ao ambiente hospitalar ou mesmo a um transtorno de ansiedade (Botega, 2006).

Intervenções como orientação psicológica e relaxamento podem ser eficientes e colaborativas para minimizar a ansiedade do paciente.

Contudo, o objetivo deste capítulo é relatar a experiência com pacientes oncológicos que iniciaram tratamento radioterápico no ambulatório de radioterapia do Hospital das Clínicas da Universidade Estadual de Campinas – HC - Unicamp.

11.2 Considerações breves sobre a radioterapia

A radioterapia é considerada uma terapêutica local e atinge mais especificamente a área delimitada. Porém, os tecidos vizinhos da área irradiada podem ser comprometidos, ocasionando alguns efeitos colaterais, como: dor, fadiga, alterações cutâneas, mudanças na mobilidade e sensação do lado afetado, além de causar perda da autoestima, choque emocional, ansiedade, angústia, medo, sentimentos de isolamento e mudanças na rotina (Porock et al., 1998).

Também podem ocorrer os efeitos tardios, os quais são raros e ocorrem quando as doses de tolerância dos tecidos normais são ultrapassadas, estes se manifestam por atrofias e fibroses. As alterações de caráter genético e o desenvolvimento de outros tumores malignos são raramente observados (Brasil, 1993).

A região da cabeça e pescoço são regiões complexas, compostas por uma série de estruturas não similares que respondem de forma diferente à radiação, tais como: revestimento mucoso, pele, tecidos subcutâneos, tecido glandular salivar, dentes, ossos e cartilagem. Efeitos agudos causados pela radioterapia podem originar mucosites, diminuição do paladar, xerostomia e descarnação da pele, e também efeitos tardios, como: ulceração da mucosa, lesões vasculares, atrofia dos tecidos, perda ou mudança do paladar, fibrose, edema, necrose dos tecidos moles, perda de dentes, diminuição do fluxo de saliva, osteonecrose e condrionerose (Cooper et al., 1995).

A mucosite pode ser definida como uma condição inflamatória da mucosa, que se manifesta através de eritema, ulceração, hemorragia, edema e dor. É uma complicação comum e dose-limitante do tratamento oncológico e quando se torna grave pode tornar necessária a alteração ou até mesmo a interrupção do tratamento, com sérias consequências na resposta tumoral e sobrevida do paciente, aumentando o risco de infecções local e sistêmica. As lesões aparecem com mais frequência na mucosa não queratinizada. Os sinais e os sintomas variam desde um leve desconforto até lesões ulcerativas graves, comprometendo a nutrição e a ingestão hídrica do paciente (Kelner & Castro, 2007).

A xerostomia se inicia logo nos primeiros dias de radioterapia. A saliva se torna inicialmente mais espessa e com taxa de eliminação diminuída. As alterações do fluxo, volume e viscosidade salivar podem persistir por anos e a recuperação da produção normal dependerá das características de cada paciente e do percentual de glândula salivar irradiada, podendo estar relacionadas a danos vasculares dessas glândulas. Esta pode ser irreversível, com tendência de recuperação de até 50% da quantia inicial de saliva, caso o volume da parótida irradiado e a dose final de irradiação fique em valores mais baixos possíveis (Cheng et al., 1981 citado por Lopes et al., 2006).

Há três métodos principais de aplicação de radioterapia: teleterapia, braquiterapia e a isoterapia (Waldroni & O'Sullivan 2006).

A teleterapia é uma modalidade de radioterapia em que a fonte de radiação é externa ao paciente, posicionada a, no mínimo, 20 cm de sua superfície. Foi introduzida na prática médica no início do século e expandiu na década de 1930, devido ao desenvolvimento dos aparelhos de radioterapia convencional com energias superiores a 130 KV (kilovolts), permitindo o tratamento de tumores profundos. Nas décadas de 1930 e 1940, surgiram as bombas de cobalto e os aceleradores lineares, com energias de MeVs (mega-eletron-volts) (Scharberle & Silva, 2000).

A "Bomba de Cobalto", usada no tratamento contra o câncer, é uma fonte radiativa de cobalto-60 (Co-60), encapsulada ou selada (hermeticamente fechada) e blindada, para impedir a passagem de radiação. Até bem pouco tempo, para este fim, eram utilizadas fontes de césio-137, que foram substituídas pelas de cobalto-60, já que, entre outras razões técnicas, apresentam maior rendimento terapêutico (Cardoso & cols., 2008).

Já os aceleradores lineares são equipamentos eletrônicos que podem produzir raios X de diferentes energias, dependendo do aparelho que se tem, isto é, quanto mais energia tem o feixe de raios X do acelerador linear mais complexo e caro é o equipamento. Os aceleradores lineares foram introduzidos no Brasil pela primeira vez no início da década de 1970 (Faria, 1989).

Na braquiterapia a fonte fica em contato ou dentro do paciente. Existem diversos tipos de braquiterapia, realizadas com uma grande variedade de fontes radioativas. Essas fontes são, em geral, acondicionadas em cápsulas de metal cujas dimensões variam de alguns milímetros a poucos centímetros. A introdução das fontes no paciente é feita por meio de punção de agulhas contendo o material radioativo, implantes cirúrgicos ou por cavidades do corpo (Scharberle & Silva, 2000).

A isoterapia consiste da administração por via intravenosa ou oral de isótonos radioativos que são seletivamente absorvidos por tecidos específicos que contenham tumores (Waldroni & O'Sullivan, 2006).

Para iniciar o tratamento radioterápico, é necessário realizar o planejamento, que consiste em marcações como pequenas "tatuagens" no local do corpo onde está o tumor e que receberá a radiação.

Esse processo de planejamento é a garantia de que uma dose homogênea da radiação seja levada de forma adequada a um volume determinado ao tumor, de modo a obter o controle do tumor com efeito mínimo sobre os tecidos normais que o cercam. Nesse processo trabalham o patologista, o radiologista, o cirurgião, o dosimetrista, o técnico e o físico médico (Waldroni & O'Sullivan, 2006).

Além das referidas marcações, existe um dispositivo de imobilização também conhecido como "moldura ou máscara", que é utilizado, especialmente, se a radioterapia é aplicada na região da cabeça ou no pescoço. A moldura ou máscara é um molde especial de plástico transparente, que cobre a parte do corpo a ser tratada e é fixada na cama de tratamento para impedir que o paciente se mova durante o procedimento. Um benefício adicional é que os pontos de entrada dos feixes de tratamento podem ser marcados na superfície plástica sem recorrer às tatuagens (Kalinke, 2003).

As sessões de radioterapia dependem do período de tempo necessário para aplicar a dose prescrita, definida pela dose total, pelo número de frações, pelo número e tamanho dos campos tratados e pela emissão de cada máquina. Geralmente, esse período não passa de um minuto ou dois para cada feixe com múltiplos campos. Sendo que, a maioria dos pacientes é tratada ambulatorialmente, e recebe tratamentos uma ou duas vezes ao dia, de segunda a sexta, por um período de uma a sete semanas (Waldroni & O'Sullivan, 2006).

Contudo, observa-se que a radioterapia é de extrema importância no tratamento do câncer, mas, apesar disso, é muito pouco conhecido pelos pacientes, o que poderá revelar sentimentos e sensações desagradáveis ao paciente, influenciando até mesmo a adesão ao tratamento.

11.3 O problema da ansiedade

A ansiedade é um estado de humor desconfortável, uma apreensão negativa em relação ao futuro, uma inquietação interna desagradável, definindo um estado de alerta, que amplia o estado de atenção diante de uma situação de perigo real ou imaginário, revelando, portanto, um mal-estar físico e psíquico (Dalgalarrondo, 2000).

A experiência da ansiedade apresenta dois componentes: a percepção das sensações fisiológicas (como palpitações e suor) e a percepção do estar agitado. Além dos efeitos motores e viscerais, a ansiedade afeta o pensamento, a percepção e o aprendizado, além disso, tende a produzir confusão e distorção da percepção, não apenas do tempo e do espaço, mas também das pessoas e dos significados dos acontecimentos.

A ansiedade é considerada patológica quando é desproporcional à situação que desencadeia, ou quando não existe um objeto específico ao qual se direcione (Andrade & Gorenstein, 2008).

Difere-se a ansiedade normal da patológica por meio de quatro critérios: quanto à autonomia, o que significa afirmar que a ansiedade ocorre sem causa aparente ou se existe um estímulo a reação é desproporcional; quando a intensidade é elevada e relacionada com um alto nível de sofrimento ou com baixa capacidade de tolerá-lo; quanto a duração da ansiedade é mantida ou recorrente; e pelo comportamento, que poderá ser disfuncional ou mal-adaptativo, como ligado a rituais, evitações, compulsões, resultando em prejuízos no funcionamento do indivíduo (Botega, 2006).

A percepção de estar fisicamente doente é um evento objetivo, mas também uma experiência pessoal e reflexiva. Algumas mudanças no comportamento são visíveis diante desse momento, como: diminuição do interesse nos outros, fixação da atenção nas percepções corporais, temor em relação ao significado e às consequências dos seus sintomas e desejo de ser apoiado e protegido (Botega, 2006).

Quando os recursos utilizados pelo paciente sofrem abalos ou entram em falência, instala-se um estado de ansiedade intensa, com vulnerabilidade física e psíquica e este é classificado como transtorno de ajustamento ou adaptação. A característica principal desse transtorno é o desenvolvimento de sintomas emocionais ou comportamentais significativos em resposta a um ou mais estressores psicossociais identificáveis. A importância clínica da reação é indicada por um acentuado sofrimento, que excede o que seria esperado, dada a natureza do estressor (Curatolo & Friedrich, 2000).

Diante disso, o paciente pode apresentar sintomas físicos expressos organicamente por sensação de mal-estar psíquico, traduzidos por perturbações somáticas como as cardiorrespiratórias, a opressão e a sensação de ter "nós no estômago e na garganta", além de um estado geral de hipercontração muscular (Caplan, 1982).

A presença da ansiedade em pacientes com câncer pode representar uma reação psicológica à própria doença, ao ambiente hospitalar, ou uma manifestação de transtorno de ansiedade propriamente dita ou um transtorno psiquiátrico preexistente.

A ansiedade se manifesta desde o diagnóstico e continua durante o tratamento e pós-tratamento, e poderá comprometer significativamente o sucesso do tratamento. Portanto, atender às questões emocionais do paciente significa melhorar substancialmente o tratamento clínico (Ballone, 2007).

Pacientes com câncer, principalmente os que já possuíam transtorno de ansiedade, ao adoecer, poderão desenvolver sintomas somáticos de ansiedade, como: dispneia, transpiração, enjoo e palpitações. Além disso, podem manifestar transtornos de ansiedade, dentre estes: transtorno de ajustamento, transtorno de pânico, transtorno fóbico-ansioso, transtorno obsessivo-compulsivo, transtorno de estresse pós-traumático, transtorno de ansiedade generalizada e transtorno de ansiedade causado por outras afecções médicas gerais (Ballone, 2007).

11.4 A ansiedade do paciente oncológico em tratamento radioterápico

O adoecimento é um fator extremamente estressante na vida de qualquer pessoa, pois acarreta mudanças em toda sua dinâmica de vida, além de ocorrer um abalo emocional.

Estudos demonstram que ansiedade e depressão estão entre os problemas psicológicos mais frequentes entre os pacientes com câncer. Pesquisas nessa área apontam que 20% a 30% das pacientes com câncer de mama têm ansiedade, depressão e baixa autoestima em algum momento após o diagnóstico. Há de se considerar que essas comorbidades podem continuar após o conhecimento do diagnóstico e até mesmo depois do término do tratamento oncológico (Venâncio, 2004).

Um estudo realizado por Jadoon et al. (2010), no ambulatório de Multan, Instituto de Medicina Nuclear e Radioterapia (MINAR) e o Instituto Médico Nishtar College Hospital (NMCH), com pacientes adultos com câncer na faixa etária entre 18 a 70 anos, mostrou que estes são mais propensos a ter sofrimento psicológico como ansiedade e depressão.

Em outro estudo, realizado com 199 mulheres – 98 submetidas à radioterapia pélvica para o tratamento de câncer de útero, retal ou anal e 101 sem histórico de câncer –, mostrou, por meio de um questionário sociodemográfico e clínico, que mulheres submetidas à irradiação pélvica relataram um maior índice de sintomas físicos negativos: 59% *versus* 25% de fadiga, 42% *versus* 20% para falta de força, 24% *versus* 12% para diarreia, 17% *versus* 7% para corrimento vaginal, 9% *versus* 2% para eritema cutâneo, sendo que os níveis de depressão e estresse foram maiores entre os pacientes em tratamento radioterápico, mas apenas alcançou significância estatística para o parâmetro de estresse (6,1% *versus* 4%) (Rodrigues et al., 2011).

Por esse motivo, o impacto causado pela enfermidade e pelo complexo tratamento pode fazer com que o paciente em tratamento radioterápico necessite de intervenção psicológica.

Apesar de não ser possível eliminar as situações de tratamento produtoras de estresse a que estão expostos pacientes com câncer e seus familiares, o psicólogo pode ajudar o paciente a elaborar o adoecimento, entender melhor o tratamento por meio do acompanhamento e orientação constante (Abrale, 2010).

11.5 Atendimento psicológico em ambulatório de radioterapia

A partir das triagens psicológicas realizadas no ambulatório de oncologia, notou-se que os pacientes apresentavam muitas dúvidas geradoras de ansiedade a respeito do tratamento radioterápico (Gaspar, 2011).

Para atender a essa demanda, foi desenvolvido um sistema de orientação feito em grupo com o objetivo de esclarecer e possibilitar ao paciente realizar o tratamento radioterápico com o mínimo de sofrimento e com o máximo de esclarecimento.

Para melhor compreensão da logística de pacientes que realizam tratamento radioterápico e psicológico, o Quadro 1 com o fluxograma a seguir ilustrará as etapas e rotinas.

Quadro 1 – Fluxograma – Atendimento psicológico em ambulatório de radioterapia

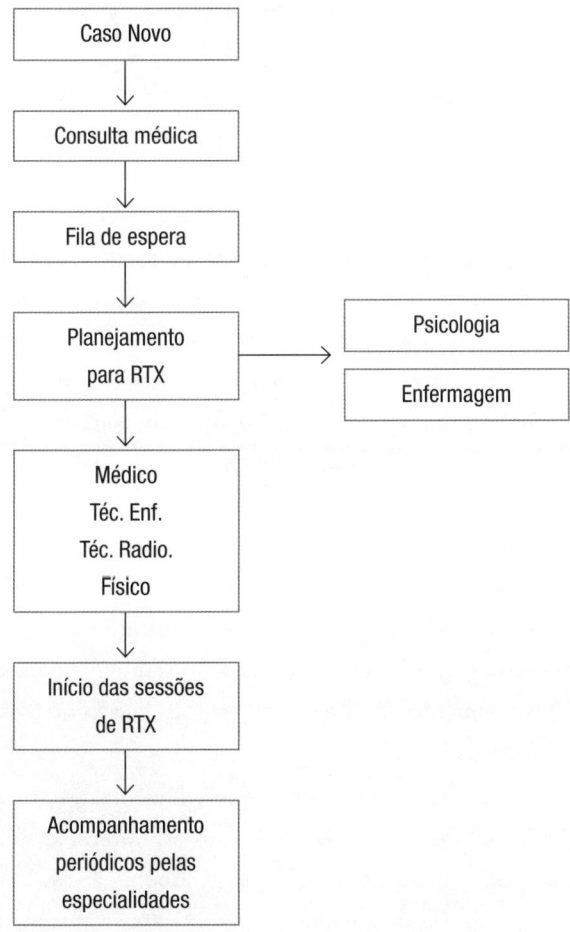

Fonte: Windlin e Gaspar (2012).

Caso novo é o nome dado ao paciente que chega pela primeira vez ao ambulatório de radioterapia com a indicação para iniciar o tratamento radioterápico. Uma consulta médica é realizada para que o médico avalie o caso e estabeleça a conduta. Confirmando a necessidade do tratamento, o paciente é inserido em uma fila de espera, com tempo variado, para iniciar o planejamento. São disponibilizados quatro horários diários para a realização do planejamento. Assim sendo, até quatro atendimentos podem ser efetivados por dia no ambulatório de radioterapia. Esse número depende de uma série de fatores, como a conclusão do tratamento de outros pacientes, disponibilidade de horários nos aparelhos de radioterapia, manutenção ou quebra da máquina, e é por isso que pode variar.

O planejamento é o primeiro passo para o início do tratamento radioterápico. Essa conduta implica na marcação da região do corpo em que está localizado o tumor e, portanto, que receberá a radiação. Durante esse procedimento, são realizados exames de raio X e tomografia para verificar a precisão da marcação da região do corpo que receberá a radiação, e para excluir possíveis riscos de atingir tecidos saudáveis. Com o resultado dos exames de imagem, são feitos os cálculos de dose de radiação a ser aplicado no paciente para configuração do aparelho de radioterapia. É comum participarem desse momento o médico, um técnico de enfermagem, um dosimetrista (técnico em radiologia especializado), um físico e o psicólogo. Nesse mesmo dia, realiza-se a orientação ao paciente sobre a radioterapia a partir das dúvidas que eles apresentam. Uma orientação específica da enfermagem ocorrerá também, geralmente informando ao paciente sobre os medicamentos necessários para prevenir e amenizar efeitos colaterais. Também é explicado ao paciente sobre o início da aplicação da radiação, seu horário e duração de sessões. Geralmente, a irradiação se inicia no mesmo dia, ou no dia seguinte ao planejamento. O número de sessões varia entre os pacientes, de acordo com cada diagnóstico.

Durante todo o tratamento radioterápico, é realizado acompanhamento periódico por cada uma das especialidades do ambulatório de radioterapia, de acordo com as necessidades do paciente. Também são realizados replanejamentos para reajustes de doses quando há variação de tamanho do tumor durante o tratamento.

Quadro 2 – Acompanhamento psicológico na radioterapia – Orientação – Intervenção psicológica

Fonte: Windlin e Gaspar (2012).

O grupo se reunia diariamente em uma das salas de atendimento do ambulatório de radioterapia e o encontro tinha duração de uma hora, sob a coordenação de uma psicóloga junto com a enfermeira do ambulatório. Esperava-se até quatro pacientes por dia para realizar o planejamento. Nesse grupo, incluiam-se também os acompanhantes dos pacientes.

As principais orientações eram feitas sobre a radioterapia, seus efeitos colaterais e os cuidados necessários durante a realização do tratamento e no pós-tratamento. Além disso, identificavam-se as demandas psicológicas desses pacientes, tais como ansiedade, medos, angústias, fantasias e crenças sobre o tratamento, para possíveis encaminhamentos.

A orientação psicológica consiste em conhecer e compreender comportamentos conflitivos, para promover transformações comportamentais.

A grupoterapia com pacientes portadores de doenças crônicas nos serviços de saúde é uma prática assistencial comum, que varia em múltiplas modalidades de acordo com a finalidade, pela técnica e pela fundamentação teórica. Um grupo operativo que mescla terapêutica e ensino-aprendizagem e cuja finalidade é promover a adesão ao tratamento é uma prática assistencial, terapêutica e pedagógica. Além disso, possibilita a ampliação da consciência sobre a doença e propicia a capacidade humana de superar dificuldades, promover transformação da atitude diante do processo saúde-doença (Silveira & Ribeiro, 2004/2005).

Percebe-se, então, que os pacientes que compartilham o mesmo diagnóstico, seu tratamento e seus efeitos colaterais partilham com o outro suas dúvidas, medos, emoções e sentimentos decorrentes do adoecimento.

Com isso, pode-se concluir que, a técnica empregada nos grupos em hospitais com pacientes possibilita que eles possam refletir sobre o adoecimento.

Observando a dinâmica do ambulatório de radioterapia, percebemos que os pacientes com câncer, quando chegam para realizar o tratamento radioterápico, têm muitas dúvidas sobre o procedimento pelo qual irão se submeter. Muitos não têm informações prévias do que seja a radioterapia e vêm ao hospital com ideias errôneas do que sejam os procedimentos. Essas dúvidas despertam fantasias no paciente.

Vale ressaltar que tudo que é novo, desconhecido, tende a ser um fator gerador de ansiedade e pode despertar sentimentos negativos, tais como medo e insegurança. Dependendo da reação emocional do paciente, isso poderá dificultar a aceitação do tratamento ou mesmo atrapalhar e impedi-lo em realizar.

11.6 Relatos dos pacientes a partir do grupo de orientação

Para informar como era realizado o planejamento com pacientes com câncer de cabeça e pescoço, demonstrava-se o dispositivo de imobilização, a "máscara" que seria colocada no rosto do paciente. Explicava-se todo o procedimento (como eram feitas as marcações, como era confeccionada e como seria colocada a máscara no paciente). Para os outros casos que não precisavam utilizar a máscara eram demonstradas as marcações com caneta normal.

Observa-se que para amenizar a ansiedade decorrente do adoecimento, é fundamental que os pacientes saibam de seu diagnóstico e tratamento para que possam tirar suas dúvidas.

Em um estudo longitudinal com mulheres com câncer de mama, notou-se que as informações, quando colocadas antes do início do tratamento radioterápico, reduz o estresse psicológico e a ansiedade (Halkett et al., 2011).

A seguir há trechos dos relatos dos pacientes sobre a questão do diagnóstico e tratamento oncológico:

"...fico preocupado com a doença, mas sabendo como é o
tratamento, fico mais calmo".
"...não sei o que é isso (tratamento radioterápico), a
gente fica preocupada, com medo".
"...às vezes uma coisa pequena faz uma tempestade,
porque a gente não conhece, né?".
"...após a orientação, fiquei mais preparada".

Percebe-se também a importância da orientação antes de realizar qualquer procedimento do tratamento. A angústia, o medo, o desespero e a ansiedade eram sentimentos visíveis nos olhares dos pacientes, como se eles estivessem pedindo ajuda não só para cuidar do câncer, mas também de seus sentimentos.

A pergunta disparadora para o início do grupo era se os pacientes sabiam o que era o planejamento e o tratamento radioterápico. As respostas seguem a seguir:

"...nem imagino como é a radioterapia!" (sic).
"...não sei o que vão fazer, não".

O desconhecimento gera ansiedade, além disso, a ausência da explicação real na mente pode produzir fantasias acerca do assunto. As fantasias ocupam as lacunas do desconhecimento, gerando, portanto, ideias errôneas e aterrorizantes. Mesmo durante as explicações, os pacientes se surpreendiam com a forma como era dada a explicação real sobre o tratamento:

"A radioterapia demora?".
"...posso vir sozinho?".
"...imagino que a radioterapia seja um laser que fica no
lugar onde está a doença".
"...a radioterapia tem mais efeito colateral que a
quimioterapia?". "...imagino ser parecido com uma
tomografia". "...imagino que *vai* colocar um aparelho na
garganta". (sic)
"...*vai* ter que vir todos os dias em jejum para fazer a
radioterapia?". (sic)
"...vou ter que ficar internado para fazer a
radioterapia?". "...durante o tratamento, eu posso
continuar trabalhando?".

As fantasias sobre a radioterapia permeiam a dor e o medo do sofrimento, como é possível constatar a partir dos relatos a seguir:

"...acho que a radioterapia queima...".
"...imagino que vai colocar uma agulha na veia". (sic)
"...a radioterapia é um choque?".
"...eu acho que é um aparelho que vão colocar no local onde sinto dor". "...acho que a radioterapia esquenta o corpo". "...durante o tratamento, vai arder o local onde vai ser tratado?".

Para aplicação da radioterapia nos locais das neoplasias, quando estas são localizadas em regiões da cabeça ou pescoço, são confeccionadas máscaras para direcionamento das ondas radioterápicas, e isso era motivo de dúvida e medo, conforme mostram os seguintes relatos:

"Vai doer para fazer a máscara?". (sic)
"...pode engolir saliva normalmente com a máscara?". (sic)
- "Achei que fosse uma máscara de metal, estava preocupada". (sic)
- "Achei que iam raspar meu cabelo para fazer a máscara". (sic)
Já em outras regiões, são necessárias marcações na pele para direcionar as ondas. Quanto a isso, os pacientes também apresentavam inquietações:
"...essas marcas saem?". (sic)
- "...como *que* faz para tomar banho?". (sic)
- "...fazem essas marcas de novo?". (sic)

Nos relatos dos pacientes, pôde-se perceber, além da ansiedade de não saber o que iria acontecer com seu próprio corpo, também a angústia e o medo de como seria a repercussão desse tratamento, tanto física como psicologicamente.

Por meio dos trechos, é possível perceber que o grupo de orientação propiciou aos pacientes um espaço de escuta e esclarecimentos. Os pacientes puderam conhecer sobre o tratamento e, principalmente, desmitificar algumas ideias errôneas a respeito da radioterapia. Além disso, o grupo propiciou uma aproximação dos pacientes junto à equipe e, portanto, estabeleceu uma relação de maior confiança com os profissionias.

Nesse sentido, entende-se a informação como uma ação que pode ser um elemento importante até mesmo para a adesão ao tratamento, fazendo com que o paciente se sinta mais seguro (Gaspar, 2011).

11.7 Considerações acerca da experiência emocional do paciente em tratamento radioterápico

Ressalta-se que sofrimento não se compara tampouco se mensura. No entanto, observar pacientes com câncer de cabeça e pescoço e realizar um planejamento é muito angustiante, devido à necessidade da utilização do dispositivo de imobilização (máscara).

Geralmente, pacientes com câncer nessas regiões utilizam a traqueostomia, que é uma pequena abertura feita na traqueia, que fica na parte anterior do pescoço, próxima ao "pomo de Adão". Neste local, é introduzido um tubo de metal (chamado cânula traqueal) para facilitar a entrada de ar (Guedes, 2012). Em pacientes com essas características, foi necessário utilizar a técnica de relaxamento no momento do planejamento, e para alguns casos de maior ansiedade, a técnica era aplicada durante a primeira semana de radioterapia.

A técnica usada era a da respiração abdominal, aplicada da seguinte forma: o paciente deve respirar de forma profunda e calma, predominantemente pelo abdome. A respiração deve ser lenta, com a expiração durando aproximadamente o dobro da expiração. (Botega, 2012).

A técnica não era usada de forma completa, devido às circunstâncias do momento, por isso, foi adaptada e adequada à situação (local e tempo restritos).

O caso a seguir demonstra a aplicação da técnica de relaxamento.

M.P. é um paciente do sexo masculino, 50 anos, casado, semianalfabeto, com neoplasia maligna de assoalho de boca.

Relata no início do grupo que sente "medo de passar mal no exame", e que está com a cabeça cheia de preocupações: "Penso na doença e se eu vou morrer".

No grupo, o paciente apresentou-se bastante agitado. Devido a essa observação, o acompanhei durante o planejamento.

O paciente havia feito a traqueostomia e amputado a língua, com isso sua saliva ficava em excesso na boca, sendo necessário limpá-la várias vezes com uma toalha. Quando o paciente deitou-se em posição para a confecção do dispositivo de imobilização, sua agitação aumentou, e teve uma crise de ansiedade, com sensação de falta de ar e afogamento aumentada pela saliva.

A equipe ficou agitada, não sabendo como agir, pensavam em apenas fazer o dispositivo. Tentaram novamente, mas não deu certo. Isso só aumentou a ansiedade do paciente.

Quando percebi a angústia do paciente naquele momento, pedi que a equipe esperasse para que eu pudesse realizar uma intervenção psicológica.

Pedi para que colocasse o paciente sentado. Primeiramente, deixei-o se acalmar. Em seguida, conversei com ele sobre o planejamento, o dispositivo de imobilização, o relembrei sobre as explicações do grupo, e a partir daí, o paciente ficou mais tranquilo.

O paciente me falava do medo da falta de ar, de se afogar com a saliva, uma sensação de angústia. Sentia como se ele estivesse sozinho e desesperado pedindo ajuda. Acolhê-lo naquela situação foi como amenizar aquele imenso sofrimento.

Percebi que a melhor e mais imediata maneira de ajudá-lo naquele momento seria o relaxamento, pois ele iria controlar sua respiração e consequentemente diminuir sua ansiedade.

Comecei a utilizar a técnica com o paciente ainda sentado, depois perguntei se ele estava preparado para deitar, e ele respondeu que sim.

Quando o paciente estava deitado realizei a técnica de relaxamento mais uma vez, fui acalmando-o, explicando que ele poderia ficar tranquilo que a saliva não iria fazer com que ele engasgasse, que ele não estava sozinho naquele momento, que estaríamos todos lá para ajudá-lo e que iríamos fazer a máscara somente quando ele estivesse preparado.

Senti que o paciente estava mais tranquilo, sereno e calmo, e então perguntei se poderíamos começar a fazer a máscara, ele respondeu que sim.

O paciente continuou o tempo todo trabalhando a respiração, a equipe reiniciou o trabalho e eu fiquei todo momento ao lado dele, acalmando-o com a técnica de relaxamento.

O planejamento foi realizado com sucesso e o paciente ficou aliviado de ter conseguido fazê-lo. Mas começava outra fase, as sessões diárias de radioterapia, nas quais ele teria que usar a máscara em todas elas. Por isso, perguntei se o paciente não gostaria de ter um atendimento psicológico individual antes das sessões de radioterapia, e ele aceitou.

Acompanhei esse paciente durante a primeira semana de tratamento radioterápico, realizando diariamente o relaxamento antes das sessões de radioterapia. Durante estas, ele não teve nenhum problema.

Após o tratamento, entregou-me um vaso de flor como agradecimento. Esse caso me ensinou muito não só como uma profissional que conseguiu intervir na hora certa, mas também como pessoa que soube ter empatia e poder ajudá-lo no momento que mais precisava.

Com o exemplo desse caso, percebe-se a necessidade de ter uma psicóloga na equipe, para ter esse olhar sensibilizador, que, além de diminuir a dor emocional desses pacientes, também trabalha a atitude empática dentro de uma equipe.

Diante de todos esses resultados e observações realizados no presente estudo, um aspecto fundamental foi sem dúvida "o olhar diferenciado, sensibilizador" do psicólogo.

O olhar e a escuta do psicólogo são fundamentais, por isso, é preciso que o psicólogo esteja ao lado do paciente ao mesmo tempo, para perceber as situações que estão ocorrendo em seu entorno. Trabalhar junto com a equipe de modo a propiciar uma linguagem compreensiva para os pacientes se faz essencial (Lamosa, 2004).

Na realização do grupo de acolhimento e orientação, a presença do profissional de enfermagem e do psicólogo foi significativa e essencial para que se atingisse o objetivo esperado desse trabalho, pois a função do profissional de enfermagem de orientar sobre o tratamento, os efeitos colaterais e os cuidados necessários possibilitaram aos pacientes um maior esclarecimento.

No entanto, as evidências sobre os efeitos de orientação para pacientes com câncer ainda são escassas, especialmente no que diz respeito à orientação feita por uma equipe multidisciplinar.

Essa interação entre a equipe não é algo tão simples, mas também não é impossível de se realizar, até porque esse trabalho foi um exemplo de que pode se ter um trabalho multidisciplinar dentro de um hospital.

É fundamental que o psicólogo utilize todo o seu conhecimento como especialista em aprendizagem para que a informação chegue ao paciente em seu nível de processamento e não dentro de uma linguagem técnica hermética. É imprescindível lembrar que a informação é parte do processo terapêutico para o paciente. Bem informado, o paciente evolui melhor e mais rápido, e ameniza o seu sofrimento psicológico (Gorayeb, 2001).

11.8 Considerações complementares

Não sei se a vida é curta ou longa para nós,
mas sei que nada do que vivemos tem sentido,
se não tocarmos o coração das pessoas.
Muitas vezes basta ser: colo que acolhe,
braço que envolve, palavra que conforta,
silêncio que respeita, alegria que contagia,
lágrima que corre, olhar que acaricia,
desejo que sacia, amor que promove.
E isso não é coisa de outro mundo, é o que dá sentido à vida.
É o que faz que ela não seja nem curta, nem longa demais
mas que seja intensa, verdadeira, pura enquanto durar.
Feliz aquele que transfere o que sabe e aprende o que ensina.

Cora Coralina

É notório que, a cada dia, o trabalho psicológico torna-se essencial em quase a totalidade das experiências e vivências do ser humano.

A empatia, somada ao arcabouço teórico e técnico que precisamos ter diante de uma pessoa que sofre, é uma díade inseparável. E a importância da orientação para os pacientes antes de realizarem os procedimentos terapêuticos pode parecer insipiente e de pouca duração, mas são essas ações que representam um grande avanço ou imenso retrocesso (quando não utilizados).

A ansiedade vivenciada por esses pacientes no adoecimento na maioria das vezes estava vinculada à falta de orientação sobre o tratamento, e não foi caracterizada como um transtorno.

No grupo, pudemos orientar e refletir não só as questões físicas decorrentes do tratamento, mas, principalmente, as emocionais, e perceber as peculiaridades de cada paciente, seja em um simples olhar ou gesto.

Diante disso, é papel do psicólogo hospitalar amenizar o sofrimento do paciente acolhendo-o e orientado-o, e é também função desse profissional articular a equipe e aproximá-la do paciente, propiciando a melhor relação que puder estabelecer.

Essa experiência contou com a interação de diversos especialialistas além do psicólogo, pois envolveu também o médico, a assistente social e os profissionais da enfermagem e da física médica.

Agradecimentos

À minha eterna e querida professora Karla Gaspar, por me ensinar a dar meus primeiros passos na psico-oncologia e também mostrar além do aprendizado teórico: o cuidado humanizado para com os pacientes.

À querida enfermeira Vera, a qual me ensinou muito sobre radioterapia e foi essencial para a realização deste trabalho.

Ao Dr. Eduardo Baldan, chefe do ambulatório de radioterapia.

Aos pacientes, por me ensinarem a ver a psicologia além dos livros, o meu muito obrigado.

11.9 Referências bibliográficas

Associação Brasileira de Linfoma e Leucemia(Abrale). Recuperado em 8 de dezembro de 2010, de http://www.abrale.com.br.

Andrade, L. H. S. G., & Gorenstein, C. (2008, novembro/dezembro). Aspectos gerais das escalas de avaliação de ansiedade. *Revista de Psquiatria Clínica [internet]*, *25*(6). Recuperado em 3 de maio de 2012, de http://www.hcnet.usp.br/ipq/revista/vol25/n6/index256.htm.

Ballone, G. J. (2007). Ansiedade no paciente com câncer. *PsiqWeb*. Recuperado em 13 de maio de 2012, de http://www.psiqweb.med.br.

Botega, N. J. (Org). (2006). *Prática Psiquiátrica no Hospital Geral: interconsulta e emergência*. Porto Alegre: Artmed.

Botega, N. J. (Org). (2012). *Prática Psiquiátrica no Hospital Geral: interconsulta e emergência* (3ª ed.). Porto Alegre: Artmed.

Brasil. (1993). Ministério da Saúde. Secretaria Nacional de Assistência à Saúde. Instituto Nacional do Câncer (Inca). Coordenação de Programas de Controle de Câncer Pro--Onco. *Controle do câncer: uma proposta de integração ensino-serviço*. 2 ed. ver. Atual. Rio de Janeiro: Pro-Onco.

Cardoso, E. M. e cols. (2008). Apostila educativa aplicações da energia nuclear. *Comissão Nacional da Energia Nuclear*. Rio de Janeiro. Recuperado em 16 de maio de 2012, de http://www.ifba.edu.br/professores/armando/SMS/Modulo_I/Radiacao/aplicacoes%20energia%20nuclear.pdf.

Caplan, G. (1982). *Princípios de Psiquiatria preventiva*. Rio de Janeiro: Ed. Zahar.

Cheng, V. S. T., Downs, J., Herbert, D., & Aramany, M. (2006). The function of the parotid gland following radiation therapy for head and neck cancer. Int. J. Radiat. Oncol. Biol. Phys., 7, 253-258. In Lopes, C. O., Mas, J. R. I., & Zângaro, R. A. Prevenção da xerostomia e da mucosite oral induzidas por radioterapia com o uso do laser de baixa potência. *Radiol. Bras.*, 2(39), 131-136.

Cooper, J. S., Fu, K., Marks, J., & Silverman, S. S. (1995). Lae effects of radiation therapy in the head abd neck region. *Int. J. Radiat. Oncol. Biol. Phys.*, 31(5), 141-164.

Curatolo, E., & Friedrich, S. (2000). Transtornos afetivos. *Revista Brasileira de Psiquiatria*, 22(2), 24-27. São Paulo.

Dalgalarrondo, P. (2000). *Psicopatologia e semiologia dos transtornos mentais* (p. 271). Porto Alegre: Ed. Porto Alegre.

Faria, S. L. (1989). *O que é radioatividade.* (Coleção primeiros 217 passos, 1ª ed.). São Paulo: Editora Brasiliense.

Gaspar, K. C. (2011). Psicologia hospitalar e a oncologia. In Angerami, V. A. (Org.), *Psicologia da saúde - um novo significado para a prática clínica* (2ª ed.), Cengage Learning.

Gorayeb, R. (2001). *A prática da psicologia hospitalar.* Psicologia Clínica e da Saúde. In Marinho, M. L., & Carvalho V. E. (Org.). Granada: Editora UEL: APICSA, pp. 263-278.

Guedes, M. T. S., & Dias, V. L. S. (2012). *Orientações aos pacientes traquiostomizados.* Recuperado em 3 de maio de 2012, de www.inca.gov.br/conteudo_view.asp?ID=116.

Halkett, G. H., Kristianson, L. J., Little, J., Shaw, T., Tylor, M., & Spry, N. (2011, june). Information needs and preferences of women as they proceed through radiotherapy for breast cancer. *Patient Educ. Couns.*

Jadoon N. A., Munir, W., Shahzad, M. A., & Choudhry Z. S. (2010, outubro). Assessment of depression and anxiety in adult cancer outpatients: a cross-sectional study. *BMC Cancer, 10,* 594. Recuperado em 8 de dezembro de 2010, de http://www.pubmed.com.br.

Kalinke, L. P. (2003). *Orientações de enfermagem ao paciente que inicia o tratamento de radioterapia Angelita Vicentin.* Curitiba: Moderna.

Kelner, N., & Castro, J. F. J. (2007). Laser de baixa intensidade no tratamento da mucosite oral induzida pela radioterapia: relato de casos clínicos. *Revista Brasileira de Cancerologia, 53*(1), 19-33.

Lamosa, L. L. (2004). *Um estudo sobre parâmetros para a oferta de serviços de saúde:* dimensionamento nos planos de assistência à saúde. Dissertação de mestrado da Escola Nacional de Saúde Pública Sérgio Arouca da Fundação Oswaldo Cruz. Rio de Janeiro.

Porock, D., Kristjanson, L., Nikoletti, S., Cameron, F., & Pedler, P. (1998). Predicting the severity of radiation skin reactions in women with breast cancer. *Oncol. Nurs. Forum,* 6(25), 1019-1029.

Rodrigues, A. C., Teixeira, T.;, Conde, S., Soares, P., & Torgal, I. (2011). Impact of pelvic radiotherapy on female sexuality. Arch. Gynecol. Obstet., 2(285), 505-514.

Scharbele, F. A., & Silva, N. C. (2000). *Introdução à física da radioterapia.* Universidade Federal de Santa Catarina. Centro de Ciências Físicas e Matemática. Departamento de Física. Recuperado em 3 de maio de 2012, de http://www.fsc.ufsc.br/~canzian/intrort/radioterapia.html>.

Silveira, L. M. C., & Ribeiro, V. M. B. (2004, setembro/2005, fevereiro). Grupo de adesão ao tratamento: espaço de "ensinagem" para profissionais de saúde e pacientes. *Interface - comunicação, saúde, eduacação,* 9(16), 91-104.

Venâncio, J. L. (2004). Importância da Atuação do Psicólogo no Tratamento de Mulheres com Câncer de Mama. *Revista Brasileira de Cancerologia, 50*(1), 55-63.

Waldroni, J. N., & O Sullivan, B. (2006). Princípios da Radioterapia oncológica. In Pollock, R. E., *Manual de Oncologia Clínica da UICC.* São Paulo: Fundação Oncocentro de São Paulo.

Windlin, I. C., & Gaspar, K. C. (2013). Depressão e Comportamento Suicida em Pacientes com Câncer de Cabeça e Pescoço Durante o Tratamento Radiológico. Trabalho de monografia apresentado a Faculdade de Ciências Médicas – Unicamp, Campinas.

Capítulo 12

O paciente oncológico e a terapêutica quimioterápica: uma contribuição da psicologia

ANASTACIA DAVID
ISABELA WINDLIN
KARLA CRISTINA GASPAR

12.1 Apresentação

Nas últimas décadas, o avanço da ciência em relação ao câncer e sua terapêutica vem contribuindo para a mudança do paradigma que se concretizou ao longo dos anos: o câncer não deve ser entendido como sinônimo de morte. Entretanto, é importante ressaltar que essa patologia é um acometimento severo da saúde e requer cuidados intermitentes e sistêmicos. A má notícia contida no diagnóstico de câncer envolve grandes mudanças na vida do paciente e faz emergir questões psíquicas em relação à vida, à doença e à morte. Muitas dessas questões se tornam mais evidentes no momento da terapêutica oncológica, seja ela cirúrgica, radioterápica ou quimioterápica.

A experiência de atendimento psicológico a pacientes oncológicos em tratamento quimioterápico mostra que a adesão a essa terapêutica causa uma movimentação na dinâmica de vida do paciente e também de seus familiares. Essas mudanças repercutem em alterações de aspectos psicológicos, e podem gerar sofrimento adicional àqueles que já se encontram fragilizados pela notícia da doença.

Dessa forma, observa-se que a quimioterapia pode gerar um processo de crise na vida de quem a faz, causando impactos de ordem psíquica. É nesse caso que se insere o trabalho de escuta psicológica e, dessa forma, observa-se a importância desse profissional junto ao paciente em tratamento quimioterápico.

O atendimento psicológico de suporte e apoio ao paciente é fundamental nesse processo. É possível identificar dois grandes vieses desse trabalho: em primeiro lugar, para que seja possível construir um *setting* onde o paciente possa dizer do seu sofrimento; e em segundo lugar, que sua fala seja escutada e pontuada pelo profissional da psicologia promovendo construções e elaborações do discurso do paciente. É por meio desse movimento, de dirigir sua fala a um outro que possa conduzir o tratamento psicológico, que o paciente pode se implicar em seu tratamento, participar ativamente do processo de adoecimento e amenizar sua dor. A escuta psicológica atuante nesse *locus* hospitalar contribui para o manejo do tratamento oncológico auxiliando tanto o paciente quanto os demais profissionais da área da saúde.

O capítulo em questão versará sobre os impactos que o câncer e seu tratamento geram na vida do paciente, tendo como foco a terapêutica quimioterápica e a inserção da escuta psicológica nesse contexto de tratamento oncológico. O texto que segue é resultado das experiências da escuta psicológica aos paciente no contexto do salão de quimioterapia e enfermaria, lugares que promovem um recuo de muitos profissionais da psicologia por apresentar um distanciamento do modelo clínico tradicional.

Como ilustração, serão citadas vinhetas clínicas retiradas dos atendimentos realizados no ambulatório, enfermaria e salão de quimioterapia do hospital. Todos os relatos de pacientes são experiências fidedignas e, por esse motivo, foram alterados os nomes para preservar a identidade destes.

12.2 Sobre a quimioterapia

O termo quimioterapia se refere ao tratamento de doenças por meio de substâncias químicas que interferem no funcionamento celular. Popularmente, o termo é relacionado a um dos principais tratamentos contra o câncer, no entanto, a quimioterapia pode ser usada para o tratamento de outras doenças, como artrite reumatoide e esclerose múltipla, ou pode agir como imunosupressor, no caso de pacientes que sofreram transplantes de órgãos (Al-Ghazal, 2007).

O tratamento quimioterápico consiste num composto de substâncias que, combinadas, atuam no ciclo da célula e na cinética tumoral, levando a apoptose, ou seja, morte celular. Esse processo de interrupção do desenvolvimento celular impede que a célula cancerígena repasse o material desordenado no momento da divisão celular. Esse conjunto de substâncias atua impedindo o crescimento e a proliferação de células com crescimento irregular e com material genético mutado. É importante ressaltar que essas mutações acontecem ao acaso e que cada tumor é único, sendo eles gerados em diferentes órgãos e tecidos do corpo. Cada tumor tem em seu sítio primário uma identidade própria que o caracteriza como, por exemplo, de origem germinativa. Por isso, para cada paciente e para cada tipo de tumor, são utilizados compostos químicos distintos (Brasil, 2012).

Cada medicamento age de forma diferente dentro do corpo humano. No geral, o objetivo da quimioterapia é de, junto com o sangue, levar as substâncias a todo corpo, destruindo as células cancerígenas que formam o tumor e impedindo que elas se espalhem (Brasil, 2012).

A quimioterapia pode ser usada como tratamento único, ou aliada a outras terapias, como a radioterapia e/ou cirurgia. Dessa forma, a equação grau de acometimento da lesão, presença ou ausência de metástases em outros órgãos ou tecidos e qualidade de vida do paciente são levadas em consideração pelo médico oncologista quando da escolha pelo melhor tratamento da doença, qual seja, quimioterapia, cirurgia, radioterapia ou a combinação destas. A medicação é administrada por um enfermeiro ou técnico de enfermagem e pode ser realizada de diversas maneiras: via oral, intravenosa, intramuscular, subcutânea, intracranial e tópica (Brasil, 2012).

A duração do tratamento quimioterápico pode variar de acordo com a eficácia da medicação. A interrupção do tratamento pode ser feita a qualquer momento pelo paciente. Contudo, recomenda-se que o término deva ser indicado apenas pelo médico oncologista responsável. Mesmo que o paciente perceba melhora sintomática, o tratamento não deve ser interrompido até que haja avaliação médica (Brasil, 2012).

A quimioterapia pode causar alguns efeitos colaterais. Os mais frequentes são: fraqueza, diarreia, alterações no peso, mucosites, queda de cabelo, enjoos, vômitos e vertigem. Esses efeitos influenciam na rotina do paciente em quimioterapia, que, geralmente, acaba precisando fazer muito repouso e deixar de realizar algumas atividades do seu dia a dia como trabalhar e fazer serviços domésticos. Em outros casos, essa toxicidade da quimioterapia, sentida nos efeitos colaterais já citados, pode comprometer de tal forma a vida do paciente que se torna necessário encerrar a terapêutica com os compostos químicos e optar por outras formas de tratamento, quando possível. Os efeitos da substância nesses casos podem causar danos ao paciente e comprometer sua integridade física, como danos no sistema nervoso central, diminuição da acuidade auditiva, dermatites e demais enfermidades associadas ao uso excessivo desse fármaco (Brasil, 2012).

É comum encontrar, no contexto da oncologia, pacientes que seguem em tratamento com uma primeira linha de substâncias quimioterápicas e que durante alguns meses têm sua patologia controlada, e após dado período, tornam-se refratários ao tratamento, progridem sua doença e devem ser submetidos à nova combinação de quimioterápicos que, quando eficazes, garantem aumento na sobrevida mediana do paciente.

Observando a complexidade que abrange o tratamento quimioterápico, evidencia-se a importância do vínculo terapêutico entre paciente, família e profissionais de saúde. Esse vínculo se torna necessário uma vez que o tratamento oncológico, como já citado, é composto por situações que confrontam paciente, família e equipe. Essas situações podem ser: mudança de medicamentos, reações indesejáveis, impasses médicos e até mesmo a falência de recursos sociais. Por esse motivo, o tratamento oncológico, seja ele quimioterápico ou não, é sistêmico, e o acompanhamento do médico, psicólogo, nutricionista, assistentes sociais e demais profissionais se faz necessário para que o paciente possa aderir ao tratamento e à nova rotina que se instaura no seu cuidado com a saúde.

A atuação desses profissionais no processo do tratamento oncológico diz respeito à adesão ao paradigma biopsicossocial e abandono do conceito biomédico de cuidado. Atualmente, a junção desses personagens vem contribuindo para a mudança no sistema de saúde e garantindo direitos aos pacientes que repercutem na eficácia das terapêuticas utilizadas no tratamento.

12.3 O *setting* quimioterápico

O *setting* é um conjunto de "arranjos práticos para a realização do trabalho" (Magliavacca, 2008) de tratamento psicológico. Ou seja, é a junção de fatores que envolvem o trabalho psicoterápico e contribuem para o funcionamento deste. É possível entendê-lo como um "contrato" construído paulatinamente e composto por regras e acordos estabelecidos entre paciente e sua relação com o psicoterapeuta. Sem *setting* não há tratamento. O *setting* é um lugar que não se resume ao enquadre físico, pois vai além deste, envolve um saber, uma prática e uma ética, e se constitui por meio do vínculo entre psicoterapeuta e paciente. Ele pode acontecer num consultório, num salão de quimioterapia ou numa enfermaria. Esse conceito foi desenvolvido ao longo da história da psicologia, partindo da psicanálise, e é utilizado por psicólogos de diferentes linhas teóricas.

No âmbito hospitalar e com o enquadre deste texto, o *setting* pode ser construído no salão de quimioterapia, nas enfermarias e no ambulatório de oncologia.

Esses lugares – salão de quimioterapia e enfermaria –, onde os pacientes passam grande parte dos seus dias, possuem uma dinâmica própria, diferente da dinâmica do consultório. Para entrar nos aspectos psicológicos presentes no momento da infusão quimioterápica, é necessário ilustrar os pontos comuns desses espaços destinados a essa terapêutica específica.

O salão de quimioterapia é o espaço em que são administradas as medicações intravenosas. Na maioria dos hospitais e clínicas oncológicas, o salão é um espaço amplo com várias poltronas dispostas lado a lado, contornando o espaço. Ao lado de cada cadeira existe um suporte para o soro e para os medicamentos. No cuidado de cada paciente, dispõe-se um grupo de profissionais da saúde, que se divide, em sua maioria, entre enfermeiros e técnicos em enfermagem. Esses profissionais atuam organizando, controlando, administrando medicações e orientando os pacientes.

Às vezes, alguns salões dispõem de uma televisão ou um rádio. Alguns possuem acomodação para o acompanhante do paciente e outros, não. Geralmente, os salões de quimioterapia estão com todas as poltronas ocupadas por pacientes, e sempre há movimento da equipe de saúde e acompanhantes pelo salão.

Nesse local, o paciente está conectado a um medicamento e rodeado de outros pacientes e demais profissionais de saúde. Dentre esses que estão no salão, faz marca no discurso do paciente esses "outros" que são aqueles semelhantes em situação de doença, de tratamento, mas que ao mesmo tempo são tão diferentes e podem estar em condição clínica melhor ou pior que o paciente em questão. A presença do outro também é um lembrete de que o próprio corpo não está no seu estado mais saudável. É comum de se ouvir: "Não posso reclamar de mim, pois veja como aquele está muito pior", "Dou graças a Deus porque não estou tão ruim que nem ele", ou então: "Aquela paciente fez a mesma quimio que eu e não está ruim que nem eu estou? Por que isso está acontecendo comigo?". A experiência do outro, a todo momento, influencia na própria vivência, podendo servir como consolo, esperança ou até mesmo como mais sofrimento e frustração.

A experiência de escuta psicológica em enfermaria com tais pacientes nos traz alguns relatos, como o de Cristina, 32 anos, com diagnóstico de câncer de cólon: "Este quarto hoje está me deixando ainda mais triste porque a paciente do leito ao lado falou para mim sobre sua situação, não tem mais possibilidade de tratamento e ela tem sofrido muito com sua dificuldade para respirar. Dessa vez, a internação foi de tirar o fôlego!". Como dito anteriormente, a experiência do outro tem papel importante e influencia no estado psicológico do paciente, que no momento da internação, constroem vínculos não somente com os profissionais de saúde que dele cuidam, mas com os outros pacientes adoecidos que podem participar de uma rede de apoio mútuo.

Ao paciente em quimioterapia, resta a tarefa de ficar sentado na companhia de sua medicação, de outros pacientes, acompanhantes e equipe de saúde. Alguns fazem atividades, como ler, assistir televisão e conversar. Outros conseguem dormir. E outros vivem esse momento como uma espera longa, porém passageira, e nada fazem.

De fato, o momento de infusão pode ser um momento tranquilo (de reclusão, descanso, introspecção) ou pode ser muito angustiante. Angustiante, pois, para muitos, o momento da infusão significa uma "prisão", ou impedimento a uma paralisação do curso "normal" da vida. Alguns esquecem que a cada gota do medicamento que cai no organismo, não se tem uma pausa, mas uma vida que corre, enquanto se espera.

Observa-se a sensação de pausa e paralisação no paciente Vicente, de 50 anos, ativo, mas que teve suas atividades de trabalho interrompidas pela quimioterapia. Suas sessões de quimioterapia eram acompanhadas de muito choro e descontentamento. Aquele momento, para ele, era a constatação de sua enfermidade e da impossibilidade de trabalhar, ou ser útil, e estar em sua casa fazendo coisas que gostava. Em alguns atendimentos psicológicos no próprio salão, foi possível trabalhar com o paciente as possibilidades de atividades que ainda lhe restavam e que lhe davam prazer tanto quanto trabalhar. Este pôde falar sobre o prazer que tinha na leitura. A partir de então, voltava às sessões de quimioterapia sempre com um livro na mão. O choro trocou de lugar com uma nova forma de pensar aquilo que antes era sentido como sofrimento, e onde se colocava angústia como queixa, por meio do trabalho psicológico, cedeu espaço a uma ação implicada de sujeito que tomou para si a possibilidade de fazer daquela espera outra coisa, seja ela ler um livro.

A experiência de escuta dos pacientes em tratamento quimioterápico na enfermaria traz a seguinte elaboração: no momento da infusão da quimioterapia, internado, o paciente concretiza seu adoecimento de maneira intensa. A doença passa a ser algo real, pois está num hospital, recebendo medicação e atenção necessária a um doente internado por causa de uma emergência, uma cirurgia programada, ou seja, se iguala àqueles que necessitam de reclusão, controle e medicamentos intensivos. Isso é relembrado em cada momento que a agulha é colocada em sua veia.

Nos salões de quimioterapia, essa sensação aparece sempre que o paciente retorna ao hospital e encontra outros doentes. Para o paciente que precisa receber a quimioterapia internado em enfermaria oncológica, essa sensação torna-se ainda mais evidente, pois se acrescenta a isso a necessidade de uma hospitalização. Nas enfermarias, o propósito da internação é o mesmo propósito do salão quimioterápico: infusão do medicamento. A diferença reside na necessidade de infusão medicamentosa contínua de determinada substância, podendo durar dias.

Na enfermaria, muitas vezes, o paciente fica sem um acompanhante cuidador, mas divide o quarto com outros pacientes que podem possuir a mesma enfermidade ou não. Na enfermaria, a sensação de "prisão", de pausa na vida, é evidenciada. Junto com a sensação de aprisionamento, escuta-se em pacientes internados uma fala sobre a sensação de tédio e a angústia pela falta do que fazer, já que a infusão os prende a um dispositivo que contém a medicação e que dificulta os movimentos e a locomoção. Muitas vezes, o discurso do tédio simplesmente é trocado por um silêncio, uma falta de ter o que dizer, mas que assume o mesmo significado: de se estar em uma espera longa, repetitiva, inerte.

De qualquer forma, tudo que é comunicado pelo paciente no momento de internação é de grande importância para que aconteça um trabalho ou intervenção psicológica, seja essa comunicação verbal ou não. Sabe-se que qualquer situação de hospitalização é capaz de fazer um marco na vida de uma pessoa, por isso, traz consigo questões, pensamentos, dúvidas, esclarecimentos. Por esses motivos, entende-se que a atuação de um psicólogo nesse local pode ser benéfica para esses pacientes.

A fala da paciente Simone, 53 anos, com diagnóstico de câncer gástrico metastático, atendida pelo serviço de psicologia desde o seu primeiro ciclo de quimioterapia internada, mostra o efeito do trabalho realizado pela psicologia em enfermaria. A paciente disse após algumas sessões de atendimento psicológico: "Quando eu entrei aqui, parece que eu tinha um turbilhão de coisas na minha cabeça, só coisa ruim, eu questionava Deus, mas por que eu?! Por que eu *que* tive que ter essa doença?! Sabe um quebra-cabeça? Estava tudo assim, desmontado. Agora parece que cada pecinha está indo para o seu devido lugar e já posso ver uma imagem formada...".

O que é possível pensar sobre essa fala é que a paciente percebe que a intervenção psicológica que foi construída possibilitou a ela a vivência de adoecimento menos doloroso através do acolhimento e do trabalho das questões psicológicas trazidas pela paciente. O *setting* foi construído desde o primeiro atendimento, em que ela pôde falar sobre sua doença, suas impossibilidades, sua finitude e a possibilidade de fazer algo além do adoecer. Afinal, apesar de doente, a sua rede social a chamava para o trabalho de cuidar da sua casa, dos seus netos que reivindicavam carinho e afeto. Esse chamado da vida presente na demanda dos seus netos e essa emergência da doença que sinaliza a morte se apresentavam como questões psicológicas gerando sofrimento intenso. As internações para infusão de medicamento quimioterápico serviram também para que fosse realizado um trabalho de escuta psicológica, que possibilitou um espaço de fala onde foram trabalhadas essas questões.

12.4 O paciente e a infusão

Assim como o câncer é acompanhado de estigma, seu tratamento também o é. A experiência de escuta de pacientes oncológicos nos mostra como o estigma da doença muitas vezes é deslocado para sua terapêutica. Não é só o câncer que está no imaginário dos pacientes como sinônimo de morte, mas passa-se a acreditar que a quimioterapia é o que causa o mal. Dessa forma, o termo quimioterapia torna-se pleno de outros sentidos. O que é visto é que os pacientes concretizam o seu adoecimento no ato e no momento da infusão, e não necessariamente após receberem o diagnóstico de câncer. É no instante da infusão e da ida do paciente ao hospital que este pode se deparar com o real da doença na tentativa de significá-lo, em alguns casos, essa tentativa de significação pode fracassar e gerar sofrimento adicional ao paciente e à família. O psicólogo, quando identifica essa demanda, pode atuar como catalizador do processo de construção e elaboração da qual o paciente é lançado.

Pode-se dizer que, no primeiro ciclo de quimioterapia, todos os conceitos prévios sobre a terapêutica são evocados pelo paciente e pelo familiar cuidador. É corriqueiro escutar durante o atendimento psicológico questões como: a queda do cabelo, os efeitos colaterais (náuses e vômitos), medo de morrer durante o procedimento da quimioterapia, prostração severa, dentre outras. O fato é que, em alguns casos, os efeitos dos quimioterápicos são realmente bastante severos, chegando a casos que se deve repensar o uso da medicação, como explicitado anteriormente.

Os efeitos colaterais da quimioterapia devem ser pensados tendo em vista cada paciente, cada enfermidade e cada composto quimioterápico usado, pois existem muitos casos em que a quimioterapia não altera o status geral do paciente. É comum escutar o medo dos efeitos colaterais da quimioterapia. Muitos desses pensamentos acabam interferindo no início do tratamento, porque geram ansiedade, desespero, tristeza etc. É nesse momento em que, muitas vezes, o psicólogo é chamado pelos demais profissionais da equipe de saúde. É preciso ressaltar que cada quimioterapia é uma experiência única, singular, que é vivida a cada vez, a cada ciclo e a cada sujeito. Sendo assim, é algo que precisa ser experimentado, para só assim, novas conclusões serem tiradas. É necessário pensar que cada dia de infusão corresponde a uma nova experiência, um novo dia. Mesmo que exista uma bagagem de outras aplicações, outros ciclos, a próxima vez ainda se trata de algo desconhecido e, por isso, é comum vir acompanhada de ansiedade.

Como ilustração, podemos citar o relato da paciente Camila, de 17 anos, que segue em tratamento oncológico há quatro meses: "Eu continuo com a vida normal, prefiro pensar como se eu não tivesse a doença. Eu não sinto enjoo, nem fico com feridas na boca. Antes de fazer a quimio, eu nem conseguia andar por causa do tumor. Hoje faço tudo! A única coisa que me incomoda é o cabelo, porque caíram muitos fios".

É importante que o paciente fale sobre a experiência que vivencia a cada vez que vem ao hospital e a cada mudança em seu tratamento. Falar sobre esses momentos do tratamento possibilitam o trabalho das questões psicológicas emergentes e a intervenção pode iniciar antes da intensificação do sofrimento psíquico, ou seja, antes de estabelecida uma emergência psicológica. A emergência psicológica pode ser entendida aqui como o sofrimento psíquico insuportável da ordem do horror e que reverbera no corpo, seria a crise psíquica intensa onde não é possível encontrar palavras para falar sobre sua dor. Quando o paciente chega a esse ponto, uma grande movimentação acontece na família dele, que percebe o sofrimento e torna seus recursos de enfrentamento escassos, e na equipe de saúde que, muitas vezes, se acostuma com o padrão normatizado dos pacientes e se desestabiliza diante daquele que apresenta um quadro como esse.

Nesses casos, a escuta psicológica pode surtir efeito ao paciente que, com a direção do profissional, irá construir uma nova forma de falar sobre o seu sofrimento, diferente daquela que ocorre por meio do choro copioso, dos gritos e dos atos contra a integridade da sua vida e daqueles que o cercam. Nesse contexto, a psicologia tem o papel de propor a construção do *setting* para o paciente no intuito de promover saúde psíquica, apesar da presença do câncer e das terapêuticas adjacentes.

A paciente Marília já está em seu terceiro tratamento quimioterápico. Após o término do seu primeiro tratamento para eliminar um tumor no fígado, teve que se submeter a um segundo processo, idêntico ao primeiro, pois não havia em seus registros um exame inicial para comparação do tamanho do tumor. Logo, terminado o primeiro tratamento, não sabiam se os exames atuais indicavam que o tumor tinha diminuído, aumentado ou estabilizado.

Sua segunda quimioterapia veio acompanhada de muitas incertezas: "Será que a primeira já havia feito algum efeito, e esta virá para melhorar? Ou será que ele aumentou, e esta segunda vez não adiantará de nada?". Notava-se que, a cada sessão, cada aplicação, ela trazia a sensação de uma nova experiência, de que algo novo e totalmente desconhecido estava por vir. Ao final dessa segunda quimioterapia, a paciente se mostrava muito positiva e esperançosa, desejando por um resultado bom. Na comparação de seus exames, notou-se que o tumor havia estabilizado. Não havia aumentado nem diminuído. A opção médica foi submetê--la a uma terceira quimioterapia, igual às duas primeiras.

Já em início da terceira quimioterapia, Marília contou sobre a sua experiência com a medicação desse tratamento. A comparação usada foi a seguinte: "Depois que termina a sessão de quimioterapia e eu volto pra casa, me sinto como um drogado. Um drogado que, sob o efeito da droga, não é ele mesmo. A quimioterapia é uma espécie de droga, não é? Então, eu não me sinto eu mesma. Me sinto meio anestesiada, sem sentir gosto na vida. A única coisa é que, quando o tempo vai passando, e vai chegando o dia da próxima aplicação, essa sensação vai passando. E daí o corpo pede. Eu não quero fazer a quimio de novo, mas o meu corpo pede. Ele precisa". A comparação com o drogado se refere a um vício, pois envolve um desejo, um prazer e um dano ao mesmo tempo. Nota-se que ela fala no desejo de não fazer a quimioterapia, mas que quem pede é o seu corpo, pois ele precisa dela. De fato, a quimioterapia não lhe agrada, pois a entorpece, mas ela reconhece que a necessidade do tratamento é, em primeiro lugar, para curar o seu corpo. Logo, seu corpo, para ser saudável, depende desse tratamento, por isso ela acaba o desejando também.

Quando ela diz que este ser-drogado não é ela, mas outra pessoa, ela atribui um sentido de que a droga (o quimioterápico) exerce uma função sobre o seu corpo, tem alguma influência, e, de certa forma, atua nele. Atua a ponto de se misturar com ela, transformando-a numa outra pessoa. Alguém que sente o mundo de uma forma diferente. Quando perguntada que sensações existem além dessa anestesia, ela diz: "Existe um prazer junto com essa anestesia. O prazer de ter a oportunidade de viver com esse tratamento, de estar viva". Essa paciente constrói em sua fala que o fato de estar fazendo a quimioterapia pela terceira vez é sinônimo de oportunidade, mais tempo para viver. Neste caso, a quimioterapia ganha um significado bom, construtivo.

12.5 O tratamento quimioterápico como opção

Enquanto alguns pacientes depositam na quimioterapia a esperança de cura e prolongamento de vida, outros a temem muito. Temem a ponto de até mesmo recusar o tratamento. E é nesse momento em que se observa uma grande aflição por parte da equipe de saúde: quando o paciente recusa o tratamento.

O paciente Cássio mobilizou enfermeiras, técnicos de enfermagem e médicos quando se recusou a entrar no hospital para fazer a quimioterapia para o tratamento de seu câncer de intestino. Imediatamente, a psicologia foi chamada, pois a recusa pelo tratamento é causadora de angústia na equipe de saúde, que não entende o porquê de tal decisão.

Entende-se que, o profissional da saúde, que detém anos de estudos sobre o tema da oncologia e, consequentemente, do valor agregado a esse saber, é passível de crer que sabe o que é o melhor para o paciente. De certa forma, seu conhecimento específico sobre a doença e tratamento certamente é mais técnico e científico do que o conhecimento do paciente, que é considerado leigo. No entanto, é necessário que haja uma compreensão do conhecimento que o paciente tem sobre a própria vivência da situação, antes de gerar esse tipo de angústia.

Com Cássio, após um acolhimento psicológico, foi possível identificar que, recentemente, o paciente havia perdido um parente muito próximo por conta de um câncer, e tinha a informação que este havia morrido por causa da quimioterapia. Sendo um homem de 52 anos de idade, ainda muito ativo e provedor de sua casa, como ele poderia aderir a algo que acreditava que o mataria, prejudicando a vida de toda a sua família?

Neste caso, entendendo qual era a fantasia do paciente, foi possível realizar um trabalho de intervenção com a equipe, colocando esses profissionais no contato com o paciente, a fim de que eles pudessem demonstrar reconhecimento por esse medo e angústia do paciente. Por meio desse contato, foi possível trabalhar e manejar a fantasia do paciente. Cabe ressaltar que não foi apenas por causa da atuação psicológica que o trabalho com o paciente foi eficaz. Ele foi possível porque houve um trabalho interdisciplinar, em que a equipe pôde agir com paciência e compreensão, em favor do paciente.

Nesse momento, surge a implicação do paciente e a necessidade de decidir submeter-se ou não ao tratamento que, muitas vezes, é o causador de grande desconforto, maior do que o desconforto gerado pelo diagnóstico de câncer. O prejuízo dos efeitos colaterais traz consigo uma série de perdas. Perde-se o conforto, perde-se o sono, a fome. Perde-se o bem-estar. Troca-se a ideia de saúde pela ideia de um dano: um dano que serve para ajudar.

A fase da quimioterapia, que supostamente deveria vir acompanhada de força, fé e esperança, traz consigo dor, sofrimento e impossibilidades da ordem física. O desejo pela melhora é acompanhado de perdas. Se fosse possível encontrar uma palavra que pudesse definir a quimioterapia, esta palavra seria a ambivalência. Ela evidencia a complexidade de sensações e emoções que permeiam o tratamento do câncer desde o período de diagnóstico até o término do tratamento.

12.6 A ambivalência do tratamento quimioterápico

Existem casos em que a quimioterapia pode ser prejudicial para a vida do paciente. Nesses momentos, ela precisa ser interrompida em função de não ser benéfica para a saúde do paciente. Em casos como esse, a quimioterapia pode, de fato, ser concretizada em algo totalmente danoso, lesivo, levando ao término do tratamento por excesso de toxicidade ou pela falta de benefícios do tratamento.

Logo, compreende-se que a quimioterapia como algo danoso também pode ser uma realidade, sendo esta capaz de causar maior sofrimento nos pacientes oncológicos e seus familiares. Em situações assim, é possível pensar na possibilidade de um abalo de confianças na equipe e, principalmente, no tratamento. Afinal, nesse momento, surge a frustração da maior das expectativas de um tratamento: a cura.

Em contrapartida, não é em todos os casos que a quimioterapia é vista como o vilão da história. A quimioterapia paliativa, por exemplo, é usada para auxiliar no desconforto de pacientes sem proposta terapêutica. Arlindo, um senhor de 81 anos, atendido no ambulatório de oncologia, tinha consciência de que seu câncer no estômago não era operável, por conta da sua idade, e que nem teria grandes chances de diminuir a ponto de desaparecer totalmente. Esse tumor lhe causava muitas dores, e atrapalhava totalmente a sua digestão, causando vômitos após qualquer refeição. A terapêutica escolhida pela equipe médica foi a de aliviar esses sintomas causados pelo tumor através por meio de uma quimioterapia paliativa, já que não tem proposta de cura. Nos atendimentos psicológicos, esse paciente relatava o valor que dava à quimioterapia, dizendo que era uma "benção", pois ela estava trazendo conforto para alguns sintomas que estavam lhe fazendo perder qualidade de vida. Mesmo que aquela medicação não fosse lhe dar mais tempo de vida, o que importava pra aquele paciente era ter um tempo de vida com conforto. E este conforto pôde ser proporcionado por essa terapêutica.

Contudo, não é apenas no caso do cuidado paliativo que a quimioterapia causa conforto. Grande parte dos pacientes sofre com grandes prejuízos causados pelos tumores (por exemplo, tumores de intestino, que causam fortes dores devido à constipação). Tais sintomas são extintos durante o tratamento quimioterápico (Brasil, 2012).

Além dos benefícios físicos, existe a esperança que caminha junto com o tratamento. Afinal, apesar de todos os efeitos colaterais, a quimioterapia é realizada na expectativa de cura ou melhora.

Em muitos casos, a espera pelo início do tratamento é muito mais angustiante do que o tratamento em si. Existem algumas quimioterapias de uso oral que custam caro, e que, por isso, demoram a serem compradas pelo Sistema Único de Saúde (SUS), por conta de cotas. Geralmente, o paciente tem que esperar algum tempo por essa medicação, podendo ser de algumas semanas até meses. O trabalho psicológico com esses pacientes consiste em encontrar uma forma de manejar a ansiedade e a expectativa pela chegada do medicamento.

Quando existe o anseio e o desejo pelo tratamento, se observa uma valorização diferente em relação à terapêutica, mais positiva. Mesmo com todas as consequências ruins, existe uma gratidão pela oportunidade de tratar uma doença. Em pacientes do SUS, essa gratidão é bastante evidenciada, principalmente pelo tratamento ser gratuito.

O fato de existir um remédio entrando pelas veias num processo longo (varia de meia hora, até quatro ou seis horas no salão de quimioterapia, além de infusões em internação, que duram dois ou três dias), causando efeitos dos mais diversos tipos (tanto de desconforto quanto de alívio), para que seja retirada uma doença, de células "ruins", faz com que muitos pacientes comparem esse tratamento a uma limpeza.

A presença de um câncer, um conjunto de células do próprio corpo que fazem mal, coloca no imaginário uma sensação de sujeira, de impureza. O ato de se usar um medicamento que pode ser tão agressivo traz à tona essa comparação com o ato de limpar: cansativo, desgastante, mas que possui uma finalidade benéfica.

É esse tipo de consideração que faz com que muitos pacientes consigam insistir e enfrentar esse processo. A maioria deles traz consigo discursos como: "Farei o tratamento, pois sei que ele será para o meu melhor, sem ele eu posso piorar", "Os efeitos colaterais fazem parte, o importante é que a quimioterapia acabe com o tumor".

A atuação da equipe de saúde na explicação do motivo dos efeitos colaterais, da forma de cuidado desses sintomas e no esclarecimento de que se trata apenas de efeitos da quimioterapia (que terminam junto com a finalização do tratamento) é de grande importância nesse momento. Essa elucidação por parte da equipe com o paciente também funciona como um cuidado para o enfrentamento desse processo.

12.7 Considerações finais

O trabalho de escuta a pacientes oncológicos mostra que o seu imaginário é sacudido pela intromissão da má notícia da doença e um turbilhão de emoções emerge nesse cenário, tais como: medo, angústia, ansiedade, finitude da vida, limitação das atividades, alteração da sua imagem corporal, insegurança.

Nesse contexto, apresenta-se a importância do acompanhamento psicológico, pois nesse quadro de crise, ou seja, de interrupção, de corte do andamento natural da vida, a falta de palavras para falar sobre a sua dor, sobre seu sofrimento e sobre a existência da morte podem agravar o sofrimento e levá-lo à beira do insuportável.

A psicologia no contexto hospitalar vem mostrando a sua importância com o cuidado ao paciente adoecido. No caso do paciente com câncer e mais especificamente em tratamento oncológico quimioterápico, a atenção psicológica é fundamental em primeiro lugar, para que se possa compreender de que formas o tratamento tem impactado o paciente, e que compreensões ele possui em relação à terapêutica. Em segundo lugar, o psicólogo oferece um espaço para que o paciente possa falar sobre a sua experiência e se lançar sobre seus próprios processos de construção e elaboração do processo de saúde e doença.

A paciente Marília, já citada neste capítulo, em um atendimento psicológico realizado durante a quimioterapia, falou sobre a sua visão a respeito do acompanhamento psicológico, que era feito naquele salão: "Eu me lembro de uma vez em que eu escutei um médico falando que, quando o paciente chegava nervoso e com dor de cabeça, por exemplo, ele dava umas gotinhas de remédio pro paciente tomar, mas antes de deixá-lo sair, o médico conversava com o paciente. Quando o paciente ia embora, a sua dor melhorava. Sobre o que fazemos aqui, eu entendo que também seja assim: o que melhora é a conversa, e não só as gotinhas" (e nesse momento a paciente aponta para o seu quimioterápico).

É claro que em termos de tratamento do tumor, o que age é a medicação em si. Porém, considerando que o tratamento quimioterápico se trata de uma experiência de vida que pode envolver um sofrimento, por que não se pode pensar no atendimento psicológico como um "adjuvante" no cuidado ao paciente durante esta trajetória em sua vida?

12. 8 Referências bibliográficas

Al-Ghazal, S. K. (2007). *The Valuable Contribution of Rhazes in the History of Pharmacy.* United Kingdom: FTSC Limited.

Brasil. (2012). Instituto Nacional do Câncer (Inca). *Tratamento do Câncer.* Recuperado em 10 de julho de 2012, de http://www2.inca.gov.br/wps/wcm/connect/cancer/site/tratamento.

Magliavacca, E. M. (2008). *Boletim de Psicologia, 58*(129), 219-226. Recuperado de http://pepsic.bvsalud.org/pdf/bolpsi/v58n129/v58n129a09.pdf.

Parêmias de ética

Valdemar Augusto Angerami

Ética é a busca de clemência... no nada,
no ar, na dor, na lama, na fama,
na grama, na miséria, no desespero...
Ética é o estampido de dor, do gemido, do grito...
é a busca da conduta numa vida prostituta...
ação num mundo desesperado, grafado em misericórdia...
é acreditar que a busca da saúde não é mera humilhação...
é atirar migalhas aos esfomeados, enlameados, baqueados...
é o estreitamento da vida na consciência da finitude;
num corte da sorte afastando-se da morte...
num momento, uma trégua, uma luz, um estranhamento da razão... na emoção, da pulsação e da ilusão...

Ética é a busca das cores na imensidão das trevas...
clemência, complacência...
é gritar e não ser escutado...
é pedir e ser apenas observado...
é ser aclamado por si mesmo... sem estética nem ética;
num momento em que a medicina comemora a clonagem completa de uma
ovelha... clone um novo significado para a humanidade... em tese no futuro
poderemos ter clones humanos... clones, bebês de proveta, manipulação
genética...
e a ética passeia entre os tópicos de algumas legislações...
passeia como a própria utopia da dignidade humana,
frente aos experimentos científicos...
passeia por entre flores, alamedas, mas sem alcançar
a escora que imponha limites ao desrespeito da condição humana. É gritar
e não se escutado...

Ética é implorar amor, compaixão e ouvir argumentos teóricos,
científicos, razão em lugar de emoção...
um feto no lixo... a vida na contramão...
para que o aborto se depois a sociedade mata naturalmente?!
para que atendimento hospitalar se o princípio da vida
é a própria morte?!

Para que discutir a eutanásia se existem métodos mais eficazes?! Como a
superlotação carcerária... os grupos de extermínio das periferias das grandes cidades... ou o total
desprezo governamental pela miséria acintosa da
nossa população... ou pelo teor de toxicidade presente
nos alimentos... pela putrefação ambiental provocada
pela tecnologia desenvolvimentista...
Para que discutir normas e condutas profissionais
se a fome corrói e ceifa de milhares de vítimas até
mesmo nos portões hospitalares?!
Para que a descoberta de tantas e tantas terapêuticas
salvadoras se conseguimos apenas ser vice-campeões mundiais na incidência
da hanseníase?! E se em outras áreas,
como a malária e a doença de Chagas, somos imbatíveis?!
Também no futebol somos vitoriosos...

Como somos ainda o país do Carnaval, do samba e da mulata
que requebra com as nossas emoções... nosso pudor...
nossa ética... ética que discute atitudes mas que
se mantém impassível diante de crianças enlameadas
no crack, na cola, na coca...
e buscam esperança nos restos dos nossos
lixos... nas nossas escarradeiras assépticas...
livre de todos os germes... e vermes e germes...
discutimos a ética e aliviamos nossas culpas
e omissões sociais atirando moedas aos miseráveis...

que limpam os vidros de nossos automóveis diante
do vermelho dos semáforos... do vermelho da dor,
do sangue, da vergonha...
atiramos as moedas mas não temos coragem
de enfrentá-los no olhar... na estampa do ranho
que escorre do nariz e emoldura os lábios...

Para que discutir o destino dos lixos hospitalares?!
se não resolvemos sequer a questão dos lixos humanos?!
Os dejetos hospitalares podem ser incinerados ou enterrados... o extermínio
humano, ao contrário, insiste
em se mostrar nos semáforos, nas avenidas, debaixo de pontes, viadutos, na
ética humana... ética que exclui a excludência social... sem veemência nem clemência... e nem decência; oramos ao Pai Nosso e implicitamente chamamos a
todos de irmãos... pedimos paz, justiça e até misericórdia...
mas escarramos nossa omissão sobre a dor, a miséria,
a lama, o nada, a indiferença... É gritar e não ser escutado...
Falamos em ética... insistimos, resistimos e desistimos...

Serra da Cantareira, numa manhã de verão...

Capítulo 13

Causas de internação de pacientes com câncer e a implantação de atendimentos psicológicos em enfermaria oncológica

KARLA CRISTINA GASPAR
LIGIA TRALDI MACEDO

13.1 Apresentação

Este capítulo terá como objetivo descrever as causas de uma internação oncológica, assim como descrever a estrutura e a dinâmica dos atendimentos psicológicos em enfermaria oncológica.

13.2 Internação hospitalar na população geral

13.2.1 Definição e origem

O instinto da aplicação de cuidados de suporte contínuos na presença de uma condição de risco à vida de um indivíduo é um conceito há milênios presente na sociedade. Em culturas antigas, a medicina desenvolvia-se em conjunto à espiritualidade, sendo que as primeiras instituições documentadas com tal objetivo consistiam em templos egípcios. Na Grécia Antiga, os templos dedicados ao deus Esculápio-curador, conhecido como Asclepieia, funcionavam como centros de aconselhamento médico, prognóstico e de cura (Risse, 1990). Nesses santuários, os pacientes eram induzidos ao sono ou transe, com objetivo semelhante à anestesia dos dias modernos, para receberem orientação espiritual, clínica e, muitas vezes, tratamentos cirúrgicos. Algumas das curas cirúrgicas listadas, tais como a drenagem de abcessos abdominais ou a remoção de material estranho traumático, são realistas o suficiente para terem ocorrido em estado de sono induzido com ajuda de substâncias tais derivadas do ópio (Rosner, 1998).

Apenas a partir do século XVIII foi possível observar, principalmente no continente europeu, o início do hospital moderno servindo apenas as necessidades médicas, com formato operacional. Poucas instituições ainda mantêm o elo entre medicina e religião nas suas atividades assistenciais.

O formato industrial da hospitalização nos dias de hoje constituiu um grande avanço tecnológico para a assistência médica, permitindo maiores chances de sobrevida e mesmo cura de enfermidades. No entanto, a potencial perda do atendimento humanizado e personalizado descrita pelos pacientes e pela sociedade moderna consiste em principal desvantagem desse sistema (Sanches, 2013). O desenvolvimento da assistência psicológica ao paciente internado e a inclusão de acompanhantes familiares podem ser considerados, portanto, reflexo dessa carência em hospitais modernos. A instituição de apoio psicológico intensivo aos hospitalizados pode se tornar passo revolucionário para desenvolvimento da qualidade assistencial hospitalar.

13.2.2 Características da internação hospitalar nos dias atuais

Os motivos de uma admissão hospitalar são variáveis de acordo com diversos fatores econômicos, sociais e regionais, sendo utilizados como indicadores epidemiológicos descritivos (Hamilton, 2012).

No Brasil, poucos dados epidemiológicos estão disponíveis para análise descritiva geral. Segundo descrições do Ministério da Saúde, cuidados de parto e puerpério perfazem praticamente um quarto das internações pelo Sistema Único de Saúde (SUS). Em segundo lugar, complicações de doenças crônicas respiratórias e circulatórias são motivos de internação. Embora as causas de hospitalização sejam variáveis de acordo com a localização geográfica, a tendência crescente de internações relacionadas a neoplasias é observada em todas as regiões do país, com frequência entre 3,2 a 6,7 por cento (DataSUS, 2005).

13.3 Internação hospitalar do paciente oncológico
13.3.1 Considerações gerais

Em países desenvolvidos, o câncer se tornou a principal causa de morte entre homens e mulheres com idade inferior a 85 (Deaths, 2011). Grupo de enfermidades constitui, portanto, uma das causas principais de terminalidade, onde hospitalizações frequentes e a sensação de sofrimento e abandono são mais comuns (Daneault, 2004). Segundo Daneault (2006), é no paciente terminal que as carências do sistema hospitalar moderno na assistência humanizada se tornam mais evidentes, sendo possível concluir que o suporte psicológico intensivo possui função vital para esse grupo. O conhecimento das principais causas de internação hospitalar e sua ligação com a terminalidade torna-se, desta forma, essencial para o atendimento personalizado do psicólogo.

13.3.2 Causas principais de hospitalização do paciente oncológico

No paciente com câncer, é possível identificar dois grupos principais de causas para internação: os relacionados à presença da neoplasia, seja por sua progressão ou pela condição clínica desfavorável do paciente, e os possíveis efeitos adversos do tratamento quimioterápico (Figura 1).

Idealmente, o paciente oncológico deve ser hospitalizado na presença de uma condição de risco eminente à vida que demande cuidados, sejam eles clínicos ou cirúrgicos, para a reversão dessa condição. Infelizmente, não é incomum a presença de pacientes hospitalizados por motivos potencialmente reversíveis em domicílio, como o controle de dor oncológica e o tratamento ou a prevenção de desnutrição. Nesses casos, o atendimento domiciliar possui papel fundamental, evitando internações clinicamente desnecessárias e, por sua vez, promovendo menores complicações relacionadas à hospitalização prolongada e melhor qualidade de vida (Gandara, 2009).

13.3.3 Complicações com demanda de intervenção cirúrgica

Estima-se que pelo menos 5% das internações por câncer estejam relacionadas à necessidade de procedimentos cirúrgicos de emergência para controle ou remissão de sintomas (Price, 2006). As principais indicações de procedimentos cirúrgicos envolvem, em sua grande parte, algum mecanismo compressivo ou obstrutivo relacionado à presença de massa tumoral, como a obstrução esofágica, obstrução intestinal, obstrução de trato urinário, compressão de veia cava superior, lesões cerebrais ou compressão de medula espinhal. Embora boa parte dessas condições estejam diretamente relacionadas à presença da neoplasia, conferindo, assim, pior prognóstico oncológico, nem todas as complicações estão intimamente relacionadas à terminalidade. Exemplos frequentes seriam a obstrução do trato urinário por doença neoplásica prostática, ou mesmo obstrução

do esôfago por neoplasia. Tais complicações estão relacionadas a doenças localmente avançadas em que, em pacientes sem tratamento oncológico prévio, possuem alta probabilidade de remissão completa.

Figura 1 – Indicações principais de hospitalização no paciente com câncer

Indicações principais de hospitalização no paciente com câncer:

- Complicações cirúrgicas:
obstrução do trato gastrointestinal (abdome agudo obstrutivo);
compressão da veia cava superior;
obstrução de via aérea;
obstrução do trato urinário com insuficiência renal;
compressão obstrutiva da medula espinhal (Síndrome de Compressão Medular);
lesão metastática cerebral (lesão secundária em Sistema Nervoso Central);
fratura óssea por metástase (fratura patológica);
volumoso líquido em cavidade torácica (derrame pleural);
volumoso líquido em cavidade abdominal (ascite).

Relacionadas à enfermidade

- Complicações clínicas (por progressão de neoplasia):
trombose venosa profunda;
tromboembolismo pulmonar;
aumento dos níveis de cálcio (hipercalcemia);
aumento dos níveis de sódio (hipernatremia);
queda dos níveis de glicose (hipoglicemia).

- Complicações clínicas (por características desfavoráveis do paciente):
complicações infecciosas (choque séptico, pneumonia, infecção urinária);
desnutrição severa;
dor de difícil controle em domicílio.

Relacionadas ao tratamento quimioterápico

morte celular em larga escala (síndrome de lise tumoral);
infecções por baixa imunidade (neutropenia febril);
risco de sangramento por queda de plaquetas (plaquetopenia);
diarréia de difícil controle;
vômitos de dificil controle (hiperemese);
internações para quimioterapia infusional/transplante de medula óssea.

Fraturas ósseas, ascites e derrames pleurais por neoplasia são, por sua vez, mais frequentemente relacionados a doenças metastáticas, com maior chance de ocorrência em pacientes terminais. Não obstante, a realização de procedimentos invasivos para essas complicações fornecem alívio de sintomas, não apenas diminuindo a mortalidade, como fornecendo melhora da qualidade de vida.

13.3.4 Complicações clínicas relacionadas à neoplasia

Em muitos casos, a presença de células tumorais induz a secreção e liberação de substâncias que promovem alteração de diversas funções vitais, como a coagulabilidade sanguínea e o equilíbrio metabólico. Tais complicações são denominadas síndromes paraneoplásicas, e conferem importante emergência oncológica. Dentre as mais frequentes, destaca-se a hipercoagulabilidade, com consequentes fenômenos trombóticos venosos. A presença de trombose venosa profunda indica risco eminente à vida, sendo, portanto, causa de internação hospitalar, devido à chance de migração do coágulo com tromboembolismo pulmonar e morte.

Alterações metabólicas são também causas frequentes de hospitalização do paciente com câncer. Dentre as principais, destacam-se a hipercalcemia (aumento patológico dos níveis de cálcio no sangue) e a hipernatremia (aumento dos níveis de sódio). Tais condições exigem internação e suporte médico frente ao risco de insuficiência renal, coma metabólico e morte, caso não tratadas devidamente.

13.3.5 Complicações clínicas relacionadas à neoplasia e a características desfavoráveis do paciente

Muitos pacientes oncológicos evoluem com condições clínicas exacerbadas por sua baixa performance ou dificuldade de suporte em seu domicílio. Nessa categoria de causas, boa parte das complicações poderiam ser evitadas se houvesse um melhor cuidado domiciliar. A principal condição clínica desfavorável a ser citada consiste na desnutrição severa. O estado de catabolismo induzido pela neoplasia, potencializado pela baixa ingestão alimentar por diversos mecanismos orgânicos e mesmo sociais, originam condições clínicas de risco à vida, como infecções secundárias, arritmias, queda dos níveis de proteínas com congestão e insuficiência respiratória.

Dados alarmantes apontam o caráter emergencial de melhores medidas de prevenção ambulatorial e em domicílio. As complicações infecciosas, como pneumonia e sepse por outras causas, conferem, nos dias atuais, a principal causa de internação de pacientes oncológicos, atingindo, aproximadamente, 10% dos casos em análise populacional americana (Price, 2006).

Cuidados paliativos de difícil instituição domiciliar são a causa adicional de hospitalizações "evitáveis". A internação para otimização de analgesia ou nutrição são, infelizmente, atitudes frequentes em enfermarias oncológicas. Segundo McClement (2003), embora muitos familiares acreditem na hospitalização como a melhor solução de alívio sintomático ao paciente terminal oncológico, a permanência prolongada de um paciente em meio hospitalar pode não apenas aumentar sua sensação de sofrimento e ansiedade (Daneault, 2004), como aumentar as chances de complicações iatrogênicas (Gaudreau, 2005; Allan-Gibbs, 2010; Ben-Yehuda, 2011). A presença do meio hospitalar, por vezes, não indica sucesso no controle de sintomas, principalmente relacionados à analgesia (Cascinu, 2003).

13.3.6 Complicações relacionadas ao tratamento oncológico

Estima-se que ao menos 5% dos pacientes oncológicos internados sejam admitidos por fatores relacionados ao tratamento específico, seja este por suas próprias características (transplante medular, implante de catéteres de longa permanência, quimioterapias infusionais sem possibilidade de realização em domicílio), ou por complicações relacionadas a esse tratamento. Dentre pacientes em tratamento quimioterápico, estima-se que, aproximadamente, 9% apresentarão hospitalização por complicações relacionadas ao tratamento (Hassett, 2011).

Dentre as complicações secundárias mais comuns à quimioterapia, destacam-se a queda de imunidade (neutropenia), conferindo alto risco de infecções severas, com mortalidade estimada em 10% (Kuderer et al., 2006), e a queda no número de plaquetas (plaquetopenia), conferindo alto risco de sangramentos fatais (Ten Berg, 2011). Tais indicações, embora exigindo internação hospitalar, são caracterizadas por menor permanência em meio nosocomial do que tratamentos paliativos impossibilitados em domicílio.

A presença de complicação secundária à intervenção terapêutica pode promover ansiedade e menor aderência do paciente aos tratamentos futuros, fator a ser valorizado na assistência psicológica a esse grupo de pacientes.

13.4 Implantação de atendimentos psicológicos em enfermaria oncológica

A partir das pontuações sobre a causa de internações oncológicas e os aspectos emocionais envolvidos, o fluxograma descrito a seguir revelará a estrutura e a dinâmica dos atendimentos psicológicos desenvolvidos em enfermaria oncológica.

Quadro 1 – Estrutura dos atendimentos realizados na enfermaria de oncologia

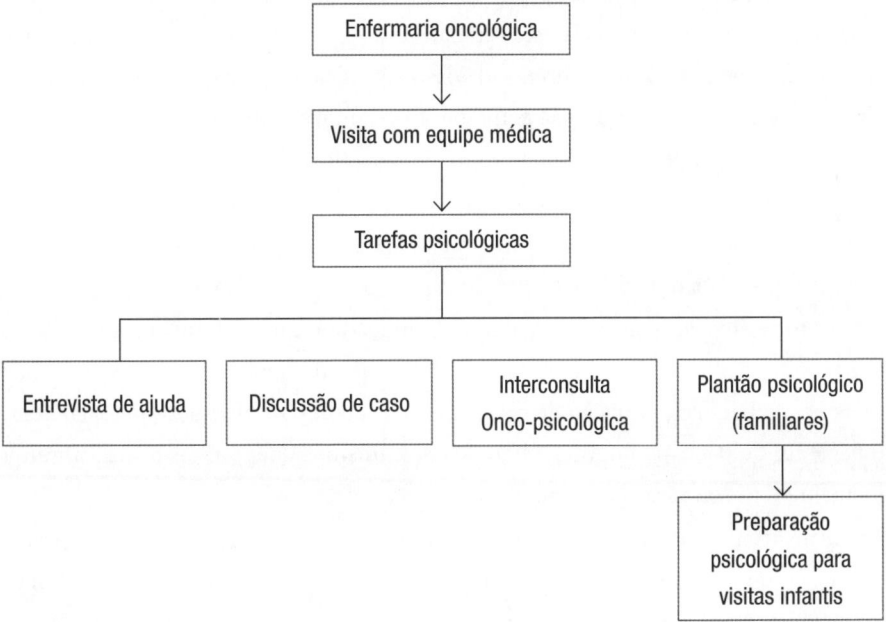

13.4.1 A visita aos pacientes com a equipe médica

A psicologia está inserida nas visitas médicas com o objetivo de observar a relação paciente-médico, conhecer o quadro de evolução clínica do paciente e quando oportuno apontar para a equipe as características emocionais do paciente.

13.4.2 Tarefas da psicologia

Realizada a visita médica, os atendimentos psicológicos são iniciados. Adotamos alguns tipos específicos de intervenções psicológicas em enfermaria, sendo elas: entrevista de ajuda, discussão de casos, interconsulta onco-psicológica, plantão psicológico a familiares e orientação psicológica a crianças para visita à enfermaria oncológica de seu familiar.

13.4.2.1 Entrevista de ajuda

A entrevista de ajuda pode ser definida como uma ferramenta que possibilita o estabelecimento de um relacionamento em que o psicólogo tenta ajudar o paciente. Sendo assim, trata-se de um diálogo com finalidades terapêuticas. É importante frisar que essa ferramenta precisa ser refinada, ou seja, é papel do psicólogo trabalhar basicamente com a escuta diferenciada, isso significa afirmar que o seu raciocínio clínico deve ser apurado. Dessa combinação resultará a compreensão psicológica do paciente. A partir dessa compreensão, tem-se o foco para intervenção.

Sendo os atendimentos psicológicos realizados na enfermaria, parte-se do pressuposto de que há um impacto emocional causado pelo câncer e/ou internação. Assim sendo, o foco é estabelecido.

O foco deve ser entendido como delimitação de uma totalidade concreta de situações e vivências do paciente. Em geral, o eixo do foco é dado pelos sintomas mais perturbadores, situação de crise, ameaças de descompensação que alarmam o paciente ou o grupo familiar, além dos mecanismos adaptativos que de alguma forma podem fracassar (Fiorini, 2004).

Em situação de hospitalização, o paciente é submetido a estresse psicológico, a reações de ajustamento, e apresenta mecanismos de defesas específicos como forma de reagir à doença.

A hospitalização para o paciente com câncer apresenta-se permeada de sofrimento. Os sintomas da doença, assim como os efeitos colaterais do tratamento, geralmente, longo, acarretam prejuízos nas habilidades funcionais, vocacionais e incerteza quanto ao futuro, muitas fantasias e preocupações em relação à morte, mutilações e dor estão presentes.

A entrevista de ajuda é um instrumento capaz de abarcar o foco da intervenção e, assim, ajudar o paciente a ampliar seu campo de percepção sobre a situação que está vivendo.

Além disso, o psicólogo deve saber manejar a entrevista para possibilitar ao paciente chegar o mais próximo de si mesmo para então poder explorar e expressar o que descobriu de si mesmo. O psicólogo deve ter um bom conhecimento sobre técnicas e teorias psicológicas para não envolver-se em lugares comuns ou avaliações pragmáticas que outros profissionais sempre têm prontos para estabelecer rótulos.

Enfim, uma entrevista efetivamente de ajuda será significativa quando o psicólogo oferece ao paciente a possibilidade de ele dizer como se sente verdadeiramente.

Esse tipo de intervenção leva em consideração o tempo que o paciente ficou internado, sabe-se que a permanência do paciente na enfermaria é variável. Assim sendo, a entrevista de ajuda pode cumprir seus propósitos em apenas uma intervenção. Mesmo emocionalmente abalado por um adoecimento, é objetivo da entrevista de ajuda que o paciente não se apoie no psicólogo, mas sim que se apoie em si mesmo. Em outras palavras, o psicólogo ajudará o paciente a encontrar o apoio que lhe for mais seguro dentro de suas circunstâncias.

13.4.2.2 Discussões de caso clínico-hospitalar

As discussões de caso são realizadas junto aos profissionais da enfermaria quando necessárias. Essa tarefa tem como objetivo o exercício da interdisciplinaridade.

Para entender a noção de interdisciplinaridade, é preciso definir o que se compreende por disciplinaridade. Japiassu (1975 p.5) define tratar-se de uma "exploração científica especializada de determinado domínio homogêneo de estudo, isto é, um conjunto sistemático e organizado de conhecimentos que apresentam características próprias".

Vale ressaltar com essa definição que a disciplina tem um enfoque específico e de certa forma reduzido diante da compreensão de um objeto, que se ampliaria na medida em que estabelecesse ligações com outras disciplinas.

Surge então a noção de interdisciplinaridade, que é explicada como o "conjunto de conhecimento entre e através das disciplinas, por meio da ligação de fatos e de teorias para criar novas bases explanatórias" (Braga, 1999).

Pensando na discussão de caso clínico-hospitalar, no contexto de enfermaria hospitalar, temos um paciente adoecido de forma variada nas dimensões "bio--psico-social-espiritual". Assim sendo, apenas a intervenção de uma especialidade não colaboraria para um restabelecimento de seu bem-estar. A junção de conhecimentos traz uma compreensão mais abrangente e, portanto, com ações mais efetivas para com o paciente.

Para que essa interlocução de saberes ocorra, é necessário compreender a noção de interdisciplinaridade, pois não basta ser uma equipe multidisciplinar que tem como princípio apenas reunir profissionais de diversas especialidades, e não ter o compromisso da inter-relação entre seus membros e especialidades. A separação entre membros (entendendo como indivíduos) e especialidades foi pontuada propositalmente. A ressalva é para o desafio subliminar que envolve esse tipo de trabalho. Trata-se das características pessoais de cada indivíduo representante da especialidade, mais precisamente, essa pontuação faz alusão à qualidade do ser humano que está fazendo uso da respectiva profissão.

Um bom trabalho interdisciplinar tem como premissa valores e princípios pessoais, além do sentido pessoal do exercício da profissão. Ao contrário disso, situações como competição, disputa de poder, ações e pensamentos de senso comum (que inclusive não permitirão que o profissional entenda a definição de interdisciplinaridade), intolerância com as diferenças, falta de qualificação profissional e condutas antiéticas são aspectos que inibem a realização de um real e eficiente trabalho de equipe interdisciplinar.

Assim sendo, a discussão de caso clínico-hospitalar tem como elementos fundamentais essa breve pontuação.

13.4.2.3 Interconsulta oncopsicológica

A interconsulta em oncopsicologia inspira-se no modelo da interconsulta psiquiátrica preconizado por Botega (2012), que a define como um instrumento metodológico utilizado pelo profissional da saúde mental para compreender e aprimorar a assistência ao paciente no hospital geral, por meio do diagnóstico e tratamento de problemas psicológicos, dificuldades interpessoais e dilemas institucionais envolvendo o paciente, a família e a equipe de saúde.

É possível identificar aspectos comuns entre o modelo de assistência adotado na interconsulta psiquiátrica e o desenvolvido pela psicologia hospitalar.

A atuação do interconsultor em saúde mental no hospital geral deve-se pautar pela presteza e sistematização de ações. A boa qualidade da intervenção

dependerá, entre outros fatores, do estabelecimento de um contato inicial satisfatório entre o profissional solicitante e o interconsultor, com vista a esclarecer
a razão do pedido e compreender a história clínica e pessoal do paciente, o que
permitirá o planejamento de estratégias mais apropriadas. Devem-se observar as
motivações, o grau de proximidade afetiva, as preocupações, os sentimentos e as
reações dos profissionais atuantes no cuidado ao paciente (Botega, 2012).

Outro aspecto fundamental na interconsulta é a comunicação entre os profissionais. Após a avaliação do paciente, é recomendável informar pessoalmente
o profissional solicitante e outros membros da equipe sobre a impressão diagnóstica e o plano terapêutico estabelecido. Essa atitude demonstra interesse e
preocupação do interconsultor pela situação do paciente e reforça a confiança
e a necessidade de trabalho conjunto entre profissionais da saúde (Marinho &
Caballo, 2001).

Na interconsulta oncopsicológica da enfermaria de oncologia, atendemos
a solicitações específicas de clínicas que fazem intersecção com a oncologia.
Isso significa afirmar que disponibilizamos interconsulta apenas para casos que
envolvam a oncologia.

As principais motivações para solicitação de interconsulta oncopsicológica
são as reações de ajustamento, transtornos de humor, além da dificuldade de
aceitação do prognóstico, de amputação, ansiedade exacerbada diante de procedimentos invasivos (ou do próprio desconhecimento do exame).

Apesar de o tema sobre a interconsulta psicológica, mais especificamente a
oncopsicologia, ser escasso na literatura, acreditamos na iniciativa deste trabalho
como ponto de partida para futuras pesquisas científicas sobre o assunto.

13.4.2.4 Plantão psicológico para familiares oncológicos

Considera-se caso de urgência em medicina aquele paciente que está em
risco iminente de vida. Em psicologia, podemos falar sobre a urgência subjetiva,
que trata-se de uma condição que extrapola as barreiras do orgânico e do racional (Coppe & Miranda, 2002).

Podemos afirmar que o familiar (ou cuidador principal) de um paciente com
câncer, ao receber a notícia de que seu ente querido não tem proposta de tratamento curativa, poderá ter uma reação de urgência subjetiva baseada em um

risco iminente de vida de seu parente. Esse quadro é muito comum na enfermaria de oncologia, entre outras reações.

Para tanto, disponibilizamos atendimentos psicológicos aos familiares trazendo como fundamento técnico o plantão psicológico. Embora tenhamos que conviver com a desproteção do *setting* estruturado como é o da clínica, é possível encontrar lugares pelo hospital passíveis de preservar o familiar e realizar o atendimento do qual ele necessita.

A palavra "plantão" vem do francês *planton*, seu uso moderno refere-se a suporte; e a origem da palavra *planton* vem do latim *plantare*, que significa plantar. A ideia do plantão psicológico é ser entendido como tendo seus pés no chão, sendo prático, respondendo às necessidades imediatas do paciente (em nosso caso, do familiar) (Wood, 1999).

Assim sendo, o plantão psicológico é um projeto que pode acolher urgências subjetivas, haja vista o caráter de imprevisibilidade imposto nessa reação.

Adotamos o plantão psicológico como uma forma de acolher e oferecer continência psicológica às reações dos acompanhantes diante de notícias difíceis do quadro clínico de seus parentes hospitalizados.

Uma considerável parcela dos nossos usuários do plantão psicológico tem como demanda psicológica reações como: o medo da morte, a ansiedade, ressentimentos, abalos da autonomia, sensações de estranheza e até mesmo risco de suicídio.

Ressalta-se, então, que o plantão psicológico consiste em propiciar a facilitação de um processo que é do paciente (familiar) e, portanto, a função do psicólogo (na enfermaria) é acompanhar esse processo, e não conduzi-lo (Amatuzzi 1990). Entende-se que essa prática é de caráter emergencial e privilegia a demanda emocional imediata e espontânea do paciente (familiar) (Cury 1999a).

Quando necessário, realizamos encaminhamentos ambulatoriais, garantindo acompanhamento psicológico mais sistemático ao familiar.

13.4.2.5 Orientação psicológica para crianças em visitas à enfermaria oncológica

A maioria dos hospitais estabelece idade mínima de 12 anos para entrar para a visitação a adultos internados. No entanto, nota-se crianças menores manifestando o desejo de visitar seus parentes e, muitas vezes, o paciente que está hospitalizado comunica a vontade de ver a criança (geralmente são seus filhos ou netos).

Essa situação suscita diferentes opiniões entre os membros da equipe de saúde, principalmente no que diz respeito à pouca orientação sobre como manejar a entrada de criança no hospital sem causar danos psicológicos e sem expor a criança a infecções hospitalares. Tais argumentos podem ser plausíveis, mas não devem servir como obstáculo à criança que deseja visitar o seu familiar, pois elimina a possibilidade de enfrentamento de uma situação real e concreta que acometeu sua família (Rozdilsky, 2005).

A psicologia do desenvolvimento infantil vem estudando a capacidade cognitiva e emocional da criança e desmitifica a concepção de que a criança não sabe lidar com a dor e o sofrimento. A criança visitando o paciente em estado crítico poderá participar da realidade da família durante a internação, e consegue entender as mudanças na rotina e de comportamento de seus familiares (Johnson, 1994).

Em um revisão bibliográfica sobre o tema, alinhada ao estudo das fases do desenvolvimento cognitivo e emocional da criança em relação à compreensão da morte, tem-se o seguinte resultado: a abordagem cuidadosa da equipe de saúde é, sem dúvida, sempre necessária em cada caso, devendo ser fundamentada na estrutura emocional de cada fase do desenvolvimento da criança e na avaliação do sistema familiar. Para tal, a presença do psicólogo na equipe é importante para acompanhar e avaliar esse processo, assegurando à equipe interdisciplinar a devida orientação sobre a dinâmica familiar, a estrutura emocional e sobre o sentido da visita da criança para a mesma (Borges et al., 2010).

A orientação psicológica dada ao cuidador remete a contar uma história. Ou seja, a história de seu familiar doente que está hospitalizado e sua condição clínica.

Como estamos falando de criança abaixo de 12 anos, podemos "abusar" das histórias, criança tem uma imaginação muito aguçada. Estou chamando de "história" o relato descritivo do hospital e o estado clínico do paciente.

O quadro a seguir traz como questão primordial a orientação psicológica ao cuidador responsável por trazer a criança, assim como prepará-la para o encontro com o familiar hospitalizado.

Quadro 2 – Orientação psicológica ao cuidador responsável por trazer a criança para visita à enfermaria oncológica

- escolher o melhor momento para conversar com a criança em casa, sem pressa e com muita paciência sobre a visita ao hospital;
- dizer à criança que vocês irão conversar sobre a visita hospitalar (do papai, mamãe, irmão ou o grau de parentesco de quem estiver internado);
- se acomodar em locais onde não serão interrompidos;
- descrever o local em que o familiar está, dizer que é um hospital, lugar em que as pessoas ficam quando estão doentes porque precisam de remédios e cuidados dos médicos;
- dizer que o familiar (nomear o parentesco papai, mamãe etc.) está em um quarto com outras pessoas (se for quarto coletivo) ou sozinho;
- falar que o familiar pode ou não pode levantar da cama (depende do estado clínico);
- se o paciente realizou cirurgia, explicar para a criança como o familiar está fisicamente, se ocorreu alguma amputação, dizer que ele tinha um machucado muito grande e precisou tirar (nomear qual o membro), ou se estava com deformidade facial, dizer que foi um machucado grave;
- se o procedimento anterior ocorreu, levar uma fotografia para a criança ver o familiar antes de vê-lo pessoalmente;
- explicar que isso teve que acontecer, que era o melhor para o familiar;
- falar sobre sentimentos – que essas situações podem nos deixar tristes; é desejável que o cuidador fale à criança de seu sentimento como uma reação natural;
- por outro lado, será uma alegria vê-lo (nomear o parentesco) e que o parente também vai ficar muito feliz por vê-la; perguntar em seguida o que a criança está pensando e sentindo sobre tudo isso que você cuidador está falando;
- responder as perguntas com sinceridade e em uma linguagem simples que a criança entenda; é importante não tratá-la como boba, trate-a como uma criança levando em conta a sua fase de desenvolvimento cognitivo e emocional;
- certamente ela irá compreender e poderá decidir se quer ou não visitar o familiar;
- se decidir pela visita, entrará na sequência de ações indicadas pelo fluxograma;
- se decidir por não visitar, compreenda, não force, sugira que ela possa falar ao telefone ou escrever uma carta (se for alfabetizada, se não for, você poderá escrever por ela, e deixe-a ditar o conteúdo) ou então ela poderá enviar um desenho ao familiar;
- se não quiser fazer nada, respeite-a e diga que não tem problema nenhum, mas que se ela mudar de ideia, poderá falar com você (cuidador).

A Figura 2 a seguir é um fluxograma e traz como sugestão a sequência de atitudes da equipe de saúde diante do pedido de uma visita de uma criança à enfermaria oncológica.

Figura 2 – Atitudes da equipe de profissionais para recepção de criança para visita em enfermaria oncológica

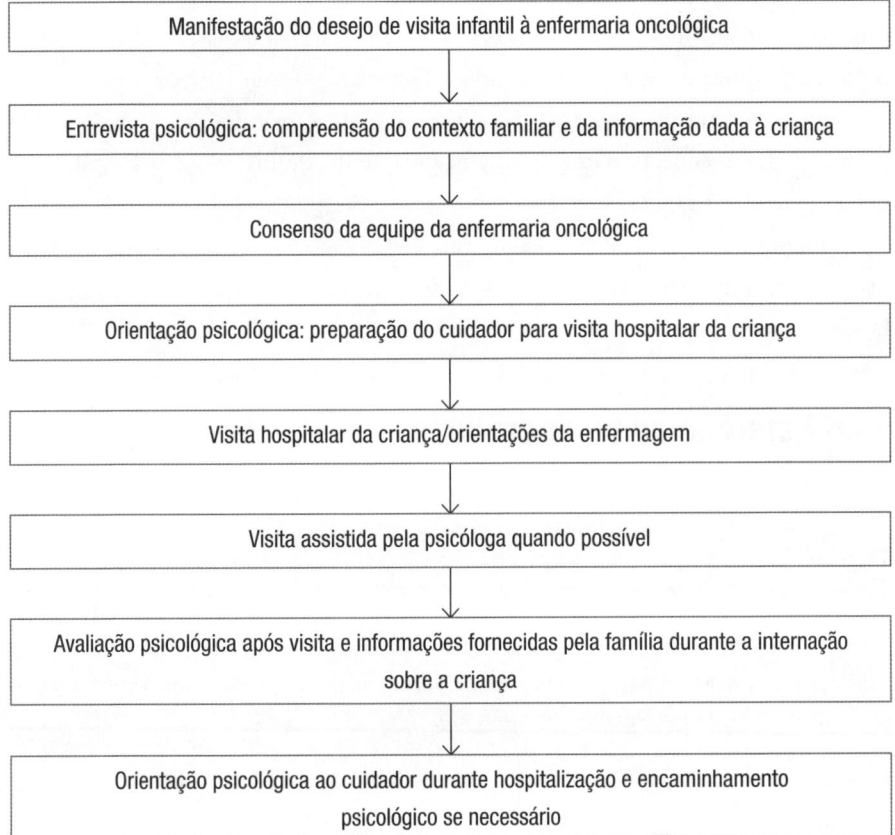

Esse quadro de orientações psicológicas e o fluxograma têm como base o respeito pela criança de qualquer idade, e, além disso, colaborar com a criança em seu desenvolvimento emocional diante de situações de adoecimento e falecimento. Os adultos precisam, na maioria das vezes, esconder de suas crianças situações "difíceis" que poderão envolver choro, tristeza, doença e morte. Mas, quando elas crescerem, não terão de enfrentar essas situações? Por que será que os adultos têm tanta dificuldade para expressar seus sentimentos, principalmente em situações de perdas e separações? Será que não foram crianças negligenciadas em seu cuidado emocional? O adulto não pode privar a criança do direito de viver sua dor de forma humanizada.

13.5 Considerações finais

O psicólogo pode exercer papel fundamental no atendimento ao paciente internado, constituindo melhor interface entre a equipe assistencial de saúde e o paciente, junto ao seu núcleo familiar. O sentimento de ansiedade quanto ao tratamento ou mesmo quanto à presença de doença terminal faz a presença do psicólogo ser essencial, particularmente no evento de internações hospitalares que potencializam tais reações.

Quanto à assistência do paciente oncológico, certos avanços, como medidas preventivas ambulatoriais e domiciliares, seriam necessários para a diminuição de hospitalizações potencialmente evitáveis.

13.6 Referências bibliográficas

Allan-Gibbs, R. (2010). Falls and hospitalized patients with cancer: a review of the literature. *Clin. J. Oncol. Nurs.*, *14*(6), 784-792.

Amatuzzi, M. M. (1990, ago./dez.). Que é ouvir. *Estudos de Psicologia*, *7*(2), 86-97.

Ben-Yehuda, A., Y., Bitton, et al. (2011). Risk factors for prescribing and transcribing medication errors among elderly patients during acute hospitalization: a cohort, case--control study. *Drugs Aging*, *28*(6), 491-500.

Benjamin, A. A. (1998). *Entrevista de ajuda* (9ª ed.). São Paulo: Martins Fontes.

Borges, K. M. K., Genaro, L. T., & Monteiro, M. C. (2010, julho/setembro). *Rev. bras. ter. Intensiva*, *22*(3). São Paulo.

Botega, N. J. (2012). *Prática psiquiátrica no hospital geral: interconsulta e emergência* (3ª ed.). Porto Alegre: Artmed.

Braga, G. M. (1999). Prefácio In Pinheiro, L. V. R. (Org). *Ciência da informação, ciências sociais e interdisciplinaridade* (pp. 9-10). Brasília, Rio de Janeiro: IBICT/DDI/DEP.

Cascinu, S., P. Giordani, et al. (2003). Pain and its treatment in hospitalized patients with metastatic cancer. *Support Care Cancer 11*(9), 587-592.

Coope, A. A. F, & Miranda, E. M. F. (2002). O psicólogo diante da urgência no pronto socorro. In Angerami, V. A. (Org.). *Urgências psicológicas no hospital*. São Paulo: Pioneira Thompson Learning.

Cury, V. E. (1999a). Plantão psicológico em clínica-escola. In M. Mahfoud (Ed.), *Plantão psicológico: Novos horizontes* (pp. 120-135). São Paulo: Companhia Ilimitada.

Daneault, S., Lussier, V. et al. (2006). Primum non nocere: could the health care system contribute to suffering? In-depth study from the perspective of terminally ill cancer patients. *Can. Fam. Physician, 52*(12), 1574-1575.

Daneault, S., Lussier, V. et al. (2004). The nature of suffering and its relief in the terminally ill: a qualitative study. *J. Palliat Care, 20*(1), 7-11.

DataSUS (2005). Ministério da Saúde/DataSUS - *Sistema de Informações Hospitalares do SUS* (SIH/SUS).

Deaths, H. M. (2011). Leading causes for 2007. National vital statistics reports. *MD: National Center for Health Statistics, 59*(8).

Fiorini, H. J. (2004). Teoria e técnica de psicoterapias. São Paulo: Martins Fontes.

Gandara, E. (2009). Review: admission avoidance hospital at home decreases mortality at 6 months but does not differ from inpatient care for readmission. *Evid. Based Med., 14*(3), 79.

Gaudreau, J. D., Gagnon, P. et al. (2005). Psychoactive medications and risk of delirium in hospitalized cancer patients. *J. Clin. Oncol., 23*(27), 6712-6718.

Hamilton, W. (2012). "Emergency admissions of cancer as a marker of diagnostic delay. *Br. J. Cancer, 107*(8), 1205-1206.

Hassett, M. J., Rao, S. R. et al. (2011). Chemotherapy-related hospitalization among community cancer center patients. *Oncologist, 16*(3), 378-387.

Japiassu, H. (1975). Interdisciplinaridade e patologia do saber (Série Logoteca, p. 221). Rio de Janeiro: Imago.Johnson, D. L. (1994). Preparing children for visiting parents in the adult ICU. *Dimens. Crit. Care Nurs., 13*(3),152-4, 157-65.

Kuderer, N. M., Dale, D. C. et al. (2006). Mortality, morbidity, and cost associated with febrile neutropenia in adult cancer patients. *Cancer, 106*(10), 2258-2266.

Marinho, M. L., & Caballo, V. E. (Orgs.). (2001). *Psicologia Clínica e da Saúde*. Londrina: UEL.

McClement, S. E., Degner, S. E. et al. (2003). Family beliefs regarding the nutritional care of a terminally ill relative: a qualitative study. *J. Palliat Med., 6*(5), 737-748.

Price, R. A., Stranges, E. et al. (2006). *Cancer Hospitalizations for Adults, 2009: Statistical Brief, 125.*

Risse, G. B. (Ed.). (1990). Mending bodies, saving souls: a history of hospitals (p. 56). Oxford University Press.

Rosner, F. (1998). Hand-foot syndrome following prolonged infusion of high doses of vinorelbine. *Cancer, 83*(5), 1054-1055.

Rozdilsky, J. R. (2005). Enhancing sibling presence in pediatric ICU. *Crit. Care Nurs. Clin. North Am., 17*(4), 451-61.

Sanches, I. C., Couto, I. R. et al. (2013). Hospital treatment: right or concession to the hospitalized user? *Cien. Saúde Colet., 18*(1), 67-76.

Ten Berg, M. J., van den Bemt, P. M. et al. (2011). Thrombocytopenia in adult cancer patients receiving cytotoxic chemotherapy: results from a retrospective hospital-based cohort study. *Drug Saf., 34*(12), 1151-1160.

Wood, J. K. (1999). Prefácio In Mahfoud, M. (Org.). *Plantão Psicológico: novos horizontes.* São Paulo: Companhia Ilimitada.

Capítulo 14

Atendimento psicológico domiciliar a pacientes oncológicos em cuidados paliativos

ANDRÉA CAROLINA BENITES
KARLA CRISTINA GASPAR

Aos pacientes (in memoriam) e a seus familiares que compartilharam de sua intimidade e de suas dores. À querida professora Carmen Maria Bueno Neme (Pilé), por ter me guiado com carinho e dedicação nos meus primeiros passos no cuidado aos pacientes oncológicos e na construção do meu projeto existencial. À querida Karla, pela acolhida afetuosa e aprendizado proporcionado na parceria com este trabalho. À Gustavo (in memoriam), meu querido irmão, cuja perda impulsionou as indagações pessoais e profissionais acerca da morte e do morrer, e a busca por um sentido para a vida.

14.1 Introdução

A sociedade atual tem se deparado com o aumento do número de idosos e, consequentemente, com o crescimento de indivíduos que convivem com as doenças crônico-degenerativas, entre elas, o câncer. Diante deste contexto, tem se discutido sobre a importância de reduzir custos e a utilização de leitos hospitalares deixando disponível para casos de urgência e emergência, e o desenvolvimento de programas de assistência domiciliar nas políticas públicas de saúde que busquem a humanização na assistência ao paciente e à sua família.

A assistência domiciliar tem sido discutida enquanto uma modalidade de atendimento, a qual também é denominada como *home care*. Essa modalidade de atendimento visa à promoção de tratamento de pessoas doentes, incapacitadas ou crônicas de qualquer idade, no domicílio ou num ambiente qualquer que não seja uma instituição. Esse tipo de serviço tem por objetivo a educação do paciente e de sua família em busca da independência dos serviços de assistência hospitalar/institucional, além de reduzir riscos de infecção e custos de internação hospitalar, promovendo oportunidades de reintegração do paciente ao contexto familiar e social por meio de uma assistência integral, humanizada, focada na melhoria da qualidade de vida do paciente (Albuquerque, 2003; Fabricio, Wehbe, Nassur, & Andrade, 2004).

O serviço de assistência domiciliar no Brasil se iniciou com a criação do Serviço de Enfermeiras Visitadoras no Rio de Janeiro, em torno de 1919. Na década de 1960, ocorreu a implantação do programa pioneiro de assistência domiciliar do Hospital do Servidor Público Estadual de São Paulo (Albuquerque, 2003). Esse serviço foi criado com o objetivo de proporcionar cuidados a pacientes com doenças crônicas (neoplasias, acidente vascular cerebral, insuficiência cardíaca, doença pulmonar obstrutiva crônica, diabetes mellitus e hipertensão arterial) que tivessem condições de serem acompanhados no domicílio. A partir da década de 1990, surgiram várias outras propostas e implementações de serviços de acordo com o perfil e necessidade da comunidade, por meio de parcerias com prefeituras, hospitais públicos e privados, cooperativas médicas, medicina de grupo, entre outros (Fabricio, Wehbe, Nassur, & Andrade, 2004).

Atualmente, é possível afirmar que a assistência domiciliar envolve um trabalho de equipe interdisciplinar visando um atendimento humanizado e focado para as necessidades do paciente e de sua família.

Os objetivos desse tipo de atendimento envolvem desde a prevenção de problemas de saúde até a assistência para doenças crônicas que, muitas vezes, trazem dificuldades para o paciente se locomover até o hospital. No acompanhamento do paciente em assistência domiciliar, o papel do cuidador é fundamental nos cuidados realizados para com o paciente e enquanto alguém que poderá informar os profissionais sobre os resultados referentes ao tratamento (Laham, Satake, Chiba, Rosana, Benute, & Lucia, 2009).

Apesar do desenvolvimento e implementação da atenção domiciliar nas práticas de saúde tanto no setor privado quanto público, essa modalidade de serviço ainda carece de inserção mais ampla nos sistemas de atendimento à saúde e necessita de melhorias na formação e capacitação dos profissionais de saúde para atuar na área (Lacerda, Giacomozzi, Oliniski, & Truppel, 2006).

Dentro da atenção domiciliar, existem outras modalidades que possuem suas especificidades, porém, são complementares e interdependentes, sendo elas: o atendimento domiciliar, a internação domiciliar e a visita domiciliar.

Segundo Lacerda et al. (2006), a atenção domiciliar abrange todos os demais tipos de modalidades citados, envolvendo desde a promoção até a reabilitação dos pacientes em processo de adoecimento e doentes crônicos.

A modalidade de atendimento domiciliar representa um extenso campo de cuidado, abrangendo desde os cuidados primários à saúde até cuidados paliativos para os pacientes "fora de possibilidades terapêuticas".

O atendimento domiciliar busca orientar e demonstrar procedimentos técnicos a serem realizados pelo paciente e/ou cuidador, desenvolver ações educativas ou assistenciais, desde as mais simples até as mais complexas, tendo como foco o paciente e seus familiares no domicílio.

Já a internação domiciliar se caracteriza pela oferta de recursos humanos, tecnologia, equipamentos, materiais e medicamentos para pacientes que, devido a seu quadro clínico, necessitam de uma assistência parecida com o que um hospital oferece.

E, por fim, a visita domiciliar se caracteriza por desenvolver ações de educação, orientação e levantamento das necessidades do paciente e sua família por meio da observação do contexto domiciliar e de possíveis soluções para promover independência e autonomia dos envolvidos.

O objetivo central desse tipo de modalidade envolve a avaliação das demandas dos pacientes e familiares a fim de se desenvolver um plano assistencial e dar subsídios para o acompanhamento da assistência em todas as modalidades que possam estar sendo oferecidas.

Diante dessa complexidade de modos de atuação, é imprescindível que o profissional da saúde busque se capacitar e profissionalizar nessa área promissora que demanda conhecimentos específicos e, muitas vezes, o profissional não recebe a formação adequada durante o curso de graduação, além da necessidade de reflexão e reavaliação constante do serviço que está sendo oferecido e dos resultados alcançados.

14.2 Peculiaridades do atendimento psicológico domiciliar em oncologia

Existem poucos estudos discutindo o papel do psicólogo nos serviços de assistência domiciliar, principalmente em serviços voltados para a área da oncologia. A psicologia, aos poucos, vem adquirindo espaços na área da saúde pública e dos serviços de assistência domiciliar. Contudo, é necessário que seu papel esteja bem delimitado e embasado para promover um trabalho de qualidade voltado para as necessidades do paciente e de sua família para o desenvolvimento científico e aprimoramento do serviço (Laham, 2004; Laham et al., 2009).

A partir de sua experiência de atendimento no Núcleo de Assistência Domiciliar Interdisciplinar do ICHC-FMUSP, a autora aponta diversas peculiaridades do atendimento psicológico em domicílio. Segundo a autora, os pacientes atendidos em seus domicílios demonstram medo de não estar no hospital caso necessitem de recursos tecnológicos mais avançados; sentimento de culpa por sentirem como se fossem um "peso" para os familiares e/ou cuidador; inversão de papéis em que antes eram provedores da casa e dos filhos e passaram a ser dependentes deles; traços depressivos decorrentes do surgimento da doença e consequente mudança de vida e da rotina.

Diante desses aspectos psicológicos característicos desses pacientes, a função do trabalho do psicólogo é avaliar o modo como o paciente enfrenta a situação de adoecimento, ou seja, identificar seus recursos de enfrentamento, bem como os recursos psíquicos existentes, e se o paciente possui algum comprometimento psíquico devido a alguma doença orgânica, se existe a negação ou aceitação da doença e prognóstico.

Outra questão importante concernente ao serviço de atendimento psicológico domiciliar é a necessidade de adaptação do *setting* terapêutico. Diferentemente do que ocorre num contexto de consultório particular e hospitalar, quando o profissional chega ao domicílio, não sabe onde os atendimentos irão acontecer. Neste contexto domiciliar, serão os familiares que irão sinalizar o modo como o profissional deverá se comportar, indicando o local que deverá se sentar, se tem permissão de entrar no quarto, no banheiro ou qualquer lugar que remeta à intimidade daquela família.

Além de estar atento ao que os familiares sinalizam acerca das diretrizes, no momento do atendimento, o profissional deve se conscientizar que será necessário usar a criatividade para minimizar ao máximo as interferências possíveis no *setting*, exigindo certa flexibilidade. A questão do sigilo também fica prejudicada, pois dependendo do modo como a casa é constituída, este pode ser preservado ou prejudicado. Se for uma casa com vários cômodos em que é possível manter certa privacidade, se torna mais fácil lidar com essa questão, mas caso se trate de uma casa com dois cômodos, por exemplo, o sigilo fica prejudicado.

Desta forma, o profissional deve ficar atento às sinalizações do comportamento verbal e não verbal do paciente, identificando questões em que é possível observar que ele consegue abordar com naturalidade e sem incômodos, e outras em que ele não se sente à vontade perto de outros membros da família (Laham, 2004; Laham et al., 2009).

O profissional pode se deparar com interrupções por visitas inesperadas, presença dos demais familiares próximo ao *setting* de atendimento escolhido, expectativas e fantasias dos familiares quanto ao atendimento realizado, intercorrências e internações inesperadas e agravo do quadro clínico do paciente, dificultando, portanto, a comunicação.

Diante dessas dificuldades e mudanças constantes, o profissional deve, com frequência, reavaliar as necessidades do paciente e seus familiares envolvidos e traçar novos objetivos terapêuticos, de acordo com as mudanças vivenciadas e necessidades identificadas no paciente e na dinâmica familiar. Por isso que é importante o profissional também estender a assistência domiciliar aos demais membros da família e ao cuidador que convivem com o paciente, a fim de conhecer sua realidade, seu sofrimento e enfrentamento perante o adoecimento e o processo de terminalidade do ente querido, atuando, assim, em nível preventivo.

Propiciar momentos de expressão do sofrimento, das angústias, medos e receios relacionados ao processo de morrer, bem como a comunicação aberta com a família, o doente e a equipe, favorecendo uma consciência gradual do prognóstico da doença, uma adaptação gradual a essa realidade e um período de preparação e reorganização dos familiares, pode prevenir o desenvolvimento futuro de um luto patológico ou demais morbidades (Bromberg, 2000).

A assistência domiciliar voltada aos pacientes oncológicos tem por objetivo proporcionar cuidados necessários de acordo com a demanda do paciente e da família visando à preservação da autonomia do paciente e melhoria em sua qualidade de vida. Esses cuidados incluem a reorganização da rotina familiar, adequação do ambiente familiar, controle da dor oncológica e dos sintomas relacionados à doença.

O oferecimento da assistência no domicílio possibilita que o paciente passe pelas etapas do tratamento e cuidados no fim da vida de forma mais tranquila e compartilhada com pessoas da família escolhidas por ele e próximo a amigos e vizinhos, de modo que o paciente fique livre de intervenções desnecessárias e sua história de vida com seus aspectos espirituais e afetivos tornem-se intensos e valorizados, destacando-se em comparação aos aspectos técnicos.

No domicílio, inserido em sua rotina e meio familiar, sem permanecer por longo período em internações desnecessárias, o medo da solidão e o paciente tem a possibilidade de compartilhar seu sofrimento e angústia com os familiares e amigos, propiciando momentos de ressignificação, sentidos de vida, valores e resolução de questões pendentes (Figueiredo & Bifulco, 2008).

É imprescindível que o serviço de atendimento psicológico domiciliar também se estenda ao cuidador principal e demais membros da família que participam do cuidado e da vivência de sofrimento do paciente. Isso porque o cuidador de um paciente "fora de possibilidades terapêuticas" vivencia sentimentos de inquietação e preocupação constante com o ente querido, possui dificuldades para se desligar e realizar outras atividades de seu cotidiano e se restringe aos cuidados oferecidos ao doente, esquecendo-se, muitas vezes, dos cuidados necessários a si mesmo. Além disso, as dificuldades emocionais vivenciadas pelos cuidadores e familiares podem estar relacionadas com a dificuldade em lidar com o sofrimento do ente querido e com a própria tarefa de cuidar, bem como com a proximidade da morte. Conviver com o processo de terminalidade faz com que o familiar se depare com a necessidade da aceitação da perda do outro e, com isso, se depare também com a realidade de sua própria finitude. Essa proximidade da morte, o sofrimento do paciente e da própria tarefa de cuidar acarretam dificuldades emocionais diversas nos cuidadores e familiares. Em contrapartida, essa experiência de cuidado e proximidade da morte também pode proporcionar que o cuidador e/ou familiar descubra novos significados e sentidos para a vida, e desenvolva novas atitudes e hábitos, reavaliando seus valores e prioridades em sua vida (Fratezi & Gutierrez, 2011).

De um modo geral, o papel do psicólogo no serviço de assistência domiciliar envolve a reabilitação e acompanhamento psicológico do paciente e também de seus familiares.

Além do acompanhamento psicológico, do suporte emocional ao paciente, ao cuidador e aos demais familiares e o acolhimento de seus sentimentos diante do adoecimento e seus desdobramentos, a atuação do psicólogo também abrange atividades de orientação psicológica tanto para o paciente quanto para a família e o cuidador durante o processo de terminalidade e se estende até a fase de enlutamento.

14.3 Cuidados paliativos

O movimento dos cuidados paliativos começou na Inglaterra na década de 1960, com os trabalhos de Cicely Saunders, fundadora do primeiro *hospice* em Londres (Saint Christopher's Hospice), instituição que proporcionava um novo modelo, mais humanizado, de assistência aos pacientes sem possibilidades de cura.

Saunders chamou a atenção para esses pacientes que eram negligenciados pelos sistemas de saúde embasando a ideia das casas de repouso, dos *hospices* e dos serviços de cuidados domiciliares. Uma importante contribuição de Saunders foi a criação do termo "dor total", que se refere à natureza multidimensional do sofrimento abrangendo não apenas a dimensão biológica da dor, mas também o conforto emocional, psicológico e espiritual ao paciente e a seus familiares.

Atualmente, os cuidados de saúde relacionados ao *hospice* são realizados em domicílios ou em instituições especialmente preparadas para o cuidado a pacientes em fim de vida. Já os cuidados paliativos são conceitualmente mais abrangentes que os cuidados realizados no modelo dos *hospices* (Kruse et al., 2007; Barbosa, 2011).

Posteriormente a Saunders, no início da década de 1970, Elisabeth Kübler-Ross publica seu livro, *Sobre a morte e o morrer*, no qual relata seu trabalho realizado com pacientes terminais nos EUA, de modo que a autora expõe em sua obra as preocupações dos pacientes que estavam gravemente enfermos e em fase terminal. A partir de seu estudo, a autora descreveu estágios psicológicos que os pacientes terminais enfrentavam, categorizando-os como negação e isolamento, raiva, barganha, depressão e aceitação. Além disso, proporcionou reflexões sobre questões de vida e morte entre os profissionais da saúde, ressaltando a necessidade que os pacientes sentiam de discutir a respeito de questões relacionadas ao processo de morrer (Kübler-Ross, 2005).

Segundo a Organização Mundial da Saúde (Who, 2007), o conceito atual de cuidados paliativos – sem finalidade de cura – abrange o oferecimento de programas efetivos de cuidado paliativo durante todo o curso da doença, desde a fase do diagnóstico até a fase final da vida do paciente englobando o atendimento no processo de luto dos familiares.

A atenção focada não na doença, mas no doente e seu sofrimento é a base dos cuidados paliativos. Segundo a OMS (2002), cuidado paliativo "é a abordagem que promove qualidade de vida de pacientes e familiares diante de doenças que ameaçam a continuidade da vida, através da prevenção e alívio do sofrimento, o que requer a identificação precoce, avaliação e tratamento impecável da dor e outros problemas de natureza física, psicossocial e espiritual".

Atualmente, entende-se por cuidados paliativos como um processo contínuo (desde o diagnóstico até a terminalidade) que se intensifica à medida que o paciente progride para o fim da vida e como uma modalidade de cuidado multiprofissional, que abrange o acompanhamento em domicílio e o atendimento ambulatorial e sob regime de internação hospitalar. Cada modalidade visa atender as necessidades de cada paciente, mas estudos indicam que a permanência do paciente em domicílio e ao lado da família assegura maior qualidade de vida, além de possibilitar a opção do óbito em domicílio.

Apesar dos avanços na modalidade do cuidado a esses pacientes, no Brasil há expressiva carência de estrutura pública de cuidados paliativos oncológicos adequada à demanda existente no país, tanto em termos qualitativos quanto quantitativos e que o setor privado também carece dessa estrutura. Essa carência também abrange a qualificação e a formação dos profissionais da saúde para atuar na área (Barbosa, 2011).

Kovács (2009) aponta a existência de dificuldades na realização de estudos quantitativos com pacientes gravemente enfermos, por necessitarem de grande número de pacientes com características semelhantes, e exalta os benefícios dos estudos qualitativos defendendo o uso de histórias de vida e depoimentos que possibilitam o aprofundamento da percepção das pessoas que estão vivenciando a finitude. Ao descrever seu trabalho em psico-oncologia, analisou 130 casos de pacientes adultos com diferentes tipos de câncer.

Neme (2005, 2010) relata que muitos pacientes em estágio terminal referiram benefícios em seus atendimentos psicológicos relacionados à possibilidade de falar com alguém sobre seu sofrimento e sobre a possibilidade da morte, pois sentiam dificuldade e falta de abertura para tratar desse assunto com a família ou outros profissionais.

Trincaus e Côrrea (2007), em um estudo que teve o objetivo de compreender como os pacientes oncológicos em tratamento quimioterápico por ocorrência de metástase vivenciavam a possibilidade da morte, identificaram que a morte se desvelou para os pacientes entrevistados de maneira implícita, vivida na impessoalidade e como fenômeno que faz parte da existência, reconhecendo-se como seres finitos.

Rossi (2012) realizou um estudo com o objetivo de apreender os significados atribuídos pela mãe de uma adolescente com câncer, em cuidados paliativos, ao cuidado prestado pela equipe interdisciplinar durante a fase de terminalidade, utilizando-se para tanto do método fenomenológico. A autora constatou que a relação estabelecida entre profissionais, mãe e filha favoreceu a autenticidade do poder-ser dos envolvidos, de modo que ambos tinham espaço para expor sua experiência e participar de decisões concernentes à terminalidade.

Oliveira, Santos e Mastroprieto (2010) relatam o acompanhamento psicoterapêutico de um caso clínico atendido no serviço de hematologia do Hospital das Clínicas da Faculdade de Medicina de Ribeirão Preto da USP. Por meio do acompanhamento realizado desde o diagnóstico até o processo de terminalidade, os autores apontam que emergiram conteúdos simbólicos relacionados ao processo de transformação e libertação do paciente, que anunciavam também sua morte.

Além disso, o acompanhamento do psicólogo possibilitou que os momentos de sofrimento psíquico, a solidão e a derrota pudessem ser compartilhados e divididos com o outro, vivenciando também, em conjunto, momentos de cumplicidade e intimidade. Os autores salientam a importância da assistência psicológica aos pacientes oncológicos desde o diagnóstico até o momento em que não há possibilidades terapêuticas médicas.

Elias et al. (2007) desenvolveram um curso de capacitação denominado Relaxamento, Imagens Mentais e Espiritualidade (Rime) para profissionais da saúde, e analisaram a experiência destes e as vivências dos pacientes na ressignificação de seu sofrimento por meio dessa intervenção. A partir de uma análise qualitativa e quantitativa dos dados coletados, a autora concluiu que a intervenção RIME promoveu qualidade de vida no processo de morrer, bem como serenidade e dignidade adiante da morte.

Araújo e Silva (2007), em um estudo que buscou identificar as expectativas de pacientes que vivenciavam os cuidados paliativos relacionados à comunicação com a equipe de enfermagem, constataram que os pacientes consideram subsídios importantes em cuidados paliativos a empatia e a compaixão, o olhar nos olhos, que expressa a preocupação com o que os pacientes estão sentindo, o bom humor e a alegria, tirando aspectos positivos das dificuldades enfrentadas, o estar junto e os momentos de sofrimentos compartilhados com os profissionais, se caracterizando pela companhia que consola e conforta.

Em um estudo que teve por objetivo identificar o perfil dos cuidadores de pacientes oncológicos "fora de possibilidades terapêuticas" e averiguar as atividades executadas, mudanças e dificuldades, constatou-se que esses cuidadores, em sua maioria, eram mulheres, e grande parte dos entrevistados tiveram problemas financeiros após adoecimento do paciente. O cuidador tinha grande responsabilidade nos cuidados de higiene, medicação e alimentação, gerando uma sobrecarga que acarretou repercussões na dimensão física e/ou psíquica (Araújo, Araújo, Souto, & Oliveira, 2009).

Nota-se que os resultados dos estudos salientam a importância do compartilhamento das vivências, de proporcionar para esses pacientes, cuidadores e familiares momentos para expressarem seus sentimentos, compartilhar seu sofrimento e angústia diante da morte e do morrer. Essa troca do profissional com a vivência do paciente "fora de possibilidades terapêuticas" é compartilhada, muitas vezes, pelo olhar.

Segundo Angerami (2004), dentre os diversos modos de se expressar os sentimentos, o olhar é um dos mais abrangentes, pois um olhar de dor pode expressar o sofrimento de um modo que as palavras não conseguem demonstrar, principalmente para transmitir sentimentos que emergem de momentos desesperadores. Gaspar e Laterza (2012) complementam que o papel do psicólogo na atuação com os pacientes oncológicos é, por meio da "escuta ativa", amenizar o sofrimento auxiliando no desenvolvimento de estratégias para lidar com esse sentimento e buscar um sentido para a vida, apesar do câncer.

14.4 Sobre o programa de atendimento psicológico domiciliar

O serviço proposto foi desenvolvido em parceria com uma entidade não governamental de uma cidade do interior do estado de São Paulo, que oferece apoio assistencial a pacientes oncológicos. Foi apresentada à entidade uma proposta de atendimento domiciliar a pacientes oncológicos em estágio avançado da doença. Os pacientes foram encaminhados pela assistente social do serviço, e, a partir da indicação dos pacientes, foi realizada uma visita domiciliar com cada paciente, em conjunto com a assistente social, com o objetivo de conhecer as necessidades dele e de sua família, apresentar o serviço de atendimento psicológico domiciliar e realizar uma avaliação inicial do paciente e da dinâmica familiar. Após essa visita inicial, a psicóloga realizou o acompanhamento psicoterapêutico do paciente, do cuidador principal e de outros membros da família durante o processo de terminalidade e no pós-óbito.

14.5 Intervenções psicológicas: relato de experiência

Os pacientes eram indicados pela assistente social da instituição, que auxiliava a psicóloga no primeiro contato com esses pacientes, tanto na indicação quanto no acompanhamento até as residências destes. A parceria com a assistente social também foi estabelecida no sentido de repassar necessidades identificadas no decorrer do acompanhamento dos pacientes que eram relacionadas à alçada do serviço social. É importante salientar que todos os nomes relatados neste trabalho são fictícios a fim de preservar a identidade dos envolvidos.

Optou-se por relatar o caso de Sofia. A solicitação do atendimento dessa paciente partiu de sua filha (Flora), que, além da preocupação com o estado de sua mãe, também estava preocupada com o sofrimento de seu pai diante do quadro clínico dela. Inicialmente, foi realizada uma visita domiciliar com a assistente social da instituição a fim de apresentar o serviço de atendimento psicológico domiciliar para a paciente e seus familiares, e se havia interesse dela em receber esse serviço. As informações que tínhamos antes desse contato inicial eram de que Sofia estava acamada, com dores e que eram duas de suas filhas que realizavam os cuidados que a paciente necessitava.

14.6 Apresentação do caso clínico

Sofia era uma senhora de 78 anos, seis filhos, casada com um senhor de 86 anos, que expressava seu carinho por ela de uma maneira afetuosa e serena. Durante toda a jornada final dela, Antônio permaneceu por todo o tempo ao seu lado, muitas vezes acariciando seus pés e comunicando seu carinho e pesar pelo olhar. Fazia dois anos que Sofia tinha recebido o diagnóstico de câncer de colón. Quando o diagnóstico foi feito, o quadro clínico já estava grave e com presença de metástases. Sofia passou por sessões de quimioterapia por um ano e realizou algumas cirurgias. Mas, há cinco meses, os médicos haviam conversado com a família e a paciente informando que fizeram tudo o que poderia ser feito para tratar a doença, mas não havia mais nada para ser feito, ou seja, Sofia se encontrava "fora de possibilidades de cura".

Diante desta situação, a paciente e seus familiares foram orientados de que Sofia permaneceria em casa e retornaria ao hospital uma vez por mês. Além disso, receberam orientação de que Sofia tomaria medicações para controlar a dor e os demais sintomas, e que se os remédios não gerassem algum efeito ou as dores continuassem, ela teria de retornar ao hospital. Fazia dois meses que ela havia retornado ao hospital por causa das dores que sentia e a família tinha sido informada que provavelmente Sofia não sobreviveria àquela semana. Desde a última internação, o quadro clínico de Sofia foi se agravando e ela foi ficando cada vez mais debilitada.

14.6.1 A dor da morte e do morrer

O primeiro encontro com Sofia foi breve, porém, marcante. O olhar dela aparentava estar longe dali. Percebia-se que seu corpo estava definhando de modo que era possível visualizar o formato de seus ossos e suas energias estavam escassas. Apesar da dificuldade em falar por causa das dores e fadiga, Sofia se predispôs a estabelecer uma comunicação comigo.

Ela abordou com pesar e tristeza sobre o quanto era difícil viver debilitada do jeito que estava e do quanto era uma pessoa ativa que cuidava de tudo na casa. A fala de Sofia era pausada por conta das dores que sentia e seu olhar expressava o cansaço por conviver com as dores e limitações. Uma de suas limitações era a alimentação. Só estava conseguindo ingerir alimentos líquidos e, ainda assim, sentia enjoos e dores na ingestão do líquido. Sua locomoção e até mesmo qualquer tipo de movimentação era restrita, pois seus ossos estavam fracos. Então, para ir de um cômodo da casa para outro ou até mesmo mudar de posição na cama, Sofia solicitava ajuda de suas cuidadoras (filhas).

Nos últimos encontros, as visitas de familiares e amigos começaram a esgotá-la e ela buscava ficar mais reclusa. Muitas vezes, permaneci ao seu lado e ficamos em silêncio. Este ficar em silêncio também se caracteriza como uma forma de comunicação com o paciente, pois o paciente pode se sentir acolhido, respeitado e amparado, e o profissional possibilita o compartilhar da angústia diante do desconhecido por meio desse "estar junto".

O sofrimento de seu marido (Antônio) também era evidente, o qual estava vivenciando intensa ansiedade decorrente do luto antecipatório. Nos encontros com Antônio, foram proporcionados momentos para a expressão de seus sentimentos, reflexões sobre a vida, a reconstituição da história do casal enaltecendo os bons momentos vivenciados e a dor pelo adoecimento e proximidade da morte de Sofia.

Quando falávamos sobre o adoecimento de Sofia, ele relatava constantemente que apenas Deus sabe o que vai acontecer e pode decidir sobre o amanhã, e que gostava de ter Sofia entre eles, apesar de tudo. Constatou-se que a religiosidade estava sendo um recurso importante de enfrentamento diante de sua dor e para lidar com a proximidade da morte de sua esposa: "Só por Deus, por Nossa Senhora Aparecida... Só eles podem dizer o que vai acontecer com a gente amanhã". Antônio abordava bastante sobre a vida e a importância de Deus para conseguir viver. Muitas vezes, tinha uma fala desconexa, provavelmente devido à idade avançada e ao momento que estava vivenciando. Apesar da dificuldade em compreendê-lo, senti que, por trás de seu discurso, ele tentava colocar ali a sua angústia, e talvez a vivência da terminalidade da esposa o estava levando a refletir sobre sua vida, suas crenças e o que os dois viveram juntos.

Sofia faleceu em um fim de tarde, em sua residência, ao lado de uma das filhas (Cecília) e da neta (Júlia), que considerava como filha. Sua partida foi vivenciada pelos familiares com muita tristeza, e sua ausência trouxe solidão e saudade.

O papel do psicólogo nesse tipo de atendimento é, por meio de uma postura de acolhimento e uma escuta ativa, proporcionar momentos para o paciente e demais envolvidos expressar e dar vozes a essas vivências dolorosas e sofridas.

14.6.2 Ser-cuidador de um ente querido fora de possibilidades de cura: uma vivência ambivalente

Flora é uma das filhas que disponibilizou seu tempo para cuidar da mãe. Deixou o trabalho para poder cuidar da mãe mais de perto. É carinhosa e prestativa não só nos cuidados com Sofia, mas também em seu modo de interagir com os outros. Debruçava-se nas necessidades e dificuldades de todos os familiares fazendo além do possível para ajudar a todos. Ficava o dia todo cuidando da mãe e do pai, e à noite revezava os cuidados com a irmã para poder cuidar de sua casa, dos filhos e de sua igreja. Durante os atendimentos com Flora, foi possível que ela expressasse seus sentimentos a respeito do adoecimento da mãe e a sensação de sobrecarga que estava sentindo.

Flora estava consciente do quadro clínico da mãe e sabia que a morte estava próxima. Ao mesmo tempo em que não queria perder sua mãe, gostava de tê-la por perto e poder cuidar dela, também estava se sentindo esgotada pelo impacto dos cuidados diários, pela dor do definhamento corpóreo da mãe, o que a fazia pensar, muitas vezes, que talvez o melhor para todos fosse a partida de sua mãe. Porém, todos esses sentimentos também eram geradores de intensa culpa em Flora.

Além disso, havia o sentimento de raiva e de abandono pelos demais familiares por não ajudarem nos cuidados. Durante os encontros, possibilitou-se a expressão desses sentimentos ambivalentes, suas angústias, dos momentos bons com a mãe e a compreensão dos desdobramentos ocasionados pelo adoecimento, salientando a oportunidade que estava vivenciando de passar os últimos momentos com sua mãe e poder se despedir. Verificou-se que, além dos cuidados para com a mãe, Flora também se ocupava com os problemas dos demais membros da família. Ela, então, recebeu orientação para que cuidasse de sua saúde e prestasse atenção em seus limites, pois a alimentação dela já estava comprometida. Foi estabelecida uma parceria com o marido, apontando-se a importância do auxílio dele para incentivar Flora a se cuidar e não se esquecer de si. Os momentos com a profissional possibilitaram que Flora tivesse um espaço e um momento para refletir sobre ela, e alguém que compartilhasse de seu sofrimento, propiciando, assim, a ressignificação das vivências de sofrimento e de grande afetuosidade para com a mãe.

Duas semanas após a morte de sua mãe, Flora ainda se sentia perdida, descrevia constantemente um sentimento de vazio e uma dificuldade para voltar para a casa, decidir sobre o que fazer com as roupas e pertences da mãe e permanecer no quarto. Além disso, sua preocupação intensificou-se em relação a Antônio (pai), que estava com humor deprimido e com dificuldades para se alimentar, e a Gabriel (irmão), que estava vivenciando intenso desespero e abuso de álcool frequente, que se intensificou após o falecimento de Sofia. Aos poucos, Flora voltou a visitar o domicílio com mais frequência, e com o auxílio de Cecília (irmã), conseguiu ajeitar os pertences da mãe e distribuir entre os familiares. Toda sua rotina estava focada exclusivamente aos cuidados para com sua mãe, e a partir do falecimento, Flora passou por uma necessidade de adaptação à nova realidade e por um processo de reorganização de sua vida. Logo, pôde dispender maior tempo para as atividades em sua Igreja como pastora, reorganizou os revezamentos entre os familiares para cuidar do pai, sua rotina nos cuidados da casa e dos filhos. Observou-se que a religiosidade foi um importante recurso de enfrentamento para Flora vivenciar esse processo de luto.

14.6.3 A despedida: a dor da perda e a ressignificação da vida

Cecília é uma das filhas de Sofia que dedicou grande parte de seu tempo para cuidá-la. Os revezamentos de Cecília, que trabalhava durante o dia e no período noturno permanecia na casa da mãe para cuidar dela, eram feitos com Flora. Durante o período de atendimento domiciliar no processo de terminalidade e no pós-óbito, Cecília não solicitava atendimento e não comparecia à residência para conversar com a profissional. Nas últimas visitas realizadas, a psicóloga encontrou Cecília a aguardando na residência para expor suas vivências, o que foi considerado algo muito positivo.

Observou-se que, diferentemente dos outros irmãos, Cecília expressava aceitação e a vivência de um luto "saudável" diante do adoecimento e morte da mãe. Nessa conversa, ela expôs sobre a trajetória do tratamento do câncer, o recebimento da notícia de que a mãe não tinha mais possibilidades de cura e acerca dos últimos momentos vividos com ela. Cecília acompanhou sua mãe durante todo o período de tratamento, tanto nas idas ao hospital quanto no período em que ficou no domicílio. Relembrou os momentos vividos, o modo como auxiliava a mãe a enfrentar a doença: "Eu sempre fazia ela rir, e quando eu não estava no hospital, ela dizia que sentia minha falta" (sic). O momento em que recebeu a notícia de que a mãe estava "fora de possibilidades terapêuticas" foi vivenciado com muita tristeza, mas Cecília sempre fez o possível para se comunicar com a equipe médica, tirando suas dúvidas, solicitando explicações sobre o que realmente era a quimioterapia paliativa e lutando pela qualidade de vida de sua mãe, apesar do prognóstico reservado.

No período em que a mãe ficou acamada em seu domicílio, Cecília relembrou as dificuldades vivenciadas relacionadas à falta de informação e preparo para cuidar da mãe nessas circunstâncias, e expressou sua determinação e bom humor no cuidado: "Teve um dia que deu problema na bolsinha dela, e nem as enfermeiras do posto sabiam resolver... Eu pedi para me ensinarem o que tinha que fazer e fui aprendendo sozinha, e enquanto fazia, eu brincava com ela, sempre fazendo ela sorrir" (sic). Por meio de seu bom humor e carinho que tinha pela mãe, Cecília foi redescobrindo novas formas de ser-com a mãe, de compartilhar os momentos de sofrimento e de expressar o afeto que uma tinha pela outra: "Tinha dia que ela me chamava e pedia 'eu não vou deixar você ir embora, pode vim aqui dormir do meu lado'" (sic). Relembrar esses momentos vividos trouxeram reflexões acerca do que poderia ser feito pela mãe, pela sua qualidade de vida, e proporcionou a valorização dos últimos momentos vivenciados ao lado dela: "Eu sei que eu fiz de tudo para aliviar de alguma forma o sofrimento dela, fazer ela rir, pedir para os médicos reduzirem a dor dela, para ela morrer em paz" (sic). O modo com que enfrentou a fase de tratamento e o processo de terminalidade proporcionou serenidade e aceitação diante da perda real: "Não que eu não tenha sentido sua morte e não sinta saudade da minha mãe... mas eu sabia que ela ia morrer e via o quanto ela estava sofrendo. Antes de morrer, ela disse que estava preocupada com meu pai, e eu disse a ela que iríamos cuidar dele e que ela poderia ficar tranquila. No dia seguinte, eu pude presenciar sua morte e vi que ela partiu em paz".

Diante da psicóloga, pôde compartilhar os momentos vividos, relembrá-los e atribuir novos significados para suas vivências de dor e sofrimento. Relembrar esses momentos e o quanto pôde auxiliar sua mãe, valorizando os aspectos positivos vivenciados, possibilitou a Cecília a ressignificação de sua própria vida: "Sei que pude fazer de tudo por ela, e agora tenho que seguir minha vida... aos poucos".

14.6.4 A negação da morte, o sofrimento silencioso e a readaptação da vida

Júlia era uma das netas mais próximas de Sofia, sendo considerada por ela como filha. Ela pôde vivenciar a partida de sua avó junto com sua mãe (Cecília). No primeiro contato com Júlia, constatou-se a imagem de uma menina forte e madura, apesar da pouca idade (adolescente). Aos poucos expressou sua dor, pôde chorar e manifestar o pesar pela ausência da avó. Estava a todo tempo relembrando o momento da morte de sua avó, e a imagem do momento da morte vinha à sua mente constantemente, de modo que não estava conseguindo controlar. Com o passar do tempo, Júlia foi se soltando e expressando suas angústias mais intensas.

Considerava-se uma pessoa que guardava tudo para dentro de si e que não ficava à vontade para falar com os outros sobre o que sentia. Com isso, após a morte da avó, acabou não compartilhando seu sofrimento, vivenciando a dor da perda com muita angústia e preocupação com o que estava sentindo. Júlia considerava que deveria poupar a mãe e os demais familiares de ouvir seu sofrimento, pois acreditava que falar sobre a morte e a dor da perda iria fazer com que os familiares sofressem mais do que já estavam, e ela também. A dor da perda foi vivenciada por Júlia com revolta e tristeza: "Por que tinha que ser com minha avó?! Me dói quando vejo alguém com sua avó, porque eu penso que não terei mais a minha perto de mim". Constatou-se que Júlia estava vivenciando um estado de desamparo, pois expressava a sensação de ter perdido não só uma avó, mas também uma amiga, uma mãe: "Minha avó era tudo para mim, era uma amiga em que eu podia contar sobre tudo, confiar nela e podia contar com ela para qualquer coisa... Eu sei que ela me considerava como filha". A morte da avó mobilizou sentimentos relacionados a outras perdas vivenciadas por Júlia, como a separação dos pais e o aprisionamento do irmão mais velho.

Por meio da presença, do "estar junto" e do compartilhar proporcionado pela profissional, Júlia pôde expressar seus sentimentos carregados de intensa angústia, revolta e incompreensão diante da morte. A profissional possibilitou a Júlia um espaço para falar sobre o que não se sentia autorizada a dizer aos outros. A partir de uma escuta ativa e uma postura acolhedora, a profissional permitiu que as angústias de Júlia pudessem ser compartilhadas e compreendidas.

Após esse atendimento emergencial, as imagens recorrentes que vinham à sua mente do momento em que a avó faleceu cessaram, Júlia voltou à sua rotina normal e sua preocupação passou a ser o receio da aceitação dos pais a respeito de seu possível namoro com um rapaz. Constatou-se o início de uma readaptação de sua vida e da reconstrução de seus projetos existenciais.

14.6.5 O desespero e o comportamento suicida após a perda

Foi obtido contato com Gabriel (filho) após o falecimento de Sofia, pois nos horários dos atendimentos no domicílio, ele estava em horário de trabalho. Por solicitação de Flora e por sua observação do sofrimento do irmão desde o período de adoecimento da mãe, optou-se por modificar o horário de atendimento para um período em que Gabriel estivesse presente no domicílio e pudesse receber a assistência domiciliar.

O contato com Gabriel se iniciou nos atendimentos no pós-óbito da paciente. A morte da mãe foi vivenciada por ele com muito sofrimento e desespero. Para ele, o câncer tinha uma representação de imprevisibilidade: "Essa doença é terrível... Do nada minha mãe ficou numa cama" (sic). Vivenciar o adoecimento da mãe e o processo de terminalidade também foi muito difícil para ele, levando-o ao abuso frequente de álcool. A história pregressa de Gabriel é repleta de eventos estressantes, sendo muitos deles relacionados a perdas de entes queridos, e a vivência do adoecimento e morte da mãe mobilizou conflitos não resolvidos.

Gabriel tinha dificuldades para expressar e falar sobre seus sentimentos, e constatou-se que se encontrava em um estado de desespero constante, com sensação da presença da mãe, ouvindo sua voz e outras vozes de membros da família que também já tinham falecido. A descrição de sua vivência demonstrava que viver sem sua mãe era algo que estava sendo insuportável e gerando um vazio que ele não conseguia identificar uma origem. Em menos de uma semana após a morte da mãe, Gabriel tentou se matar. Chegou a se despedir dos demais membros da família de modo sutil antes da tentativa, mas foi impedido no momento do ato por pessoas próximas em sua residência. No momento da realização da tentativa de suicídio, Gabriel estava alcoolizado, e quando questionado sobre o ato realizado, relatava que não se recordava do que tinha acontecido.

Diante do contexto, os atendimentos realizados se pautaram num atendimento breve de apoio de modo a encorajar a busca por um tratamento no centro de atenção psicossocial de sua cidade e na conscientização dos efeitos negativos do uso abusivo do álcool. Durante os atendimentos, Gabriel postergou sua ida, desmarcando a triagem por várias vezes, e posteriormente justificava que o supervisor no trabalho não o liberava para se consultar. Foi entregue no centro de atenção psicossocial do município um encaminhamento psicológico por escrito expondo a gravidade e a urgência do caso. Além do encaminhamento, foram feitas orientações aos familiares quanto à gravidade do caso, risco de nova tentativa de suicídio e importância de não julgar o comportamento suicida de Gabriel, e procurar encorajá-lo a buscar tratamento para que seu sofrimento fosse compreendido e amenizado na medida do possível. Nos atendimentos de apoio, Gabriel pôde compartilhar suas vivências de desespero e sentimentos de vazio, de modo que seu sofrimento foi respeitado e procurou-se compreender seu comportamento suicida.

Enquanto Gabriel não tinha acesso ao atendimento na rede de saúde do município, foi proporcionado a ele um atendimento de apoio auxiliando a busca por tratamento por meio de encaminhamento. Foram encontradas diversas dificuldades quanto à efetivação do encaminhamento do paciente. Uma das dificuldades foi a própria motivação do paciente para procurar o atendimento, e também a escassez de psiquiatras no serviço de saúde retardando o tratamento. O serviço encontrado no município que era adequado para ele foi o Centro de Atenção Psicossocial (CAPS), sob o qual Gabriel teria que, inicialmente, passar por uma triagem. Porém, o horário de serviço do CAPS não batia com o horário de trabalho do paciente, dificultando ainda mais a busca por tratamento. Uma das alternativas utilizadas pelo CAPS foi procurar por Gabriel em sua residência por meio de visitas domiciliares para um contato inicial, mas também houve dificuldades para encontrar o paciente no domicílio no horário das visitas. Apesar das dificuldades, os profissionais do serviço finalmente conseguiram encontrá-lo em sua casa, realizando, assim, um contato inicial e agendamento da primeira consulta.

Durante os atendimentos, observou-se que Gabriel se vinculava com a profissional de forma positiva, porém, muitas vezes, confundia o papel e os objetivos terapêuticos do serviço oferecido, de modo que era necessário retomar constantemente os objetivos do serviço e do que já havia sido feito até o momento. A fim de preservá-lo e pela gravidade do quadro clínico, constatou-se a necessidade de encerramento dos atendimentos. Além disso, verificou-se que os objetivos terapêuticos haviam sido atingidos com o atendimento ao paciente no processo de terminalidade, e o apoio no pós-óbito aos familiares e realização dos encaminhamentos que eram necessários. No caso de Gabriel, antes de finalizar o atendimento, foram retomados detalhadamente os objetivos terapêuticos a fim de amenizar sua frustração, porém, considerou-se que certo grau de frustração seria inevitável, mas, em longo prazo, traria benefícios para o paciente e na adesão ao tratamento que necessitava. Assim como durante os atendimentos, no último encontro, foi apontada a necessidade de Gabriel aderir ao tratamento a partir do encaminhamento realizado e atendimento oferecido pelo CAPS.

14.7 Relato de experiência

O atendimento a pacientes gravemente enfermos exige do profissional a resolução de seus próprios lutos, pois vivenciar o processo de terminalidade também remete às perdas que vivenciamos, sendo elas simbólicas ou reais. Além disso, é necessário o equilíbrio emocional diante de momentos de intenso sofrimento, dor, definhamento corpóreo, momentos estes compartilhados tanto com o paciente quanto com os familiares, e implica também em suportar os sentimentos de impotência diante do inevitável: a finitude. Nesse processo, não é apenas o paciente que se despede, pois nessa relação paciente-terapeuta, também passamos por esse ritual de despedida. Apesar das dificuldades, pelo "estar junto" é possível vivenciar momentos de grande aprendizado e ressignificação da nossa própria vida, levando a um amadurecimento pessoal e profissional.

Por meio dos atendimentos realizados, foi possível refletir sobre as especificidades do atendimento domiciliar a pacientes oncológicos. Muitas vezes, podemos nos deparar com situações inusitadas, como a visita inesperada e inadequada para o momento, a falta de privacidade e comprometimento do sigilo, o *setting* diferenciado que exige flexibilidade e a possibilidade de agravo do quadro clínico a qualquer momento com dificuldades de comunicação do paciente, exigindo do profissional readaptação das técnicas utilizadas e capacidade para suportar e respeitar os momentos de silêncio.

Uma situação inusitada vivenciada pela profissional foi a tentativa de suicídio de Gabriel. O comportamento suicida é uma questão que gera medo e angústia nos profissionais que se deparam com essa demanda. A primeira sensação que vivenciamos perante um comportamento suicida é o susto ou a indagação do motivo de não se ter percebido tal comportamento antes do ato realizado. Em um segundo momento, nos deparamos com o julgamento dos familiares envolvidos, a busca de uma causalidade para o ato cometido e, muitas vezes, com a falta de compreensão, julgamento moral e religioso e indignação dos envolvidos com o paciente. Após vivenciar essa situação, foi importante refletir sobre o déficit existente na formação do profissional de saúde e a falta de um serviço de saúde estruturado e organizado para receber esse tipo de demanda de modo imediato. Vivencia-se a escassez de serviços para atender à demanda, a falta de preparo dos profissionais da saúde como um todo, incluindo a própria categoria, o descrédito de alguns familiares e serviços de saúde quanto à gravidade do quadro e a possibilidade de nova tentativa. É necessária uma equipe multiprofissional para lidar com esses casos, a fim de se construir uma rede de apoio tanto para o paciente e seus familiares quanto para os profissionais envolvidos, os quais, muitas vezes, podem sentir-se sozinhos e desamparados.

Outra questão é que esse ambiente domiciliar, próximo e compartilhado em sua intimidade, também interfere na relação paciente-psicoterapeuta. O paciente e seus familiares podem confundir o papel do profissional e o objetivo do trabalho com etiquetas sociais, oferecendo bolos, chá da tarde e desfocando o conteúdo que realmente precisa ser trabalhado. A forma com que o paciente encara o profissional e sua postura dentro do domicílio também pode ser alterada durante os atendimentos, por se adentrar não só na intimidade de sua vida psíquica, mas também estritamente por entrar na vida privada do paciente e sua família. O paciente pode, assim, estabelecer relações contratransferenciais prejudiciais e os objetivos terapêuticos podem se perder.

Porém, essa interferência também ocorre na relação psicoterapeuta-paciente. O ambiente domiciliar pode nos levar a uma proximidade com o paciente e sua intimidade (domicílio) de modo que também possamos nos sentir parte dessa dinâmica familiar e ficarmos desatentos a nossa postura e ao que ela pode provocar no paciente. A própria falta de um *setting* previamente estruturado e "controlado" pode nos colocar em uma posição que exige um estado "pensante" mais intenso do que realizamos em um *setting* clínico. Esse estado "pensante" envolve a atenção concentrada na fala do paciente, utilizando-a como conteúdo a ser trabalhado, estar sempre presente e consciente dos objetivos terapêuticos propostos. É imprescindível a reflexão acerca de nosso papel ali naquele domicílio junto ao paciente e seus familiares, e ao que nossa postura poderá provocar no paciente e na vinculação com este. Destaca-se a importância de distinguirmos as etiquetas sociais de nossa conduta profissional sempre que possível para o paciente e seus familiares, retomando constantemente nosso papel e os objetivos terapêuticos previamente estabelecidos.

O atendimento domiciliar é uma modalidade rica em aprendizado para os profissionais que se dedicam à área, pois se vivencia de perto todo o funcionamento de uma dinâmica familiar diante do processo de terminalidade e após a morte, na qual é possível visualizar suas dificuldades e transformações a cada momento vivenciado e compartilhado. Esse tipo de atendimento oferece ao paciente "fora de possibilidades de cura" e a seus familiares um suporte e mediação importante para o processo de despedida e resolução de pendências, bem como proporciona melhor qualidade de vida e dignidade perante a morte e o morrer. Nos atendimentos pós-óbito, propicia-se para os familiares um espaço para falar do ente querido falecido, de suas angústias, dos sentimentos de culpa, além de momentos para reconstruir suas memórias repletas de afeto, a fim de expressar e encontrar novos significados para os sentimentos decorrentes da perda vivenciada.

14.8 Considerações complementares

"A morte não é algo que nos espera no fim. É companheira
silenciosa que fala com voz branda, sem querer nos
aterrorizar, dizendo sempre a verdade e nos convidando
à sabedoria de viver.... Na verdade, a morte nunca fala
sobre si mesma. Ela sempre fala sobre aquilo que estamos
fazendo com a própria vida, as perdas, os sonhos que não
sonhamos, os riscos que não tomamos, os suicídios lentos
que perpetuamos... Acho que para recuperarmos a sabedoria
de viver, seria preciso que nos tornássemos discípulos e não
inimigos da morte. Mas para isso, seria preciso abrir espaços
em nossas vidas para ouvir a sua voz. Seria preciso que
voltássemos a ouvir os poetas...".
Rubem Alves (1991)

Durante a realização deste trabalho, foi possível vivenciar um pouco do papel do psicólogo no contexto domiciliar. Esse tipo de trabalho exige de nós flexibilidade quanto ao *setting* e também à demanda que pode surgir durante o processo, a qual podem exigir diversas adaptações quanto ao *setting* e ao foco terapêutico. Muitas vezes, podemos ser surpreendidos por demandas que vão além do paciente que vivencia o processo de terminalidade, sendo necessário estender a atenção para os demais membros da família. Para tanto, é necessário que o profissional estabeleça parcerias com serviços de saúde da cidade e realize encaminhamentos quando necessário, principalmente quando se trata de um trabalho de caráter voluntário.

Uma das dificuldades vivenciadas foi trabalhar com uma equipe reduzida (psicóloga e assistente social), salientando-se a importância de uma equipe multiprofissional nesse tipo de trabalho atendendo às diversas dimensões das necessidades do paciente em processo de morrer, os familiares e o cuidador principal. Ainda é insuficiente em nosso país o oferecimento de programas de atendimento domiciliar para pacientes crônicos. Porém, é uma área promissora que necessita do aumento do oferecimento desses serviços a cada dia. O desenvolvimento de equipes multiprofissionais para o atendimento dessa população é necessário desde a formação universitária dos profissionais de saúde na área de cuidados paliativos até mesmo o desenvolvimento de programas de educação continuada e capacitação dos profissionais de saúde já formados.

Constatou-se que o serviço oferecido, apesar das dificuldades vivenciadas, trouxeram ganhos psicoterapêuticos para os pacientes atendidos, de modo que estes tiveram um espaço para expressar seus sentimentos, suas angústias e compartilhar suas vivências de sofrimento durante o processo de terminalidade. O atendimento aos familiares durante o processo de terminalidade do ente querido e no pós-óbito possibilitaram aos envolvidos a expressão de seus medos, da dor da perda, da saudade e possibilidades de reflexão acerca da reorganização da vida após a perda. O acompanhamento psicológico possibilitou também a realização de encaminhamento pertinente ao serviço de saúde mental, atuando, assim, em nível preventivo no processo de enlutamento e identificação de morbidades.

Por meio do compartilhamento de suas vivências repletas de dor, sofrimento, mas também de vidas cheias de significados, entramos em seu mundo, suas memórias, tivemos as portas abertas de sua intimidade concreta e existencial e nos ficou escancarada a dinâmica familiar em seu ambiente natural. Além disso, a convivência e o ser-com do psicoterapeuta com o paciente e seus familiares também trouxeram ganhos para o profissional, pois lidar com situações limites como a morte proporciona reflexões sobre a nossa própria finitude, nossa humanidade, tratando-se, assim, de uma jornada sob a qual saímos dela diferentes de como entramos. A cada paciente, elaboramos novos sentidos e significados para a vida. Muitas vezes, quando estamos ao lado deste, o que nos cabe é realmente apenas o silêncio. Mas a cada silêncio, a cada perda e despedida, saímos transformados pela experiência, por vivenciar os últimos momentos de cada ser, com cada uma de suas particularidades constituídas em sua trajetória existencial culminando na finitude.

14.9 Referências bibliográficas

Albuquerque, S. M. R. L. (2003). *Qualidade de vida do idoso: a assistência domiciliar faz a diferença?* São Paulo: Casa do Psicólogo/Cedecis.

Alves, R. (1991). A morte como conselheira. Prefácio. In: Cassorla, R. M. S. (Org.). *Da morte: estudos brasileiros* (pp. 11-15). Campinas: Papirus.

Angerami, V. A. (2004). Pacientes terminais: um breve esboço. In Angerami, V. A. (Org). *Tendências em psicologia hospitalar.* São Paulo: Pioneira Thomson Learning.

Araujo, M., M. T., & Silva, M. J. P. (2007). A comunicação com o paciente em cuidados paliativos: valorizando a alegria e o otimismo. *Rev. Esc. Enferm. USP, 4*(41), 668-74.

Araújo, L. Z., Araújo, C. Z. S., Souto, A. K. B. A, & Oliveira, M. S. (2009, fevereiro). Cuidador principal de paciente oncológico fora de possibilidades de cura: repercussões deste encargo. *Revista Brasileira de Enfermagem, 62*(1), 32-37.

Barbosa, M. F. (2011). *Pacientes sob cuidados paliativos oncológicos e assistência farmacêutica*: perfil e satisfação. Dissertação (Mestrado). Escola Nacional de Saúde Pública Sérgio Arouca, Rio de Janeiro.

Bromberg, M. H. P. (2000). *A psicoterapia em situações de perdas e luto.* Campinas: Livro Pleno.

Elias, A. C. A., Giglio, J. S., Pimenta, C. A. M., & El-Dash, L. G. (2007). Programa de treinamento sobre a intervenção terapêutica "relaxamento, imagens mentais e espiritualidade" (Rime) para ressignificar a dor espiritual de pacientes terminais. *Rev. Psiq. Clín., 34*(supl. 1), 60-72.

Fabrício, S. C. C., Wehbe, G., Nassur, F. B., & Andrade, J. I. (2004, setembro/outubro). Assistência domiciliar: a experiência de um hospital privado do interior paulista. *Rev. Latino-Am. Enfermagem, 12*(5), Ribeirão Preto.

Figueiredo, M. T. A., & Bifulco, V. A. (2008). A psico-oncologia e o atendimento domiciliar em cuidados paliativos. IN Carvalho, V. A.., Franco, M. H. P., Kovács, M. J., Liberato, R., Macieira, R. C., Veit, M. T. et al. (Orgs.). *Temas em psico-oncologia* (pp. 373-381). São Paulo: Summus.

Fratezi, F. R., & Gutierrez, B. A. O. (2011). Cuidador familiar do idoso em cuidados paliativos: o processo de morrer no domicílio. *Ciência e Saúde Coletiva, 7*(16), 3241-3248.

Gaspar, K. C., & Laterza, I. D. O. (2012). O entrelace da adolescência à (con)vivência do câncer: sonorizações da dor. In Angerami, V. A. (Org*.). Psicossomática e psicologia da dor.* São Paulo: Pioneira Thomson Learning.

Kovács, M. J. (2009). Pesquisa com pacientes gravemente enfermos: autonomia, riscos, benefícios e dignidade. *Revista Bioética, 17*(2), 309-318.

Kübler-Ross, E. (2005). *Sobre a morte e o morrer.* São Paulo: Martins Fontes.

Kruse, M. H. L. et al. (2007). Cuidados paliativos: uma experiência. *Rev. HCPA., 27*(2), 49-52, Porto Alegre.

Lacerda, M. R., Giacomozzi, C. M., Oliniski, S. R., & Truppel, T. C. (2006, maio/agosto). Atenção à saúde no domicílio: modalidades que fundamentam sua prática. *Saúde e Sociedade, 15*(2).

Laham, C. F. (2004, dezembro). Peculiaridades do atendimento psicológico em domicílio e o trabalho em equipe. *Psicologia Hospitalar, 2*(2), São Paulo.

Laham, C. F., Satake, P. S., Chiba, T., Benute, G. R. G., & Lucia, M. C. S. (2009). O uso da escala diagnóstica adaptativa operacionalizada (Edao) no domicílio: um estudo descritivo. *Psicologia Hospitalar, 7*(1), São Paulo.

Neme, C. M. B. (2010). Psico-oncologia hospitalar: uma trajetória. In Neme, C. M. B. (Org.). *Psico-oncologia: caminhos e perspectivas.* São Paulo: Summus.

Neme, C. M. B. (2005). Ganhos terapêuticos com psicoterapia breve em serviço de psico--oncologia hospitalar. In Simon C. P., Melo-Silva, L. L., Santos, M. A. e cols. *Formação em Psicologia: Desafios da diversidade na pesquisa e na prática* (pp. 39-68). São Paulo: Vetor.

Oliveira, E. A., Santos, M. A., & Mastropietro, A. P. (2010, abril/junho). Apoio psicológico na terminalidade: ensinamentos para a vida. *Psicologia em Estudo, 15*(2), 235-244, Maringá.

Organização Mundial da Saúde. (2002). Controle Nacional de Prevenção ao Câncer. Geneva: World Health Organization.

Rossi, L. (2012). O cuidado prestado pela equipe de saúde à terminalidade de uma adolescente com câncer em cuidados paliativos: uma análise existencial das vivências da mãe à luz da ontologia fundamental de Martin Heidegger. Tese (Doutorado) – Faculdade de Filosofia, Ciências e Letras da Universidade de São Paulo, Ribeirão Preto.

Trincaus, M. R., & Côrrea, A. K. (2007). A dualidade vida-morte na vivência dos pacientes com metástase. *Rev. Esc. Enferm. USP, 41*(1), 44-51.

World Health Organization (WHO). (2007). Cancer control: knowledge into action. *WHO guide for effective programmes. Module 5: Palliative Care.* Genebra.

Capítulo 15

Câncer colorretal e colostomia: aspectos gerais e psicológicos

Karla Cristina Gaspar

15.1 Introdução

O câncer é uma doença que atinge pessoas no mundo todo e pode causar diversos impactos na vida dos pacientes e de seus familiares, assim como dos profissionais da saúde de diferentes formas, desde o diagnóstico até a proposta de tratamento, passando pelo seguimento, reabilitação, cura ou morte.

O câncer é definido como uma doença genética e nomeia vários tipos de neoplasias que têm em comum o crescimento desordenado e rápido das células, cuja característica é invadir tecidos e órgãos. Essas células tendem a ser muito agressivas e incontroláveis, e podem espalhar para outras regiões do corpo. Esse processo é denominado de metástase. As causas do câncer são variadas, podendo ser externas ou internas ao organismo, no entanto, ambas se inter-relacionam (Inca, 2012).

A origem da palavra câncer é creditada ao médico grego Hipócrates (460-370 a.C.), que adotou o termo *karkinos* e *karkinoma* em grego, *carcinos* e *carcinoma* em inglês, para descrever lesões tumorais ulcerosas e não ulcerosas.

Galeno (130-200 d.C.), médico romano, considerado na época a maior autoridade na área, foi referência no tratamento de câncer. Galeno determinou a doença como incurável, e que, uma vez diagnosticada, havia pouco a se fazer (Eggers, 2002).

A evidência mais antiga de câncer na história da humanidade remonta a 8.000 a.C, atestado por fósseis e descrições de tumores encontradas em papiros do Egito datados de 1.600 a.C.. Sendo o câncer resultado de mutação genética, acredita-se que desde o início da vida ele sempre existiu (Eggers, 2002).

Conhecido há muitos séculos, o câncer nas últimas décadas ganhou uma dimensão maior, revelando-se um grave problema de saúde pública.

A Organização Mundial da Saúde (OMS) estimou que, no ano 2030, haverá no mundo 27 milhões de casos incidentes de câncer, 17 milhões de mortes por câncer e 75 milhões de pessoas vivas, anualmente, com câncer (OMS, 2001).

No Brasil, as estimativas para o ano de 2012 apontavam a ocorrência de aproximadamente 518.510 casos novos de câncer. Os casos mais incidentes estimados foram câncer de pele não melanoma (63 mil casos novos), de próstata (60 mil), de pulmão (17 mil), colorretal (14 mil) e de estômago (13 mil) para o sexo masculino; e os cânceres de pele não melanoma (71 mil casos novos), de mama (53 mil), de colo do útero (18 mil), colorretal (16 mil) e de pulmão (10 mil) para o sexo feminino (Inca, 2012).

15.2 Câncer colorretal: aspectos gerais

O câncer colorretal (CCR) se destaca entre as neoplasias malignas mais incidentes no Brasil e no mundo. É a segunda causa de morte por câncer. É curável com o tratamento cirúrgico quando o diagnóstico é precoce.

A taxa global de sobrevida em cinco anos é de 50%. Fatores geográficos e ambientais estão seguramente envolvidos na patogênese do CCR. Regiões industrializadas, como nos EUA e Europa Ocidental, apresentam os mais altos índices da doença (Inca, 2012).

Isso sugere que os fatores ambientais podem ser decisivos no aparecimento da doença. No entanto, cerca de 75% dos casos de CCR ocorrem em pacientes sem fatores de risco bem definidos, embora vários desses fatores sejam bastante conhecidos (Arndt et al., 2005).

Os alimentos podem promover ou inibir a carcinogênese. O alto consumo de carnes vermelhas e gordura animal, como também a presença de níveis elevados de colesterol nas fezes, correlacionam-se com um risco maior do CCR (McCusker et al., 2007). De outra parte, supõe-se que dietas ricas em fibras sejam um fator de proteção contra o câncer colorretal (Van't et al., 1997).

Estratégias de rastreamento para CCR incluem exames de sangue oculto nas fezes ou a colonoscopia. A sintomatologia é pouco específica e a colonoscopia é o método ideal para diagnóstico, sendo indicada sempre que houver sinais e sintomas intestinais, como sangramento, dor abdominal, mudanças no hábito intestinal, anorexia, perda de peso e anemia (Towler, 2000).

A pesquisa de sangue oculto nas fezes (PSOF) pode ser considerada o método mais simples e barato de rastreamento populacional. Estudos randomizados demonstram redução relativa de mortalidade por CCR, entre 15% e 33%, quando a PSOF é aplicada anual ou bianualmente (Ashford et al., 2000).

A colonoscopia é a estratégia de maior custo e mais invasiva de rastreamento, mas tem a vantagem de permitir a avaliação de todo o intestino grosso e a retirada de lesões precursoras (pólipos adenomatosos) durante o exame. Recomenda-se a realização de colonoscopia para qualquer indivíduo assintomático, sem fator de risco, com idade igual ou maior de 50 anos, com periodicidade entre cinco e dez anos (Arndt, 2005).

Destaca-se ainda que a dosagem do antígeno carcinoembriogênico (CEA), marcador tumoral, é importante para a avaliação do tratamento e do controle de recorrência do câncer colorretal. A tomografia computadorizada é utilizada para o estadiamento do tumor e verificação do comprometimento linfonodal e de metástases à distância (Guimarães, 2008).

A idade para iniciar o rastreamento deve articular-se com importantes fatores de risco, como histórico familiar ou pessoal de câncer e presença de doença inflamatória intestinal, como retocolite ulcerativa ou doença de Crohn. Há evidência na literatura que o rastreamento e a detecção precoce reduzem a mortalidade pela doença de forma significativa em CCR (Arndt, 2005).

Após a fase de rastreamento e confirmação anatomopatológica de CCR, a partir de uma biópsia por colonoscopia, inicia-se a fase de estadiamento. O estadiamente clínico é aquele realizado na fase prévia de tratamento que se completa após a avaliação anatomopatológica do espécime cirúrgico, quando passa a se denominado estadiamento patológico. A interpretação dos achados de exames pré-tratamento e dos achados anatomopatológicos é resumida na classificação TNM (tumor/linfonodo/metástase), proposto para CCR (Gama & Araujo, 2001).

Além da localização primária da doença, o CCR pode disseminar localmente, por contiguidade, quando invade um órgão ou uma estrutura por via hematogênica ou por via linfática. As metástases ocorrem, principalmente, no fígado e, em segundo lugar, nos pulmões. A disseminação para outros sítios é mais rara e está associada a fases mais avançadas da doença (Guimarães, 2008).

O tratamento para a maioria dos pacientes com CCR é o cirúrgico, mesmo na presença de metástase (Michelone & Santos, 2004). A literatura aponta ser este o melhor método para a prevenção de complicações, como obstrução e sangramento.

O objetivo principal do tratamento cirúrgico é a ressecção do tumor com margens de segurança e a ressecção das cadeias linfonodais de drenagem e de órgãos adjacentes quando acometidos.

A tomografia computadorizada e a ressonância nuclear magnética, como também a ultrassonografia endoscópica, são solicitadas, compondo um criterioso planejamento cirúrgico no pré-operatório (Guimarães, 2008).

Cerca de dois terços dos pacientes submetidos a tratamento cirúrgico curativo para CCR apresentam recorrência da doença.

Oitenta e cinco por cento das recidivas ocorrem nos primeiros dois anos e meio após a cirurgia, e 15% durante os dois anos e meio subsequentes. O seguimento intensivo nos primeiros cinco anos é extremamente importante para um melhor prognóstico (Brintzenhofe-Szoc et al., 2009).

A American Society of Clinical Oncology (ASCO) recomenda que seja realizada avaliação clínica e dosagem do CEA a cada três meses nos primeiros três anos e a cada seis meses no quarto e quinto ano; tomografia computadorizada de tórax, abdome e pelve anualmente nos primeiros três anos; colonoscopia três anos após a cirurgia inicial e a cada cinco anos, se normal; retossigmoidoscopia a cada seis meses para pacientes com câncer de reto (Ashford et al., 2000).

A quimioterapia para tumores de cólon e reto e a radioterapia para os tumores do reto têm grande importância como modalidades adjuvantes complementares à cirurgia, quando considerado tratamento curativo (Wasteson, 2009). Devido às características anatômicas do reto (ser uma víscera fixa e localizada nos estreitos limites da pelve), a radioterapia, diferentemente dos tumores do cólon, assume um papel importante no tratamento adjuvante de câncer de reto. Contudo, vários estudos demonstram que o treinamento específico e a experiência do cirurgião interferem significativamente na sobrevida de pacientes operados por câncer de reto (Kendal, 2007).

Após a ressecção cirúrgica potencialmente curativa, a recidiva da doença pode ocorrer pela presença de micrometástases ocultas preexistentes no momento do diagnóstico e da cirurgia. A quimioterapia, nesses casos, é aplicada para erradicar essas micrometástases, diminuindo a chance de recidivas e podendo aumentar a sobrevida (Alberts, 2002).

Entre os doentes submetidos à ressecção curativa do tumor e quimioterapia adjuvante, se necessária, a sobrevida após cinco anos é de 65%. No entanto, a média de sobrevida dos pacientes com doença avançada é menor que 5% após cinco anos. Apesar dos progressos terapêuticos adquiridos, a toxicidade diante do tratamento é variável e pode ser fator limitante de sua continuidade (Ashford, 2000).

Os efeitos adversos mais comuns na quimioterapia com 5-fluorouracil (5-FU) e ácido folínico (AF) são alterações gastrointestinais e hematológicas. As manifestações mais frequentes em pacientes recebendo quimioterapia são náuseas, vômitos e diarreia.

A maioria dessas drogas induz à depressão medular óssea em graus variáveis dependendo da dose utilizada associada à idade, ao estado nutricional e aos números de aplicações prévias de quimioterapia. Toxicidades mais graves resultam em leucopenia, granulocitopenia, trombocitopenia e anemia (Strong et al., 2008).

Por outro lado, os avanços obtidos na compreensão do CCR traduziram-se em progressos importantes no âmbito do tratamento. Diversos estudos randomizados realizados nas últimas duas décadas ajudaram os especialistas em oncologia a elaborar estratégias de tratamento mais eficazes para o câncer colorretal. Esses estudos definiram o papel da cirurgia no tratamento do tumor primário e das metástases, bem como da terapia adjuvante e paliativa.

Contudo, constata-se que o diagnóstico de CCR e seu tratamento trazem alterações em um curto espaço de tempo sobre a integridade físico-emocional do paciente, como desconforto, dor, alteração da imagem corporal, perda de autoestima e autonomia.

A preocupação com a percepção que o paciente tem sobre a sua doença e seu tratamento, além da relação entre a equipe multidisciplinar que o acompanha e o seu cuidador, vem se mostrando constante na literatura.

15.3 Comorbidade psiquiátrica e aspectos psicológicos em pacientes com câncer colorretal colostomizados

As comorbidades psiquiátricas são comuns entre pacientes oncológicos que buscam serviços de atendimento médico ambulatorial. Uma avaliação do grau e do padrão dos transtornos nesse contexto tem sido considerada muito importante para diagnosticar e proporcionar tratamentos adequados (OMS, 2001).

O câncer colorretal e seu tratamento podem causar um efeito adverso na função social, incluindo a vida produtiva, relacionamento com familiares, parceiros e amigos. O impacto da doença e do tratamento no bem-estar dos pacientes é um tópico de crescente interesse na pesquisa de câncer colorretal.

Fadiga e depressão são citadas na literatura internacional como sintomas frequentes em doentes com câncer, contudo, a relação entre elas ainda é insuficientemente compreendida, especialmente na situação de câncer colorretal.

Um estudo brasileiro teve como objetivos caracterizar e identificar a comorbidade entre fadiga e depressão em pacientes com câncer colorretal com colostomia. A amostra não probabilística foi de 154 pacientes ambulatoriais (53% homens; idade média 49,6 anos; escolaridade média 8,9 anos). A fadiga foi avaliada pela Escala de Fadiga de Piper Revisada e o humor foi avaliado pelo Inventário de Depressão de Beck. A fadiga foi relatada por 76 (49,4%) pacientes e foi intensa (escore total >6) para 19,7% deles. A depressão teve escore (IDB>20) encontrado em onze (7,1%) pacientes. Fadiga e depressão estavam correlacionadas. A comorbidade fadiga moderada/intensa e disforia/depressão ocorrem em 12,3% dos casos. A fadiga estava presente na totalidade dos pacientes deprimidos (100%) e a depressão ocorreu em 18% dos pacientes fatigados. A relação entre fadiga e depressão pode ser muito deletéria ao paciente com CCR. A depressão foi mais importante para a ocorrência da fadiga do que a fadiga para a depressão (Santos et al., 2009).

15.4 Colostomia e impacto emocional

A maioria dos pacientes com câncer colorretal é submetida à cirurgia, muitos vindos a necessitar de algum tipo de ostomia.

Ostomia tem origem na palavra grega *stoma*, que significa abertura de origem cirúrgica, quando há necessidade de desviar, temporária ou permanentemente, o trânsito normal da alimentação e/ou eliminações. Considerando-se os tipos de ostomia, a colostomia é a mais frequente. Caracteriza-se pela exteriorização do cólon por meio da parede abdominal, com o objetivo de eliminação fecal (Guimarães, 2008).

O paciente ostomizado vê-se diante de modificações em sua fisiologia, surgindo também a necessidade de cuidados com a bolsa de colostomia.

Sentimentos variados emergem, incluindo conflitos, rebaixamento da auto-estima, alteração da imagem corporal, dificuldade de se relacionar sexualmente com o parceiro e dificuldades diante das limitações impostas no seu cotidiano. A maioria dos pacientes relata o incômodo quando há eliminação de gases, vazamentos e odor exalado pela bolsa de colostomia. Isso significa um grande desafio que envolve também o aperfeiçoamento dos dispositivos oferecidos pelo mercado especializado na tentativa de minimizar a ocorrência de situações desagradáveis.

Há um aspecto muito enfatizado pelos pacientes colostomizados relacionado ao próprio uso da bolsa de colostomia. Isso é percebido como uma experiência de sofrimento que traduz na alteração dos aspectos psicossociais envolvidos no processo de adaptação da colostomia.

A adaptação à condição de portador de bolsa de colostomia é um processo longo e contínuo, e está relacionada à doença de base.

Estudos indicam que as principais estratégias de enfrentamento utilizadas pelos pacientes com colostomia são a resignação, revolta e isolamento social. Por outro lado, há pacientes que associam o uso da bolsa à solução para seu problema de saúde. De qualquer forma, todos são unânimes em relatar o incômodo causado pela colostomia.

A presença da ostomia determina no paciente alteração da imagem corporal, resultando em sofrimento, dor, deterioração do corpo e medo da rejeição social, o que implica em isolamento social.

Vale lembrar que, no desenvolvimento sexual infantil, a retenção e a eliminação das fezes constituem uma das primeiras fontes de prazer pré-genital. No entanto, é um dos primeiros controles sociais que a mãe exerce sobre a criança. Nossa entrada na cultura é inaugurada com a exigência quanto ao comando dos intestinos e esfíncter. Dessa forma, percebemos que aspectos referentes aos excrementos atingem códigos sociais que ultrapassam o biológico. Quando esses códigos são quebrados e observados pelo outro, trazem vergonha, demonstrando decadência social.

De qualquer forma, acredita-se que a investigação acerca do viver e conviver das pessoas com colostomia possa contribuir com subsídios para prestação de assistência especializada. É objetivo primordial que as intervenções em saúde possam buscar um nível de excelência em qualidade de vida para os pacientes colostomizados.

15.5 Considerações finais

Para o enfrentamento do câncer colorretal e colostomia, são necessárias ações como educação, promoção e prevenção em saúde. Para que essas ações sejam bem-sucedidas, é necessário ter como base informações de qualidade, sendo elas atualizadas e representativas.

O número significativo de pessoas que são acometidas por câncer colorretal todo ano traz desafios cada vez maiores aos serviços públicos e aos profissionais de saúde.

Além das terapêuticas medicamentosas prolongadas ou contínuas que esses pacientes necessitam, verifica-se, com efeito, o impacto emocional que sofrem nas diversas fases do adoecimento, principalmente quando do uso de colostomia, seja por tempo determinado ou uso permanente.

Fica evidente a importância de registrar, analisar, classificar e interpretar os dados da qualidade de vida e comorbidades psiquiátricas observados na população com CCR, a fim de se traçar ações especificas em saúde mental e saúde pública.

15.6 Referências bibliográficas

Alberts, B. (2002). Molecular biology of the cell (4th ed.). Nova York: Garland Science.

Arndt, V., Merx, H., Stegmaier, C., Ziegler, H., & Brenner, H. (2005). Quality of life in patient with colorectal câncer 1 year after diagnosis compared with the general population: a population-based study. J. Clin. Oncol., 22(23), 4829-4836.

Ashford, A., Gemson, D., Gorin, S. N. S., Bloch, S., Lantigua, R., Ahsan, H. et al. (2000). Cancer screening and prevention practices of inner-city physicians. Am. J. Prev. Med., 19, 59-62.

Botega, N. J., Mitsuushi, G. N., Azevedo, R. C. S., Lima, D. D., Fanger, P. C., Mauro, M. L. F. et al. (2010, julho). Depressão, transtornos decorrentes do uso de álcool e dependência de nicotina no hospital geral. Rev. Bras. Psiquiatr. [online], 32(3), 250-256.

Brasil. (1997). Ministério da Saúde. Instituto Nacional do Câncer (Inca). Ajudando seu paciente a deixar de fumar, 21.

Brintzenhofe-Szoc, K. M., Levin, T. T., Yuelin, Li, B. S., Kissane, D. W., & Zabora, J. R. (2009). Mixed Anxiety/Depression Symptoms in a Large Cancer Cohort: prevalence by câncer type. Psychosomatics, 50, 383-91.

Chochinov, H. M. (2001). Depression in cancer patients. Lancet Oncol., 2, 499-505.

Eggers, S. (2002, junho/julho). Revista Hands, 10.

Fanger, P. C., Azevedo, R. C. S., Mauro, M. L. F., Lima, D. D., Gaspar, K. C., Silva, V. F. et al. (2010). Depressão e comportamento suicida em pacientes oncológicos hospitalizados: prevalência e fatores associados. Rev. Assoc. Med. Bras., 56(2). São Paulo.

Gama, A. H., & Araújo, S. E. A. Estomas intestinais: Aspectos conceituais e técnicos. (2001). In Santos, V. L. C. G., & Cesaretti, I. U. R. (Eds.). Assistência em estomaterapia: cuidando do ostomizado (pp. 39-54). São Paulo: Atheneu.

Guimarães JR. Manual de Oncologia. v. 1 (3 ed.) São Paulo: BBS ed., 2008.

Kendal, W. S. (2007). Suicide and cancer: a gender-comparative study. Ann. Oncol., 18, 381-7.

McCusker, J., Cole, M., Ciamp, A., Latimer, E., Windholz, S., Belzile, E. (2007). Major depression in older medical inpatients predicts poor physical and mental health status over 12 months. Gen. Hosp. Psychiatry., 29(4), 340-348.

Michelone, A. P. C., & Santos, V. L. C. G. (2004). Qualidade de vida de adultos com câncer colorretal com e sem ostomia. Rev. Latino-am. Enferm., 12(6), 875-883.

Organização Mundial da Saúde. (2001). Saúde Mental: Nova Concepção, Nova Esperança. Relatório sobre a saúde no mundo. Organização Pan-Americana de Saúde. Disponível em http://www.who.int/whr/2001/en/whr01_djmessage_po.pdf.

Santos, J., Mota, D. D. C. F., & Pimenta, C. A. M. (2009). Comorbidade, fadiga e depressão em pacientes com câncer colorretal. Ver. Esc. Enferm. USP, 43(4), 909-914.

Strong, V., Waters, R., Hibberd, C., Murray, G., Wall, L., Walker, J. et al. (2008). Management of depression for people with cancer (SMaRT oncology 1): a randomised trial. Lancet., 372(9632), 40-48.

Towler, B. P., Irwing, L., Glasziou, P., Weller, D., & Kewenter, J. (2000). Screening for colorretal cancer usining the faecal occult blood test, hemoccult. Cochrane Database Syst. Rev. (2), CDOO1216.

Van't, Spijker., A., Trusburg, R. W., & Duivenvoorden, H. J. (1997). Psychological sequelae of câncer diagnosis: a meta-analytical review of 58 studies after 1980. Psychosom Med., 59, 280-293.

Wasteson, E., Brenne, E., Higginson, I. J., Hotopf, M., Lloyd-Williams, M., & Kaasa, S. (2009). Depression assessment and classification in palliative cancer patients: a systematic literature review. Palliat Med. (in press).

Douglas... Saudades...

Valdemar Augusto Angerami
Para
Aqueles que sabem da dor da ausência...

Os nossos caminhos se cruzaram quando
ainda éramos crianças de tenra idade...
nesse momento, você era o Dogli, goleiro, e eu
o Canhotinha, atacante... jogávamos no infantil
de futebol de salão do Ypiranga e do Alexandre de Gusmão...
éramos crianças arteiras... infantis e que
sonhavam com a carreira de futebolista....

E embora quarenta e tantos anos já se
tenham passado, é muito viva a lembrança
de uma final dos Jogos Colegiais da Primavera,
e de seu grito nos instantes finais fazendo o
lançamento com as mãos e gritando: "...é tua
Canhotinha...". E um complemento certeiro nos
levou à vitória... saudades da comemoração com
os colegas, do Baile da Primavera e das peraltices
que fazíamos...
Adolescência... e a vida seguindo em seu curso e
nos levando para caminhos diversos... continuávamos
amigos, mas a música naquele momento me
arrancara dos bancos escolares... você frequentava
os ensaios da minha banda de rock and roll e
assim prosseguíamos nos sonhos que embalam
as manhãs juvenis... das namoradas... das festas...
tenho na lembrança seu riso
e sua maneira jocosa de tudo satirizar...

Hoje ouvi Daydream Believer, que era a tua
música favorita, e diante da qual você se dizia
emocionado... chorei... não tive como conter
as lágrimas... você se tornou tão real como nesses
tempos em que a sua insistência para que
tocássemos essa música era intermitente...
Essa música me deixou totalmente à mercê
de fortes emoções... veio à baila o momento
em que você ingressou na faculdade de medicina,
e das comemorações que se seguiram à isso....

E também vieram as imagens do acidente ferroviário
que te ceifou a vida... o teu corpo inerte no leito mortuário
não teve o meu olhar... quedei em profunda depressão por
dias... quando consegui me recuperar, procurei pela tua
mãe, que me abraçou e muito chorou... inconsoláveis estávamos...
inconsoláveis amanhecemos para a eternidade....

Querido amigo, espero que seja verdade isso que
tantos dizem que encontramos com as pessoas amigas
que já morreram em outra dimensão... ouvir Daydream Believer
é trazê-lo de volta na lembrança... choro sempre... não importa
quantas vezes ouça... é você novamente feliz e dizendo
da emoção que ela te causa... e não vejo a hora
de te rever e novamente esperar teu grito:
"é tua Canhotinha...".

                              Serra da Cantareira, numa manhã de primavera ...

Capítulo 16

Do toque retal ao câncer de próstata

Angela Maria Elizabeth Piccolotto Naccarato

O amor, o trabalho, o conhecimento, as trocas realizadas no dia a dia, principalmente com meus filhos, são minha fonte cotidiana de prazer.

Aos meus filhos, Carolina e Felippe, os presentes que a vida me deu.

16.1 Sobre o câncer

Conforme vimos no capítulo anterior, os relatos de casos de câncer são encontrados desde a Antiguidade. A doença é descrita em papiros egípcios datados de 1600 a.C., e presentes em relatos na Mesopotâmia, na Grécia Antiga e Império Romano, onde aparecem as primeiras descrições sistemáticas do câncer.

Hipócrates criou o termo *karkinos*, que significa "caranguejo". O termo "câncer" apareceu bem mais tarde, derivado da palavra latina *cancrum*, que também significa "caranguejo". Observando que algumas feridas pareciam penetrar profundamente na pele, comparou-se este comportamento ao de um caranguejo agarrado à superfície. O câncer era atribuído ao excesso de um fluido corporal chamado bile negra. No século II da Era Cristã, Galeno fez uma das primeiras referências ao câncer como doença, que se caracterizava pelo endurecimento e fibrose dos tecidos.

Há duas teorias para a origem desse nome: uma acredita que se relaciona às dores que causa a picada do animal e a outra pensa que o desenho dos vasos sanguíneos dilatados devido ao tumor, lembra as patas de um caranguejo. As representações e interpretações dos sintomas apresentada na tentativa da compreensão da doença é muito antiga.

Atualmente, câncer é o nome dado a um conjunto de mais de cem doenças que têm em comum o crescimento desordenado de células que invadem os tecidos e órgãos, podendo espalhar-se para outras regiões do corpo.

Dividindo-se rapidamente, essas células tendem a ser muito agressivas e incontroláveis, determinando a formação de tumores ou neoplasias malignas. Por outro lado, um tumor benigno significa simplesmente uma massa localizada de células que se multiplicam e se assemelham ao seu tecido original, raramente constituindo um risco de vida.

No séc. XVIII nasce o conceito de metástase, que em grego quer dizer "mudança de lugar". O sangue e a linfa foram caracterizados como o meio através do qual a doença se disseminava. É este aspecto migratório que gera o sentimento de impotência em relação à doença.

Ainda neste período, o câncer era uma doença raramente diagnosticada. Quando se deparava com ela, pouco se tinha a fazer, pois não se dispunha de qualquer tratamento para combatê-la. A palavra câncer era tão ameaçadora que o médico só revelava o diagnóstico aos familiares e não ao paciente (Holland & Sheldon 2000).

O câncer estava associado à dor, à tumoração deformante e inevitavelmente à morte. No convívio social, ele era a doença a ser ocultada, pois gerava sentimentos de vergonha e medo.

É sabido que o câncer tem representações extremamente negativas em muitas sociedades. Essas crenças culturais sobre a saúde e a doença de um indivíduo podem se constituir em uma forma de estresse culturalmente induzido.

Cultura é um conjunto de regras que orienta e atribui significados às práticas e à visão de mundo de um determinado grupo social. É a lente herdada através da qual os indivíduos percebem e compreendem o mundo em que habitam.

Até a década de 1970, a palavra câncer raramente era dita ao paciente. As escolas de medicina ensinavam que era cruel o médico dizer ao paciente o diagnóstico de câncer (apesar de a família sempre ser informada), pois tal diagnóstico iria tirar toda a esperança e seria incorporado como sentença de morte. Muitos pacientes sentiam-se culpados por trazer vergonha à família com tal diagnóstico. Este silêncio e estigma cultural limitavam a oportunidade de falar sobre sua doença e seu sentir (Holland & Sheldon 2000).

Apesar de reconhecidas há tanto tempo, somente com a descoberta do microscópio que o estudo das doenças malignas pôde evoluir. A partir da identificação da célula como a unidade fundamental dos organismos evoluídos, foi possível compreender um pouco melhor o desenvolvimento das doenças.

Os diferentes tipos de câncer correspondem aos vários tipos de células do corpo. Outras características que diferenciam os diversos tipos de câncer entre si são a velocidade de multiplicação das células e a capacidade de invadirem tecidos e órgãos vizinhos ou distantes.

Atualmente, com o advento de novas técnicas cirúrgicas, da quimioterapia e radioterapia, mudou-se radicalmente o prognóstico de vários tumores (Castro et al., 2009). Desta forma, o câncer está se tornando uma doença crônica, possibilitando que as pessoas vivam mais, ou sejam curadas.

O câncer pode ocorrer em todos os estágios da vida e em todas as partes do mundo, onde as atitudes são infinitamente diferentes. Pode ser curado, tornar-se crônico ou conduzir à morte. Em 1950, somente 35% das pessoas com diagnóstico de câncer sobreviviam à doença por cinco anos ou mais. Porém, em 1974, este percentual subiu para 50%, e em 1998 já era 62%.

Em teoria, qualquer célula do corpo pode passar por transformações e originar um tumor maligno, o que torna a denominação câncer muito genérica e causadora de muitas confusões. Além disso, o diagnóstico costuma ser interpretado como possibilidade de morte eminente. Ouvir o diagnóstico pelo médico conscientiza o paciente da possibilidade e proximidade da morte. O diagnóstico de tumor maligno está associado à doença fatal por razões culturais.

Ao receber a notícia do diagnóstico, os pacientes ficam com medo, confusos e sem saber qual será o próximo passo, ficam incertos, principalmente, quanto ao futuro, este nosso estranho desconhecido. Cada paciente traz consigo características únicas, com crenças e valores introjetados, determinando a forma como lidar com a doença e de como estar no mundo.

Os temores relativos à mutilação, aos danos causados pelos tratamentos e outras representações sobre as possíveis causas do câncer tornam-se impeditivos da procura precoce para diagnóstico e tratamento (Arán et al., 1996).

O câncer é uma das doenças que mais afeta a qualidade de vida (Qol), variando de acordo com o órgão, do seu estadiamento e das características físicas e psíquicas do paciente, determinando o grau de comprometimento. Encontramos presentes na Qol tanto variáveis psicológicas, como o medo, ansiedade e a negação da doença, como variáveis psicossociais, onde temos as crenças e diferentes atitudes com relação à doença. Qol envolve, assim, questões altamente subjetivas.

Uma das crenças ainda muito enraizada em nossa cultura é que o câncer tem que ser obrigatoriamente acompanhado de dor, sofrimento, morte próxima, sintomas aversivos, perda de habilidades funcionais e vocacionais, frustração e incerteza quanto ao futuro.

Com a ansiedade presente, ocorre distorção na comunicação, trazendo dificuldade na compreensão do diálogo, com consequências no relacionamento médico-paciente e o não cumprimento das recomendações.

A dor é considerada como o sintoma mais incapacitante pela maioria dos pacientes. Pode ter várias causas, desde o próprio câncer ao tratamento, e pode se manifestar das mais variadas formas e intensidades. Os determinantes serão os aspectos físicos, psíquicos, sociais e culturais do paciente (Twycross & Lack 1992).

Contudo, diversos tipos de câncer podem ser curados com tratamento medicamentoso ou por procedimentos cirúrgicos quando diagnosticados precocemente. Tudo depende de seu estadiamento, o qual é determinado de acordo com o acometimento de órgãos e estruturas adjacentes e a distância. Esses aspectos conferem estatisticamente o prognóstico, isto é, a possibilidade de resposta ao tratamento e de cura.

Esses aspectos devem ser discutidos com os pacientes e familiares, pois podem trazer modificações profundas na estrutura física, psíquica e no cotidiano desses pacientes. Algumas modalidades terapêuticas interferem principalmente nos atributos sexuais e, portanto, precisam ser discutidas com muita cautela antes da cirurgia.

16.2 Sobre o câncer de próstata

Conforme Ferreira (2006), o câncer de próstata (CaP): "Acomete um percentual considerável da população masculina adulta, instala-se num órgão que, além de ser uma espécie de santuário para a população masculina, está relacionado intimamente com a área sexual física e psicológica do homem".

Embora os resultados do tratamento do câncer de próstata (CaP) tenham evoluído muito nos últimos anos, ainda não são satisfatórios, principalmente quando o diagnóstico é realizado em estágios avançados, impossibilitando uma cura completa (Moraes, 1994).

No intuito de obter resultados mais positivos, as pesquisas têm evoluído em várias direções: de um lado, aumentando o conhecimento da neoplasia em questão (história natural e epidemiologia), com implementação do diagnóstico precoce e tratamento ainda na fase inicial, melhorando o prognóstico do caso. Concomitantemente, tem-se procurado entender e avaliar as alterações na QoL que cada tratamento possa produzir, buscando a melhor forma de orientação terapêutica (Gugliota et al., 2008).

A próstata é uma glândula masculina, que no homem se localiza na parte baixa do abdome. Ela é um órgão do tamanho de uma noz, tem a forma de maçã e se situa logo abaixo da bexiga e adiante do reto. A próstata envolve a porção inicial da uretra, um tubo pelo qual a urina armazenada na bexiga é eliminada.

Uma glândula de 25g a 30g (apenas 0,02% do peso corporal total), que tem o papel triunfal de alimentar e manter vivos os espermatozoides no homem maduro, pode ser responsável por trazer sofrimento e angústia, com consequências negativas para o tempo e a Qol.

Ao exame estrutural da próstata, observa-se que é formada por duas partes: a porção interna, ou epitelial, constituída por um agrupamento de glândulas que fabricam o líquido seminal, e pelas glândulas situadas em torno do canal uretral, que crescem com o passar dos anos e são responsáveis pelo aumento benigno da próstata nos homens maduros (Srougi, 2003).

O crescimento da próstata começa a partir dos 40 anos, podendo ser benigno – a hiperplasia prostática benigna (HPB) –, ou maligno – o câncer. Como o câncer geralmente ocorre na zona periférica da próstata, demora-se para perceber alterações na micção. Quando o sintoma aparece, em geral, o caso já está adiantado. Daí a importância do diagnóstico precoce.

Com relação ao CaP, não se sabe exatamente os fatores etiológicos, mas vários deles podem contribuir para seu aparecimento. A idade aparece em primeiro lugar, pois esse tipo de câncer raramente se desenvolve antes dos 40 anos de idade. A partir dos 60 anos, o câncer já é mais frequente, sendo uma das causas mais comum de morte em homens acima dos 80 anos (Wingo et al., 1997).

Pacientes com antecedentes de pai ou irmão com CaP antes dos 60 anos de idade têm 20% de possibilidade de desenvolver a doença, podendo refletir tanto fatores hereditários quanto hábitos alimentares ou estilo de vida (Fradet et al., 2009).

Atualmente, não há estudo com nível de evidência 1 que suporte a influência da dieta e estilo de vida na prevenção e tratamento do CaP. Porém, uma dieta saudável para o coração e exercícios físicos são recomendados (Aronson, 2009). Outros hábitos saudáveis também são aconselhados, como fazer, no mínimo, trinta minutos diários de atividade física, manter o peso adequado à altura, diminuir o consumo de álcool e não fumar.

Já está comprovado que uma dieta rica em frutas, verduras, legumes, grãos e cereais integrais, e com menos gordura, principalmente as de origem animal, não só pode ajudar a diminuir o risco de câncer, como também de outras doenças crônicas não transmissíveis.

Dados epidemiológicos recentes sugerem que a ingestão de gordura animal está associada ao aumento de risco do CaP, assim como a ingestão de derivados de soja (isoflavoides, fitoestrogenos) podem inibir o desenvolvimento e progressão do CaP (Leitzmann et al., 2004).

CaP é o único entre os tumores sólidos que se apresenta de duas formas: a latente ou histológica, que pode ser identificada em aproximadamente 30% dos homens com mais de 50 anos e entre 60% a 70% dos homens com mais de 80 anos; e a forma clínica, que afeta aproximadamente um entre seis homens americanos (Reiter & Kernion, 2002).

Na maioria dos casos, o tumor apresenta um crescimento lento, de longo tempo de duplicação, levando cerca de cinco anos para dobrar de tamanho.

Atualmente, pode-se dizer que o CaP está se tornando, cada vez mais do que qualquer outro tipo, um câncer da terceira idade, já que cerca de três quartos dos casos no mundo ocorrem a partir dos 65 anos.

Outros fatores de risco são as características raciais do homem (60% mais frequente em homens negros), o país onde vive (dez vezes mais comum em países escandinavos e nos Estados Unidos do que na China e no Japão) e a existência de casos na família.

Os dois únicos fatores confirmadamente associados a um aumento do risco de desenvolvimento do CaP são a idade e o histórico familiar.

Hoje, em virtude do aprimoramento das técnicas para diagnósticos e a importância que se dá à prevenção, aumentou muito o número de casos detectados em estágios precoces da doença, tornando as opções de tratamento mais eficazes, dependendo do estadiamento. Alguns desses tumores podem crescer de forma rápida, espalhando-se para outros órgãos do corpo e podendo levar à morte. A maioria, porém, cresce de forma tão lenta (leva cerca de quinze anos para atingir 1 cm^3), que não chega a ocasionar sintomas durante a vida e tampouco ameaçar a saúde do homem.

Até o presente momento, não são conhecidas formas específicas de prevenção do CaP. No entanto, sabe-se que a adoção de hábitos saudáveis de vida é capaz de evitar o desenvolvimento de certas doenças, entre elas, o câncer.

Alguns sintomas relacionados ao CaP são: presença de sangue na urina, necessidade frequente de micção, principalmente à noite, jato urinário fraco, dor ou queimação na micção.

A manifestação do CaP pode variar desde completamente assintomático até manifestações de doença avançada. Com a melhora das técnicas de rastreamento, o diagnóstico tem sido feito cada vez mais com os pacientes assintomáticos.

A presença de um ou mais desses sintomas não significa que o homem esteja com câncer, pois várias doenças podem apresentar sintomas semelhantes. Por isso, tão logo os sintomas surjam, é muito importante a visita ao médico, para esclarecimento diagnóstico. Essa é a melhor forma para se chegar ao diagnóstico precoce do CaP.

16.3 Sobre o Antígeno Prostático Específico (PSA)

Até há pouco mais de vinte anos, os sintomas eram a única maneira de diagnosticar o CaP. Com o surgimento do exame de sangue que mede o nível de Antígeno Prostático Específico (PSA), revolucionou-se a probabilidade do diagnóstico e manejo do homem com CaP (Shariat et al., 2008).

Em 1986, o PSA foi aprovado pelo Food and Drug Administration (FDA, na sigla em inglês, Administração de Comida e Drogas, em português) dos Estados Unidos para monitorar o CaP, e em 1994 foi aprovado como instrumento para a detecção da doença em homens com 50 anos ou mais (Fitzpatrick et al., 2009).

O PSA é uma glicoproteína que, embora possa ser encontrada em células das glândulas parótida, mamária e do pâncreas, apresenta níveis sanguíneos que resultam exclusivamente da sua produção ao nível da próstata. Esse fenômeno transforma o PSA em marcador específico das doenças prostáticas, notadamente das neoplasias malignas (CaP), cujas células produzem cerca de dez vezes mais PSA do que o tecido benigno.

16.4 Sobre o toque retal

O toque retal (TR) fornece informações sobre o volume, consistência, presença de irregularidades, limites, sensibilidade e mobilidade da próstata (Dakum et al., 2007).

O exame de TR é aquele em que um médico especialista toca digitalmente a porção anterior do reto, região em que se assenta a próstata. A palpação é possível em mais ou menos 70% da superfície da próstata, na área de maior incidência de CaP.

Os tumores prostáticos são constituídos por adenocarcinoma de próstata em 95%, e 70% deles se localizam na periferia da glândula, sendo, portanto, palpável por via retal. O TR é um método de triagem para a detecção das neoplasias malignas de próstata, além de seu valor preditivo positivo ser significativo. Dados da literatura mostram uma acuracidade do TR de mais de 90%, confirmada por meio da análise histopatológica do tecido prostático (Bissada et al., 1977).

A dosagem do PSA e o exame clínico (TR), quando alterados, individualmente ou em conjunto, podem sugerir a possibilidade da existência da doença (CaP). O diagnóstico só é confirmado por meio do exame anatomopatológico da próstata.

Levando em conta a relação custos/benefícios, definiu-se que a melhor forma para o rastreamento do CaP é representada pela combinação de TR e dosagem do PSA. O toque exclusivo falha em 30% a 40% dos casos, as medidas de PSA falham em 20%, mas a execução conjunta dos dois exames deixa de identificar o câncer em menos de 5% dos pacientes.

16.5 Sobre o rastreamento

Rastreamento é a avaliação periódica e sistemática de uma população do sexo masculino pertencente a uma determinada faixa etária, com objetivo de detectar doença curável em homens com boa expectativa de vida saudável. A intenção do rastreamento é diminuir a mortalidade e aumentar a Qol do paciente. Entretanto, seu real benefício no CaP permanece incerto.

A Organização Mundial de Saúde (OMS) recomenda exames periódicos completos, de TR e PSA, para todos os homens com idade igual ou superior a 50 anos.

A Associação Europeia de Urologia (EAU), tendo como referência os resultados do estudo European Randomised Study of Screening of Prostate Cancer (ERSPC), reconhece os benefícios do rastreamento na redução da mortalidade, assim como os efeitos adversos do diagnóstico e do tratamento do CaP. Sugerem a idade de 40 anos como base e não recomendam em homens com idade superior a 75 anos.

O Prostate Cancer Foundation (PCF) propicia e suporta a detecção precoce, acesso à prevenção e tratamento do CaP. Opções de tratamento são melhores com o diagnóstico precoce, diminuindo potencialmente os efeitos colaterais. A American Urological Association (AUA) faz recomendação do uso do Antígeno Prostático Específico (PSA) e do toque retal (TR) na detecção do CaP, com idade base de 40 anos.

A American Cancer Society (Sociedade Americana do Câncer) e a American Radiological Association (Associação Americana de Radiologia) apregoam oferecer anualmente o rastreamento de PSA e TR, começando aos 50 anos na população em geral com expectativa de vida maior que dez anos, 45 anos para homens afro-americanos e 40 anos para homens com caso de CaP na família. Homens com PSA igual ou maior a 0.6 ng/ml devem fazer o PSA anualmente.

Foi observado que mais de 50% dos CaP foram detectados após, no mínimo, três visitas, e 10% não foram diagnosticados até depois de, no mínimo, quinze visitas. Uma porção considerável de homens apresentou doença de alto grau após várias visitas, o que sugere que um número substancial de CaP significante não teria sido identificado caso o rastreamento anual não fosse realizado (Griffin et al., 2008).

Dois estudos ainda em andamento, o ERSPC, citado anteriormente, e o Prostate, Lung, Colorectal and Ovarian (PLCO) Cancer Screening Trial, sustentam que o rastreamento é mais importante para a população mais jovem (Eckersberger et al., 2009). Análises após dois anos de seguimento do estudo confirmam achados prévios que o rastreamento reduz significativamente a mortalidade por CaP, mas não afeta a mortalidade por outras causas (Schoder et al., 2012).

Os autores que julgam o rastreamento necessário afirmam que o câncer prostático tem uma progressão lenta, porém fatal, e o diagnóstico precoce permite o tratamento curativo. Lembram que, uma vez disseminado, não existe mais possibilidade de tratamento curativo (Walsh, 1992).

16.6 Sobre o tratamento

Clinicamente, o CaP é diagnosticado como local ou avançado, e os tratamentos vão desde o acompanhamento a tratamento local, cirurgia radical, radioterapia ou deprivação androgênica (Damber, 2008).

O tratamento do câncer da próstata depende do estadiamento clínico. Para doença localizada, cirurgia, radioterapia e até mesmo uma observação vigilante (em algumas situações especiais) podem ser oferecidos. Para doença localmente avançada, radioterapia ou cirurgia em combinação com tratamento hormonal tem sido utilizada. Para doença metastática, o tratamento de eleição é hormonioterapia (Byar & Corle 1988).

A escolha do tratamento mais adequado deve ser individualizada e definida após discutir os riscos e benefícios do tratamento. Após os 40 anos de idade, há a recomendação de o público masculino avaliar a saúde urológica, a gastrointestinal e a cardíaca. É a partir dessa faixa etária que exames preventivos podem detectar precocemente o CaP.

16.7 Sobre o preconceito

Mesmo sendo o primeiro tipo de câncer mais recorrente nos homens, o diagnóstico esbarra no preconceito. Segundo dados do Instituto Nacional do Câncer (Inca), o CaP é a segunda causa de óbitos por câncer em homens, sendo superado apenas pelo de pele não melanoma.

Porém, a perspectiva de cura desse tipo de doença é de até 90%. Isso significa que a prevenção gera economia em gastos com saúde para as empresas e para o país. Para o executivo, por exemplo, além da qualidade de vida, garante maior tempo em atividade no mercado de trabalho.

Apesar de 93% dos executivos brasileiros considerarem "muito importante" a realização de exames preventivos para o CaP, apenas 52% deles fazem exames periódicos para a detecção da doença. Destes, só 46% submetem-se rotineiramente ao exame de TR.

Essa é uma informação preocupante, pois aproximadamente 25% dos tumores malignos da próstata são detectados apenas com o exame de TR, quando as análises do sangue não apresentam qualquer alteração que identifique a doença.

A probabilidade de um homem desenvolver neoplasia prostática ao longo de sua vida é de 9% a 11%, e a chance deste câncer matá-lo é de 2,6% a 4,3% (Silverberg & Lubera 1988).

No Brasil, o CaP é a segunda causa de morte por neoplasia maligna em homens, perdendo apenas para o câncer de pele não melanoma, conforme dito anteriormente. A estimativa para 2012 foi de 60.180 (30,8%) novos casos de CaP. Os estados com maiores taxas de incidência por 100 mile de número de casos novos são Mato Grosso do Sul (101,98), Rio de Janeiro (97,00), Rio Grande do Sul (79,27), São Paulo (76,05) e Espírito Santo (74,37).

O aumento observado nas taxas de incidência pode ser parcialmente justificado pela evolução dos métodos diagnósticos, pela melhoria na qualidade dos sistemas de informação do país e pelo aumento na expectativa de vida do brasileiro.

Em estudo prospectivo randomizado recente, foi confirmada a eficiência e os benefícios do exame de TR no diagnóstico precoce do CaP. Nesse mesmo trabalho, os autores consideraram a realização do PSA e TR, de forma anual, como métodos eficientes para o rastreamento da doença (Andriole et al., 2005, Ferreira, 1988). O aumento do rastreamento para CaP tem levado a um aparente crescimento da sua incidência, diminuição da idade por ocasião do diagnóstico, aumento do diagnóstico de tumor moderadamente diferenciado e redução da mortalidade (Potosky et al., 1995).

A mensagem divulgada nas campanhas de rastreamento é a de que "não são todos os carcinomas de próstata identificados precocemente que são tratados, mas os que necessitam de tratamento devem ser diagnosticados precocemente". Entretanto, análise de metástases como *endpoint* mostram o benefício do rastreamento comparado ao grupo controle. Resultados de estudos clínicos com nível B de evidência mostram o benefício do rastreamento individual (Arndt et al., 2008).

Apesar das limitações do TR, um percentual significativo de CaP é diagnosticado por este exame. Ainda é um instrumento importante no diagnóstico clínico não só de tumores localizados, como oferece importante informação prognóstica.

Estudos têm demonstrado que a omissão do exame de TR nos programas de rastreamento pode comprometer os resultados do diagnóstico e tratamento, pois muitos cânceres detectados pelo TR sozinho são potencialmente curáveis e podem ter piores resultados na espera pelo aumento do PSA (Okotie et al., 2007).

Entretanto, o mito existente com relação ao exame de TR e a resistência encontrada na população masculina ainda são muito significativas (Ikari & Ferreira, 1986).

Em estudo realizado por Nagler e colaboradores (2005), pôde ser evidenciado que de 13.580 homens saudáveis, apenas 78% aceitaram ser submetidos ao exame de TR.

Evidências suportam o uso do PSA em conjunto com o TR como método útil para identificar precocemente casos de CaP (Tenhe et al., 2007).

16.8 Sobre o aspecto psicológico

Entre os seres vivos, o homem tem a angustiante advertência de sua finitude. A ideia de sua própria imortalidade e a crença em seres poderosos que controlam a natureza são parte da resposta do homem primitivo a seu problema existencial e a origem de práticas religiosas e de magia.

A mitologia grega é um caudal de observações realistas e penetrantes acerca da conduta e das aspirações humanas. A evolução do pensamento a partir de Hipócrates, com o olhar na objetividade da observação clínica, passa por Platão, que observou a importância do equilíbrio entre corpo e alma como elemento importante na saúde, e Aristóteles, com a analogia dedutiva. Somente nos séculos XVI e XVII, a perspectiva medieval mudou radicalmente.

As mudanças revolucionárias no campo da física e da astronomia trouxeram um ônus às questões da mente, sendo sentimentos, motivos, intenções, consciência, espírito, esferas expulsas do domínio científico. A grande contribuição de Descartes foi a apresentação do método analítico de raciocínio, no qual a essência da natureza humana reside no pensamento.

Alguns filósofos e escritores do mundo ocidental, anteriores a Freud, haviam percebido intuitivamente motivações subconscientes da conduta humana. Shopenhauer, Balzac, Shakespeare, Nietzsche, entre outros, reconheceram em suas obras a influência do inconsciente. A novidade teórica apresentada por Freud foi a de demonstrar como o conflito psíquico se fundamenta em parte no inconsciente e se mantém oculto da consciência.

O ser humano é detentor de ricas potencialidades e estratégias que lhe permite perceber, pensar e agir. É fruto de um processo evolutivo de seu cérebro que sempre recebeu os registros, marcas, *imprintings* providos do meio ambiente, aguçando a sua inteligência e sensibilidade.

Segundo Capra, "o cérebro humano é um sistema vivo por excelência". É uma estrutura formada por uma massa cinzenta, os neurônios, que recebem e transmitem impulsos elétricos e químicos. É onde se dá o processo de conhecer e de viver do qual participa o organismo como um todo, num processo cognitivo.

À medida que o organismo vivo responde às influências ambientais com mudanças estruturais, estas vão alterando a capacidade de pensar e refletir, contribuindo para uma mudança futura de comportamento do indivíduo, ou seja, ser capaz de uma autoconsciência.

Qualquer manifestação do comportamento irá depender da existência de algum tipo de estrutura. A atividade motora, por exemplo, necessita da existência de um aparelho ósseo e muscular, da mesma forma que a atividade cognitiva irá necessitar de um cérebro.

Na atividade psíquica, Freud concebeu uma estrutura que chamou de aparelho psíquico, o qual foi dividido hipoteticamente em Id, Ego e Superego.

Desde o momento da fecundação, conforme vai se desenvolvendo morfologicamente e fisiologicamente, o ser humano também se desenvolve psicologicamente. Chamamos esse processo de etapas do desenvolvimento psicológico, que correspondem à incorporação de experiências do meio que irão formar registros no aparelho psíquico, contribuindo, assim, para a estruturação do temperamento, da personalidade e do caráter. Cada uma dessas etapas é caracterizada por fenômenos específicos que desde o início trazem consigo, na bagagem genética da célula, valores biofisiológicos, emocionais-afetivos e intelectivos, que serão transmitidos para todas as demais células do corpo durante o processo de desenvolvimento.

É a partir do quarto ano de vida que se inicia a quarta etapa, chamada de fálica, e se estende até o final do quinto ano de vida. É a etapa em que a energia volta-se para a descoberta dos genitais e a criança passa a distinguir a diferença entre menino e menina e a ter uma ideia segura quanto ao sexo a que pertence. É quando surgem as primeiras perguntas sobre sexo e ocorrem as primeiras masturbações, mas como mera fricção do órgão genital, sem nenhuma intenção ou fantasia, o que deveria ser encarado com naturalidade e sem punições. Nessa etapa, a criança também passa por momentos de individualidade.

Aos poucos, a criança vai aprendendo a compartilhar, saindo do campo familiar e voltando-se cada vez mais para o campo social. Mais tarde, na próxima etapa, ela irá realizar a chamada constância ou conservação de gênero, ou seja, passa a ter consciência de que seu sexo será sempre o mesmo e, depois disso, assumir seu papel sexual.

Quando o assunto é saúde, os homens são muito mais resistentes que as mulheres a realizar os *check-ups* de rotina. Esse comportamento traz riscos, como o de procurar o médico ou um serviço de emergência quando o problema já se encontra em estágio avançado, em vez de preveni-lo.

Na cultura britânica, os homens são vistos como mais "racionais" do que as mulheres, vistas como mais emocionais e próximas da natureza. Os homens não gostam de ser considerados "fracos", carentes de ajuda e têm dificuldade em expressar emoções (Seidler, 1997).

Apesar de poucos estudos relacionarem a subjetividade masculina à morbimortalidade, alguns dados mostram que mulheres procuram mais consultas médicas, declaram mais suas doenças, tomam mais medicamentos e se submetem mais a exames que os homens, e a mortalidade é maior entre os homens em todas as idades da vida (Braz, 2005).

Uma das dificuldades que o modelo hegemônico de masculinidade ocasiona no campo da saúde refere-se à possibilidade de realizar medidas preventivas de doenças como o CaP. Muitos homens ainda se esquivam do exame de TR por consistir em um procedimento que mexe com o imaginário masculino (Gomes, 2003).

As possíveis questões relacionadas à esquiva para realizar o TR são:

• Medo de "ser tocado em sua parte inferior". Como o toque envolve penetração, pode ser visto como violação, quase sempre associada à dor. Ainda que não sinta dor, o homem pode ter a experiência do desconforto físico e psicológico de estar sendo tocado por estar associado a vivências homossexuais.

• Medo de ter ereção durante o exame. No imaginário masculino, a ereção está associada ao prazer unicamente, não se consegue imaginá-la como uma reação fisiológica.

Crenças e pensamentos exercem efeitos profundos na resposta comportamental e modelam os efeitos do humor e da ansiedade. As maneiras de pensar originam de muitas fontes de interação, como antecedentes morais, culturais, religiosos, sociais, educacionais e familiares, fatores genéticos e experiências vividas. A mudança das condições indesejáveis pode provocar uma alteração positiva da resposta comportamental.

Ao olharmos para o humano, temos uma moeda não de duas faces, mas de três faces: biológica, psicológica e social.

Toda desordem no funcionamento do indivíduo se expressa em aspectos físicos (somáticos) ou psíquicos – dupla vertente que, considerado numa perspectiva dinâmica, expressa a unidade funcional entre corpo e espírito, entre soma e psique.

Em nosso olhar, não privilegiamos uma ou a outra vertente, e menos ainda fazer uma a causa da outra. Em tal perspectiva, o funcionamento humano está ligado nas estruturas biológicas (órgãos, tecidos, sobretudo os musculares), até mesmo quando depositado em estases, e que está representado nas formações psíquicas, especialmente nos traços de caráter.

O biológico, o corpo, o psíquico e o caráter não são pensados isoladamente como campos autônomos, mas se inscrevem, sempre, em redes da sociedade, em sistemas sociopolíticos das microssociedades, que são o casal e a família, aos grandes agregados, que são a nação e a própria humanidade.

Familiar e cotidiano, do corpo se tem uma consciência mais imediata, mais aguda, mais difusa, mais confusa. Com ele se exprime o desejo ou o medo, a ternura, a tristeza, as sensações, as emoções. Entremeados nele, o real, o simbólico, o imaginário se atam e se desatam.

> Nada do que sinto, do que quero, do que sou, do que penso, nenhum projeto, nenhum lamento, nenhuma ideia, nenhuma palavra, nada existe para mim ou para a reflexão de alguém sobre mim que não passe por este lugar geométrico, este nó vital da minha existência. (Ey, 1981)

16.9 Sobre o nosso estudo

Estudo prospectivo, realizado no ambulatório de urologia do Hospital das Clínicas da Universidade Federal de Campinas (Unicamp), no Hospital Estadual de Sumaré, na Irmandade Santa Casa de Louveira e nos consultórios particulares de oito urologistas, vinculados à disciplina de urologia da Unicamp, no período de fevereiro de 2006 a dezembro de 2007, com uma amostra de 345 homens, de diferentes raças, níveis de escolaridade e profissões, pudemos correlacionar essas variáveis descritivas com a percepção, sensações e nível de consciência (antes e após a consulta) a respeito do exame de TR (Naccarato et al., 2011).

Em 50,14% das vezes, foi o próprio paciente que decidiu se consultar, e em 68,12%, ele mesmo marcou a consulta. A esposa foi quem, em 18,55% das vezes, o convenceu a se consultar, e em 24,06% das vezes, foi quem marcou a consulta, denotando o papel importante que a mulher desempenha no incentivo ao homem para a procura e diagnóstico precoce, enfocando a prevenção do CaP.

Em 26,67%, outro médico os havia convencido a se consultar. Esses dados mostram a importância da orientação médica até na procura por atendimento especializado. Em estudo realizado por Woods e colaboradores (2006), concluiu-se que a conduta do médico, o estilo da comunicação, direta, positiva, esclarecedora, informando e encorajando para o teste é um preditor significativo.

Em 53,05% das vezes, outras pessoas (incluindo esposas e médicos) ou meios de informação convenceram os homens a se consultar, e apenas 6,67% foi por meio da mídia. Esses dados demonstram que publicações, divulgação e campanhas esclarecedoras são escassas.

Em relação ao que imaginava sobre o exame de TR, após o exame, 52,35% acharam melhor do que imaginavam, e apenas 4,12% acharam pior do que imaginavam.

Ao correlacionar nível de escolaridade e a resposta a esta pergunta, encontrou-se diferença significativa no grupo dos analfabetos e com primeiro grau incompleto, pois dentre os 52,35% que acharam melhor do que imaginavam, 41,81% pertencem a este grupo.

Esses dados mostram que crenças e pensamentos fantasiosos estão presentes e os levam a imaginar que o TR é algo muito mais desagradável do que realmente o é. Pode-se considerar que essas fantasias fazem parte de um mito existente em relação ao exame, envolvendo aspectos da sexualidade humana, pois 96,81% dos pacientes disseram que fariam o teste novamente.

Mito é uma narrativa tradicional com caráter explicativo e/ou simbólico, profundamente relacionado com uma dada cultura e/ou religião. Pode-se dizer que o mito é uma primeira tentativa de explicar a realidade. Aquilo que não conhecemos por não termos vivido, ou justamente por ter sido vivido e que nos traz ou trouxe medo e sensações desagradáveis, criamos uma história de um universo puramente maravilhoso e fantasioso, sem fundamento objetivo ou científico. O termo "mito" é, por vezes, utilizado de forma pejorativa para se referir às crenças comuns de diversas comunidades.

Alguns comportamentos são regidos por leis que escapam da consciência do sujeito e apresentam reações automáticas à influência do meio ambiente.

O corpo, conjunto complexo de estruturas, de aparelhos, de órgãos, lugar de trocas sutis, de químicas secretas, não aparece nunca como nos manuais de anatomia ou como nos tratados de fisiologia. O corpo, marcado pela história individual também o é pela história social. Nele se inscrevem os constrangimentos, as sujeições, os costumes, os rituais transmitidos, ligados e impostos pela família, pela cultura, pelo meio ambiente.

A percepção do próprio corpo envolve as experiências, vividas de forma consciente ou inconsciente, crenças sobre o tamanho e formas ideais do corpo, sobre sua estrutura interna e suas funções.

Alguns pacientes escreveram o porquê fariam o teste novamente. Em 59,85% das respostas dadas, temos a prevenção como fator de motivação, em 13,87%, a necessidade, e em 10,95%, a preocupação com a saúde.

O medo foi o determinante psicológico chave detectado no comportamento de homens que se submeteram à exame de CaP envolvendo TR, sendo que seus efeitos operaram igualmente entre diferentes grupos étnicos, classe social e severidade dos sintomas (Consedine et al., 2006; Brown et al., 2003). Outro estudo encontrou que, apesar de possuírem pouco conhecimento sobre o assunto, os homens consideram o TR como embaraçoso e desconfortável (Clark-Tasker & Wade, 2002).

Neste estudo, 15,94% dos pacientes sentiram medo do exame, 25% sentiram medo do diagnóstico, 26,45% sentiram vergonha e 48,26% não pensaram em nada. Não foi encontrada diferença significativa ao fazermos a correlação entre faixa de idade e nível de escolaridade. Podemos afirmar que tais sensações e a reação de defesa ao "não pensarem em nada" são vividas pelos homens em todas as idades, independente do nível de instrução e conhecimento que adquiriram até este momento de suas vidas.

O medo é a emoção primordial que se instala no ser humano. Congela as emoções, perverte as relações, alimenta as servidões e obstaculiza a possibilidade da assimilação do conhecimento e da criatividade.

A partir desta emoção, as defesas se constituem e conduzem o ser humano para além do princípio do prazer freudiano, o princípio da alegria de viver, o único capaz de assegurar uma melhor Qol (Dadoun, 1991).

Assim, 40,94% dos homens deste estudo sentiram medo, do exame ou do diagnóstico. Somando-se as demais respostas ("não pensaram em nada" e sentiram vergonha), a totalidade dos pacientes apresentam reações emocionais de defesa em relação ao exame de TR, alternando entre as potencialidades e realizações, bloqueando a ação e inibindo a busca da detecção precoce.

Macias e colaboradores (2000), em estudo para determinar se havia diferença entre o gênero do examinador na percepção de dor e vergonha durante o exame de TR, detectaram que pacientes jovens sentiram mais dor e vergonha no exame. O nível do treinamento e o sentimento de vergonha não variaram em relação ao gênero do examinador.

Achados semelhantes foram encontrados em grupos com homens negros americanos, nos quais a vergonha e o medo do diagnóstico somam-se ao pouco conhecimento sobre a doença e à falta de programas de rastreamento (Forrester--Anderson, 2005).

Dor e desconforto durante o exame de TR não são desprezíveis, mas não afetam a intenção de se submeter a outro exame no futuro (Romero et al., 2008).

Todos os seres vivos possuem um ritmo orgânico de funcionamento próprio que precisa ser respeitado para que possa se desenvolver naturalmente. No entanto, a sociedade se impõe como potência reguladora essencial que dita regras morais e códigos, organiza os sistemas matrimoniais e ritos de iniciação e mutilações como forma de assegurar a moral e os costumes. É a responsável pelas defesas e aniquila a espontaneidade. Assim, ao sentir as sensações e percepções do corpo, o contato com si mesmo fica comprometido e impossibilita a escuta dos próprios medos, mágoas, desilusões, ressentimentos.

Com o objetivo de avaliar porque o homem turco não procura ou participa de programas de rastreamento, não obtiveram, em 51% dos homens estudados, a razão pela qual se recusam a participar de tais programas gratuitos. E 25% marcaram a consulta, porém não aceitaram o exame de TR. Em 5,8% dos homens, a resposta foi que a vergonha seria o motivo (Ceber et al., 2008).

A partir dos anos 1990, a temática da saúde do homem começou a se consolidar com enfoque diferenciado, voltando-se para as singularidades envolvidas no processo saúde e doença e articulando-as às noções de raça, orientação sexual, classe social, religião, entre outras (Schraiber et al., 2005).

A busca do homem por sustentar ideais de masculinidade, tais como a necessidade de ser ativo, de prover em vez de cuidar, de não expressar fragilidade ou ter atitudes de cuidado com si mesmo, o afastam de exames preventivos, o colocam em maior exposição a riscos (doenças sexualmente transmissíveis, neoplasias, cardiopatias etc.) e, consequentemente, com um descuido relacionado à própria saúde.

Para o homem, é muito difícil ocupar o papel de paciente, pois ele frequentemente nega a possibilidade de estar enfermo e procura o médico só em último caso, já que, ao contrário, poderia estar assumindo um papel passivo, dependente e de fragilidade.

Por outro lado, ser passivo significa ser penetrado. Metaforicamente, são as mulheres e homossexuais quem são penetrados. A partir desse olhar, o TR pode não ser visto apenas como uma penetração física, pode ser associado, simbolicamente, como uma violação e humilhação (Lucumi-Cuesta & Cabrera--Arana, 2003).

O exame de TR pode suscitar interdições e violações, podendo ser percebido como algo que compromete o que se entende comumente por ser homem; ou seja, o TR não toca apenas a próstata, mas também toca na masculinidade, podendo arranhá-la (Gomes et al., 2008).

Muitos fatos da vida sexual e genital não podem ser explicados senão relacionados com o desenvolvimento psicoafetivo.

Freud fala da importância das zonas dos orifícios, portas do corpo, no decorrer do desenvolvimento da criança, sobre o prazer das mucosas e dos órgãos. A anatomia funcional, as funções vegetativas, os músculos e as emoções entram nesse jogo.

Na pelve, encontramos não apenas o problema edipiano, mas também a expressão neurótica da analidade ou neurótica fálica. A abordagem anatomofisiológica da pelve masculina sublinha a importância dessa região.

No componente anal, encontramos a ambivalência afetiva da criança forçada a controlar seus esfíncteres pelo medo de ser punida. A importância da dimensão do pênis, como se isso determinasse a virilidade do indivíduo, é recorrente em nossa sociedade. A dimensão do órgão não está ligada à sua função, mas muitos homens desenvolvem um complexo de inferioridade a este respeito.

A estagnação energética pelas excitações não "descarregadas", pelas dificuldades próprias e nos relacionamentos, impossibilita um contato satisfatório e facilitador. É na expressão da sexualidade genital que encontramos os laços mais estreitos entre a fisiologia e a psicologia.

No que se refere à homossexualidade, essa expressão permite várias significações e sentidos, tanto que a concepção apresentada por vários autores se superpõe ou coincide, como também surgem ambíguas e divergentes entre si, outras vezes se complementam em ampla gama de variações teórico-técnico (Zimerman, 1998).

A cultura determina grandes e decisivas mudanças na maneira de encarar a homossexualidade. O que prevalece por parte do ambiente é uma rejeição declarada ou dissimulada, nos mesmos moldes persecutórios e humilhatórios que se processam contra todas as minorias sociais. Assim, o discurso sobre sexualidade, sobre padrões de comportamento "perigosos" e efeminados coíbem a realização do TR.

As pessoas lidam com as doenças, com as possibilidades de tratamento e a quem recorrer quando ficam doentes de diferentes formas, influenciadas e determinadas pela cultura e grupos sociais em que estão inseridas. Essas crenças e práticas estão relacionadas com as mudanças biológicas e psicológicas no organismo humano, tanto na saúde como na doença (Helman, 1994).

A doença vista à luz de uma perspectiva antropológica é um fato concreto, mas só existe a partir da ordem simbólica de determinada sociedade.

A doença só é pensada como anormalidade se a construção social de uma sociedade a considerar como tal (Victora et al., 2000).

Os rótulos "diagnósticos" que as pessoas recebem são estressores adicionais, principalmente quando crenças leigas atuam, prejudicam e determinam condutas de esquiva e medo diante dos rastreamentos precoces. Nesta amostra, encontramos que 25% dos pacientes sentiram medo do diagnóstico.

Estamos falando de ações que mexem com sentimentos que surgem a partir da representação do câncer como um mal, visto no senso comum como fatal. Independentemente de ser homem ou mulher, as pessoas, quando acometidas por esses sentimentos, podem ser impedidas de buscar diagnósticos que precocemente detectem a doença e contribuam para um tratamento eficaz. Desta forma, o medo presente impede a busca do rastreamento precoce.

Se o câncer é a "doença terrível", entre os homens o câncer de próstata é o mais terrível de todos (Patterson, 1987).

Uma percepção aumentada do estresse da doença, orientação temporal (conseguir focar-se no presente – aqui e agora – e não no passado ou no futuro) aumentada e maior pressão social exercem efeito positivo no aumento das reações de esquiva. A percepção aumentada do estresse contribui também para o surgimento de pensamentos negativos (Halbert et al., 2009).

Em nosso estudo, 85,47% dos pacientes sabiam sobre a importância do exame de TR, e em 80,81% dos casos, os homens saíram mais esclarecidos após a consulta médica. Esses dados mostram a influência da orientação médica.

A pouca compreensão de termos médicos referentes ao CaP e a baixa escolaridade criam barreiras no entendimento dos resultados de exames e na obtenção de consentimento para tratamento (Kilbridge et al., 2009).

Na faixa etária dos 60-69 anos, 27,66% disseram não ter informação a respeito da importância do exame e o mesmo acontecendo entre 10,65% dos analfabetos e com 1º grau incompleto.

Entre os com decisão própria em se consultar, 52,38% tinham conhecimento prévio à consulta sobre a importância do exame. Foi encontrado um percentual significativo com p-valor=0,0322. Isso revela o papel importante que o conhecimento exerce no comportamento de autocuidado relativos à saúde.

Pouco conhecimento sobre a doença, baixa escolaridade, baixo nível socioeconômico, idade (50 anos ou mais), percepção cognitiva e psicossocial são fatores que influenciam negativamente na procura da detecção precoce do CaP (Meyers et al., 2000; Agho & Lewis., 2001).

16.10 Conclusão

Com o aumento da expectativa de vida, doenças como o CaP, que surgem com o envelhecimento e que potencialmente podem ser detectadas e tratadas precocemente, vêm assumindo uma dimensão cada vez maior, não somente pelo impacto socioeconômico sobre a população, mas também como um problema de saúde pública.

No entanto, ainda são necessários muitos esforços de todos os seguimentos da sociedade no sentido de divulgação e conscientização sobre a realização dos exames de rastreamento do CaP, principalmente o de TR.

Aspectos como baixo nível educacional, pouco conhecimento a respeito do CaP e suas formas de rastreamento, homens sem companheira, saúde geral debilitada, atitudes e fatores sociodemográficos desempenham um papel significativo na recusa ou procura do rastreamento (Nijs et al., 2000).

Em agosto de 2008, o Ministério da Saúde apresentou como uma das prioridades a Política Nacional de Atenção Integral à Saúde do Homem, desenvolvida em parceria com gestores dos SUS, sociedades científicas, sociedade civil organizada, pesquisadores acadêmicos e agências de cooperação internacional.

Além de evidenciar os principais fatores de morbimortalidade na saúde do homem, explicita o reconhecimento de determinantes sociais que resultam na vulnerabilidade da população masculina aos agravos da saúde, considerando que representações sociais sobre a masculinidade comprometem o acesso à atenção primária, bem como repercutem de modo crítico na vulnerabilidade dessa população a situações de violência e de risco para a saúde.

A liberdade para a autorregulação que deveria ser vivida naturalmente desde a infância não encontra espaço para ser vivenciada em nossa sociedade. O ser humano deveria ser capaz de "ouvir" a si mesmo, respeitar suas necessidades, ir em busca da satisfação e respeitar seus limites.

O acesso à informação pode ser um caminho para a procura do urologista e realização do exame de TR, porém, somente esse item não garante a detecção precoce. Os aspectos emocionais desempenham um papel significativo nessa esfera. Existe pouca discussão sobre a sexualidade masculina nos meio de comunicação, e o pouco que há é voltado a assuntos relativos a comportamentos de homens jovens e sadios.

A internet é uma forma de fácil acesso à informação médica, o que a torna uma ferramenta a ser utilizada por pacientes e profissionais da saúde (Lawrentschuk et al., 2009). Permite ao público em geral a leitura de material médico com relativa facilidade e anonimato, sem necessitar de uma consulta com profissionais da saúde a fim de esclarecer questões com as quais não se sente confortável. Informações de todos os níveis encontram-se disponíveis, porém, a dificuldade em filtrar a de "boa" qualidade é um fato preocupante.

Isso acontece com sites de informação sobre o rastreamento do CaP. A qualidade da informação varia entre a "boa" e a "má". A falta de evidências claras nos estudos citados pode influenciar de maneira catastrófica a decisão do homem. A forma como se lê a informação muda a decisão a ser tomada (Risbridger et al., 2008; Steinberg et al., 2009).

Algumas notícias geram uma ansiedade desnecessária. O paciente que busca muita informação precisa ser seletivo e se informar sobre o material com seu médico, o que não ocorre na maioria das vezes.

A Organização Mundial da Saúde disponibiliza o site multilingual Health on the Net Fondation Code of Conduct (HONcode), com sites médicos e sobre saúde, contendo informação confiável.

Os meios de comunicação influenciam na vida das pessoas, difundindo ideias, formas e padrões de vida, trazendo visibilidade ou silêncio a setores inteiros da sociedade e até mesmo pautando o diálogo no relacionamento das pessoas. A análise sobre a relação entre a mídia e a produção de subjetividades deve ser considerada.

As reações emocionais de defesa diante do exame de TR que inibem a busca da detecção precoce são infundadas, pois a maioria absoluta dos pacientes achou menos desagradável do que imaginava e repetira o exame futuramente.

Só a prevenção e a tomada de consciência entre os homens podem conduzir, por meio de uma revolução interior, à evolução humana (Reich, 1988). A compreensão sobre o elemento caracterial humano é fundamental na elaboração de campanhas educativas.

São necessárias mais publicações e divulgação, com campanhas elucidativas e esclarecedoras, considerando os aspectos emocionais dos homens, ressaltando pontos importantes do CaP e as possibilidades de detecção precoce. Para melhor acompanhamento desses pacientes, não basta o conhecimento dos dados de sobrevida, taxas de complicações e respostas aos tratamentos pelos sintomas que possam avaliar o impacto da doença e seu tratamento. Faz-se necessária a promoção de conhecimento, levando-se em conta aspectos físicos, psicológicos e sociais.

Poder exercitar um trabalho vinculado à concepção integral do homem, inserido em contexto cultural, social e histórico que permeia sua subjetividade e existência, propiciará um olhar mais amplo na compreensão de sua totalidade.

Por meio da reestruturação cognitiva, utilizando condições facilitadoras como a empatia, o respeito e a concreticidade, focando o contato e a percepção do próprio corpo, poderemos propiciar que cada indivíduo encontre sua maneira satisfatória de viver, procurando melhor Qol.

16.11 Referências Bibliográficas

Agho, A. O., & Lewis, M. A. (2001). Correlates of actual and perceived knowledge of prostate cancer among African Americans. *Cancer Nurs.*, 24, 165-171.

Andriole, G. L., Levin, D. L., Crawford, E. D., Gelmann, E. P., Pinsky, P. F., Grobb, R. L. et al. (2005). Prostate cancer screening in prostate, lung, colorectal and ovarian cancer screening round of a randomized trial. *J. Nate Cancer Inst.*, 97, 433-8.

Arán, M. R., Zahar, S., Delgado, P. G. G., Souza, C. M., Cabral, C. P. S., Viegas, M. (1996). Representation of mastectomized patient about disease and mutilation and impact in diagnosis of breast cancer. *J. Bras. Psiquiatria*, 45, 633-639.

Arndt, B., Kwiatkowski, M., & Recker, F. (2008). Status of care for prostate cancer in 2008. *Urology*, 47, 969-74.

Aronson, W. J. (2009, 25-30 de abril). In The Annual Meeting of the American Urological Association (AUA). Recuperado em 30 de abril de 2009, de http://www.urotoday.com/287/conference_coverage/aua_2009__prostate_cancer_highlights/aua_2009.

Associação Europeia de Urologia (EAU). Recuperado em 30 de abril de 2012, de http://www.uroweb.org/gls/pdf/08%20Prostate%20Cancer_LR%20March%2013th%20 2012.pdf.

Bissada, N. K., Rountree, G. A., & Sulieman, J. S. (1977). Factors affecting accuracy and morbidity in transrectal biopsy of prostate. *Surg. Gynecol. Obstet.*, 145, 869-72.

Byar, D. P., & Corle, D. K. (1988). Hormone therapy for prostate câncer: results of the Veterans Administration Cooperative Urological Research Group studies. *Nat. Cancer Inst. Monograph.*, (7),165-170.

Boletim do NAU. (2008, abril). Publicação do Núcleo Avançado de Urologia do Hospital Sírio-Libanês (1ª Edição). Recuperado em 20 de julho de 2012, de http://www.hospital-siriolibanes.org.br/pacientes_acompanhantes/nucleo_urologia/boletim/pdf/1edicao_abril08.pdf.

Braz, M. (2005). A construção da subjetividade masculina e seu impacto sobre a saúde do homem: reflexão bioética sobre justiça distributiva. *Ciência Saúde Coletiva*, 10, 97-104.

Brown, C. T., O'Flynn, E., Van Der Meulen, J., Newman, S., Mundy, A. R., & Emberton, M. (2003). A fear of prostate cancer in men with lower urinary tract symptoms: should symptomatic men be screened? *U Int.*, 91, 492-504.

Capra, F. (1982). *O ponto de mutação* (285p.). São Paulo: Cultrix.

Carroll, P. R. (2009, 25-30 de abril). Best Practice Statement on Prostate Specific Antigen (PSA). Annual Meeting of the American Urological Association (AUA). Recuperado em 29 de abril de 2009, de http://www.urotoday.com/287/conference_coverage/aua_2009.

Castro, M. A. S., Oliveira, N. J. , Fartes, G., & Ferreira, U. (2009), Câncer Urológico em Geriatria. In Dambros, M. (Org.). Urologia Geriátrica (pp. 91-117). Roca.

Ceber, E., Cakir, D., Ogce, F., Simsir, A., Cal, C., & Ozentürk, G. (2008). Why do men refuse prostate cancer screening? Demographic analysis in Turkey. Asian Pac. J. Cancer Prev., 9, 387-390.

Clark-Tasker, V. A., Wade, R. (2002). What we thought we knew: African American male`s perceptions of prostate cancer and screening methods. ABNF J., 13, 56-60.

Consedine, N. S., Morgenstern, A. H., Kudadjie-Gyanfi, E., Magai, C., & Neugut, A. I. (2006). Prostate cancer screening behavior in men from seven ethnic groups: the fear factor. Cancer Epidemiol Biomarkers Prev., 15, 228-237.

Croswell, J. M., Kramer, B. S., & Crawford, E. D. (2011, may). Screening for prostate cancer with PSA test: current status and future directions. Oncology, 25(6), 452-60, 463.

Dadoun, R. (1991). Cem flores para Wilhelm Reich (397p.). São Paulo: Editora Moraes.

Dakum, K., Ramyil, V. M., Agbo, S., Ogwuche, E., Makama, B. S., Kidmas, A. T. (2007, março). Digital rectal examination for prostate cancer: attitude and experience of final year medical students. Niger J. Clin. Pract., 10(1), 5-9.

Damber, J. E., & Aus, G. (2008). Prostate Cancer. Lancet, 371, 1710-1721.

Eckersberger, E., Finkelstein, J., Sadri, H., Margreiter, M., Taneja, S. S., Lepor, H. et al. (2009). Screening for Prostate Cancer: A Review of the ERSPC and PLCO Trials. Rev. Urol. Summer, 11(3), 127-133.

Ey, H. (1981). Naissance de la medicine (230p). Paris: Masson. In Navarro, F. A., Somatopsicodinâmica. Sistemática reichiana da patologia e da clínica médica. São Paulo. 1995.

Ferreira, U. (1988). Valor do toque retal na detecção do carcinoma de próstata. Dissertação de Mestrado. Universidade Estadual de Campinas, Campinas.

Ferreira, U. (2006). Câncer de próstata. Tire suas dúvidas. 99 respostas e um alerta (68p). São Paulo: Âmbito Editores.

Fitzpatrick, J. M., Banu, E., & Oudard, S. (2009). Prostate-specific antigen kinetics in localized and advanced prostate cancer. BJU Int., 103, 578-587.

Forrester-Anderson, I. T. (2005). Prostate cancer screening perceptions, knowledge and behaviors among African American men: focus group findings. *J. Health Care Poor Underserved, 16*(4 Suppl A), 22-30.

Fradet, Y., Klotz, L., Trachtenberg, J., & Zlotta, A. (2009, junho). The burden of prostate cancer in Canada. *Can. Urol. Assoc. J., 3*(3 Suppl 2), S92-S100.

Freud, S. (1974). Esboço da Psicanálise. In *Edição Standard Brasileira das Obras Psicológicas Completas de Sigmund Freud* (vol. XII, pp. 165-198). Rio de Janeiro: Imago. Original publicado em 1940.

Gomes, R. (2003). Sexualidade masculina e saúde do homem: proposta para uma discussão. *Ciência Saúde Coletiva, 8*, 825-829.

Gomes, R., Nascimento, E. F., Rebello, L. E. F. S., & Araújo, F. C. (2008). As arranhaduras da masculinidade: uma discussão sobre o toque retal como medida de prevenção do câncer prostático. *Ciência e Saúde Coletiva, 13*, 1975-1984.

Griffin, C. R., Roehl, K., Loeb, S., Mondo, D. M., Gashti, S. N., & Catalona, W. J. (2008, 17 de maio). In The Annual Meeting of the American Urological Association (AUA). Recuperado em 21 de maio de 2008, de http://www.urotoday.com/287/conference_coverage/aua_2008_prostate_cancer_highlights.

Gugliota, A., Ferreira, U., Reis, L. O., Matheus, W. E., Denardi, F., Mamprim Stopiglia, R. et al. (2008).Satisfaction Analysis in men presenting with localized prostate cancer treated with radical prostatectomy or radiotherapy: psychological and social aspects. *Actas Urol. Esp., 32*, 411-416.

Halbert, C. H., Wrenn, G., Weathers, B., Delmoor, E., Have, T. T., & Coyne, J. (2009, 1º de maio). Sociocultural determinants of men`s reaction to prostate cancer diagnosis. *Psycho-Oncol.* Epub ahead of print.

Health on the net Fondation(HON). Recuperado em 30 de junho de 2012, de http://www.hon.ch/HONcode/Portuguese.

Helman, C. G. (1994). *Cultura, saúde e doença.* Porto Alegre: Artes Médias.

Holland, M. D., & Sheldon, L. (2000). *The human side of cancer* (pp. 1-25). USA: Harper Collins Publishers Inc.

Ikari, O., & Ferreira, U. (1986). *Como enfrentar as doenças de próstata.* Campinas: Ícone.

Kilbridge, K. L., Fraser, G., Krahn, M., Nelson, E. M., Conaway, M., Bashore, R. et al. (2009, 20 de abril). Lack of comprehension of common prostate cancer terms in an underserved population. *J. Clin. Oncol.*, *27*(12), 1938-40.

Lawrentschuk, N., Abouassaly, R., Hackett, N., Groll, R., & Fleshner, N. E. (2009, novembro). Health information qualily on the internet in urological oncology: a multilingual longitudinal evaluation. *Urology*, *74*(5), 1058-1063.

Leitzmann, M. F., Stampfe, M. J., Michaud, D. S., Augustsson, K., Colditz, G. C., Willett, W. C. et al. (2004). Dietary intake of n-3 and n-6 fatty acids and the risk of prostate cancer. *Am. J. Clin. Nutr.*, *80*, 204-216.

Lucumi-Cuesta, D. I., & Cabrera-Arana, G. A. (2003). Creencias sobre examen digital rectal como tamiz para câncer em La próstata: hallazgos cualitativos de um estúdio em Cali. *Colomb. Med.*, *34*, 111-118.

Macias, D. J., Sarabia, M. J., & Skalar, D. P. (2000). Male discomfort during digital rectal examination: does examiner gender make a difference? *Am. J. Emerg. Med.*, *18*, 676-678.

Meyers, R. E., Hyslop, T., Jennings-Dozier, K., Wolf, T. A., Burgh, D. Y., Diehl, J. A. et al. (2000). Intention to be tested for prostate cancer risk among African American men. *Cancer Epidemiol Biomarkers Prev.*, *9*, 1323-8.

Brasil. (2012). Ministério da Saúde. Instituto Nacional do Câncer. Coordenação do programa de controle do câncer – Pro-onco – O câncer no Brasil. Recuperado em 15 de julho de 2012, de http:/ / www.inca.gov.br.

Brasil. (2001). Ministério da Saúde. Política Nacional de Atenção Integrada à Saúde do Homem. Recuperado em 10 de janeiro de 2010, de http://www.dtr2001.saude.gov.br/ sas/PORTARIAS/Port2008/PT-09-CONS.pdf.

Moraes, M. C. (1994). O paciente oncológico, o psicólogo e o hospital. In Carvalho, M. M. M. J. (Org.), *Introdução à Psiconcologia* (pp. 57-63). São Paulo: Livro Pleno.

Naccarato, A. M., Reis, L. O., Matheus, W. E., Ferreira, U., & Denardi, F. (2011, março). Barriers to prostate cancer screening: psychological aspects and descriptive variables-is there a correlation? *Aging Male*, *14*(1), 66-71.

Nagler, H. M., Gerber, E. W., Homel, P., Wagner, J. R., Leborvitch, S., & Phillips, J. C. (2005). DRE is barrier to population – based prostate cancer screening. *Urology*, 65, 1137-1140.

Nijs, H. G., Essink-Bot, M. l., DeKoning, H. J, Kirkels, W. J., & Schröder, F. H. (2000). Why do men refuse or attend population-based screening for prostate cancer? *J. Public Health Med.*, *22*, 312-316.

Organização Mundial da Saúde (OMS). Recuperado em 30 de abril de 2009, de http://www.who.int/cancer/detection/prostatecancer/en/.

Okotie, O. T., Roehl, K. A., Han, M., Loeb, S., Gashti, S. N., & Catalona, W. J. (2007). Characteristics of prostate cancer detected by digital rectal examination only. *Urology*, *70*, 1117-1120.

Patterson, J. T. (1987). *The dread disease* (pp. 839-878). London: Harvard University Press.

Potosky, A. L., Miller, B. A., Albertsen, P. C., & Kramer, B. S. (1995). The role of increasing detection in the rising incidence of prostate cancer. *JAMA*, *273*, 548-552.

Prostate Cancer Foundation (PCF). Recuperado em 30 de abril de 2012, de http://www.prostatecancerfoundation.org/atf/cf/{7c77d6a2-5859-4d60-af47-132fd0f85892}/intro%20GUIDE%202012.PDF.

Prostate-Specific Antigen Best Practice Statement. (2009). Recuperado em 30 de janeiro de 2010, de http://www.auanet.org/content/guidelines-and-quality-care/clinical-guidelines/mais-reports/psa09.pdf.

Reich, W. (1988). A Revolução Sexual (8ª ed., 316p.). Rio de Janeiro. Editora Guanabara.

Reiter, R. E. R, & de Kernion, J. B. (2002). Epidemiology, etiology, and preventions of prostate cancer. In Walsh, P. C., Retik, A. B., Vaughan, D. A., & Wein, A. J. *Campbell's Urology* (pp. 3003-3024). Philadelphia: Sanders.

Risbridger, G., Green, S., & Carson, C. C. (2008, july/august). Presented at the Masters in Urology Meeting – To screen or not to screen: the online opinion on prostate cancer screening – Elbow Beach, Bermuda. [Recuperado em 2 de agosto de 2008, de http://www.urotoday.com/287/conference_coverage/master_in_urology_%202008.

Romero, F. R., Romero, A. W., Brenny, Filho T., Bark, N. M., Yamazaki, D. S., & de Oliveira, F. C. (2008). Patients' perception of pain and discomfort during digital rectal exam for prostate cancer screening. *Arch Esp. Urol.*, *61*, 850-854.

Seidler, V. (1997). *Man enough: embodying masculinities* (256p.). London: Sage.

Schoder, et al. (2012, 15 de março). Prostate-cancer mortality at 11 years of follow-up. *N. Engl. J. Med.*, *366*(11), 981-90.

Schraiber, L. B., Gomes, R., & Couto, M. T. (2005, janeiro/março). Homens e saúde na pauta da Saúde Coletiva. *Ciências e Saúde Coletiva, 10*(1). Rio de Janeiro.

Silverberg, E., & Lubera, J. A. (1988). Cancer statistics, CA *Cancer J. Clin., 38*, 5-22. Shariat, S. F., Scardino, P. T., & Lilja, H. (2008). Screening for prostate cancer: an update. *Can. J. Urol., 15*, 4363-4374.

Srougi, M. (2003). *Próstata: isso é com você* (125p). São Paulo: PubliFolha.

Shariat, S. F., Scardino, P. T., & Lilja, H. (2008). Screening for prostate cancer: an update. *Can. J. Urol., 15*, 4363-4374.

Steinberg, P. L., Wason, S., Stern, J. M., Deters, L., Kowal, B., Seigne, J. (2009, october). YouTube as source of prostate cancer information. *Urology*. [Epub ahead of print].

Tenhe, P., Horti, J., Balint, P., & Kovacs, B. (2007). Prostate cancer screening. Recent Results. *Cancer Res., 175*, 65-81.

Twycross, R., & Lack, S. (1992). *Therapeutics in terminal cancer*. Londres: Churchill, Livingstone.

Victora, C. G., Knauth, D. R., & Hassen, M. N. A. (2000). Corpo, saúde e doença na antropologia. In Victora et al., *Pesquisa qualitativa em saúde: uma introdução ao tema*. Porto Alegre: Tomo.

Walsh, P. C. (1992). Why make an early diagnosis of prostate cancer. *J. Urol., 147*, 853-854.

Wingo, P. A., Tong, T., & Bolden, S. (1997). Cancer Statistics. *CA Cancer J. Clin., 45*, 5-27.

Woods, V. D., Montgomery, S. B., Herring, R. P., Gardner, R. W., & Stokols, D. (2006). Social ecological predictors of prostate-specific antigen blood test and digital rectal examination in black american men. *J. Natl. Med. Assoc., 98*, 492-504.

Zimerman, D. E. (1998). A face narcisista da homosexualidade: implicações na técnica. In Granã, R. B. (Org.). *Homosexualidade. Formulações psicanalíticas atuais*. Porto Alegre: Artes Médicas.

Capítulo 17

Câncer de laringe: aspectos psicológicos e qualidade de vida

ARLINDA B. MORENO

17.1 Introdução

Inúmeros fatores podem estar fortemente envolvidos na possibilidade de sobrevida de pacientes submetidos à laringectomia. Um considerável número de trabalhos científicos tem sido publicado acerca dos efeitos da laringectomia na sobrevida do paciente, o que suscita a necessidade de se rever criticamente a bibliografia existente sobre o tema (DeVita et al., 1997; Mathieson et al., 1990). A qualidade de vida do paciente que sofre a retirada da laringe e, consequentemente, de suas cordas vocais tem recebido, em muitos desses trabalhos, especial ênfase (Kligerman et al., 1992; Mohide et al., 1992; Otto et al., 1997).

O manejo psicoterapêutico de pessoas laringectomizadas implica na compreensão, por parte do psicólogo, de uma série de aspectos que vão desde a estratégia terapêutica médica que será utilizada, incluindo os cuidados pré-operatório, perioperatório e pós-cirúrgico, passando pela reabilitação psicossocial do laringectomizado, até seus temores em relação à mutilação e à morte. Dessa forma, a inter-relação do profissional psicólogo com os demais profissionais da equipe de saúde médica é assunto que não poderia deixar de ser, também, contemplado.

Além disso, em parceria com o desenvolvimento técnico-científico que a medicina tem galgado, questões relativas à qualidade de vida dos portadores de moléstias graves, entre elas o câncer, têm sido efetivamente consideradas. Com isso, uma diversidade de instrumentos para mensuração de tais questões tem sido montada, estruturada, desenvolvida, consolidada e aplicada à boa parte dessa população (Bowling, 1995a). Todavia, o estado da arte desses instrumentos (bem como uma possível padronização de alguns desses instrumentos já aplicados à determinada população) ainda parece ser um ponto pouco explorado no sentido da mensuração da qualidade de vida em pacientes laringectomizados, a despeito de serem encontrados, como veremos no corpo do texto, instrumentos que são tidos como consagrados no campo da oncologia.

No presente trabalho, trataremos, assim, de enfocar aspectos psicológicos do paciente laringectomizado, incluindo possibilidades de manejo psicoterapêutico deste paciente em um trabalho específico do campo da psicologia – a psicologia hospitalar. A qualidade de vida em pacientes laringectomizados, observando o câncer de laringe como deflagrador da laringectomia, bem como a controvertida questão da conceituação do termo "qualidade de vida", são os pontos que igualmente nortearam a presente pesquisa, e também são objetos deste texto.

17.2 O câncer de laringe

17.2.1 O paciente laringectomizado

Não raro, por conta do aparecimento de um tumor laríngeo (benigno ou não), ocorre a retirada da laringe do paciente que, a partir daí, passa a não mais possuir suas cordas vocais, e, além dessa mutilação, se vê obrigado a respirar por um orifício que é aberto cirurgicamente na base frontal de seu pescoço. Esse orifício, denominado traqueostoma, é simbolicamente o representante emblemático da ligação do paciente laringectomizado com a externalidade, se considerarmos que esta será a sua permanente possibilidade de respiração. Ocorre uma modificação, por conta da cirurgia, no caminho por onde passa o ar e o paciente, a partir da laringectomia, é obrigado, então, a respirar exclusivamente pelo traqueostoma (Gunzburger, 1997; Lofiego, 1994).

No que se refere à sintomatologia, na história do paciente, o primeiro sintoma apresentado é indicativo da localização do tumor. Assim, dor na garganta (odinofagia) sugere tumor supraglótico, enquanto que rouquidão indica tumor glótico e/ou subglótico. No primeiro caso, o supraglótico, também estão associados outros sintomas, tais como a alteração na qualidade da voz, disfagia e sensação de um "caroço" na garganta. Nas lesões avançadas das cordas vocais, além da rouquidão, pode ocorrer dor na garganta, disfagia e dispneia (Brasil, 1998).

DeVita et al. (1997) mostram-nos que os cânceres supraglóticos de laringe, usualmente, não produzem precocemente sinais ou sintomas, sendo comum que uma adenopatia cervical sirva de indicação para este tipo de tumor. Sinais sutis, como dor percebida no lugar do tumor primário ou no ouvido (otalgia), sensação de garganta arranhando quando engole ou uma mera alteração na tolerância à ingestão de alimentos quentes ou frios pode ser toda a sintomatologia apresentada. Alterações nas vias aéreas, rouquidão ou tendência a aspirar líquidos ocorrem quando as lesões são mais avançadas. O câncer glótico, todavia, frequentemente pode ser detectado primariamente no curso da doença, já que mesmo uma leve alteração da superfície vibratória da corda vocal verdadeira produz mudanças na voz. Fumantes frequentemente têm rouquidão e este sinal pode não alarmá-los. Mas, por conta da persistência desse sintoma por várias semanas, é provável que o paciente procure auxílio médico e/ou um exame de laringe. É incomum que o indivíduo portador desse tipo de tumor procure o médico pela primeira vez já com um quadro de adenopatia cervical, pois tais lesões indicam metástases que ocorrem no curso final da doença, ou bem depois dos sinais de alerta iniciais. Os tumores subglóticos, por fim, são falhos em produzir sintomas iniciais; quando diagnosticados, em geral, a doença já se encontra em fase avançada.

Para Lofiego (1994), como, em geral, o câncer de laringe é inicialmente insidioso e lento, a sintomatologia pode, a longo prazo (cinco, dez anos), ser constituída por rouquidão intensa e constante; dificuldade para deglutir sólidos, pastosos e líquidos; dor para falar e dor irradiada para a região auditiva; falta de ar; dificuldade respiratória; dispneia, anoxia; emagrecimento; palidez; insônia; e dor inexplicável durante a deglutição.

Quando o diagnóstico é feito, o tratamento, geralmente, é cirúrgico e certas complicações pós-cirúrgicas são relatadas na literatura médica (Lofiego, 1994), tais como: congestão brônquica (induzida pela aspiração da secreção dos brônquios durante a operação); queda dos ombros (pela ocasional secção de músculos importantes para a movimentação e postura da cabeça, pescoço e ombros); pressão intratorácica forte; perda da respiração nasal (um novo caminho para o ar é aberto pelo traqueostoma); perda da olfação (pelo novo circuito do ar); insuficiência nasal respiratória; exagero de movimentos respiratórios (com utilização de ar residual); afonia; deglutição indevida do ar; ingestão ruidosa do ar; mímicas faciais e posturas indevidas; vertigem e hiperventilação; incapacidade de conseguir emitir uma frase extensa mesmo no sussurrar; insalivação; e soluço. Quanto à psique, ocorre uma fase depressiva, em geral, pós-operatória (desânimo, tristeza e falta de vitalidade, acompanhados de insônia, fadiga sem motivo, anorexia, desinteresse, fuga social, crises de choro, sensação de falta de esperança, concentração debilitada, indecisão, negligência na limpeza pessoal e também desejo passivo de morte e/ou pensamentos suicidas) (Lofiego, 1994; Zago et al., 1998).

Por fim, pode-se reconfigurar o paciente laringectomizado como alguém em que: a) os pulmões são o reservatório de ar com função vital, mas perdem a função fonatória; b) as cordas vocais estão ausentes, restando a possibilidade de treinamento do sujeito para que o esôfago cervical venha a ser o substituto dessa estrutura vibratória; c) as estruturas articulatórias (lábios, dentes, língua etc.) permanecem inalteradas (Lofiego, 1994).

Mas, laringectomia implica, ainda, em: a) uma desconexão entre as vias digestivas e respiratórias; b) uma diminuição do trajeto do ar que, agora, começa no traqueostoma; c) uma ampliação das funções do aparelho digestivo que, apesar de inalterado, dará lugar à formação de um novo reservatório de ar (no esôfago cervical) para a fonação e para uma nova estrutura vibratória em substituição às cordas vocais (Lofiego, 1994; Noronha & Dias, 1997b; Guatimozin, 1993).

Na reconstrução da fala no paciente laringectomizado, a fonoaudiologia pretende oferecer o treinamento suficiente para que o sujeito adquira a voz esofágica. Todavia, alguns fatores podem dificultar esse trabalho, sendo os principais: a) idade avançada (permeada por uma menor predisposição para enfrentar o trabalho de aquisição de novos automatismos); b) queimaduras pós-radioterápicas; c) próteses dentárias mal-adaptadas; d) surdez; e) reabilitação vocal tardia (uma vez que o paciente adquire vícios prejudiciais ao trabalho fonoterápico) (Guatimozin, 1993).

17.2.1.1 O corpo e o ser em situação

A partir desse quadro inicial, que identifica o paciente laringectomizado, a adequação desta pessoa à sua nova corporeidade (mutilada) não é tarefa fácil nem se dá de maneira imediata. Esse tipo de paciente necessita conhecer-se a si mesmo em situação mundana. O que esse tipo de reconhecimento pode significar é melhor explicado pelos excertos a seguir, retirados da obra de Merleau-Ponty:

> Cada organismo tem, pois, na presença de um meio dado, suas condições ótimas de atividade, sua própria maneira de realizar o equilíbrio, e as determinantes interiores desse equilíbrio não são dadas por uma pluralidade de vetores, mas por uma atitude geral com relação ao mundo [...] (Merleau-Ponty, 2006a, p. 232)

> As relações do indivíduo orgânico com seu meio são verdadeira-
> mente relações dialéticas, e essa dialética faz surgir relações novas,
> que não podem ser comparadas com as de um sistema físico e com
> aquilo que o rodeia, nem mesmo entendidas quando reduzimos o
> organismo à imagem que a anatomia e as ciências físicas dele apre-
> sentam [...] (Merleau-Ponty, 2006a, p. 232)

> Pode-se dizer que o corpo é a forma escondida do ser próprio ou,
> reciprocamente, que é a existência pessoal e a retomada e manifes-
> tação de um ser em situação (Merleau-Ponty, 2006b, p. 229). ....O
> corpo que anima não é para ela (a visão) um objeto entre os objetos,
> e ela não deduz todo o resto do espaço a título de premissa impli-
> cada (Merleau-Ponty, 1997, p. 44). ....O corpo é para a alma o seu
> espaço natal e a matriz de todo o espaço existente [...] (Merleau-
> -Ponty, 1997, p. 45)

> A coisa e o mundo me são dados com as partes do meu corpo não
> por uma "geometria natural", mas em uma conexão viva compará-
> vel, ou antes, idêntica a que existe entre as partes de meu próprio
> corpo [...] (Merleau-Ponty, 2006b, p. 276)

No paciente laringectomizado, "sua atitude geral com relação ao mundo" deve ser reconfigurada após a laringectomia. A "dialética [que] faz surgir rela-ções novas" depende, agora, de um novo conjunto de relações intersubjetivas "que não podem ser comparadas com as de um sistema físico e com aquilo que o rodeia". Portanto, para Merleau-Ponty, a relação sujeito-objeto não pode ser replicada (ou simplesmente transposta) para a relação corpo-alma. Sendo o homem algo muito mais amplo do que este estado relacional, sendo, em última análise, uma mistura carne-mundo – fusão inexorável entre si próprio e universo.

17.2.1.2 A imagem corporal e o laringectomizado

Vale acrescentar, também, o valor da noção de esquema corporal e de ima-gem corporal citando Françoise Dolto (1992, p. 14), uma médica francesa:

O esquema corporal especifica o indivíduo enquanto representante da espé-cie, quaisquer que sejam o lugar, a época ou as condições nas quais ele vive. É ele, o esquema corporal, que será o intérprete ativo ou passivo da imagem do corpo, no sentido de que permite a objetivação de uma intersubjetividade, de uma relação libidinal "linguageira" com os outros que, sem ele, sem o suporte que ele representa, permaneceria para sempre um fantasma não comunicável.

A imagem do corpo é a síntese viva de nossas experiências emocionais: inter-humanas, repetitivamente vividas através das sensações erógenas eletivas, arcaicas ou atuais. Ela pode ser considerada como a encarnação simbólica inconsciente do sujeito desejante e, isto, antes mesmo que o indivíduo em questão seja capaz de designar-se a si mesmo pelo pronome pessoal Eu e saiba dizer Eu. Quero dar a entender que o sujeito inconsciente desejante em relação ao corpo existe desde a concepção. A imagem do corpo é, a cada momento, memória inconsciente de todo o vivido relacional e, ao mesmo tempo, ela é atual, viva, em situação dinâmica, simultaneamente narcísica e inter-relacional: camuflável ou atualizável na relação aqui e agora, por qualquer expressão 'linguageira', desenho, modelagem, invenção musical, plástica, assim como mímica e gestos.

A necessidade de trazer à baila os conceitos de esquema corporal e de imagem corporal tem a intenção de enfatizar que o paciente laringectomizado, em geral, se apresenta como um ser com necessidade premente de reconhecimento e assunção de seu novo esquema corporal e, principalmente, de incorporação de uma nova imagem corporal. Cabe ao sujeito que habita um corpo, como tarefa urgente, na fase pós-operatória (preferencialmente), ver-se e sentir-se nele (o corpo), novamente, como alguém em estado sincrônico com seu aparato corpóreo, bem como com o seu imaginário (com seu reflexo especular, seu "Outro" estigmatizado). Afinal, vale também ressaltar que o tratamento de canceres de cabeça e pescoço, mesmo em instituições consagradas, pode causar problemas dentários, de fala, de deglutição e de aparência (principalmente pela invasão cirúrgica que alcança a musculatura de aferência ao pescoço) (Gunzburger, 1997).

A equipe de saúde que acompanha esses indivíduos deve levar em conta, além dos dados de sobrevida, considerações sobre a qualidade de vida desses pacientes, observando que as modalidades terapêuticas utilizadas têm importância crítica para determinar o melhor tratamento a ser preconizado. Ressalte-se que o impacto de preservar a voz na qualidade de vida dos pacientes não pode ser subestimado (Noronha & Dias, 1997b). Segundo Kligerman et al. (1992, p. 17): A laringectomia é temida pelo público em geral pelas suas consequências. Cerca de 30% dos pacientes laringectomizados são capazes de adquirir fala esofágica de modo inteligível e aproximadamente 50% deles ficam reclusos em sua residência perdendo, assim, seus empregos e se retirando do convívio social.

Ainda segundo Kligerman et al. (1992), as informações sobre o controle locorregional (sobrevida livre de doença e global aos dois e cinco anos) devem considerar a qualidade de vida de pacientes laringectomizados durante a sobrevida alcançada. Esses autores consideram, também, que um grupo multidisciplinar composto por dentista, cirurgião plástico reconstrutivo, fonoaudiólogo, radioterapeuta, cirurgião e oncologista clínico é imprescindível ao planejamento e às fases de reabilitação e de avaliação dos resultados das modalidades terapêuticas que serão utilizadas nos pacientes laringectomizados.

Noronha & Dias (1997b) afirmam que o processo de reabilitação em medicina não se constitui em um ato isolado, e que uma sensação de impotência domina certos profissionais da saúde quando estes não encontram outros profissionais que compartilhem dessa opinião. A reabilitação tem um sentido amplo e não se restringe, para os laringectomizados, apenas à aquisição de voz. O estigma da laringectomia total, com o uso definitivo do traqueostoma, somado às associações terapêuticas como radioterapia e quimioterapia, conduzem a uma compreensão mais ampliada de todas as consequências geradas pelo tratamento. É importante que o profissional não identifique somente a doença, mas também quem está à sua frente e com que tipos de ansiedade e de medos este alguém está convivendo.

Todo esse aparato técnico disponibilizado pela multidisciplinaridade, na maioria das vezes, suscita no paciente laringectomizado dúvidas acerca da sobrevida possível de ser desfrutada por ele, mormente no que se refere aos aspectos relacionados à qualidade de vida. Parece que tais dúvidas colocam, mais e mais, esse grupo de pacientes em contato com pensamentos sobre a morte e novas valorações de vida. Salmon et al. (1996) ressaltam que observações clínicas, pesquisas sistemáticas e anedotário popular indicam que, quando confrontadas com a morte, as pessoas mudam os critérios pelos quais avaliam suas vidas. Esses autores desenvolveram uma pesquisa com pacientes com mal prognóstico em câncer, na qual consideram aspectos como significação da vida e gradiente de enriquecimento do significado da vida pela doença. Nessa pesquisa, realizada em 1995 com 220 pacientes de hospitais-escola de Londres, cinco dimensões (percepção clara do que a vida significa; liberdade *versus* restrição de vida; ressentimento para com a doença; contentamento com a vida passada e presente; e integração social passada e presente) são analisadas e, entre seus resultados, constata-se que pacientes jovens se mostraram, por um lado, mais ressentidos com suas doenças, mas, por outro, alcançaram maior clareza em relação ao significado da vida. Esse resultado sugere que pacientes que, a rigor, teriam maior tempo de duração da vida, quando se deparam com situações de risco de vida iminente, expressam grande ressentimento em relação a este fato – trata-se, portanto, da contenda entre sobrevida estimada e o fantasma da morte.

17.2.2 Sobrevida e estadiamento

No que se refere à sobrevida, o efeito e as características do tumor laríngeo foram avaliados em 378 pacientes, tratados somente por cirurgia, entre novembro de 1974 e dezembro de 1987, na Clínica de Ouvido, Nariz e Garganta, da Universidade Médica de Cagliari, na Sardenha, Itália, e a taxa global de três anos de sobrevida foi de 68%; a taxa de sobrevida de cinco anos foi de 61% e a taxa de dez anos de sobrevida foi de 51%. A ulceração do tumor exerceu forte influência na sobrevida: pacientes com tumores ulcerados tinham taxas de morte duas vezes maior. A influência do lugar e tipo de operação não foi estatisticamente significante na análise multivariada. O atraso médio no diagnóstico foi de cerca de quatro meses, com 30% dos pacientes relatando um intervalo maior do que seis meses entre o aparecimento do primeiro sintoma e a busca de auxílio médico. Todavia, a influência global do atraso do diagnóstico na taxa de sobrevida não foi significante (Barra et al., 1990).

Boffetta et al. (1997) analisaram a sobrevida, no final de 1994, para 355 casos de câncer de laringe diagnosticados entre residentes de Turin, Itália, no período de 1979-1982. Sobrevida de cinco anos foi encontrada em 75% das mulheres e 67% dos homens. O papel dos fatores clínicos e etiológicos foi analisado detalhadamente entre 222 homens. O tipo de nódulo (tamanho, localização) foi confirmado como um forte preditor de sobrevida com maior ou menor qualidade de vida. Pacientes com baixo *status* socioeconômico experimentaram pior sobrevida do que outros pacientes, por exemplo, os fumantes pesados. Ingesta de álcool e dieta não influenciaram fortemente a sobrevida. Segundo os autores, quando comparado com outros estudos europeus, em que os resultados relativos a *status* socioeconômico, tabagismo e ingesta de álcool são assemelhados aos resultados de estudos prévios, a investigação desse trabalho não confirma que a dieta tenha um forte papel na sobrevida de pacientes de câncer de laringe.

Roach et al. (1992), em um estudo no serviço de radioterapia e oncologia do Martinez Veterans Administration Medical Center, Califórnia, Estados Unidos, mostram-nos que os dados do programa Surveillance, Epidemiology, and End Results (SEER) sugerem que negros com carcinoma de laringe têm uma taxa de sobrevida de cinco anos significativamente menor do que a dos brancos. A avaliação dos fatores prováveis de contribuírem para esse déficit de sobrevida residual foi procedida em uma população de 190 pacientes brancos e 23 pacientes negros tratados no Martinez Veterans Administration Hospital, entre 1968 e 1988. O impacto, independente da raça, na taxa de sobrevida foi analisado com respeito a vários fatores prognósticos, incluindo atraso no tratamento, tempo transcorrido (do diagnóstico ao tratamento), idade, estadiamento, localização do câncer e tipo de terapia. Os resultados encontrados nesse estudo indicam, todavia, que quando o estadiamento, a localização e a qualidade dos cuidados recebidos são considerados de forma adequada, as taxas de sobrevida de pacientes negros e brancos de câncer de laringe podem ser assemelhadas.

O estadiamento (que objetiva estabelecer a extensão do comprometimento neoplásico orientando a melhor conduta terapêutica para cada caso) do tumor de laringe é o fator mais importante para o estabelecimento do prognóstico dos pacientes com câncer de laringe.

No Brasil e em países como os Estados Unidos, Inglaterra, Canadá, Holanda, França, Itália e Japão, utiliza-se o sistema T.N.M. de classificação de tumores malignos (construído para descrever a extensão anatômica da doença, este sistema está baseado na pesquisa de três componentes: T – a extensão do tumor primário; N – a ausência ou presença e a extensão das metástases em linfonodos regionais; e M – a ausência ou presença de metástases a distância), cujas regras de classificação e grupamento por estádios correspondem exatamente àquelas que aparecem na sexta edição do Manual para Estadiamento do Câncer (Staging for Laryngeal Cancer), do American Joint Committee on Cancer (AJCC), de 2002, e da União Internacional contra o Câncer (UICC), de 2002, que é descrito a seguir no Quadro 1:

Quadro 1 – Estadiamento de Tumores da Laringe (AJCC/UICC)

Laringe CID-O C32.0, 1, 2, C10.1
Regras para classificação
A classificação é aplicável somente para carcinomas. Deve haver confirmação histológica da doença.
Os procedimentos para avaliação das categorias T, N e M são os seguintes:
Categorias T – Exame físico, laringoscopia e diagnóstico por imagem
Categorias N – Exame físico e diagnóstico por imagem
Categorias M – Exame físico e diagnóstico por imagem
Localizações e sublocalizações anatômicas
1. Supraglote (C32.1)
Epilaringe (incluindo zona marginal):
i) Epiglote supra-hioidea [incluindo extremidade, superfícies lingual (anterior) (C10.1) e laríngea]
ii) Prega ariepiglótica, face laríngea
iii) Aritenoide
Supraglote, excluindo a epilaringe:
iv) Epiglote infra-hioidea
v) Bandas ventriculares (falsas cordas)
2. Glote (C32.0)
i) Cordas vocais (verdadeiras)
ii) Comissura anterior
iii) Comissura posterior
3. Subglote (C32.2)
Tipos histológicos de tumor
Linfonodos regionais
Os linfonodos regionais são os cervicais.
TNM – Classificação clínica
T – Tumor primário
TX O tumor primário não pode ser avaliado
T0 Não há evidência de tumor primário

Tis Carcinoma *in situ*
Supraglote
T1 Tumor limitado a uma sublocalização anatômica da supraglote, com mobilidade normal da corda vocal
T2 Tumor que invade a mucosa de mais de uma sublocalização anatômica adjacente da supraglote, ou a glote, ou região externa à supraglote (ex.: a mucosa da base da língua, a valécula, a parede medial do seio piriforme), sem fixação da laringe
T3 Tumor limitado à laringe, com fixação da corda vocal e/ou invasão de qualquer uma das seguintes estruturas: área pós-cricoide, tecidos pré-epiglóticos, espaço paraglótico, e/ou com erosão mínima da cartilagem tireoide (ex.: córtex interna)
T4a Tumor que invade toda a cartilagem tireoide e/ou estende-se aos tecidos além da laringe, ex.: traqueia, partes moles do pescoço, incluindo músculos profundos/extrínsecos da língua (genioglosso, hioglosso, palatoglosso e estiloglosso), alça muscular, tireoide e esôfago
T4b Tumor que invade o espaço pré-vertebral, estruturas mediastinais ou adjacente à artéria carótida
Glote
T1 Tumor limitado à(s) corda(s) vocal(ais) (pode envolver a comissura anterior ou posterior), com mobilidade normal da(s) corda(s)
T1a Tumor limitado a uma corda vocal
T1b Tumor que envolve ambas as cordas vocais
T2 Tumor que se estende à supraglote e/ou subglote, e/ou com mobilidade diminuída da corda vocal
T3 Tumor limitado à laringe, com fixação da corda vocal e/ou que invade o espaço paraglótico, e/ou com erosão mínima da cartilagem tireoide (ex.: córtex interna)
T4a Tumor que invade completamente a cartilagem tireoide, ou estende-se aos tecidos além da laringe, ex.: traqueia, partes moles do pescoço, incluindo músculos profundos/extrínsecos da língua (genioglosso, hioglosso, palatoglosso e estiloglosso), alça muscular, tireoide e esôfago
T4b Tumor que invade o espaço pré-vertebral, estruturas mediastinais ou adjacente à artéria carótida
Subglote
T1 Tumor limitado à subglote
T2 Tumor que se estende à(s) corda(s) vocal(ais), com mobilidade normal ou reduzida
T3 Tumor limitado à laringe, com fixação da corda vocal

T4a Tumor que invade a cartilagem cricoide ou tireoide e/ou estende-se a outros tecidos além da laringe, ex.: traqueia, partes moles do pescoço, incluindo músculos profundos/extrínsecos da língua (genioglosso, hioglosso, palatoglosso e estiloglosso), tireoide e esôfago
T4b Tumor que invade o espaço pré-vertebral, estruturas mediastinais ou adjacente à artéria carótida
N - Linfonodos Regionais
NX Os linfonodos regionais não podem ser avaliados
N0 Ausência de metástase em linfonodos regionais
N1 Metástase em um único linfonodo homolateral, com 3 cm ou menos em sua maior dimensão
N2 Metástase em um único linfonodo homolateral, com mais de 3 cm e até 6 cm em sua maior dimensão; ou em linfonodos homolaterais múltiplos, nenhum deles com mais de 6 cm em sua maior dimensão; ou em linfonodos bilaterais ou contralaterais, nenhum deles com mais de 6 cm em sua maior dimensão
N2a Metástase em um único linfonodo homolateral, com mais de 3 cm e até 6 cm em sua maior dimensão
N2b Metástase em linfonodos homolaterais múltiplos, nenhum deles com mais de 6 cm em sua maior dimensão
N2c Metástase em linfonodos bilaterais ou contralaterais, nenhum deles com mais de 6 cm em sua maior dimensão
N3 Metástase em linfonodo com mais de 6 cm em sua maior dimensão
Nota: Os linfonodos de linha média são considerados linfonodos homolaterais
M - Metástase a distância
MX A presença de metástase a distância não pode ser avaliada
M0 Ausência de metástase a distância
M1 Metástase a distância
pTNM – Classificação patológica
As categorias pT, pN e pM correspondem às categorias T, N e M.
pN0 O exame histológico do espécime de um esvaziamento cervical seletivo incluirá, geralmente, seis ou mais linfonodos. Já o exame histológico do espécime de um esvaziamento cervical radical ou modificado incluirá, geralmente, dez ou mais linfonodos. Se os linfonodos são negativos, mesmo que o número usualmente examinado não seja encontrado, classifica-se como pN0. Quando o tamanho for um critério para a classificação pN, mede-se a metástase e não o linfonodo inteiro.

Graduação histopatológica
GX O grau de diferenciação não pode ser avaliado
G1 Bem diferenciado
G2 Moderadamente diferenciado
G3 Pouco diferenciado
G4 Indiferenciado
Grupamento por estádios
Estádio 0 Tis N0 M0
Estádio I T1 N0 M0
Estádio II T2 N0 M0
Estádio III T1 N1 M0
T2 N1 M0
T3 N0, N1 M0
Estádio IVA T1 N2 M0
T2 N2 M0
T3 N2 M0
T4a N0, N1, N2 M0
Estádio IVB T4b Qualquer N M0
Qualquer T N3 M0
Estádio IVC Qualquer T Qualquer N M1
Resumo esquemático
Laringe
Supraglote
T1 Uma sublocalização anatômica, mobilidade normal
T2 Mucosa de mais de uma sublocalização adjacente da supraglote ou da glote, ou de região adjacente fora da supraglote; sem fixação
T3 Fixação da corda, ou invasão da área pós-cricoide, tecidos pré-epiglóticos, espaço paraglótico, erosão da cartilagem tireoide
T4a Toda a cartilagem tireoide; traqueia, partes moles do pescoço: músculos profundos/ extrínsecos da língua, alça muscular, tireoide e esôfago

T4b Espaço pré-vertebral, estruturas mediastinais, artéria carótida
Glote
T1 Limitado à(s) corda(s) vocal(ais), mobilidade normal
(a) Uma corda
(b) Ambas as cordas
T2 Supraglote, subglote, mobilidade de corda vocal diminuída
T3 Fixação da corda, espaço paraglótico, erosão de cartilagem tireoide
T4a Toda a cartilagem tireoide; traqueia; partes moles do pescoço: músculos profundos/ extrínsecos da língua, alça muscular, tireoide e esôfago
T4b Espaço pré-vertebral, estruturas mediastinais, artéria carótida
Subglote
T1 Limitado à subglote
T2 Extensão à(s) corda(s) vocal(ais) com mobilidade normal ou diminuída
T3 Fixação da corda vocal
T4a Toda a cartilagem tireoide ou cricoide; traqueia, músculos profundos/extrínsecos da língua, alça muscular, tireoide e esôfago
T4b Espaço pré-vertebral, estruturas mediastinais, artéria carótida
Todas as localidades
N1 Homolateral, único <= 3 cm
N2 (a) Homolateral, único > 3 cm até 6 cm
(b) Homolateral, múltiplo, <= 6 cm
(c) Bilateral, contralateral, <= 6 cm
N3 > 6 cm

Fonte: Instituto Nacional do Câncer (Inca). Disponível em http://www1.inca.gov.br/tratamento/tnm/tnm2.pdf.

Dados divulgados pelo Instituto Nacional do Câncer (Inca), em 1992, em relação ao prognóstico de sobrevida livre de doença são expressos na Tabela 1.

Tabela 1 – Sobrevida Livre de Doença – Porcentagem de pacientes Instituto Nacional do Câncer/RJ (Inca) – 1992

	Tempo de sobrevida			
	Cinco anos		Três anos	
Localização	Estádio I	Estádio II	Estádio III	Estádio IV
• Supraglótico	85 a 95%	75 a 85%	45 a 75%	15 a 35%
• Glótico	60 a 80%	55 a 65%	55 a 70%	10 a 20%
• Subglótico	30 a 40%	raro	raro	raro

Fonte: Kligerman et al. (1992).

Pelo que foi expresso anteriormente, podemos verificar que existe uma íntima relação entre o estadiamento e a localização do tumor de laringe e a possibilidade de sobrevida livre de doença que pode ser alcançada pelo paciente. Na Tabela 1, verificamos que os tumores supraglóticos são os que possuem melhor prognóstico em relação à sobrevida, em contraposição aos tumores subglóticos, que alcançam as piores taxas de sobrevida demonstradas.

Todavia, fatores como o sexo, idade, estado funcional (performance, *status*) e aspectos patológicos da lesão (a invasão vascular do tumor) também devem ser considerados quando se trata de prognóstico em câncer de laringe. Na Tabela 2, podemos observar, por exemplo, que a idade do paciente laringectomizado parece influenciar na taxa de sobrevida do mesmo, uma vez que, para um período de cinco anos, pacientes abaixo de 60 anos são os que têm maior percentual de sobrevida livre de doença, em tumores supraglóticos de qualquer estadiamento, desde que livre de metástases em linfonodos regionais.

Tabela 2 – Sobrevida de pacientes com carcinomas de laringe supraglóticos T1-4, N0 Instituto Nacional do Câncer/RJ (Inca) – 1992

	Sobrevida em cinco anos (%)		
Idade (anos)	N.º de Casos	Corrigida	Global
< 60	102	76 p < 0,001	65 p < 0,001
> 60	101	66	42

Fonte: Kligerman et al. (1992).

Matos, Silva e Monteiro (2012), em estudo acerca da sobrevida relacionada ao câncer de laringe, informam que os países mediterrâneos (diferentemente dos demais, nos quais a maioria dos casos desse tipo de câncer ocorre na região glótica), têm uma maior expressão de tumores laríngeos localizados na região supraglótica e que, nesse tipo de afecção, a taxa de sobrevida em cinco anos é de cerca de 90% (estádio I). Além disso, reafirmam que esse tipo de câncer ocorre predominantemente no sexo masculino, sendo o pico da incidência entre os 50 e os 70 anos de idade. Nesse estudo, foram analisados os processos clínicos e a causa de morte de 216 pacientes com diagnóstico de carcinoma de laringe estádios I e II, tratados entre os anos de 2000 e 2005. Os resultados apontaram para uma sobrevida, nesses pacientes, de cerca de 75%, sendo que 66,7% e 54,5% das mortes não estavam relacionadas com a doença, respectivamente, para os estádios I e II. Constatou-se também que a sobrevivência específica para o estádio I foi de 94,6% e para o estádio II de 90,3%, revelando que grande parte das mortes dos doentes não se relacionou com o câncer de laringe.

Kowalski et al. (1991) estudaram dados demográficos, clínicos, patológicos e terapêuticos em relação ao intervalo livre de doença e a sobrevida global de 278 pacientes com câncer de laringe admitidos em quatro serviços de cirurgia de cabeça e pescoço em São Paulo e Curitiba, entre 1973 e 1986. Todos os pacientes foram tratados cirurgicamente. No estudo em questão, o estadiamento do tumor representou a variável com maior poder preditivo em relação à sobrevida. As *harzard ratios* para o risco de recidiva da doença foram 2,3 (T2-T3 vs. T1) e 4,3 (T4 vs. T1), enquanto que para o risco de morte as *harzard ratios* foram 1,6 (T2-T3 vs. T1) e 3,3. (T4-vs. T1).

17.2.3 Morte e sobrevida para o paciente laringectomizado

Para o paciente laringectomizado, sofrer uma mutilação, ver-se abruptamente privado de uma capacidade que o acompanhou por toda a vida (a fala por meio das cordas vocais), faz com que o sujeito se redescubra em novos potenciais e em sua relação com a perda, o luto, o sofrimento e a morte (Gunzburger, 1997).

A morte é, pensamos, um conceito que caminha, no mais das vezes, inter-relacionado ao medo no sujeito. Ao pensar sua morte, em verdade, o sujeito conjectura o seu não ser e, nessa viagem ao ausente, ele se depara com o medo de malograr em seu existir. É por conta do viver que ele pode, na dialética, pensar o morrer. Assim, acreditamos que certificar-se de que é sempre durante a vida que a morte é divisada (além de vista e experimentada pelo outro), faz com que o sujeito se depare, em seu discurso, com arremedos da morte e não com a morte propriamente dita. Aqui, ousamos dizer que é, justamente, esse intocável, esse inatingível – essa não ressurreição –, que faz com que a morte tenha sobre o humano tanto poder, tanta dominação. A morte exerce um fascínio indescritível sobre a vida do homem, fazendo com que ele venha a negá-la (a morte) ou a supervalorizá-la, anulando, dessa forma, sua vida em prol dela (Kovács, 1991).

Por contatar arremedos de morte e não a morte, o homem atribui aos mais variados acontecimentos de sua vida o caráter mortificante e, assim, dá à morte concretude e sentido. É nesse ponto que pensamos ser a mutilação um desses arremedos da morte que, sem sombra de dúvida, traz ao sujeito um contato íntimo e impingido com o medo de estar bastante próximo o seu não existir.

Ocorre, também, que o mutismo simboliza, de fato, a morte da capacidade de se expressar por meio da fala vocalizada. Assim, podemos dizer que o traqueostoma pode personificar o buraco negro onde o som, por ter se perdido, está morto.

Trabalhar a questão do desaparecimento do som no paciente que desde sempre se reconheceu em seu ressoar que começou em seu primeiro choro, em seu abrir os pulmões à vida, implica em falar de uma morte que se imbrica com o reconhecimento de uma mutilação. A reprodução vocalizada das palavras, do choro e da música encontra-se interditada, e o homem, que antes se fazia calar ou gritar, é, agora, portador de uma grande ferida narcísica que o empurra para o silêncio.

O sistema de valores que circunda o homem moderno é um aspecto que aqui não iremos relegar ao esquecimento e, em nossa contemporaneidade, falaremos da personificação da morte, persistindo, ainda, na ampliação da afirmação anterior sobre o contato do homem com arremedos de morte.

Em seu livro, *Psicologia da morte*, Kastenbaum e Aisenberg (1983), falam-nos que, em uma pesquisa sobre a personificação da morte, que se deu com estudantes universitários em Massachussets, EUA., quatro tipos caricaturais da morte se destacaram:

a) A Figura Macabra – empunhando a foice, uma figura feminina horrorosa e amedrontadora, que desde a Idade Média vem acompanhando o homem, pronta para ceifar sua vida, ainda se encontra em voga entre nossos jovens.

b) O Suave Consolador – como se fora um Deus protetor e consolador, cice-rone do caminho que leva ao além, esse acolhedor companheiro e pode-roso senhor serve à personificação da morte.

c) O Autômato – abarca a frieza, a precisão cibernética, o instrumento obje-tivo insensível e programado para aniquilar vidas, inserido em uma forma humana assexuada ou na qual a definição de gênero não tem relevância.

d) O Alegre Embusteiro – trata da figura extremamente sedutora que enleva e fascina suas vítimas transformando-as em suas voluntárias seguidoras. Nessa tipagem, o sexo do "alegre embusteiro" é, também, irrelevante.

Em outro trabalho realizado na Universidade de São Paulo (USP) sobre a importância do conceito de morte no seio da sociedade ao longo de considerável período, Kovács (1991, p. 87), referindo-se a Philippe Ariès, um historiador fran-cês, destaca algumas representações da morte:

a) Morte Domada – É a morte típica da época medieval. O homem sabe quando vai morrer pela presença de avisos, signos ou convicções internas. A morte era esperada no leito, e era autorizada a presença de parentes, vizinhos, amigos e até crianças. Havia uma aceitação dos ritos, que eram cumpridos de forma cerimonial, mas sem dramatização excessiva. Era uma atitude familiar, próxima e, por isso, chamada de "morte domada".

b) Morte de Si Mesmo – O homem passa a se preocupar com a própria morte e com o que acontecerá depois. É a preocupação com o julgamento e com o medo de ir para o inferno. As grandes tentativas da época referiam-se ao apego às coisas terrestres: família, objetos materiais. O homem busca garantias para o Além, através de ritos de absolvição, orações aos mor-tos, donativos, missas, ex-votos e, principalmente, os testamentos, como forma de doar seus bens.

c) Vida no Cadáver, Vida na Morte – É o tema que configura a vida na morte. O cadáver tem os segredos da vida e da morte. Mantém uma certa sensibilidade, um resíduo de vida, pelos e unhas crescem, há secreções. Esse é um argumento para a imortalidade da alma. A superstição popular indica que o corpo depois da morte ainda ouve e lembra. Torna-se difícil separar o natural do sobrenatural, e os ossos passam a ser amuletos para proteção desses fenômenos estranhos.

A morte aparente faz surgir o grande medo dos séculos XVII-XVIII: o de ser enterrado vivo. É a confusão entre vida e morte. O pânico passa a ser o despertar dentro do túmulo. Surgem vários ritos e cerimônias para atrasar os enterros, como, por exemplo, os velórios de 48 horas. A morte só é real quando começa a decomposição.

d) A Morte do Outro – A morte do século XIX é a morte romântica. É considerada bela, sublime repouso, eternidade e a possibilidade de uma reunião fraternal. Ela passa a ser desejada. A morte desse período traz a possibilidade de evasão, liberação, fuga para o Além, mas, também, a ruptura insuportável e a separação. É ainda a possibilidade de reencontro, no Além, de todos os que se amavam. Havia uma crença na vida futura.

O medo predominante desse período eram as almas do outro mundo, que vinham molestar os vivos, provocando todo tipo de superstições.

e) A Morte Invertida – O século XX nos traz a morte que se esconde, a morte vergonhosa, como fora o sexo na Era Vitoriana . A morte já não pertence à pessoa, tira-se a sua responsabilidade e depois a sua consciência. A sociedade atual expulsou a morte, para proteger a vida. Já não há sinais de que uma morte ocorreu. A característica do século atual é dar a impressão de que "nada mudou" – a morte não deve ser percebida. A boa morte atual é a que era mais temida na Antiguidade, a morte repentina, não percebida. A morte que a "boa" é aquela em que não se sabe se o sujeito está vivo ou não.

17.2.4 Medidas preventivas

Medidas preventivas em medicina do trabalho, com vistas a minimizar a exposição de trabalhadores de fábricas a elementos cancerígenos, bem como campanhas de informação de massa por meio da mídia, com propaganda dos órgãos de saúde pública alertando para os riscos do consumo de álcool e tabaco, fazem parte do programa de prevenção do câncer de laringe (e de outros do trato aerodigestivo superior) no Brasil. Segundo o Inca, aqueles que fumam têm dez vezes mais chances de desenvolver câncer de laringe e os que associam o fumo à bebidas alcoólicas têm uma relação aumentada em 43 vezes. Além disso, pacientes com câncer de laringe que continuam a fumar e a beber reduzem sua probabilidade de cura e aumentam o risco de recidiva na área de cabeça e pescoço (Inca, 2012).

Hábitos de higiene pessoal e alimentares têm contribuído para o decréscimo da exposição aos fatores de risco. Alimentação contendo proteína (frango ou peixe, preferencialmente), legumes, verduras e frutas ricas em vitaminas (em especial A, B2, C e E), retinoides, selênio e sais minerais e pouco tempero e gorduras, além da não ingestão de líquidos muito quentes ou muito frios, devem ser preferidos (Inca, 2012). Considerando que a prevenção de doenças deve ser uma prioridade epidemiológica, segundo Noronha e Dias (1997a), a suspensão do hábito de fumar e a moderação na ingesta de álcool, além do aumento do consumo de frutas e vegetais, têm contribuído na prevenção de aproximadamente três quartos dos casos de câncer nas vias aerodigestivas e, particularmente, no câncer de laringe. Ademais, também se constata que, em países em desenvolvimento que contam com mensagens de educação sanitária, tal tendência também tem sido observada.

17.2.5 Seguimento

O paciente laringectomizado, após o tratamento cirúrgico e, por vezes, radioterápico, estando sem evidência de doença deve se submeter a um acompanhamento obrigatório conforme o esquema expresso no Quadro 2.

Quadro 2 – Seguimento de pacientes pós-laringectomia

Conduta	Periodicidade
• Exame clínico minucioso	• mensalmente no 1º e 2º anos • bimensal no 3º ano e, após esse período, semestral
• Radiografia de tórax PA e perfil esquerdo	• semestral
• Provas de função hepática (TGO, TGP e fosfatase alcalina)	• semestral

Fonte: Adaptado de Kligerman et al. (1992).

Caso haja alteração em algum dos itens constantes desse esquema ou o surgimento de sinais e sintomas relacionados com a neoplasia, serão solicitados outros exames complementares. Além disso, a toxicidade ou complicações relacionadas com o tratamento também devem ser relatadas no seguimento.

17.2.6 Etiologia

No que se refere aos fatores etiológicos implicados no câncer de laringe, temos: uso abusivo da voz, laringite crônica, certos fatores relativos à dieta (por exemplo, o excesso de ingesta de chá, na Índia), gastrite crônica de refluxo e exposição à serragem e ao pó de madeira (entre marceneiros), ao asbesto, ao nitrogênio mostarda e à radiações ionizantes (DeVita et al., 1997; Noronha & Dias, 1997a). Mas, uma associação mais consistente, no que se refere a fatores de risco, tem sido observada em relação ao fumo – seja de cachimbo, charuto ou cigarro. Além disso, de forma semelhante, a ingesta pesada de álcool está, também, fortemente associada ao câncer da laringe, sendo que essa relação tem sido potencializada pelo uso concomitante do fumo. Entretanto, deve-se considerar que alguns estudos têm resultados inconclusivos no que se refere à associação entre ingesta de álcool e câncer de laringe. Ressalte-se que fumo e álcool, como fatores de risco para esse tipo de câncer, podem ser difíceis de avaliar, se o consumo dessas drogas estiver aliado a deficiências nutricionais que usualmente ocorrem em etilistas (DeVita et al., 1997; Noronha & Dias, 1997a).

Um estudo caso-controle conduzido por Brownson e Chang (1987), com 63 casos e 200 controles, a partir do Missouri Cancer Registry, Estados Unidos, entre 1984 e 1985, mostrou que o uso prévio de álcool ou de fumo tem forte associação com o surgimento do câncer de laringe e que o risco para esse tipo de tumor aumenta quando fumo e álcool são usados concomitantemente. Assim, os resultados desse estudo, que estabelece como categoria de referência os não usuários de bebida alcoólica e não fumantes, mostram que se o indivíduo for, por exemplo, um não usuário de bebida alcoólica e fumante, seu *odds ratio* (OR) será igual a 3,44. Caso essa situação se inverta – não fumante, mas usuário de bebida alcoólica –, o OR passa a ser igual a 2,37. Por fim, usuários de bebida alcoólica e fumantes têm OR igual a 7,73. No trabalho dos autores, o cálculo do índice de sinergia demonstrou, também, que o efeito do álcool e do tabaco agindo conjuntamente é 77% maior que o predito por aditividade apenas.

Cattaruzza et al. (1996) revisaram, com base em uma série de artigos sobre câncer de laringe, importantes achados de pesquisas de estudos epidemiológicos analíticos, bem como tendências recentes de análise epidemiológica descritiva e concluíram que o câncer da laringe é o segundo tipo de câncer respiratório, depois do de pulmão, e que sua incidência tem crescido ao longo dos anos em muitos países do mundo, principalmente em função das mudanças ocorridas nos hábitos de consumo de álcool e uso de tabaco.

Choi e Kahyo (1991) realizaram um estudo de revisão baseado em dados de estudos caso-controle conduzidos no Korea Cancer Center Hospital, Seul, Coreia do Sul, com o objetivo de comparar padrões de risco para câncer de cavidade oral, faringe e laringe. Essa revisão mostrou que existe uma forte relação dose--resposta (tempo de uso de fumo e quantidade de cigarros/dia) entre tabaco e câncer de laringe, e que consumidores pesados de álcool têm onze vezes mais risco de desenvolverem câncer de laringe do que não bebedores. Todavia, esses achados ressaltam que a ingesta pesada de álcool é um fator de risco bem menos importante do que o tabagismo no surgimento do câncer de laringe.

Um estudo caso-controle envolvendo 205 pacientes com câncer de boca, faringe ou laringe e 273 controles, com características consideradas não relacionadas ao consumo de tabaco ou de álcool, foi realizado em Montevidéu, Uruguai, entre janeiro de 1988 e dezembro de 1990, por De Stefani et al. (1992). Nesse estudo, fumantes de cigarros feitos à mão mostraram um risco mais elevado de desenvolvimento de câncer de laringe (OR=2,5; IC 95% 1,2-5,2) quando comparados a fumantes de cigarros comerciais.

Dosemeci et al. (1997), em um estudo caso-controle com 832 casos de câncer de laringe e 1.210 casos de câncer de pulmão e 829 controles, realizado no Social Security Agency Hospital, em Istambul, Turquia, entre 1979 e 1984, corroboram a hipótese de que o uso de álcool e de fumo estão associados com o risco de desenvolvimento de cânceres de laringe e de pulmão, quando encontram que o risco relativo para esses tipos de cânceres entre fumantes e bebedores pesados é de 12,2 para o de laringe e de 14,1 para o de pulmão.

Franceschi et al. (1990), em um estudo caso-controle, de base hospitalar, conduzido em homens, entre 1986 e 1989, no norte da Itália, com 741 casos, sendo: 162 de câncer de laringe, 157 de câncer de cavidade oral, 134 de câncer de faringe e 288 de câncer de esôfago; e 1.272 controles com condições agudas não relacionadas ao consumo de álcool ou de fumo, relatam que o *odds ratio* (OR) para fumantes foi de 4,6 para câncer de laringe. Além disso, esses autores relatam que existe uma relação dose-resposta no que se refere à duração do hábito de fumar e o número de cigarros/dia, e que a ingesta pesada de bebida teve significante aumento no risco para o desenvolvimento do câncer de laringe. Assim sendo, o *odds ratio* para câncer de laringe em fumantes de quantidades iguais a 14 ou menos cigarros/dia é de 2,2 (IC 95% 1,0-5,2), passando a 4,8 (IC 95% 2,3-10,4), quando o número de cigarros/dia está na faixa de 15-24, crescendo para 7,1 (IC 95% 3,3-15,4), quando o número de cigarros/dia é superior a 25. Quando se considera o número de anos que o fumante é ativo, tem-se que: a) a faixa de 1-29 anos apresenta OR=1,9; IC 95% 0,8-4,4; b) a faixa de 30-39 anos apresenta OR=5,2; IC 95% 2,4-11,5; e c) o tempo superior a 40 anos aparece com OR=7,2; IC 95% 3,3-15,6. Em relação ao consumo de álcool, tem-se como categoria de referência uma ingesta total de drinques/semana maior ou igual a 19, sendo o aumento no risco para câncer de laringe significativo quando o consumo de álcool é maior que 60 drinques/semana (OR=2,1; IC 95% 1,2-3,8).

Um estudo de coorte sobre as tendências de mortalidade feminina na Espanha, entre 1952 e 1986, foi realizado no Centro Nacional de Epidemiologia Carlos III, do Instituto de Saúde de Madri. Nesse estudo, foram analisadas taxas de mortalidade associadas a câncer de esôfago, laringe, pulmão e bexiga e, no que se refere aos cânceres de esôfago e de laringe, foi constatado um aumento da mortalidade por essas causas a partir das gerações de 1932. O estudo relata, também, que o consumo de fumo entre mulheres espanholas é relativamente frequente apenas para gerações recentes, e que esse tipo de exposição ainda não produziu variações relevantes nas tendências temporais de mortalidade (López-Abente et al., 1992).

López-Abente et al. (1992) realizaram um estudo caso-controle, entre 1982 e 1985, em Madri, Espanha, utilizando cinquenta casos masculinos de câncer de laringe histologicamente confirmados e 103 controles pareados por idade e sexo (45 hospitalizados e 58 da população em geral). Foi observado um efeito de dose-resposta para tabagismo, com *odds ratio* de 4,33 (IC 95% 1,22-15,41) para fumantes de trinta ou mais cigarros por dia quando comparados com fumantes de menos de dez cigarros por dia. As faixas de consumo de cigarro/dia iguais a 10-19 e 20-29 apresentaram OR iguais a 1,85 (IC 95% 0,57-5,95) e 2,23 (IC 95% 0,62-8,01), respectivamente. Em relação à ingesta de álcool, o risco é incrementado significativamente diante do aumento da intensidade do consumo semanal e tempo global durante a vida, se a ingesta for pesada, mas não em relação tão somente ao número de anos de ingesta. Ou seja, para um consumo médio acima de 600 g de álcool/semana, tem-se um OR=3,55 (IC 95% 0,92-13,69). Quando é avaliada a quantidade de álcool/tempo de vida (kg), tem-se que: a) 0-300 representa a categoria de referência; e b) a faixa superior a 1.250 apresenta OR=4,87 (IC 95% 1,61-14,73). Todavia, em relação ao número de anos de ingesta, temos como categoria de referência a faixa de 0-25 anos; a faixa de 26-35 anos apresenta OR=2,42 (IC 95% 0,73-8,04); mas, a faixa de 36-45 anos de ingesta apresenta um OR diminuído e igual a 1,73 (IC 95% 0,52-5,81), decrescendo ainda mais (OR=0,52; IC 95% 0,10-2,70), quando o número de anos de ingesta de álcool é superior a 45.

Dados de um estudo caso-controle de base hospitalar realizado entre 1985 e 1990, pela Division of Epidemiology, da American Health Foundation, Nova York, Estados Unidos, foram utilizados para examinar os efeitos do tabaco, álcool, asbesto e outras exposições ocupacionais no risco de câncer de laringe em 194 homens brancos com câncer primário de laringe e 184 controles pareados por idade. Um efeito dose-dependente para o uso corrente do fumo foi observado, com alto risco relativo (RR) para cânceres supraglóticos (1-20 cigarros/dia - RR=21,6; IC 95% 2,4-189,7; e 21-40 cigarros/dia - RR=68,0; IC 95% 7,0-660,9), enquanto que os cânceres glóticos tiveram para a faixa de 1-20 cigarros/dia - RR=5,5; IC 95% 1,6-19,5; e para a faixa de 21-40 cigarros/dia - RR=20,7; IC 95% 4,9-87,1). Elevado risco relativo também ocorreu para ex-fumantes (RR=4,8; IC 95% 1,7-13,0) e fumantes de charuto e de cachimbo (RR=4,3; IC 95% 1,7-16,4). Os efeitos do álcool também se mostraram dose-dependentes, com um aumento no risco relativo para cânceres de supraglote proporcional ao aumento no consumo de álcool, ou seja: tendo-se como categoria de referência um consumo < 29,6 ml/dia, encontra-se, para a faixa de 29,7-88,9 ml/dia - RR=1,2 (IC 95% 0,4-3,0); para 89-206 ml/dia - RR=2,7 (IC 95% 1,0-7,1); e, por fim, para a faixa de consumo maior ou igual a 207 ml/dia - RR=9,6 (IC 95% 3,3-27,6). Uma ligeiramente elevada, mas não significante, associação foi verificada para exposição ao asbesto e câncer glótico (RR=1,3; IC 95% 0,7-2,7). Além disso, o risco relativo não cresceu linearmente com o número de anos de trabalho em atividades relacionadas com o asbesto. Não foram observadas relações entre exposição ao asbesto e câncer supraglótico. Um risco significativamente elevado foi encontrado para homens expostos a gases de óleo diesel (RR=5,2; IC 95% 1,1-24,0). Risco relativo elevado, mas não significativo, foi encontrado para homens cronicamente expostos à borracha (RR=6,4; IC 95% 0,8-7,9). Riscos relativos entre 1 e 2 (não significativos), ajustados para fumo de cigarros, foram encontrados para uma série de trabalhadores, incluindo carpinteiros, mecânicos, pessoas que trabalham em serviços de limpeza e militares (Muscat & Wynder, 1992).

Um estudo caso-controle, de base populacional, para câncer de laringe entre pessoas com menos de 65 anos, foi conduzido no sudeste da Polônia, entre 1986 e 1987, com 249 casos e 965 controles. O risco relativo (RR) estimado, tanto para uso de fumo como para a ingesta de álcool foi alto: RR=59,7 (IC 95% 13,0-274,0), para fumantes de mais de trinta cigarros/dia, e RR=10,4 (IC 95% 4,0-27,2), para a ingesta regular de vodca por mais de trinta anos. Exposições ao álcool e ao fumo mostram uma clara potencialização do efeito em todas as categorias de exposição. O risco mostrou-se reduzido quando da cessação do fumo (RR=0,3; IC 95% 0,14-0,64, depois de dez anos) ou em caso de uso intermitente de fumo. Má nutrição também foi identificada como um forte fator de risco: o baixo consumo de frutas e vegetais apresentou um RR=2,94 (IC 95% 1,57-5,53) e o baixo consumo de proteínas um RR=16,21 (IC 95% 6,10-43,05) (Zatonski et al., 1991).

Estève et al. (1996), em um estudo multicêntrico, tipo caso-controle, sobre dieta e cânceres de laringe e hipofaringe, realizado no sudeste da Europa, com 1.147 casos de câncer em homens e 3.057 controles da população, concluíram que o alto consumo de frutas (> 250 g/dia), vegetais (> 350 g/dia), óleo vegetal (> 45 g/dia) e peixe fresco (> 90 g/dia), bem como o baixo consumo de manteiga e carnes processadas, estão associados com risco reduzido de câncer de laringe, depois de ajustado para álcool, tabaco, *status* socioeconômico e ingesta calórica não alcoólica. Entre os nutrientes, risco reduzido foi relacionado à alta ingesta de vitaminas C (> 140 mg/dia) e E (> 11 mg/dia) e à elevada razão de ácidos poli-insaturados/saturados (razão > 0,65). Assim sendo, esse estudo sugere que hábitos alimentares estão fortemente relacionados com a possibilidade de surgimento de câncer de laringe e hipofaringe. Todavia, enquanto essas variáveis são relevantes nos escores de comportamento nutricional, não há conclusões sobre as propriedades biológicas desses nutrientes no que se refere ao seu aparente efeito protetor.

Um estudo caso-controle entre 47 casos de câncer de laringe em homens de três condados de Washington, Estados Unidos, e 47 controles mostrou que a exposição ocupacional ao asbesto não pôde ser relacionada com aumento do risco de desenvolver câncer de laringe (RR=1,75, não estatisticamente significante). Um outro achado desse estudo revela que, quando na história dos indivíduos estudados ocorreu exposição a raios X dentários, os fumantes de mais de 21 cigarros/dia apresentaram riscos relativos (RR) iguais a 4,7 (não estatisticamente significante), para a faixa de 5-9 sessões; e RR=7,5, para a faixa de dez ou mais sessões dentárias com o uso de raios X (a faixa de 0-4 sessões serviu de categoria de referência). Para fumantes de menos de 21 cigarros/dia, não houve aumento no risco relativo para câncer de laringe. Tais achados sugerem, assim, que pode existir uma forte relação entre raios X dentários em fumantes e risco de desenvolver câncer de laringe (Hinds et al., 1979).

Na Índia, Hiranandni (1975), em um estudo descritivo sobre câncer de laringe, fruto de observações empíricas do autor feitas por um período de 25 anos, concluiu que o hábito de fumar (80% de seus pacientes eram fumantes) e a exposição ao hidróxido de cálcio são dois importantes agentes carcinogênicos. Além disso, má nutrição também se apresenta como fator de risco, bem como o mau uso da voz. Acrescenta, por fim, que questões raciais, genéticas e fatores ambientais (incluindo poluição) não têm contribuído para a incidência de câncer de laringe na Índia. O estudo mostra, ainda, que a preocupação com o tema câncer de laringe está em voga há bastante tempo e que as observações do autor têm início na década de 1950. Note-se que o rigor da metodologia epidemiológica não está presente em seus achados, mas que, mesmo diante da escassez de técnicas epidemiológicas, a maioria de seus achados vão ao encontro do que se observa na maior parte dos outros estudos aqui relatados.

Pollán e López (1995) realizaram um estudo caso-controle entre homens residentes em Madri, Espanha, entre 1982 e 1985, relativo a câncer de laringe e fatores de risco ocupacionais. O estudo constava de cinquenta casos de câncer de laringe histologicamente confirmados e 89 controles (43 controles hospitalares e 46 controles da população). História ocupacional e padrões de consumo de fumo e álcool durante a vida foram obtidos em entrevistas. Estimativas de risco, ajustadas para o consumo de álcool e fumo, foram calculadas utilizando regressão logística não condicional. Um *odds ratio* elevado (OR=5,63; IC 95% 1,15-26,64, depois de vinte anos) foi encontrado para marceneiros. Outras categorias ocupacionais com *odds ratios* elevados foram motoristas de transportadoras (OR=3,31; IC 95% 0,98-11,22) e pedreiros e quebradores de pedras (OR=2,31; IC 95% 0,85-6,33). Assim, pó de madeira ou compostos químicos utilizados no tratamento da madeira podem ser a base para a alta associação encontrada no estudo.

Para determinar se trabalhos específicos e exposições ocupacionais estão associadas ao câncer de laringe, histórias de vida ocupacional foram avaliadas em um estudo caso-controle de base populacional em Washington, Estados Unidos, com 235 casos diagnosticados entre 1983 e 1987 e 547 controles identificados aleatoriamente por discagem telefônica. Depois de controlar para a ingesta de álcool, tabagismo, idade e educação, riscos significativamente aumentados foram encontrados para pintores na construção civil (OR=2,8; IC 95% 1,1-6-9), supervisores e trabalhadores em mecânica (OR=2,3; IC 95% 1,1-4,8), trabalhadores da construção civil (OR=3,4; IC 95% 1,4-8,1), trabalhadores da indústria de metal e operadores de máquinas de confecção de plásticos (OR=2,6; IC 95% 1,3-4,9) e trabalhadores de equipamentos de limpeza (OR=1,5; IC 95% 1,0-2,2) (Wortley et al., 1992).

Zheng et al. (1992) realizaram um estudo caso-controle de base populacional em Xangai, China, entre 1988 e 1990, para avaliar os efeitos do tabagismo, da ingesta de álcool, de exposições ocupacionais e da dieta no desenvolvimento do câncer de laringe, no qual 201 casos incidentes (177 homens e 24 mulheres) e 414 controles (269 homens e 145 mulheres) foram entrevistados. O hábito de fumar foi o maior fator de risco encontrado para o desenvolvimento de câncer de laringe (OR=8,7; IC 95% 3,8-19,6), alcançando 86% dos casos masculinos e 54% dos casos femininos. Depois de ajustar para fumo, houve um pequeno acréscimo no risco associado com a ingesta de bebida alcoólica (OR=15,4; IC 95% 6,0-39,6, para consumo de cigarro maior ou igual a 30 maços/ano, e OR=18,4; IC 95% 9,0-37,7, para a mesma faixa de consumo de cigarros mais álcool). Entre homens, casos mais frequentes são relatados no que se refere à exposição ocupacional ao pó de carvão (OR=2,6; IC 95% 1,4-4,8) e ao asbesto (OR=2,0; IC 95% 1,0-4,3). Um efeito protetor (OR=0,8) parece estar associado com a alta ingesta de frutas (particularmente laranjas e tangerinas), certos vegetais amarelos (OR=0,8, para alta ingesta) e verde-escuros (OR=0,6, para alta ingesta) e alho (OR=0,5, para alta ingesta), mas houve um incremento do risco de câncer de laringe relacionado com a ingesta de carnes salgadas ou peixes salgados (OR=4,3 - IC 95% 2,0-9,2, para ingesta semanal ou diária). Os achados sugerem que os fatores de risco para câncer de laringe em Xangai são semelhantes àqueles encontrados em países ocidentais, e que tais achados evidenciam o importante papel da dieta na etiologia desse tipo de tumor.

17.2.7 Epidemiologia

Segundo DeVita et al. (1997), o câncer de laringe ocorre nove vezes menos frequentemente que o de cólon, catorze vezes menos frequentemente que o de pulmão, quinze vezes menos frequentemente que o de mama e dezesseis vezes menos frequentemente que o de próstata. A despeito de ser uma das neoplasias mais comuns da cabeça e pescoço (cerca de 25% dos tumores malignos que acometem esta área), o câncer de laringe, do ponto de vista epidemiológico, pode ser considerado uma doença rara, representando menos de 2% de todas as lesões malignas do organismo humano (Noronha e Dias, 1997a; Brasil, 2012a).

Aproximadamente dois terços desses tumores surgem na corda vocal verdadeira e um terço acomete a laringe supraglótica (ou seja, localizam-se acima das cordas vocais). Mas, mesmo considerando a baixa incidência do tumor de laringe, uma vez que este representa cerca de 2% de todos os tipos de cânceres, são poucos os casos de preservação da laringe, bem como das cordas vocais, nos pacientes com esse tipo de câncer que se submetem à extração cirúrgica do tumor laríngeo. Além disso, pode-se levar em conta que a larga maioria das pessoas submetidas à retirada desse tipo de câncer sofre um potencial impacto nas suas possibilidades de comunicação verbal. Ou seja, não se trata tão somente de cotejar qualidade de vida e/ou morte nesses doentes, uma vez que a ameaça ao órgão vocal do paciente está associada a profundas implicações psicológicas.

Ainda segundo DeVita et al. (1997), que procederam a uma ampla revisão do tema, embora as taxas de cura de várias malignidades da laringe não tenham mudado consideravelmente durante os anos recentes, as investigações sobre métodos de conservação da laringe, quando se dá a ameaça de laringectomia, bem como de diversas estratégias de radioterapia e combinações de quimio-radioterapia, têm sido incessantemente consideradas no tratamento do paciente com câncer de laringe. Além disso, mesmo quando são consideradas as diferenças de incidência do tumor maligno de laringe entre os diversos países do mundo, a distribuição em cada país parece obedecer determinadas características. A doença afeta mais frequentemente homens idosos e de meia-idade que tenham sido tabagistas e etilistas. Nos Estados Unidos, durante o ano de 1991, mais de 12.500 novos casos de câncer de laringe foram diagnosticados e mais de 10 mil destes, em homens. Mundialmente falando, todavia, a razão global de incidência desse tipo de câncer é de aproximadamente 4,5 homens para uma mulher, relação esta que sofreu sensível mudança se considerarmos que, em 1956, era de quinze homens para uma mulher. Essa modificação na tendência de incidência do tumor da laringe, provavelmente, é devida aos efeitos a longo prazo dos padrões de consumo do fumo entre homens e mulheres. Quando negros e brancos são comparados, nos Estados Unidos, a incidência desse tipo de tumor em negros é altamente significante. O pico de incidência do câncer de laringe acontece na sexta década de vida do indivíduo; em jovens, esse tipo de tumor raramente ocorre.

Sessions et al. (1994), em um estudo descritivo sobre o câncer da laringe, no Barnes Hospital, nos Estados Unidos, no período de 1955-1988, nos mostram que, segundo os dados do Head and Neck Cancer Registry of the Department of Otolaryngology of the Washington University School of Medicine, St. Louis, Missouri, este período comportou 1.591 novos casos de câncer de laringe diagnosticados, sendo 64% deles, glóticos (1.024 casos), 34%, supraglóticos (543 casos) e 2%, subglóticos (24 casos). Nesse hospital, o câncer de laringe representou, no período citado, 2,1% de novos casos de câncer diagnosticados.

Keane (1994) mostra que, no Canadá, no período de 1983 a 1987, a taxa de incidência global do câncer de laringe para 100 mil habitantes foi de 7,0 para os homens e de 1,2 para as mulheres. O pico de incidência deste desse tipo de tumor ocorreu, em ambos os sexos, na faixa etária de 70 a 75 anos, embora houvesse uma alta incidência de casos aos 55 anos. Ele considera que essas taxas são muito similares às encontradas nos Estados Unidos, para homens e mulheres da raça branca.

Hansen (1994) mostra-nos que, em Copenhagen, na Dinamarca, entre 1931 e 1992, no National University Hospital, 3.489 casos de câncer de laringe foram tratados, sendo que, à semelhança do que se verifica no estudo de Sessions (1994), supracitado, 59% deles eram glóticos (2.058 casos), 38%, supraglóticos (1.326 casos) e 3%, subglóticos (105 casos). A razão de dez homens para uma mulher com câncer de laringe (glótico) tem permanecido constante ao longo dos sessenta anos observados. Todavia, a proporção de casos de câncer supraglótico em mulheres dobrou ao longo dessas mesmas seis décadas, uma vez que, no período de 1931 a 1968, a percentagem de mulheres com esse tipo de câncer era igual a 13% e, no período de 1968 a 1992, esse percentual era igual a 26%.

Devesa et al. (1990) estudaram padrões temporais de mortalidade entre 1950 e 1984, nos Estados Unidos, para câncer de cavidade oral, esôfago e laringe, e observaram diferenças marcantes por sexo e raça. A análise de coorte revela que, entre mulheres brancas, as taxas para todos os três tipos de cânceres declinou entre as nascidas durante a última metade do século XIX, crescendo entre as nascidas entre 1895 e 1920, e decrescendo depois disso. As taxas entre mulheres não brancas, geralmente, seguem os padrões das taxas encontradas para mulheres brancas com um retardo de cerca de cinco anos. Entre homens brancos, exceto para o declínio da mortalidade por câncer de cavidade oral entre aqueles nascidos na última metade do século XIX, padrões na coorte específica são muito menos notáveis, enquanto que o incremento de cânceres de cavidade oral, esôfago e laringe em homens não brancos da coorte nascida a partir de 1900 tem sido acentuado e não revertido sua direção, como o que tem ocorrido para os homens brancos.

No Brasil, dados do Instituto Nacional do Câncer (Inca/MS) mostram que foram registrados no instituto, no período de 1983 a 1988, 926 casos de tumor de laringe, distribuídos entre 817 (88,2%) homens e 109 (12,8%) mulheres, sendo 626 casos na raça branca e 300 casos entre negros (o que diverge das taxas encontradas nos Estados Unidos, conforme visto acima). Sexagenários compunham 35,6% dos casos (330 casos) (Kligerman et al., 1992).

Segundo o Inca (2012), a estimativa de novos casos de câncer de laringe para o ano de 2012 foi igual a 6.110, tendo sido constatadas, em 2010, 3.618 mortes (3.189 em homens e 429 em mulheres), para esse tipo de câncer.

No que se refere ao Registro de Internações por Neoplasma Maligno da Laringe, dados do Ministério da Saúde – Morbidade Hospitalar do SUS –, expressos no Gráfico 1, demonstram que, ao longo dos últimos vinte anos, tem-se períodos de decréscimo na taxa bruta por 100 mil habitantes (1994-2002), sendo os anos mais recentes marcados por uma tendência de aumento dessa taxa. Além disso, destaca-se a região sul do país como sendo a que apresenta maior taxa bruta por 100 mil habitantes ao longo da maior parte dos anos, sendo os anos recentes (2006-2012) marcados por uma forte tendência do aumento dessa taxa.

Gráfico 1 – Morbidade Hospitalar do SUS – por local de residência – Internações por região e ano de processamento

Lista Morb CID-10: Neoplasias Malignas de Laringe (Brasil e regiões, 1992-2012)

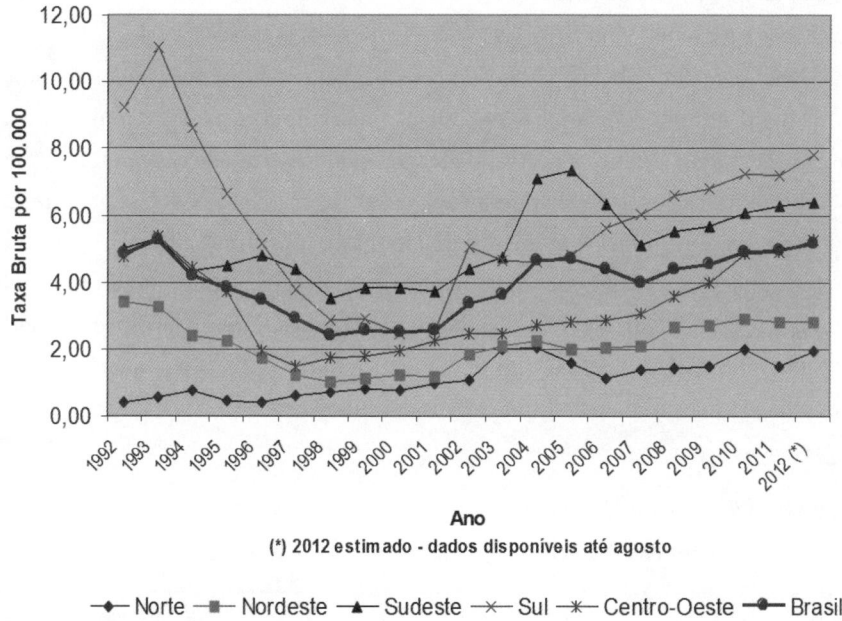

Ano
(*) 2012 estimado - dados disponíveis até agosto

➡ Norte ▪ Nordeste ▲ Sudeste ✕ Sul ✳ Centro-Oeste ● Brasil

Fonte: Datasus – Departamento de Informática do SUS – Sistema Único de Saúde Sistema de Informações Hospitalares do SUS (SIH/SUS).

Ao longo da história, no período de 1981 a 1985, dados do Ministério da Saúde – "Diagnósticos de Câncer no Brasil" informam que 2.200 casos de câncer da laringe ocorreram no Rio de Janeiro, compondo 5,7% das principais localizações de câncer primário diagnosticados em homens e mulheres. Em São Paulo, o número de casos observados é igual a 3.708, para o mesmo período, ou 4,2% das principais localizações de câncer primário diagnosticados em homens e mulheres. Em 1990, no Inca, no Rio de Janeiro, foram registrados 148 casos de câncer de laringe, todos eles em homens, o que representou 10,1% de todos os casos de câncer masculinos (Noronha, 1998). Esse percentual apresenta-se elevado, principalmente se considerarmos que a taxa de incidência estimada para o câncer de laringe pela Organização Mundial da Saúde/ International Agency for Research on Cancer (OMS/IARC), para o mesmo ano, em termos de Brasil, é de 7,79 para homens e de 1,06 para mulheres.

As estimativas da World Health Organization/International Agency for Research on Cancer (WHO/IARC), para 2008, de incidência de câncer de laringe e de mortalidade causada pela doença, comparativamente aos 26 tipos mais comuns de câncer no mundo e no Brasil, são apresentadas nas tabelas 3 e 4.

Note-se, pela Tabela 3, que o câncer de laringe ocupa, em termos mundiais, o 13º lugar em incidência para a população masculina e, para a população feminina, o 24º lugar. Quanto à mortalidade, por qualquer tipo de câncer, temos que a masculina (por câncer de laringe) ocupa o 14º lugar (junto com o câncer de rim) e a feminina, 22º (junto com doença de Hodgkin). No Brasil (Tabela 4), as taxas para o câncer de laringe são semelhantes às mundiais, sendo que: a) incidência ocupa o 7º e 21º lugares para a população masculina e feminina, respectivamente; e b) a mortalidade ocupa o 9º (junto com leucemia) e o 22º lugares, também para a população masculina e feminina, respectivamente.

Tabela 3 – Câncer – Incidência e Mortalidade
   26 tipos mais comuns – Dados mundiais – Estimativa 2008

Câncer	Incidência				Mortalidade			
	Homens		Mulheres		Homens		Mulheres	
	Quant.	ASR (W)	Quant.	ASR (W)	Quant.	ASR (W)	Quant.	ASR (W)
Bexiga	294.345	8,9	88.315	2,2	112.308	3,3	37.974	0,9
Cólon/reto	663.904	20,3	571.204	14,6	320.397	9,6	288.654	7,0
Corpo uterino	-	-	288.387	8,2	-	-	73.854	1,9
Esôfago	326.245	10,1	155.400	4,2	276.007	8,5	130.526	3,4
Estômago	640.031	19,7	348.571	9,1	463.930	14,2	273.489	6,9
Fígado	523.432	16,0	226.312	6,0	478.134	14,5	217.592	5,7
Lábio, cavidade oral	170.496	5,2	92.524	2,5	83.109	2,6	44.545	1,2
Laringe	129.651	4,1	21.026	0,6	70.336	2,2	11.556	0,3
Leucemia	195.456	5,8	154.978	4,3	143.555	4,3	113.606	3,1

Linfoma de Hodgkin	40.265	1,2	27.654	0,8	18.256	0,5	11.646	0,3
Linfoma não Hodgkin	199.736	6,0	156.695	4,2	109.484	3,3	82.115	2,1
Mama	-	-	1.384.155	38,9	-	-	458.503	12,4
Melanoma de pele	101.807	3,1	97.820	2,7	25.860	0,8	20.512	0,5
Mieloma múltiplo	54.923	1,7	47.903	1,2	37.795	1,1	34.658	0,9
Nasofaringe	57.852	1,7	26.589	0,8	35.984	1,1	15.625	0,4
Outros faringe	108.588	3,4	28.034	0,8	76.458	2,4	19.092	0,5
Ovário	-	-	224.747	6,3	-	-	140.163	3,8
Pâncreas	144.859	4,4	133.825	3,3	138.377	4,2	128.292	3,1
Próstata	899.102	27,9	-	-	258.133	7,4	-	-
Pulmão	1.092.056	33,8	515.999	13,5	948.993	29,2	427.586	10,9
Rim	169.155	5,2	104.363	2,8	72.019	2,2	44.349	1,1
Sistema nervoso, cérebro	126.815	3,8	111.098	3,1	97.251	2,9	77.629	2,2
Tireoide	49.211	1,5	163.968	4,7	11.206	0,3	24.177	0,6
Vesícula biliar	58.375	1,8	86.828	2,2	42.949	1,3	66.638	1,7
Todos (exclui cânceres – câncer de pele não melanoma)	6.617.844	202,8	6.044.710	164,4	4.219.626	127,9	3.345.176	87,2

Fonte: ASR(W): Age Standardized Rate (Taxa padronizada por idade – População mundial) por 100.000 World Helth Organization/International Agency for Research on Cancer (WHO/IARC). Disponível em http://globocan.iarc.fr/factsheet.asp.

Tabela 4 – Câncer – Incidência e mortalidade
        26 tipos mais comuns – Dados Brasil – Estimativa 2008

Câncer	Incidência				Mortalidade			
	Homens		Mulheres		Homens		Mulheres	
	Quant.	ASR (W)	Quant.	ASR (W)	Quant.	ASR (W)	Quant.	ASR (W)
Bexiga	5.143	6,1	1.767	1,7	2.223	2,6	978	0,9
Cólon/reto	10.121	12,0	11.647	11,4	5.529	6,5	6.234	5,8
Corpo uterino	-	-	4.414	4,5	-	-	2.026	2,0
Esôfago	6.830	8,2	2.524	2,5	6.123	7,3	1.876	1,8
Estômago	13.563	16,2	6.903	6,6	11.112	13,2	5.720	5,4
Fígado	4.991	5,9	4.160	4,0	4.853	5,8	4.054	3,9
Lábio, cavidade oral	6.474	7,6	2.508	2,3	2.780	3,3	920	0,8
Laringe	5.887	7,2	1.123	1,1	3.438	4,1	447	0,4
Leucemia	4.425	5,0	3.480	3,5	3.708	4,1	2.971	2,9
Linfoma de Hodgkin	1.186	1,2	661	0,6	357	0,4	215	0,2
Linfoma não Hodgkin	4.194	4,8	2.883	2,9	2.398	2,8	1.762	1,7
Mama	-	-	42.566	42,3	-	-	12.573	12,3
Melanoma de pele	1.774	2,0	1.826	1,8	722	0,8	559	0,5
Mieloma múltiplo	1.476	1,8	1.319	1,3	1.173	1,4	1.124	1,1
Nasofaringe	414	0,5	236	0,2	211	0,2	85	0,1
Outros faringe	4.040	4,8	713	0,7	3.095	3,7	559	0,5
Ovário	-	-	5.530	5,6	-	-	2.982	3,0
Pâncreas	3.625	4,3	3.543	3,4	3.575	4,3	3.496	3,3
Próstata	41.602	50,3	-	-	14.428	16,3	-	-
Pulmão	16.377	20,0	8.455	8,4	15.239	18,6	7.508	7,4
Rim	2.579	3,1	1.597	1,6	1.423	1,7	893	0,9
Sistema nervoso, cérebro	4.609	5,3	3.852	3,9	4.141	4,8	3.642	3,7
Tireoide	768	0,8	4.893	4,8	224	0,3	493	0,5

Vesícula biliar	1.168	1,4	2.478	2,4	1.100	1,3	2.342	2,3
Todos (exclui cânceres – câncer de pele não melanoma)	160.584	190,4	160.371	158,1	102.233	120,2	87.781	84,9

Fonte: ASR(W): Age Standardized Rate (Taxa padronizada por idade – População mundial) por 100.000 World Helth Organization/International Agency for Research on Cancer (WHO/IARC). Disponível em http://globocan.iarc.fr/factsheet.asp.

A Tabela 5 apresenta, para o ano de 2010, as estimativas da WHO/IARC para mortalidade por câncer de laringe nos 39 primeiros lugares do mundo com taxas ajustadas por idade por 100 mil habitantes. Neste panorama, o Brasil ocupa a 15ª posição, com uma taxa de mortalidade estimada em 3,6 por 100 mil, para homens.

Tabela 5 – Câncer de laringe – Mortalidade
        Dados mundiais – Estimativa 2010

País	ASR(W)	
	Homens	Mulheres
Cuba	7,9	1,0
FYROM (Antiga República Ioguslava da Macedônia)	6,7	0,3
República da Moldávia	6,1	0,1
Romênia	6,0	0,2
Lituânia	5,6	0,1
Bulgária	5,4	0,4
Croácia	5,3	0,3
Látvia	5,2	0,1
Rússia	5,0	0,2
Polônia	4,8	0,5
Ucrânia	4,8	0,1
Sérvia	4,2	0,5
Eslováquia	4,2	0,1
Portugal	4,1	0,1

Brasil	3,6	0,4
Espanha	3,5	0,1
Eslovênia	3,2	0,3
Estônia	2,9	0,2
República Tcheca	2,6	0,2
Maurício	2,0	0,3
Nicarágua	1,7	0,3
Alemanha	1,5	0,2
Irlanda	1,5	0,2
Áustria	1,4	0,2
México	1,4	0,2
Reino Unido, Irlanda do Norte	1,4	0,4
Reino Unido, Escócia	1,4	0,3
República da Coreia	1,2	0,1
Holanda	1,1	0,2
Egito	1,0	0,2
Malta	1,0	0,2
Reino Unido, Inglaterra e País de Gales	1,0	0,2
Reino Unido	1,0	0,2
Equador	0,8	0,1
Finlândia	0,8	0,1
Noruega	0,6	0,1
Japão	0,5	0,0
Suécia	0,4	0,0

Fonte: ASR(W): Age Standardized Rate (Taxa padronizada por idade – População mundial) por 100.000 World Helth Organization/International Agency for Research on Cancer (WHO/IARC). Disponível em http://www-dep.iarc.fr/WHOdb/table2.asp.

A Tabela 6 apresenta, para o ano de 2010, as estimativas da WHO/IARC – da taxa de mortalidade ajustada pela idade por 100 mil habitantes, para os principais tipos de câncer. Nela, o câncer de laringe ocupa a 13ª e a 24ª posições, respectivamente, para homens e mulheres.

Tabela 6 – Mortalidade por câncer no Brasil (2010)

Câncer	ASR(W)	
	Homens	Mulheres
Todos os cânceres (C00-97, B21)	103,6	73,0
Todos os cânceres, exceto do pulmão (C00-97/C33-34)	88,2	65,5
Lábio, cavidade oral, faringe, laringe e esôfago (C00-15, C32)	16,1	3,1
Pulmão (C33-34)	15,4	7,5
Próstata (C61)	13,4	-
Estômago (C16)	9,5	4,2
Intestino (C17-21)	7,4	6,3
Cólon, reto e ânus (C18-21)	7,1	6,0
Esôfago (C15)	6,6	1,5
Cavidade lábio, oral e faringe (C00-14)	5,9	1,2
Cólon (C18)	4,4	3,8
Cérebro, sistema nervoso central (C70-72)	4,4	3,5
Pâncreas (C25)	4,1	3,3
Laringe (C32)	3,6	0,4
Leucemia (C91-95)	3,4	2,5
Reto e ânus (C19-21)	2,7	2,2
Bexiga (C67)	2,4	0,8
Linfoma não Hodgkin (C82-85, C96)	2,3	1,6
Renal (C64)	1,6	0,8
O mieloma múltiplo (C88 + C90)	1,3	1,1
Vesícula biliar (C23-24)	1,1	1,6
Melanoma de pele (C43)	0,9	0,6
Linfoma de Hodgkin (C81)	0,3	0,2
Tireoide (C73)	0,2	0,4
Nasofaringe (C11)	0,2	0,1
Mama (C50)	-	11,6
Útero (C53-55)	-	7,4

Colo do útero (C53)	-	4,6
Ovário (C56)	-	2,8

Fonte: ASR(W): Age Standardized Rate (Taxa padronizada por idade – População mundial) por 100.000 World Helth Organization/International Agency for Research on Cancer (WHO/IARC). Disponível em http://www-dep.iarc.fr/WHOdb/table3.asp.

17.3 Psicoterapia: os aspectos psicológicos e o paciente laringectomizado

Historicamente, a primeira laringectomia foi realizada por Billroth, em 1874, e, desde então, inúmeros esforços têm sido despendidos por vários países (seja em relação a estratégias cirúrgicas, seja em relação a reabilitação vocal, social ou psicológica) para minimizar os dois maiores impactos produzidos pela laringectomia total: a traqueostomia permanente e a perda da voz, que, indubitavelmente, é o principal meio de expressão dos humanos e, também, a principal expressão de sua inteligência (Savary, 1977). Assim, pretende-se, nesta seção, abordar alguns de tais esforços que estão sendo envidados por psicólogos que atuam na psicologia hospitalar em busca da promoção da saúde do paciente laringectomizado.

Como é próprio da prática da psicologia hospitalar, neste texto, discorremos sobre possibilidades psicoterapêuticas que julgamos importantes para a disseminação e aprendizagem de manejos psicoterápicos que possam contribuir para a promoção da saúde do paciente laringectomizado, sem nos preocuparmos com fidelidade a uma única linha ou abordagem psicoterapêutica.

17.3.1 O diagnóstico, a estratégia terapêutica médica a ser utilizada e os cuidados pré-operatórios

Segundo Miceli (1998, p. 132):

[...] em condições ideais, todo paciente de câncer, seja de primeira vez ou reincidente, deveria ter uma consulta psicológica em pelo menos dois momentos anteriores à cirurgia:

1 - Após o estadiamento, de modo a facilitar a comunicação e a assimilação da nova informação (diagnóstico e tratamento proposto), diminuindo assim a tensão emocional e fortalecendo a confiança do paciente em si mesmo e na equipe de tratamento.

2 - No momento da internação hospitalar, quando o afastamento de tudo o que lhe confere identidade (família, casa, trabalho, vida social) e as expectativas quanto à cirurgia ampliam as angústias do paciente, que precisará se adaptar à rotina institucional.

No momento do diagnóstico de câncer laríngeo, por conta de sua insidiosidade, na maior parte das vezes, a estratégia terapêutica de primeira escolha é a laringectomia total. Raramente, todavia, o paciente e seus familiares têm uma dimensão realista do que significa a laringectomia, bem como suas principais sequelas.

Dessa forma, o preparo pré-operatório do paciente e de sua família é extremamente importante antes de qualquer cirurgia radical de cabeça e pescoço. O paciente (e sua família) pode ser preparado física e psicologicamente para todas as mudanças que irão ocorrer. Antes de serem submetidos a uma cirurgia de laringe, os pacientes devem ser conscientizados das mudanças nas vias aéreas (a presença da traqueostomia) – o uso de diagramas ilustrando o caminho natural do ar, bem como as alterações físicas permanentes pós-laringectomia, pode ser necessário. O paciente pode ser preparado para as diferenças e implicações de alterações temporárias *versus* alterações permanentes. O paciente e a família podem, também, receber esclarecimentos acerca de todos os equipamentos e procedimentos que irão ser utilizados durante e após a cirurgia – por exemplo, limpeza da cavidade oral e da cânula traqueal, por sucção, podem ser esclarecidas neste momento. Adicionalmente, o paciente poderá receber terapia intravenosa, drenos e sonda nasogástrica. Dessa forma, a ansiedade pode ser minimizada em alguns pacientes, quando ocorre a descrição e a clarificação desses procedimentos. Outros pacientes podem requerer diagramas ou visualização dos equipamentos que serão utilizados. No que se refere estritamente aos aspectos psicológicos, o preparo pré-operatório pode ser um momento bastante propício para que o paciente verbalize suas preocupações. Muitos pacientes têm medo de perder sua comunicação verbal, e podem ser esclarecidos de que a comunicação escrita pode ser uma forma de comunicação viável para os laringectomizados nos primeiros dias do pós-operatório. O uso de lápis e papel (ou de um quadro mágico) pode ser útil para os pacientes alfabetizados; para os analfabetos, podem ser usados cartões com figuras que solicitam coisas ou comunicam determinadas necessidades e que podem ser desenhados e acordados com o paciente e sua família antes de se dar a intervenção cirúrgica. Além disso, o medo da cirurgia, em si, da anestesia e do câncer e questões relacionadas à imagem corporal podem emergir nesse momento (Sigler, 1989). Cabe ao psicológo, nessa fase, a intermediatização das informações, um intenso trabalho de tradução e o reconhecimento dos principais mecanismos de atuação do paciente para que possam ser minimizadas as dificuldades do paciente, de sua família e da equipe médica envolvida no caso.

Além disso, Miceli (1998, p. 133), prossegue informando que:

> Ao detectar os recursos internos e externos de que o paciente dispõe para lidar com situações de estresse, o psicólogo pode ajudá-lo estimulando atividades cognitivas e comportamentais que preservem ao máximo a integridade física e psíquica e favoreçam as suas relações interpessoais.
>
> [...]
>
> Acreditamos que o período de consultas e exames já prepara o paciente para a possibilidade do diagnóstico de câncer, especialmente se ele já vivenciou algo parecido em si mesmo ou em alguém que lhe é próximo, o que não é raro. Quando o local de atendimento é especializado em oncologia, esta possibilidade se torna ainda mais forte, uma vez que geralmente os pacientes chegam encaminhados por outros médicos ou instituições que lhes comunicaram a necessidade de um tratamento em serviço ou hospital especializado, que já pode trazer no próprio nome o diagnóstico (Hospital do Câncer, Hospital de Oncologia...).
>
> Por outro lado, alguns pacientes podem defender-se psicologicamente, negando a possibilidade ou até mesmo a certeza de um diagnóstico de câncer, fantasiando que mesmo num hospital especializado, doenças benignas podem ser tratadas, ou relatando que seu diagnóstico é de 'quase-câncer' ou 'câncer benigno' ou que a cirurgia apenas retirará os restos de uma massa agora morta que foi curada espiritualmente (assim como o mau-olhado 'secaria' uma pessoa, o bom-olhado 'secaria' o tumor assemelhando-o à passa de uma fruta).

É preciso ter muito tato com estes pacientes que nos mostram que ainda não puderam absorver a informação que, entretanto, já lhes foi dada. Na grande maioria das vezes eles precisam apenas de tempo e ajuda para aceitar e elaborar a doença e seus significados, organizando-se então para enfrentá-la e combatê-la. O mesmo cuidado precisamos ter com os pacientes que manifestam, explicitamente ou não, o seu desejo de morrer. Este desejo pode ser inconsciente (o paciente boicota o tratamento) ou consciente (o paciente acolhe o diagnóstico como uma libertação, recusando-se ao tratamento).

17.3.2 A reabilitação psicossocial do laringectomizado

Inúmeros fatores estão ligados à questão da reabilitação, na medida em que esta não pode ser restrita somente à reaquisição de voz. O estigma da laringectomia total, com o uso definitivo do traqueostoma, somado às associações terapêuticas como radioterapia e quimioterapia, remetem a uma tentativa de compreensão de todas as consequências geradas pelo tratamento (Noronha & Dias, 1997b).

Em Bernini (1997, p. 315), encontramos que o trabalho interdisciplinar, indispensável à abordagem do paciente laringectomizado, merece ser alvo contínuo das seguintes reflexões:

- Os intercâmbios técnico e prático, acrescidos de uma dimensão vivencial, favorecem uma conduta mais 'humanizada', durante os rituais clínicos e terapêuticos.
- Quando o paciente é orientado especificamente pelos integrantes da equipe, como, por exemplo, os enfermeiros, esclarecendo e apoiando a aprendizagem de como lidar com as novas condições fisiológicas (tosse, secreção), sua ansiedade diminui e a consulta com o médico consegue ser mais objetiva. O médico também pode estar mais disponível para observar as necessidades 'reais' do paciente.
- A equipe oferece uma interajuda relevante frente a perguntas 'delicadas', tais como: devo falar a verdade? - Quando? Quanto? Cada pessoa apresenta algum momento mais propício para lidar com estas questões. Consideramos um bom sinal o momento em que o paciente pergunta: e que mais eu posso fazer para ficar bom?

- Cada profissional pode constituir-se em portador principal da relação com o doente e/ou a família em algum momento determinado, sendo auxiliado pela equipe, até a alta clínica ou a transferência da relação para o responsável pelo seguimento terapêutico a longo prazo (fonaudiólogo, psicólogo, assistente social e outros). Aqui também incluímos um familiar ou pessoa amiga que possa ajudar no processo de recuperação.
- Enfatizamos a importância de sustentar uma unidade de critérios para assegurar o vínculo de confiança, desde a consulta inicial com o médico.

Considerando-se que a atuação psicológica não pode se restringir tão somente ao atendimento ao paciente, mas, sim, deve ser ampliada para a família do paciente e para a equipe interdisciplinar, segundo Gunzburger (1997), pode-se operacionalizar o trabalho psicoterapêutico para lidar com o processo de reabilitação e a iminência de perda ou morte do paciente, por meio do esquema exposto no Quadro 3, a seguir:

Quadro 3 – Operacionalização do trabalho

1) Com o paciente:
Objetivo: Oferecer atendimento psicológico no trato com o psíquico e o emocional do paciente em pauta, com vistas a: a) favorecer a compreensão dinâmica do momento de vida pelo qual ele está passando; b) torná-lo capaz de participar de seu processo de melhora, à medida que se percebe como o sujeito de sua própria recuperação; c) minimizar seu sofrimento, avaliando e atuando terapeuticamente no comportamento que apresenta e que também possa estar interferindo em seu processo de reabilitação.
Tipo de atendimento: - Individual ou em grupo.
Estratégias: - psicoterapia breve de orientação psicanalítica; - técnicas autoexpressivas; - interconsulta, com outros profissionais, sempre que necessário.

Avaliação:
- *feedback* oferecido pelo próprio paciente;
- reunião clínica.
2) Com a família do paciente:
Objetivo:
Oferecer suporte psicológico, visando:
a) ao entendimento da situação e suas repercussões;
b) à colaboração durante todo o processo de tratamento;
c) à facilitação da reinserção familiar e social do paciente em pauta;
d) ao apoio psicológico aos membros da família, sempre que eles solicitarem.
Tipo de atendimento:
- individual e familiar (grupo).
Observação:
Consideramos familiares do paciente os membros da família, as pessoas que são vistas por ele como tal ou as que se colocam mais próximas e disponíveis para ajudá-lo.
Estratégias:
- *feedback* oferecido pelo paciente e pela família;
- reunião clínica.
3) Com a equipe:
Objetivo:
Oferecer, com responsabilidade ética e legal, o trabalho pertinente ao psicólogo, de forma a somar esforços para um atendimento eficaz ao paciente.
Tipo de atendimento:
- no campo de trabalho.
Estratégias:
- reunião clínica;
- reunião com os profissionais envolvidos no trabalho (grupo operativo), sempre que solicitados para tal.
Avaliação:
- reunião de equipe;
- reunião com os profissionais envolvidos no trabalho.

Fonte: Gunzburger (1997).

Em um estudo exploratório realizado por Zago et al. (1998), com o objetivo de apreensão do significado cultural de ser laringectomizado, que realizou a análise indutiva do conteúdo das falas de 24 pacientes participantes do Grupo de Apoio e Reabilitação da Pessoa Ostomizada (GARPO-Laringectomizados), em Ribeirão Preto, fundamentada nos elementos da cultura, temos que os significados culturais que emergiram foram classificados nas categorias apresentadas no Quadro 4, a seguir:

Quadro 4 – Significados de ser laringectomizado

a) Ser diferente:
Os resultados revelam que, após a cirurgia, as pessoas laringectomizadas tiveram mudanças no modo de pensar e agir. 'Ser diferente' pode ser compreendido como uma integração de duas subcategorias de significados culturais: uma imagem corporal diferente e não falar como antes. **a1) Ser diferente** – a prevenção visual da própria pessoa laringectomizada quanto à existência da traqueostomia e das alterações estéticas provocadas pelo esvaziamento ganglionar cervical, realizado concomitantemente à cirurgia. **a2) Não falar como antes** – a condição de afonia pós-cirúrgica é outro significado relacionado a 'ser diferente'.
b) Ser dependente:
O significado de 'ser dependente' está relacionado a duas subcategorias: estar doente e ser superprotegido. **b1) Estar doente** – para a pessoa laringectomizada, a cirurgia não representa uma forma de tratamento, mas, sim, de agressão. Na sua interpretação, ela não estava tão doente antes, mas ficou com anormalidades depois da cirurgia. **b2) Ser superprotegido** – a falta de segurança física e emocional dos laringectomizados é estimulada pela família, a principal rede de suporte social. Esse estímulo se faz por meio da superproteção dos pacientes, que a aceitam passivamente.
c) Ter baixa autoestima:
Não conseguir se valorizar (ter boa autoestima) após a condição de laringectomizado.
d) Ter esperança:
Embora as pessoas laringectomizadas percebam-se de modo negativo, a esperança em viver está relacionada à crença em Deus e à expectativa pela aprendizagem da voz esofágica.

Fonte: Adaptado de Zago et al. (1998).

Do exposto, pode-se observar que, para além da significação que a laringectomia tem para a equipe de saúde envolvida no processo, existem significações singulares atribuídas pelo paciente ao *status* de laringectomizado e que só podem ser alcançadas e discutidas diante de um *setting* psicoterapêutico que permita uma satisfatória inter-relação psicoterapeuta-paciente. Dessa forma, como já mencionado em outro trabalho da autora (Moreno, 2012, p. 28):

> A tarefa do psicoterapeuta, mediar os conflitos que permeavam a existência do sujeito laringectomizado, implicava: ingressar integralmente na relação com o outro, atuando como tradutor de questões intrigantes, tentando ampliar as perspectivas que o limite da mutilação imprime; prescrever e orientar o paciente em situações que envolvessem riscos à sua sobrevivência ou que pudessem contribuir para a sua melhoria de vida; servir de imagem especular, como uma amostra do social no qual ele teria que reingressar.

Todavia, é indispensável mencionar que o profissional de psicologia hospitalar poderá atuar junto ao paciente na medida em que o esquema institucional propiciar condições para tanto. Ou seja, é necessário que as situações acima mencionadas sejam reconhecidas pelo profissional da psicologia hospitalar também para que este possa delinear um esquema de acompanhamento psicoterapêutico que se coadune com o período de tempo (ou fase de tratamento) que o paciente permanecer na instituição, bem como possa planejar, se necessário, um encaminhamento satisfatório do paciente para que este possa ter continuidade de tratamento. É comum que o laringectomizado seja operado em uma unidade de saúde e acompanhado, em termos de reabilitação e reinserção social, em outra instituição.

17.3.3 A abordagem da morte e o laringectomizado

A despeito de não ser a morte o foco das relações psicoterapeuta-paciente laringectomizado, Moreno (2012, p. 258-260), conta-nos que:

> [...] a perda, o luto e a morte simbólica permeiam, mesmo que de forma subjacente, o mote levado à maioria das sessões. Não posso descartar deste ensaio esta parte, na medida em que um grande fantasma assiste a todas as sessões terapêuticas: a sombra da recidiva. Um simples resfriado pode levar os pacientes a ficarem petrificados, estarrecidos, próximos à figura que empunha a foice e que pode ceifar suas vidas. Qualquer nódulo, qualquer alteração da pele, pode indicar que, de novo, o caranguejo passeia por perto.

Trabalhar a finitude, a assunção da morte como parte da vida, a incerteza do dia a dia faz parte do cotidiano do psicoterapeuta que atua junto a pacientes de câncer...

No paciente laringectomizado, o saber que a sombra da morte está a cada dia mais próxima, mais bem delineada e mais iminente pode envolver, por um lado, todo o seu cotidiano em "cuidados especiais" em relação à vida na antítese da morte e, por outro lado, pode deflagrar nele um desejo de autodestruição (consciente ou não), já que assim ele próprio pode ser o condutor de sua finitude, "vencendo a doença, ganhando o jogo". A extremada preocupação, o arraigado sentimento de angústia, a inquietação, a negação, o perceber a vida como "um dia a mais" traz ao paciente um terror que o invade e apressa, tanto pelo afã de "ganhar" mais um dia, quanto pelo sentimento de ter "recebido" mais um dia, a inexorável deterioração gradativa do humano.

O que se tentou, [...] foi – frente à angústia do paciente laringectomizado –, mediar, trazendo a questão da morte para o *setting* e lidando com ela como algo que faz parte do nosso dia a dia. Ou seja, tentamos, na mediação, clarificar para o paciente o quanto é impossível para o humano, seja ele alguém com a sua finitude "anunciada" ou não, mensurar a vida, calcular, prever, ou mesmo dizer o que a morte é, uma vez que nenhum de nós antes de morrer vivencia a concretude da morte.

O trabalho psicoterapêutico, à medida que visou à reinserção do laringectomizado no social, teve em relação à morte um manejo que primou pela desconstrução da "condenação" que, na psique do paciente, é impingida pelo diagnóstico de câncer [...]

Assim sendo, a morte pode (e deve) ser abordada pelo profissional da psicologia hospitalar na medida em que esta demanda emergir no paciente laringectomizado e na mesma proporção dos sinais que são por ele enviados na tentativa de discutir o assunto. Além disso, é importante ressaltar que a morte não está referida tão somente à morte física (global e irremediável) do paciente, mas também à morte do que no laringectomizado foi extirpado – a mutilação impingida pela extração das cordas vocais. Ou seja, é também imprescindível que o psicólogo atue junto ao paciente no reconhecimento de sua nova imagem corporal, com vistas a assunção plena de seu, também novo, esquema corporal. Mais uma vez, a clarificação de determinados sinais e sintomas, a tradução das instruções e informações administradas por médicos e demais profissionais pode ser determinante no registro das ideias e fantasias criadas pelo paciente acerca da morte para o paciente de câncer. Sempre que possível, o profissional da psicologia hospitalar deve estar inserido nessa rede de comunicação, tentando clarificar e desmitificar aspectos nocivos ao bem-estar psíquico do laringectomizado.

17.3.4 O profissional de psicologia hospitalar e os demais profissionais da equipe de saúde

Em artigo de Miceli (1998, p. 134) sobre o pré-operatório do paciente oncológico, encontra-se o seguinte excerto acerca da atuação do psicólogo junto à equipe de saúde:

> Através de observações e de interconsultas, o psicólogo pode ajudar o profissional de saúde a compreender melhor o seu paciente e quais os sentimentos que, provocados nele pelo paciente [...] determinam reações inconscientes suas. Assim como o paciente, também o profissional de saúde é portador de uma identidade, de uma história pessoal que o leva a responder individualmente a algo que, no paciente, o remete ao seu próprio inconsciente. Os seus mecanismos psicológicos de defesa (contra o sofrimento e a ansiedade que sentimentos como culpa, medo e raiva suscitam) provocam reações de hostilidade, indiferença ou apego demasiado, que dificultam a comunicação e minam o relacionamento. Desta forma, se há dificuldades na comunicação com o paciente, as limitações de ambas as partes devem ser consideradas e os sentimentos, identificados e trabalhados, se possível for. Se uma boa relação não puder ser estabelecida com o paciente, mais vale que outro profissional assuma o tratamento.
>
> A qualidade de fluidez da comunicação entre o profissional de saúde e o paciente vai revelar o tipo e a dinâmica da relação estabelecida entre eles. Sentimentos inconscientes de culpa podem, por exemplo,

paralisar o médico, impedindo-o de informar ao paciente o seu diagnóstico, seja omitindo-se ou delegando a terceiros esta tarefa. Nestas ocasiões o médico se respalda em racionalizações do tipo 'medo da reação do doente', 'despreparo psicológico do doente' ou 'a família tem mais jeito para dar a notícia'. Os sentimentos contra-transferenciais que o paciente desperta no médico (geradores de ansiedade) explicam também o comportamento deste quando julga que seu paciente nada quer saber ou que precisa saber demais. Na primeira hipótese, o médico não informa ou informa rapidamente o diagnóstico, desviando o assunto para a casuística, as estatísticas etc. Na segunda hipótese, o médico assola o paciente com informações desnecessárias no momento e que só servem para confundi-lo quanto às suas reais necessidades e possibilidades. Na maioria das vezes, os pacientes nos sinalizam a respeito de como lidar com eles. Aliás, isto acontece em qualquer relação. Quanto mais ampla for a nossa visão do outro e de nós mesmos, mais estaremos capacitados a identificar que ansiedades e desejos pertencem a cada um. Desta maneira, o psicólogo pode contribuir para que aquilo que o profissional de saúde pode fazer esteja o mais próximo daquilo que o paciente necessita.

A despeito de o trecho acima referir-se ao acompanhamento do paciente oncológico em geral, parece-nos que a apropriação do texto é tão consubstanciada que ele pode ser destinado a pacientes laringectomizados ou mesmo a uma série de outros pacientes com patologias diferentes, sendo, portanto, um bom retrato da amplitude de atuação do profissional da psicologia hospitalar junto aos demais profissionais da equipe de saúde. Além disso, vale notar a estratégia sugerida por Gunzburger (1997), já explicitada anteriormente no Quadro 3.

17.4 Conceituando qualidade de vida

Em 1948, a Organização Mundial da Saúde (OMS) definiu saúde como sendo não somente a ausência de doença e de enfermidade, mas também como sendo a presença de bem-estar físico, mental e social. A partir dessa definição, questões relacionadas à qualidade de vida começaram a tomar uma considerável importância nas práticas médicas e nas pesquisas sobre saúde.

Além disso, destaque-se que a OMS tem uma equipe de trabalho específica para discutir questões de qualidade de vida relacionada à saúde. Esse grupo é conhecido por World Health Organization Quality of Life Group (WHOQOL) e considera que a definição de qualidade de vida deve levar em conta também a percepção do indivíduo e suas relações com o meio ambiente. Para eles:

> [...] qualidade de vida é definida como uma percepção individual da posição do indivíduo na vida, no contexto de sua cultura e sistema de valores nos quais ele está inserido e em relação aos seus objetivos, expectativas, padrões e preocupações. É um conceito de alcance abrangente afetado de forma complexa pela saúde física, estado psicológico, nível de independência, relações sociais e relações com as características do meio ambiente do indivíduo. (WHOQOL Group, 1994, p. 43, tradução livre nossa)

Em 1973, constavam apenas cinco referências acerca de qualidade de vida no National Library of Medicine Bibliographic Retrievel Services, Inc. (MEDLINE), quando tal termo era utilizado como palavra-chave. Todavia, em 1978, por meio do mesmo tipo de busca, o número de referências já era igual a 1.252. Em busca recente nessa mesma base de dados (dezembro de 2012), foram encontradas 190.183 citações. Podemos considerar que esse crescimento seja devido ao aumento do número de pesquisas sobre desfechos e avaliação de tecnologia em saúde, avaliação de eficácia, custo-efetividade e rede de benefícios de novas estratégias terapêuticas para determinar se os valores despendidos com a saúde se justificam. Assim, estudos acerca da qualidade de vida passam a buscar medidas que avaliem mudanças nas áreas física, mental e social dos indivíduos, com vistas a investigar como as relações custo-benefício das intervenções de saúde pública têm se comportado (Testa & Simonson, 1996).

Em continuidade, Bowling (1995a) diz-nos que o termo "qualidade de vida" foi introduzido no Medline como um Medical Subject Heading (MeSH), em 1975, e aceito pelo Index Medicus, em 1977, sendo, logo após, reconhecido e aceito por vários corpos científicos.

Todavia, definir (precisar) o que a expressão qualidade de vida significa tem sido uma empreitada bastante controvertida entre pesquisadores das áreas de saúde. Comparar resultados acerca dos achados em qualidade de vida também tem sido tarefa bastante árdua. Afinal, se qualidade de vida tem sido conceituada e mensurada das mais diversas formas possíveis, não raro os resultados comparados se apresentam de forma contraditória.

Bowling (1995a) aponta-nos que qualidade de vida é: a) um conceito amorfo, que tem sido utilizado por inúmeras disciplinas, tais como geografia, literatura, filosofia, economia da saúde, publicidade e propaganda, promoção de saúde e ciências médicas e sociais (sociologia e psicologia); b) um conceito vago, multidimensional que, teoricamente, incorpora todos os aspectos da vida de um indivíduo; c) o resultado de *inputs* provenientes do físico e do espiritual; d) um grau no qual as pessoas lançam seus objetivos de vida; e e) um conceito cruamente quantificado como uma fórmula na qual qualidade de vida (QL) é um produto de um dom natural (NE) e dos esforços feitos em favor de alguém pela família (H) e pela sociedade (S), tal que QL = NE x H x S. O significado do conceito de qualidade de vida é, assim, questionável e depende do entendimento de quem utiliza o termo, bem como de sua posição na estrutura social e política. Além disso, qualidade de vida é uma entidade etérea e vaga, alguma coisa sobre a qual muitas pessoas falam, mas que ninguém conhece muito claramente. Por fim, acrescenta, o mau uso do termo 'qualidade de vida' deveria fazer com que ele fosse banido de nosso léxico.

Entretanto, parece haver um acordo no que se refere à multidimensionalidade do termo qualidade de vida, sendo considerado por Ferrans e Powers (1993, p. 576, tradução livre nossa) como:

> [...] um senso de bem-estar pessoal que se origina da satisfação ou do descontentamento com as áreas da vida que são importantes para ele/ela.
> [...]
> Nessa estrutura, qualidade de vida é conceituada como um constructo multidimensional que consiste de quatro domínios da vida: saúde e funcionalidade, social e econômico, psicológico/espiritual e familiar. Esses domínios são compostos por um amplo espectro de aspectos da vida.

Adicionalmente, encontramos, também em Ferrans e Powers (1993), que a avaliação de questões relacionadas à qualidade de vida é algo complexo na medida em que existe uma ausência de definições consensuais que norteiem as pesquisas acerca de tal constructo. Essa ausência é devida ao fato de que valores culturais, étnicos e religiosos determinam qualidade de vida em julgamentos pessoais e que pessoas diferentes têm, obviamente, julgamentos de valor diferenciados.

Molzahn (1991), da Faculdade de Enfermagem da Universidade de Alberta, Canadá, em um trabalho sobre qualidade de vida em pacientes nefropatas, lança mão da filosofia para tentar responder questões relacionadas a tal constructo e desenvolve um estudo qualitativo (descritivo) baseado no que ela denomina Filosofia Tomística Aristotélica. São analisados qualitativamente, por meio de entrevistas, aspectos relativos a bens da vida do indivíduo, tais como: "bens do corpo – saúde, vigor, vitalidade, sensações prazerosas", "bens da mente – conhecimento e entendimento, habilidades mentais, espiritualidade, sentimentos prazerosos", "bens do caráter – temperança, justiça e força", "bens das relações pessoais – amigos, família, relação conjugal", "bens sociais – igualdade de oportunidades, tratamentos e *status*", "bens políticos – liberdade política e de ação e proteção de danos" e "bens econômicos – tempo livre, riqueza, condições de trabalho, meios de subsistência, condições de vida, serviços de saúde disponíveis, oportunidade de autocrescimento". Como principais resultados, tem-se que os indivíduos nefropatas são seriamente privados de alguns de seus bens reais para ter uma vida boa, incluindo saúde, vigor, sentimentos de prazer, liberdade de ação e tempo livre. Além disso, "bens do corpo" e "bens das relações pessoais" foram de grande importância para os indivíduos que não demonstraram suportabilidade suficiente para perdê-los.

Avaliações referentes a dimensões de qualidade de vida pós-laringectomia foram comparadas entre vinte pacientes com câncer avançado de laringe ou faringe e vinte profissionais de saúde do Regional Head and Neck Oncology Service, Department of Clinical Epidemiology and Biostatistics, School of Nursing McMaster University, Hamilton, Ontario, Canadá. Indivíduos de ambos os grupos foram convidados a identificar itens importantes relativos à qualidade de vida pós-laringectomia e classificá-los em uma escala visual. Profissionais de saúde classificaram os prejuízos causados à comunicação e à autoimagem/autoestima como as duas mais importantes dimensões afetadas pela laringectomia, enquanto que laringectomizados privilegiaram as consequências físicas da cirurgia (por exemplo, produção de muco da traqueia) e a interferência da laringectomia nas atividades sociais como as duas dimensões mais importantes que foram prejudicadas. Esses resultados indicam que as opiniões emitidas pelos profissionais de saúde não são completamente correlacionadas com as prioridades dos pacientes. Esses achados são relevantes para pesquisadores desenvolverem tratamentos específicos para medidas de qualidade de vida e para profissionais de saúde quando estes apresentam opções de tratamento a esse tipo de paciente (Mohide et al., 1992).

Deve-se considerar que a qualidade de vida relacionada à saúde de pacientes portadores de tumores da laringe também está intimamente ligada ao procedimento terapêutico que pode ser indicado para o sujeito, sempre em função do estadiamento e localização do tumor. Segundo DeVita et al. (1997), as possibilidades terapêuticas encontradas na medicina envolvem medidas cirúrgicas, quimioterápicas e radioterápicas, além da combinação desses recursos. Em tumores supraglóticos, a radioterapia (ou a quimio-radioterapia) pode ser indicada na remissão do tumor com preservação da laringe, desde que o estadiamento permita tal procedimento. Por vezes, a radioterapia se dá em combinação com o procedimento cirúrgico, sendo, na grande maioria dos casos, uma medida profilática. Em tumores glóticos, a combinação de métodos radioterápicos, quimio-radioterápicos e cirúrgicos também é avaliada de acordo com o estadiamento, sendo usualmente recomendada radioterapia para lesões do tipo T2a, enquanto que a hemilaringectomia é geralmente preferida para tratamento de tumores T2b. No que se refere a tumores subglóticos, a despeito de a taxa de cura desses cânceres ser bastante pequena, temos a laringectomia total com cirurgia de pescoço apropriada, incluindo tireoidectomia e radioterapia pós-cirúrgica, como o procedimento mais provável de ser recomendado. Certamente, o conjunto de efeitos colaterais e sequelas propiciadas pelo procedimento ministrado ao portador de um câncer laríngeo será o responsável por uma melhor ou pior qualidade de vida deste sujeito.

Destarte, podemos dizer que a qualidade de vida pós-laringectomia total, implica, principalmente, em mudanças na imagem corporal do sujeito, além da perda da voz, ocasionando, não raro, dificuldades de reajustamento psicossocial. A qualidade da sobrevida desses pacientes, portanto, deve ser considerada de maneira multidimensional, podendo, por exemplo, abordar aspectos da avaliação funcional e social, reabilitação vocal e sequela econômica sofridas pelo laringectomizado. Deshmane et al. (1995), em um estudo do Surgeon Department, Tata Memorial Hospital, na Índia, mostram-nos que pacientes laringectomizados sofrem um significante decréscimo no que se refere ao sentimento de aceitação social (70%), atividades sociais (82%), atividades sexuais (62%), habilidade para se comunicar vocalicamente (58%) e graves repercussões financeiras (78%). Além disso, referem que 40% dos pacientes laringectomizados expressam insatisfação com as possibilidades de reabilitação oferecidas a despeito do fato de 80% deles estarem dispostos a aceitar a laringectomia total como o tratamento possível para o seu tipo de câncer.

Em Cohen et al. (1996, p. 753, tradução livre nossa), encontramos que:

> Definimos qualidade de vida como um bem-estar subjetivo. Uma questão global simples convidando uma pessoa a classificar qualidade de vida de maneira genérica, talvez seja a medida mais válida, na qual muito proximamente se possa representar o que significa qualidade de vida, mas tais escalas falham para identificar os fatores que contribuem para essa avaliação.

Além disso, no estudo em questão, encontramos um alerta ressaltando que muitos investigadores afirmam mensurar qualidade de vida quando estão, de fato, medindo outra coisa, tal como funcionamento físico. Essa afirmação é reforçada por Bowling (1995a) quando ela assinala que nem todos os estudos acerca de qualidade de vida incluem medidas multidimensionais deste conceito e que muitos deles se limitam a variáveis brutas, tais como retorno ao trabalho e nível de desempenho físico para medir qualidade de vida. Além disso, ela nos afirma que a diferença entre os primeiros achados de pesquisas incorporando qualidade de vida relacionada à saúde e às pesquisas dos anos 1990 sobre essa temática é que a perspectiva de hoje é mais abrangente e baseada na percepção do paciente.

Gill e Feinstein (1994, p. 620) dizem-nos que: "Qualidade de vida é comumente medida com uma complexa coleção de itens, escalas, domínios e instrumentos."

Esses mesmos autores definem os termos item, escala, domínio e instrumento como sendo: a) item – uma simples questão; b) escala – algo que contém as categorias disponíveis ou outros mecanismos para expressão da resposta a uma questão; c) domínio – conceito que identifica um foco particular de atenção; e d) instrumento – uma coleção de itens usada para obtenção dos dados desejados.

Segundo Testa e Simonson (1996, p. 835, tradução livre nossa):

> A expressão 'qualidade de vida' e, mais especificamente, 'qualidade de vida relacionada à saúde' se refere aos domínios físico, psicológico e social da saúde, vistos como áreas distintas que são influenciadas pelas experiências, crenças, expectativas e percepções pessoais.

Bowling (1995a) indica-nos que escalas genéricas e escalas de domínios específicos têm sido utilizadas na mensuração da qualidade de vida em indivíduos. As escalas genéricas avaliam medidas nas quais implícita ou explicitamente o objetivo é explorar qualidade de vida relacionada à saúde, sendo esta referida por medidas mais abrangentes de *status* de saúde, podendo incorporar as dimensões da saúde física, mental e social. Nessas escalas, pesquisadores tendem a suplementar medidas genéricas de *status* de saúde com itens de doenças específicas. As escalas de domínios específicos, referentes a indicadores de qualidade de vida para doenças específicas, são frequentemente criticadas por estreitarem muito o foco de mensuração, negligenciando medidas importantes, tais como suporte social, ajustamento, satisfação com a vida, autoestima etc. Dessa forma, alguns pesquisadores suplementam escalas genéricas com escalas medidas de domínios específicos. Medidas genéricas e de domínios específicos têm sido revisadas por uma série de autores e as áreas de interesse de domínios específicos variam de acordo com a condição e o tratamento relacionados ao paciente. Assim, medidas de *status* psiquiátrico iriam, para algumas doenças e condições, necessitar da inclusão de testes de memória, assim como uma escala de depressão. Mas, enquanto a mensuração de qualidade de vida relacionada à saúde tem sido utilizada de maneira crescente em pesquisas sobre serviços de saúde, uma série de revisões de ensaios clínicos tem indicado que tal mensuração está sendo subutilizada por clínicos. Por fim, Bowling alerta-nos que medidas de efeito de saúde necessitam levar em consideração, além do modelo de doença tradicional (normalidade patológica indicada por um conjunto de sinais e sintomas), a perspectiva do paciente.

Ainda segundo Bowling (1995a), alguns instrumentos de medida genérica de parâmetros relacionados à qualidade de vida se popularizaram. Dentre eles, podemos citar as Baterias Rand, mais especificamente a sua forma reduzida, conhecida por Short Form - SF-36 (Stewart & Ware, 1992; Ware et al., 1993 citados por Bowling, 1995a), o Sickness Impact Profile (Bergner et al., 1981 citados por Bowling, 1995a), o Nottingham Health Profile (Hunt et al., 1986 citados por Bowling, 1995a), o McMaster Health Index Questionnaire (Chambers et al., 1976 citados por Bowling, 1995a).

No dizer de Bowling (1995b), no que se refere especificamente à oncologia, muitos estudos sobre qualidade de vida limitam suas mensurações aos sintomas, funcionamento físico e bem-estar psicológico (geralmente ansiedade e depressão). Decerto que, em oncologia, sobrevida, recorrência da doença ou sobrevida livre de doença, variações hematológicas e parâmetros bioquímicos, sintomas, toxicidade, taxa de resposta do tumor e duração da resposta são pontos relevantes, uma vez que mesmo pequenas diferenças em tais efeitos podem ser indicadores de doença. Sintomas e toxicidade de tratamentos podem ter efeitos severos sobre a qualidade de vida dos pacientes. Dessa forma, muitos estudos relatam efeitos somente em termos de sobrevida ou recorrência da doença, enquanto qualidade de vida é raramente mencionada. Além disso, muitos instrumentos que afirmam avaliar qualidade de vida entre pacientes de câncer são fracos ou inadequados. Assim, a adequabilidade de tais instrumentos deve ser atribuída àqueles que avaliem bem--estar físico (sintomas e toxicidade, tais como dor, fadiga, náusea, atividade física e trabalho, recreação e atividades de autocuidado), bem-estar psicológico (imagem corporal, autoestima, angústia emocional, raiva e depressão) e bem-estar social (efeitos nas atividades sociais, isolamento, suporte social da família e dos amigos e relações sexuais).

Nos Estados Unidos, o Southwest Oncology Group, recomenda que somente instrumentos com propriedades psicométricas estabelecidas sejam utilizados na avaliação da qualidade de vida. Ele aconselha, no que se refere a medidas genéricas, o uso de questionários autopreenchidos (pelo paciente), tais como a mensuração do *status* de saúde geral incluída no Rand Medical Outcomes Study (MOS), mais especificamente o SF-36, além do Hospital Anxiety and Depression Scale (Zigmond & Snaith, 1983 citados por Bowling, 1995a). Quanto a itens específicos de doença (câncer), tem-se o European Organization for Research and Treatment of Cancer (EORTC) (Aaronson et al., 1988, 1991a, 1993 citados por Bowling, 1995a), o Cancer Rehabilitation Evaluation System, o Breast Cancer Chemotherapy Questionnaire (Levine et al., 1988 citados por Bowling, 1995a) e o Functional Living with Cancer Index (Schipper et al., 1984; Schipper & Levitt, 1985 citados por Bowling, 1995a), entre outros.

Neste trabalho, considerando que a expressão qualidade de vida será abordada em sua multidimensionalidade (saúde física, estado psicológico, nível de independência, relações sociais e relações com as características do meio ambiente do indivíduo), julgamos apropriado apresentar o Questionário para Avaliação da Qualidade de Vida desenvolvido pela OMS, por meio de seu grupo para Qualidade de Vida, denominado WHOQOL, enfatizando os aspectos psicológicos privilegiados por este instrumento – o WHOQOL-100. Note-se que este é, atualmente, o único instrumento para avaliação de qualidade de vida que foi submetido a um processo de padronização incluindo amostra populacional brasileira.

17.4.1 WHOQOL – Aspectos psicológicos e qualidade de vida

Por sua multidimensionalidade, o constructo qualidade de vida vem sendo mensurado pelo WHOQOL por meio de um instrumento rigorosamente testado para avaliação de validade e de confiabilidade em termos mundiais (atualmente disponível em vinte idiomas diferentes), denominado WHOQOL-100 (WHOQOL Group, 1998). Este instrumento avalia seis domínios da qualidade de vida relacionada à saúde, quais sejam: saúde física, aspectos psicológicos, nível de independência, relações sociais, aspectos do meio ambiente e espiritualidade/religião/crenças pessoais. Testes de campo foram realizados pela OMS em uma série de estudos em pequena escala, envolvendo populações homogêneas e em desenho longitudinal, e com o uso paralelo de outras medidas de qualidade de vida em termos nacional e internacional. Este instrumento consta de cem itens que refletem questões julgadas importantes tanto por leigos quanto por cientistas-especialistas em cada um dos domínios que pretende contemplar. Quatro questões são formuladas para cada um dos seis domínios acima mencionados, compondo 96 das cem questões e outras quatro questões são dedicadas a aspectos subjetivos da "qualidade de vida global e saúde". Todos os itens são compostos de uma escala graduada (tipo Likert) com escores que variam de 1 a 5 pontos. Para a mensuração de aspectos psicológicos, especificamente, cinco facetas são contempladas por este instrumento: imagem corporal e aparência física; sentimentos negativos; sentimentos positivos; autoestima; e pensamento, aprendizagem, memória e concentração (WHOQOL, 1999; OMS, 1995).

Mas, por seu caráter subjetivo, alguns autores criticam a ideia de que o constructo qualidade de vida possa estar desvinculado da cultura (Fox-Rushby & Parker, 1995). Todavia, em um nível abstrato, alguns autores têm considerado que existe um "universal cultural" de qualidade de vida, isto é, independente da nação, cultura ou época, é importante que as pessoas se sintam bem psicologicamente, possuam boas condições físicas e sintam-se socialmente integradas e funcionalmente competentes (Burllinger, 1994).

De uma maneira geral, embora não haja consenso a respeito da qualidade de vida, três aspectos fundamentais referentes ao constructo qualidade de vida foram obtidos por meio de um grupo de especialistas de diferentes culturas: a) subjetividade; b) multidimensionalidade; e c) presença de dimensões positivas e negativas.

Para que a multidimensionalidade possa ser alcançada, a estrutura do instrumento é baseada nos seis domínios citados anteriormente. Ressalte-se que esses domínios são avaliados considerando-se a percepção do indivíduo acerca de como ele está se sentindo, nas duas últimas semanas, em relação a aspectos de sua saúde global, e que, assim, a subjetividade se mostra presente e, também, que sentimentos negativos e sentimentos positivos são facetas avaliadas pelo domínio psicológico do instrumento (OMS, 1995). Uma descrição completa de Domínios e Facetas do WHOQOL está apresentada no Quadro 5:

Quadro 5 – Domínios e Facetas do WHOQOL

Domínio I – Domínio físico
1. Dor e desconforto
2. Energia e fadiga
3. Sono e repouso
Domínio II – Domínio psicológico
4. Sentimentos positivos
5. Pensar, aprender, memória e concentração
6. Autoestima
7. Imagem corporal e aparência
8. Sentimentos negativos
Domínio III – Nível de independência
9. Mobilidade
10. Atividades da vida cotidiana
11. Dependência de medicação ou de tratamentos
12. Capacidade para o trabalho
Domínio IV – Relações sociais
13. Relações pessoais
14. Suporte (apoio) social
15. Atividade sexual
Domínio V – Ambiente
16. Segurança física e proteção
17. Ambiente no lar
18. Recursos financeiros
19. Cuidados de saúde e sociais: disponibilidade e qualidade
20. Oportunidades de adquirir novas informações e habilidades
21. Participação em oportunidades de recreação/lazer
22. Ambiente físico (poluição/ruído/trânsito/clima)
23. Transporte
Domínio VI – Aspectos espirituais/religião/crenças pessoais
24. Espiritualidade/religião/crenças pessoais

Dessa forma, para a avaliação dessas facetas, foi realizado pelo WHOQOL um estudo piloto qualitativo que envolveu o desenvolvimento do constructo qualidade de vida através de diferentes culturas (WHOQOL Group, 1995). Quinze centros de estudo estiveram envolvidos nesta etapa: Melbourne (Austrália), Zagreb (Croácia), Paris (França), Nova Delhi (Índia), Madras (Índia), Beer-Sheeva (Israel), Tóquio (Japão), Tilburg (Holanda), Panamá (Panamá), São Petersburgo (Rússia), Barcelona (Espanha), Bangkok (Tailândia), Bath (Reino Unido), Seattle (EUA), Harare (Zimbabwe). Assim, foi selecionada, pelos principais investigadores e consultores de cada centro, uma lista de domínios e subdomínios (facetas) para serem discutidos por meio da técnica de grupo focal com diferentes amostras, nos diferentes centros, utilizando indivíduos normais, indivíduos portadores de doença e profissionais da saúde.

Os grupos focais foram compostos por seis a oito indivíduos que tivessem características demográficas representativas da população-alvo. Nesses grupos, discutiu-se com os participantes a maneira pela qual cada faceta interferia com a sua qualidade de vida e qual a melhor forma de se formular perguntas sobre cada uma das facetas. Para a redação das questões, foram realizados painéis que incluíam o investigador principal do centro e os moderadores dos grupos focais, além de uma pessoa leiga para assegurar que as questões eram formuladas com uma linguagem natural e compreensível. Esse painel formulava, no máximo, seis questões por faceta. Para o desenvolvimento dessas questões, foram estabelecidos os seguintes critérios: a) basear-se, tanto quanto possível, nas sugestões dos pacientes e profissionais de saúde participantes dos grupos focais; b) proporcionar respostas que esclarecessem acerca da qualidade de vida dos respondentes, como definida pelo projeto; c) refletir o significado proposto pela definição das facetas; d) cobrir, em combinação com outras questões para uma dada faceta, os aspectos-chave desta mesma faceta, conforme descrito na definição destas; e) usar linguagem simples, evitando ambiguidade nas palavras e frases; f) preferir questões curtas em relação às longas; g) evitar duas negativas na mesma questão; h) formular questões compatíveis com uma escala de avaliação; i) explorar um só problema por faceta; j) evitar as referências explícitas em relação a tempo ou outro termo de comparação (por exemplo: o ideal, ou antes de eu estar doente); k) ser aplicável a indivíduos com vários graus de disfunção; l) serem formuladas questões e não afirmativas; e m) refletir a tipologia das questões adotadas no projeto (WHOQOL Group, 1994).

Assim, foi reunido, nos quinze centros, um universo de cerca de 1800 questões que perfizeram, após a supressão das questões redundantes, mil questões. Estas foram avaliadas diante da pergunta: "O quanto ela (questão) fornece de informações sobre a qualidade de vida em sua cultura?" e a combinação da classificação das perguntas de todos os centros permitiu que 235 questões, avaliando 29 facetas, fossem selecionadas. Em continuidade, foi avaliada a validade de constructo das facetas e domínios, estabelecida a consistência interna e a validade discriminante do instrumento. Por fim, foi estabelecida a sensibilidade à mudança, confiabilidade teste-reteste e validade de critério, especificamente em relação à validade convergente, validade discriminante e validade preditiva. A versão que resultou deste estudo é, assim, composta por cem questões que avaliam 24 facetas e seis domínios, formando o instrumento para avaliação de qualidade de vida, do Grupo de Qualidade de Vida, da Organização Mundial da Saúde, denominado WHOQOL-100.

A versão em português do WHOQOL-100 só foi possível após a admissão de novos centros pela OMS, quando foi formado o centro brasileiro (que tem lugar na Universidade Federal do Rio Grande do Sul). Os critérios de tradução do instrumento obedeceram a uma metodologia específica de tradução estabelecida pela OMS, que é fruto de uma considerável experiência em tradução de instrumentos de saúde que esta organização vem acumulando. O projeto de validação do WHOQOL-100, versão português, contou com a participação de um grupo de 250 pacientes do Hospital das Clínicas de Porto Alegre e de cinquenta voluntários normais, funcionários da Universidade Federal do Rio Grande do Sul, que além de se submeterem à aplicação do WHOQOL-100, também responderam ao Inventário de Beck para a Depressão (BDI) e à Escala de Desesperança de Beck (BHS), testes estes necessários para a avaliação dos itens de validade (Fleck et al., 1999). A avaliação da confiabilidade foi obtida por teste-reteste em uma amostra de cinquenta indivíduos que se submeteram à nova aplicação do WHOQOL-100, aproximadamente quatro semanas após a primeira aplicação.

É importante notar, todavia, que o WHOQOL-100 foi desenvolvido a partir da premissa básica de que qualidade de vida é um constructo multidimensional e, assim, pode haver uma tendência natural de se avaliar a possibilidade (ou não) de se utilizar um escore total de qualidade de vida para este instrumento. Assim sendo, ressalte-se que somar itens relativos ao Domínio Psicológico com itens do Domínio Meio Ambiente, por exemplo, seria como se utilizar de "um peso, duas medidas", pois é relevante pensar que um determinado tratamento ou política de saúde poderia afetar um determinado domínio e outro não, ou ainda, afetar os domínios em sentidos opostos e o escore total, assim, ficar inalterado. Por outro lado, a possibilidade de um instrumento ter um escore total é útil do ponto de vista de análise de dados, pois simplifica sua interpretação, muito embora com os riscos de perda da informação. Além disso, por ser um instrumento ainda pouco aplicado, é importante avaliar seu desempenho em outras regiões e em diferentes amostras de indivíduos (Fleck et al., 1999).

17.4.2 Qualidade de vida e câncer – Análise de instrumentos

Um levantamento de artigos referentes à mensuração da qualidade de vida realizado pela autora, tendo como base de dados o Medline, utilizando como chave a expressão "Quality-of-Life AND Cancer AND Measurements-Scales", encontrou, no período de 1970 a 1998 (agosto), 48 artigos que se propunham a medir qualidade de vida em pacientes de câncer. Em dezembro de 2012, o número de artigos acerca dessa temática, utilizando-se a mesma chave de busca e a mesma base de dados anteriormente declarada, era igual a 59.

Tabela 7 – Instrumentos de mensuração utilizados nos artigos sobre qualidade de vida, câncer e escalas de medida – 1998

Tipo de instrumento de mensuração utilizado	% de artigos
Utilizam instrumentos de mensuração de qualidade de vida padronizados (Categoria Instrumentos Padronizados).	47,92% (23 artigos)
Não se utilizam de instrumentos de mensuração de qualidade de vida padronizados, criando seu próprio instrumento (Categoria Instrumentos Construídos).	33,33% (16 artigos)
Não foi possível identificar o(s) instrumento(s) utilizado(s) (Categoria Não Identificado).	18,75% (9 artigos)

Entretanto, como se pôde observar na Tabela 7, o percentual de utilização de instrumentos padronizados para mensuração de qualidade de vida em pacientes com câncer foi de apenas 47,92%, neste período. A leitura dos resumos referentes aos artigos revelou que o principal motivo para a criação de um instrumento específico para avaliação de qualidade de vida relacionada à doença foi a necessidade de se ter uma multidimensionalidade do conceito alcançada pelo instrumento, o que, no dizer dos autores, não foi possível de ser avaliado.

Além disso, pelo Gráfico 2, pode-se observar que, a despeito de se ter um período de abrangência (para a pesquisa de artigos técnicos que se utilizassem da combinação "quality-of-life AND cancer AND measurements-scales") que se inicia em 1970 indo até agosto de 1998, têm-se as primeiras referências encontradas a partir do ano de 1984. Note-se que, pelo tímido crescimento do número de artigos publicados após 1998, como anteriormente citado (de 48 para 59 artigos no Medline), podemos afirmar que, aparentemente, não houve grandes mudanças no comportamento das publicações desta área.

Gráfico 2 – Tipos de instrumentos de mensuração de qualidade de vida, câncer e escalas de medidas

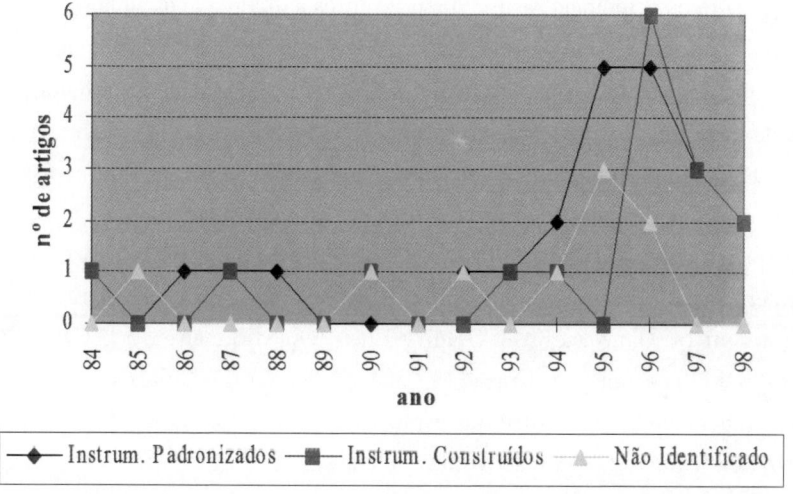

Fonte: Elaboração da autora.

Em continuidade, o número de artigos que cita o uso de instrumentos de mensuração em câncer mantém-se reduzido até 1994 e, deste ano até 1998, tem-se a incidência de aproximadamente dois terços do total de artigos encontrados. Note-se que, no que se refere à utilização de instrumentos padronizados para a mensuração de qualidade de vida em câncer, o período 1994-1998 concentra 17 dos 23 artigos encontrados (ou 73,91%) e que, em relação às demais categorias ("Instrumentos Construídos" e "Não Identificado") tal tendência se repete (18 dos 25 artigos ou 72%).

17.4.3 Qualidade de vida e laringectomia

Em um outro estudo realizado pela autora (Moreno, 1999b), temos a análise de 35 artigos relacionados à qualidade de vida e laringectomia. Todavia, vale ressaltar que, inicialmente, foram selecionados 71 artigos que tiveram seus textos lidos. Mas, por conta desses textos tratarem, em cerca de 51% dos casos, de artigos de revisão, estudo de caso e descrição de técnicas cirúrgicas, a análise final foi realizada sobre 35 artigos, publicados em português, espanhol, francês, inglês e italiano. Além disso, os periódicos em que foram publicados os artigos selecionados tinham como especialidade, em 62,9% dos casos, a otorrinolaringologia, seguidos da cancerologia em 22,9% dos artigos. Medicina interna (8,6%), cirurgia (2,9%) e psiquiatria (2,9%) compunham o restante da distribuição.

Assim, os principais resultados referentes à qualidade de vida são:

Dos 35 artigos estudados, 45,7% (dezesseis artigos) se utilizaram de instrumentos para a avaliação da qualidade de vida na população estudada, sendo o uso de instrumentos padronizados relatado em nove artigos e o de instrumentos não padronizados mencionado em catorze artigos. Deve-se considerar, assim, que houve estudos que se utilizaram de mais de um instrumento para a sua pesquisa (seja padronizado ou não). A Tabela 8 apresenta uma distribuição do uso de instrumentos padronizados, tendo sido o European Organization for Research and Treatment of Cancer Core - Quality Life - Questionnaire 30 (EORTC-QLQ--C30) o de mais ampla utilização (8,5% dos artigos). Todavia, existe uma ampla variabilidade de instrumentos que estão sendo utilizados pelos estudos (dezesseis outros instrumentos são listados na Tabela 8).

A distribuição, ao longo do tempo, do uso de instrumentos para avaliação de qualidade de vida mostrou que a utilização de instrumentos padronizados tem início no ano de 1992 e que, em contrapartida, desde 1986, instrumentos para avaliação de qualidade de vida têm sido utilizados.

Tabela 8 – Instrumentos padronizados utilizados pelos artigos

Título do instrumento padronizado	Frequência
• Atkinson Life Happiness Rating	1
• CES-D - Center for Epidemiologic Studies Depression	1

• EORTC-H&N-37 - European Organization for Research and Treatment of Cancer - Head and Neck - 37	1
• EORTC-QLQ-C30 - European Organization for Research and Treatment of Cancer Core - Quality Life - Questionnaire 30	3
• Escala Zung (depressão)	1
• FACT-G Subscale (Functional Assessment of Cancer Therapy)	1
• FACT-HN (Functional Assessment of Cancer Therapy) - Head and Neck	1
• GHQ - General Health Questionnaire	1
• HAD - Hospital Anxiety and Depression Scale	1
• IIRS - Illness Intrusiveness Ratings Scale	1
• Karnofsky Performance Status Rating Scale	1
• Life Satisfaction	1
• PAIS - Psychosocial Adjustment to Illness Scale	1
• PSS-HN - Performance Status Scale for Head and Neck Cancer Patients	1
• SF-36 - Medical Outcomes Study 36-Item Short Form Health Survey	1
• STAI - State Trait Anxiety Inventory	1
• VHI - Voice Handcap Index	1

Quanto às dimensões privilegiadas pelos estudos que se utilizaram de algum instrumento para avaliação da qualidade de vida (padronizado ou não), conforme apresentado na Tabela 9, temos que relações sociais (em 100% dos artigos) e saúde física (em quinze dos dezesseis artigos) são as dimensões que mais suscitaram investigações pelos autores.

Tabela 9 – Dimensões do constructo qualidade de vida privilegiadas nos estudos

Dimensão	Nº de artigos
• Relações sociais	16
• Saúde física	15
• Estado psicológico	13
• Relações com as características do meio ambiente do indivíduo	11

• Prontidão para o trabalho	8
• Outras (*)	7
• Nível de independência	6

(*) Agressividade para com o cônjuge, avaliação funcional global, função focal, preparação para o tratamento, qualidade da voz, qualidade de vida sexual, sequela financeira.

Quanto à avaliação de validade e confiabilidade dos instrumentos não padronizados e construídos especialmente para os estudos que estavam se desenvolvendo, apenas dois artigos mencionam estratégias de avaliação da validade de seus instrumentos e três o fazem no que se refere à confiabilidade deles.

Quando não se utilizaram instrumentos para a avaliação da qualidade de vida, foram avaliados os principais aspectos que, segundo os autores, estavam relacionados à qualidade de vida dos laringectomizados. O resumo desses aspectos é apresentado de forma sucinta na Tabela 10. Assim, pode ser observado que o aspecto voz e/ou fala (avaliado em doze dos dezenove artigos) é o mais privilegiado, seguido por condições físicas (avaliadas em dez dos dezenove artigos).

Tabela 10 – Aspectos relacionados à qualidade de vida avaliados em estudos que não se utilizaram de instrumentos

Aspecto de qualidade de vida	Frequência
Voz e/ou fala	12
Condições físicas	10
Respiração	5
Trabalho	4
Digestão / deglutição	3
Outros	6

No que se refere aos indivíduos abordados para expressarem suas opiniões acerca dos dados sobre qualidade de vida que foram levantados nos artigos, temos como respondentes: a) pacientes – 27 artigos; b) médicos – dez artigos; c) equipe de saúde e familiares – quatro artigos; e d) outros (voluntários sadios) – um artigo.

Dos 35 estudos analisados, apenas catorze (40% dos artigos) sugeriram estratégias/condutas terapêuticas voltadas exclusivamente para a melhoria da qualidade de vida dos indivíduos estudados.

Em anos mais recentes, estudos sobre qualidade de vida e câncer, utilizando instrumentos de mensuração, continuam sendo realizados. Dentre eles, Eadie et al., (2012), em estudo visando determinar relações possíveis entre inteligibilidade, aceitabilidade da fala e autorrelato de qualidade de vida após laringectomia total, além da possibilidade de relações mais fortes relatadas por medida aferida por uma escala de mensuração de qualidade de vida específica para câncer, em detrimento das escalas por disciplina (no caso câncer), realizaram estudo transversal em uma clínica da fala e em um laboratório da Universidade de Washington. Como resultado, os autores observaram que as pontuações dos ouvintes para aceitabilidade e inteligibilidade de fala não tiveram força preditiva para as escalas qualidade de vida, seja para doença específica ou para escala relacionada à voz. Tais achados sugeriram, portanto, que os resultados pontuados pelos ouvintes assim como aqueles relatados pelo paciente são complementares.

Yan et al. (2012) realizaram estudo acerca da qualidade de vida, sob o ponto de vista funcional, relacionada à deglutição, após diferentes tipos de laringectomia. Para tanto, avaliaram a qualidade de vida de 96 pacientes de pós-operatório, divididos em quatro grupos de tipos de laringectomia – laringectomia cricohioidopexia supracricoidea parcial (SCPL-CHP), laringectomia cricohioidoepiglotopexia supracricoidea parcial (SCPL-CHEP), laringectomia horizontal superaglótica parcial (PL horizontal) e laringectomia parcial vertical (PL vertical) – e aplicaram um instrumento para mensuração de qualidade de vida relacionada à deglutição (QV-SWAL, edição chinesa). Entre os principais achados, tem-se que a qualidade de vida relacionada à deglutição em pacientes no pós-operatório foi profundamente impactada pelo procedimento cirúrgico, mesmo depois de um ano da cirurgia. Alguns pacientes se sentiram profundamente fustigados pela dificuldade de deglutição. Pacientes após CHP apresentaram uma pior qualidade de vida do que os outros, enquanto o grupo PL vertical foi o melhor. A qualidade de vida entre PL horizontal e CHEP mostrou-se quase a mesma. A influência sobre a qualidade de vida relacionada à disfagia a longo prazo foi multidimensional, contendo uma degeneração da função social.

Para estimar a qualidade de vida em pacientes com carcinoma de laringe/hipofaringe, Filipovska-Musanovic et al. (2012) realizaram estudo utilizando dois diferentes tipos de questionários (EORTC QLQ-C30 – European Organization for Research and Treatment of Cancer Core - Quality Life - Questionnaire 30 e o EORTC QLQ-H&N35 – European Organization for Research and Treatment of Cancer Core Head and Neck Cancer Module) em relação aos valores de referência, laringectomia total/laringectomia parcial/faringectomia, o tratamento combinado (cirurgia, radioterapia, quimioterapia) e o tempo decorrido desde a cirurgia. Os questionários foram respondidos por 45 pacientes, nos primeiros seis meses de 2011. Dezesseis pacientes (35,6%) apresentavam laringectomia parcial e 29 (64,4%) laringectomia total. No pós-operatório, o tratamento combinado foi realizado em 34 pacientes (75,6%) (grupo A) e 11 pacientes (24,4%) (grupo B) tiveram apenas a cirurgia. O tempo decorrido desde a cirurgia foi de menor ou igual a doze meses para onze pacientes (24,4%) no grupo A1 e maior que doze meses para 34 pacientes no grupo B1. A comparação foi feita entre todas as escalas dos questionários – global (GS), funcional (FS) e geral sintomática (GSS) – QLQ-C30; e escala sintomática específico (SSS) – QLQ-H e N35. Comparando os resultados de todas as escalas dos dois questionários com os valores de referência, não houve diferenças estatisticamente significativas, com exceção de SSS relacionada com problemas de fala (p = 0,052574). Comparando-se laringectomia total e laringectomia parcial, encontrou-se uma diminuição no FS (p = 0,025517) e aumento dos problemas de fala, deglutição, tosse, sensação e contato social em SSS (p = 0,017595) para laringectomia total. Comparando-se os grupos A e B, houve uma diminuição na FS (p = 0,00531), aumento de todos os sintomas de GSS (p = 0,043388) e SSS (p = 0,0505385) do grupo A. Comparando os grupos A1 e B1, melhor FS (p = 0,042271) foi registrada em A1. Para este grupo de pesquisadores, a qualidade de vida de seus pacientes não é significativamente diferente da qualidade de vida dos pacientes similares no mundo. Ao comparar todos os grupos, QLQ-C30, QLQ-H&N35, todavia, foram demonstradas claras diferenças na qualidade de vida dos grupos a partir do tipo de procedimento cirúrgico realizado.

Para Fahsl et al. (2012), diferenças estatisticamente significativas na qualidade de vida relacionada à saúde (QVRS) nem sempre são clinicamente relevantes. Para eles, também é plausível que os pacientes percebam outras mudanças mais relevantes do que aquelas percebidas pelos profissionais de saúde. Com base nessas premissas, os autores realizaram estudos visando encontrar limites para QVRS que laringectomizados consideram ser clinicamente relevantes um ano após a cirurgia (ou seja, o nível de QVRS que pacientes pontuariam como satisfatória). Além disso, investigaram, também, a maneira pela qual pacientes laringectomizados alcançam essas metas. O estudo realizado foi do tipo multicêntrico de corte transversal, em um total de 28 pacientes seguidos por um ano após a laringectomia e 24 profissionais de saúde que definiram valores-alvo para o QLQ-C30 e QLQ-H&N35. Simultaneamente, uma outra amostra de 157 pacientes laringectomizados foi seguida, também, por um ano após a laringectomia e, nesta, determinou-se qual o percentual de pacientes chegaria a esses limites. Os principais achados dos estudos apontaram que os pacientes aceitaram com menos resistência as deficiências sensoriais (56,5), tosse (53,6) e dispneia (44,0), enquanto constipação (9,1) e náuseas/vômitos (10,7) foram classificados como sintomas mais incômodos. Por outro lado, os profissionais de saúde avaliaram as queixas estudadas como sendo mais toleráveis do que os pacientes o fizeram, especialmente em domínios psicossociais. Entre 34,5% (sentidos) e 86,5% (prisão de ventre) do grupo de referência atingiram as metas predefinidas em diferentes escalas. Portanto, os sintomas causados pela doença são mais fáceis para os pacientes conviverem do que os sintomas inespecíficos mais gerais. Tendo em conta que alguns efeitos adversos da doença ou terapia são parcialmente irreversíveis, valores-alvo adicionais para mudanças de QVRS podem ser úteis ao interpretar os dados.

17.4.4 Qualidade de vida e psicologia hospitalar: uma interface necessária

Considerando a recenticidade da avaliação sistematizada do constructo qualidade de vida ou, mais especificamente, qualidade de vida relacionada à saúde, tem-se no trabalho do profissional de psicologia hospitalar um campo amplo de atuação que afeta esse tipo de avaliação, uma vez que tal profissional, em boa parte de sua jornada de trabalho, encontra-se junto ao paciente que pode expressar suas considerações acerca do alcance de qualidade de vida que o contexto atual onde ele está inserido lhe confere.

Assim sendo, deve-se considerar, em sua multidimensionalidade, a percepção acerca da qualidade de vida usufruída pelo paciente laringectomizado, seja em relação a quaisquer dos domínios que o conceito ampliado de qualidade de vida comporta, seja em relação a novos aspectos, também relacionados à qualidade de vida que não tenham sido contemplados por instrumentos padronizados para a avaliação de tal constructo, uma vez que a transculturalidade pretendida por instrumentos de mensuração de aspectos psicológicos pode não ser sempre alcançada, dada a idiossincrasia de alguns contextos socioeconômicos e culturais.

Note-se que pelo estudo ora desenvolvido, foi possível perceber que boa parte dos instrumentos de avaliação de qualidade de vida ainda não se apresentam a público revestidos da robustez propiciada por um processo de validação suficiente, em termos metodológicos. Assim sendo, parece pertinente que o profissional de psicologia hospitalar, que atua junto a pacientes laringectomizados, possa não só se utilizar de algum instrumento já consagrado para a avaliação da qualidade de vida desses pacientes, mas também possa construir e desenvolver as chamadas escalas de domínios específicos para a avaliação de tal constructo, uma vez que, dependendo do tipo de instituição, é possível se avaliar sequencialmente as etapas de pré, péri e pós-operatório, de reabilitação e de reinserção social do laringectomizado. Além disso, avaliar qualidade de vida implica em poder trocar com todos os envolvidos na reabilitação do paciente informações preciosas e que levam em conta uma das observações fundamentais para esse tipo de avaliação, qual seja: "não basta acrescentar 'anos à vida', é preciso acrescentar 'vida aos anos'". Ou seja, é o profissional da psicologia hospitalar quem poderá avaliar, junto com os demais profissionais da equipe de saúde, a subjetividade que o constructo qualidade de vida comporta, considerando, todavia, a avaliação subjetiva do paciente, seja no que se refere à "qualidade de vida relacionada à saúde", seja no que diz respeito a um "estado subjetivo de saúde" – os conceitos devem, portanto, estar ligados, essencialmente, ao impacto do estado de saúde sobre a capacidade do indivíduo de viver plenamente.

Enfim, avaliações de qualidade de vida consideram aspectos psicológicos. Aspectos psicológicos são avaliados por profissionais da área "psi" e aspectos psicológicos relacionados a pacientes cuja chamada saúde física esteja comprometida podem (e devem) ser avaliados por profissionais da psicologia hospitalar. Avaliar a qualidade de vida de pacientes que acorrem às redes de serviços de saúde é, sem dúvida, uma tarefa urgente para o profissional de psicologia hospitalar, com vistas à difusão e intercâmbio de informações que possam promover ganhos de qualidade de vida para toda uma população. Este trabalho toma como grupo de análise pacientes laringectomizados, mas a discussão acerca de qualidade de vida extrapola essa fronteira e pode ser direcionada, indubitavelmente, para uma vasta gama de pacientes.

17.5 Considerações finais

Não há como contestar a influência da laringectomia na pisque do sujeito laringectomizado, considerando que esta impacta, sobremaneira, a constituição corpórea deste mesmo sujeito e que avaliações de qualidade de vida podem promover melhorias na sobrevida de pacientes portadores de tumores de laringe, quando são investidos esforços para que tais pacientes possam ser contemplados com estratégias terapêuticas que visem um melhor alcance de qualidade de vida.

Contudo, de acordo com Moreno (1999a), a ocorrência do uso de instrumentos para avaliação de qualidade de vida em pacientes laringectomizados tem início no ano de 1986, com a utilização exclusiva de instrumentos não padronizados até o ano de 1994, quando se dá a primeira ocorrência de utilização de instrumentos padronizados em dois estudos realizados no Canadá e na Itália. Esse fato demonstra que é provável que nem todos os instrumentos não padronizados tenham sido desenvolvidos especificamente para a população laringectomizada (as chamadas escalas de domínios específicos), mas, sim, tenham sido a única opção de mensuração pertinente à época de realização do estudo.

Por todo o exposto, notamos que a avaliação da qualidade de vida em pacientes laringectomizados vem se desenvolvendo de maneira tímida. Além disso, este tema parece não se constituir em uma preocupação substancial para aqueles que cuidam deste tipo de paciente, posto que ainda são muito raros estudos que se dediquem a avaliar especificamente tal constructo. Tais considerações são corroboradas por Boer et al. (1999) que ressaltam, em seu trabalho, a escassez de instrumentos de domínios específicos para a mensuração de qualidade de vida em cânceres de cabeça e pescoço.

Por fim, porém não menos importante, deve-se levar em consideração a pertinência da atuação do profissional de psicologia em equipes multidisciplinares (ou, preferencialmente, transdisciplinares) ou em estudos e pesquisas que se dirijam ao atendimento de pacientes laringectomizados (ou mesmo de pacientes com outros tipos de afecções crônicas) no contexto hospitalar, independentemente do tipo de abordagem psicoterapêutica utilizada, uma vez que a psicologia hospitalar visa ao atendimento integral de pacientes que acorrem às redes de serviços de saúde.

480 Psicologia e câncer

17.6 Referências bibliográficas

Barra, S., Talamini, R., Proto, E., Bidoli, E., Puxeddu, P., & Franceschi, S. (1990). Survival analysis of 378 surgically treated cases of laryngeal carcinoma in south Sardinia. *Cancer, 65*(11), 2521-2527.

Bernini, V. G., Reabilitação psicossocial do paciente de câncer de laringe. (1997). In: *Câncer da laringe: uma abordagem multidisciplinar* (pp. 4-7). Rio de Janeiro: Revinter.

Boer, M.F., McCormick, L.K., Pruyn, J.F.A., Ryckman, R.M., Borne, B.W. (1999). Physical and psychosocial correlates of head and neck cancer: a review of the literature, *Otolaryngol Head Neck Surg* 120:427-436.

Boffetta, P., Merletti, F., Faggiano, F., Migliaretti, G., Ferro, G., Zanetti, R., & Terracini, B. (1997). Prognostic factors and survival of laryngeal cancer patients from Turin, Italy. A population-based study. *Am J Epidemiol, 145*(12), 1100-1105.

Bowling, A. (1995a). Health-related quality of life: a discussion of the concept, its use and mesurement. In: *Measuring disease* (pp. 1-19). Buckingham: Open University Press.

Bowling, A. (1995b). Cancers. In: *Measuring disease* (pp. 21-59). Buckingham: Open University Press.

Brasil. (1998). Ministério da Saúde. Instituto Nacional do Câncer (Inca). Estimativa da Incidência e Mortalidade por Câncer no Brasil. *INCa/Pro-Onco.*

Brasil. (2004). Ministério da Saúde. Secretaria de Atenção à Saúde. Instituto Nacional de Câncer. *TNM: classificação de tumores malignos* (Ana Lúcia Amaral Eisenberg, trad., 6a. ed., 254p). Rio de Janeiro: Inca. Recuperado em 14 de dezembro de 2012, de http://www1.inca.gov.br/tratamento/tnm/tnm2.pdf.

Brasil. (2012a). Ministério da Saúde. Instituto Nacional do Câncer (Inca). Tipos de Câncer – Laringe – Prevenção. Recuperado em 14 de dezembro de 2012, de http://www2.inca.gov.br/wps/wcm/connect/tiposdecancer/site/home/laringe/prevencao.

Brasil. (2012b). Ministério da Saúde. Secretaria Executiva. Datasus. Morbidade Hospitalar do SUS - Brasil. *Sistema de Informações Hospitalares do Sus (SIH/SUS).* Recuperado de http://www2.datasus.gov.br/DATASUS/index.php.

Brownson, R. C., & Chang, J. C. (1987). Exposure to alcohol and tobacco and the risk of laryngeal cancer. *Arch Environ Health, 42*(4), 192-196.

Burllinger, M. (1994). Ensuring international equivalence of quality of life measures: problems and approaches to solutions. In: Orley J., & Kuyken W. (Eds.) *Quality of life assessment: international perspectives* (pp. 33-40). Heidelberg: Springer Verlag.

Cattaruzza, M. S., Maisonneuve, P., & Boyle, P. (1996). Epidemiology of laryngeal cancer. *Eur J Cancer B Oral Oncol 32*B(5), 293-305.

Choi, S. Y., & Kahyo, H. (1991). Effect of cigarette smoking and alcohol consumption in the aetiology of cancer of the oral cavity, pharynx and larynx. *Int J Epidemiol, 20*(4), 878-885.

Cohen, S. R., Mount, B. M., & MacDonald, N. (1996). Defining quality of life. *Eur J Cancer, 32*A(5), 753-754.

Deshmane, V. H., Parikh, H. K., Pinni, S., Parikh, D. M., & Rao, R. S. (1995). Laryngectomy: a quality of life assessment. *Indian J Cancer, 32*, 121-130.

De Stefani, E., Oreggia, F., Rivero, S., & Fierro, L. (1992). Hand-rolled cigarette smoking and risk of cancer of the mouth, pharynx, and larynx. *Cancer, 70*(3), 679-682.

Devesa, S. S., Blot, W. J., & Fraumeni, J. F., Jr. (1990). Cohort trends in mortality from oral, esophageal, and laryngeal cancers in the United States. *Epidemiology, 1*(2), 116-121.

DeVita, V. T. J., Hellmann, S., & Rosenberg, S. A. (1997). Cancer of the head and neck. In: *Principles & practice of oncology* (pp. 802-829). Lippincott-Raven Publishers.

Dolto, F. (1992). Esquema corporal e imagem do corpo. In: *A imagem inconsciente do corpo* (pp. 14-16). São Paulo: Perspectiva.

Dosemeci, M., Gokmen, I., Unsal, M., Hayes, R. B., & Blair, A. (1997). Tobacco, alcohol use, and risks of laryngeal and lung cancer by subsite and histologic type in Turkey. *Cancer Causes Control, 8*(5), 729-737.

Eadie, T. L., Day, A. M., Sawin, D. E., Lamvik K., & Doyle, P.C. (2012, 24 setembro). Auditory-Perceptual Speech Outcomes and Quality of Life after Total Laryngectomy. Otolaryngol Head Neck Surg.

Estève, J., Riboli, E., Péquignot, G., Terracini, B., Merletti, F., Crosignani, P. et al. (1996). Diet and cancers of the larynx and hypopharynx: the IARC multi-center study in southwestern Europe. *Cancer Causes Control, 7*(2), 240-252.

Fahsl, S., Keszte, J., Boehm, A., Vogel, H. J., Valkel, W., Meister, E. F. et al. (2012). Clinical relevance of quality-of-life data in laryngectomized patients. Laryngoscope. 2012 Jul;122(7):1532-8. doi: 10.1002/lary.23263. Epub 2012 Mar 27.

Ferrans, C. E., & Powers, M. J. (1993). Quality of life of hemodialysis pacients. *ANNA Journal, 20*(5), 575-582.

Filipovska-Musanovic, M., Hodzic, D., Hrncic, N., & Hatibovic, H. (2012, august). Quality of life in patients with larygeal/hypopharyngeal cancer following total/partial laryngectomy. *Med Glas Ljek komore Zenicko-doboj kantona, 9*(2), 287-292.

Fleck, M. P. A., Louzada, S., Xavier, M., Chachamovich, E., Vieira, G., Santos, L. et al. (1999). Aplicação da versão em português do instrumento de qualidade de vida da Organização Mundial da Saúde (WHOQOL-100). *Rev. Saúde Pública, 33*(2), 198-205.

Fox-Rushby J., & Parker M. (1995). Culture and the measurement of health-related quality of lie *Rev. Eur. Psychol. Appl., 45*, 257-63.

Franceschi, S., Talamini, R., Barra, S., Barón, A. E., Negri, E., Bidoli, E. et al. (1990). Smoking and drinking in relation to cancers of the oral cavity, pharynx, larynx, and esophagus in northern Italy. *Cancer Res., 50*(20), 6502-6507.

Gill, T. M., & Feinstein, A. R. (1994). A critical appraisal of the quality of quality-of-life measurements. *JAMA, 272*(8), 619-626.

Guatimozin, M. H. E., & Bento, R. F. (1993). Aspectos médicos da reeducação e adaptação de doentes laringectomizados tendo em vista sua mutilação. *Rev. Bras. Otorrinolaringologia, 59*(1), 25-28.

Gunzburger, M. (1997). Psicoterapia: redescobrindo a vida e a fala. In *Câncer de lainge: uma abordagem multidisciplinar* (pp. 323-326). Rio de Janeiro: Revinter.

Hansen, H.S. (1994Laryngeal cancer - has its behaviour changed? Smee, R., and Bridger, G.Ppp. 105-112). Amsterdam: Elservier Science B. V. 105-112, 1994

Hinds, M. W., Thomas, D. B., & O'Reilly, H. P. (1979). Asbestos, dental X-rays, tobacco, and alcohol in the epidemiology of laryngeal cancer. *Cancer, 44*(3), 1114-1120.

Hiranandni, L. H. (1975). Panel on epidemiology and etiology of laryngeal carcinoma. *Laryngoscope, 85*(7), 1197-1207.

Kastenbaum, R., & Aisenberg, R. (1983). *Psicologia da morte*. São Paulo: Pioneira.

Keane, T. J. (1994). Larynx cancer in Canada. In Smee, R., & Bridger, G. P (pp. 102-104). Amsterdam: Elservier Science B. V.

Kligerman, J., Sá, G. M., Freitas, R. Q., & Soares, J. R. N. (1992). *Câncer de Laringe* (pp. 1-27). Rio de Janeiro: Ministério da Saúde. Instituto Nacional do Câncer (Inca)

Kovács, M. J. (1991). Pensando a morte e a formação de profissionais de saúde. In Cassorla, R.M.S. (coord.). *Da morte (estudos brasileiros)*, São Paulo: Papirus Editora. Cap. 4, p. 79-103 .

Kowalski, L. P., Franco, E. L., de Andrade Sobrinho, J., Oliveira, B. V., & Pontes, P. L. (1991). Prognostic factors in laryngeal cancer patients submitted to surgical treatment. *J Surg Oncol, 48*(2), 87-95.

Lofiego, J. L. (1994). *Laringectomia - avaliação e terapia fonoaudiológica* (pp. 1-203). Rio de Janeiro: Revinter.

López-Abente, G., Pollán, M., Monge, V., & Martínez-Vidal, A. (1992). Tobacco smoking, alcohol consumption, and laryngeal cancer in Madrid. *Cancer Detect Prev, 16*(5-6), 265-271.

Mathieson, C. M., Stam, H., J., $ Scott, J. P. (1990). Psychosocial adjustment after laryngectomy: a review of the literature. *J Otolaryngol, 19*, 331-336.

Matos, J. P., Silva, J. C., & Monteiro, E. (2012, setembro/outubro). Causas de Morte nos Doentes com Neoplasia da Laringe nos Estádios I e II. *Acta Med. Port., 25*(5), 317-322.

Merleau-Ponty, Maurice. (2006a). A Estrutura do Comportamento (Marcia Valeria Martinez de Aguiar, trad.). São Paulo: Martins Fontes, 2006a.

Merleau-Ponty, Maurice. (2006b). Fenomenologia da Percepção (Reginaldo de Pietro, trad.). São Paulo: Freitas Bastos.

Merleau-Ponty, (1997). Maurice. O Olho e o Espírito (trad., Luis Manuel Bernardo). São Paulo: Editora Passagens.

Miceli, A.V.P. (1998). Pré-operatório do paciente oncológico: uma visão psicológica. *Rev. Bras. Cancerol. 44*(2) 131-137.

Mohide, E. A., Archibald, S. D., Tew, M., Young, J. E., & Haines, T. (1992). Postlaryngectomy quality-of-life dimensions identified by patients and health care professionals. *Am J Surg, 164*(6), 619-622.

Molzahn, A. E. (1991). The reported quality of life of selected home hemodialysis patients. *ANNA Journal, 18*(2), 173-181.

Moreno, A. B. (2012). *Com as Cordas Partidas (Um Excerto sobre a Psicoterapia junto a Pacientes Laringectomizados).* In Valdemar Augusto Angerami - Camon (Org.). Psicossomática e a Psicologia da Dor (2ª ed, pp. 251-291). São Paulo: Cengage.

Moreno, A. B. (1999a). Avaliação da qualidade de vida em pacientes laringectomizados: uma revisão sistemática. Dissertação de Mestrado. Instituto de Medicina Social, Universidade do Estado do Rio de Janeiro, Rio de Janeiro, mimeo.

Moreno, A. B. (1999b). Câncer de Laringe e Qualidade de Vida: Avaliação e Aspectos Psicológicos. Monografia de Pós-Graduação (Curso de Especialização em Psicologia Médica). Faculdade de Ciências Médicas, Universidade do Estado do Rio de Janeiro, Rio de Janeiro, mimeo.

Muscat, J. E., & Wynder, E. L. (1992). Tobacco, alcohol, asbestos, and occupational risk factors for laryngeal cancer. *Cancer, 69*(9), 2244-2251.

Noronha, M. J. R., & Dias, F. L. (1997a). Epidemiologia - etiopatologia e fatores etiológicos do câncer da laringe - potencial para quimioprevenção. In *Câncer da laringe: uma abordagem multidisciplinar* (pp. 4-7). Rio de Janeiro: Revinter.

Noronha, M. J. R., & Dias, F. L. (1997b). Reabilitação psicossocial do laringectomizado: ponto de vista do cirurgião. In *Câncer de laringe: uma abordagem multidisciplinar* (pp. 319-322). Rio de Janeiro: Revinter.

Noronha, M. J. R. (1998). Câncer da laringe. *Jornal do CREMERJ, 89*, p. 6.

Organização Mundial da Saúde (OMS). (1993). WHOQOL Focus Group Work. Geneva. WHO (MNH/PSF/93.4). Recuperado de http://www.who.int/.

Organização Mundial da Saúde (OMS). (1995). Facet definitions and questions. Geneva: WHO (MNH/PSF/95.1.B.Ver.1.

Organização Mundial da Saúde (OMS) / International Agency for Research on Cancer (2012). Recuperado de http://www-dep.iarc/fr.

Otto, R. A., Dobie, R. A., Lawrence, V., & Sakai, C. (1997). Impact of a laryngectomy on quality of life: perspective of the patient versus that of health care provider. *Ann Otol Rhinol Laryngol, 106*, 693-699.

Pollán, M., & López Abente, G. (1995). Wood-related occupations and laryngeal cancer. *Cancer Detect Prev, 19*(3), 250-257.

Roach, M., Alexander, M., & Coleman, J. L. (1992). The prognostic significance of race and survival from laryngeal carcinoma. *J Natl Med Assoc, 84*(8), 668-674.

Salmon, P., Manzi, F., & Valori, R. M. (1996). Measuring the meaning of life for patients with incurable cancer: the life evaluation questionnaire (LEQ). *Eur J Cancer, 32*A(5), 755-760.

Savary, P. (1977). Vocal and social situation of laryngectomees. *Laringoscope, 87*, 1516-1522.

Sessions, D. G., Spector, J. G., Haughey, B., Harvey, J. B., Emani, B., & Simpson, J. (1994). Laryngeal cancer in the United States - Barnes Hospital 1955-1988. In Smee, R., & Bridger, G. P. (pp. 100-101). Amsterdam: Elsevier Science B. V.

Sigler, B. A. (1989). Nursing care of patients with laryngeal carinoma. *Smin Oncol Nurs.*, *5*(3), 160-165.

Testa, M. A., & Simonson, D. C. (1996). Assessment of quality-of-life outcomes. *New England J Medicine*, *334*(13), 835-840.

WHOQOL, The Group. (1999). Recuperado de www.who.int.

WHOQOL, The Group. (1994). The development of the World Health Organization quality of life assessment instrument (the WHOQOL). In: Orley J., & Kuyken W. (Eds.). *Quality of life assessment: international perspectives* (pp. 41-60). Heidelberg: Springer Verlag.

WHOQOL, The Group. (1995). The World Health Organization quality of life assessment (WHOQOL): position paper from de World Health Organization. *Soc Sci Med*, *41*, 1403-1409.

The WHOQOL Group. (1998). The World Health Organization quality of life assessment (WHOQOL): development and general psychometric properties. *Social Science and Medicine*, 46:1569-85.

Wortley, P., Vaughan, T. L., Davis, S., Morgan, M. S., & Thomas, D. B. (1992). A case--control study of occupational risk factors for laryngeal cancer. *Br J Ind Med*, *49*(12), 837-844.

Yan, M. X., Lin, R. Y., Chen, J. F., & Ye, F (2012, august). Longterm impact on swallowing quality-of-life after partial laryngectomy. Zhonghua Er Bi Yan Hou Tou Jing Wai Ke Za Zhi, *47*(8), 651-6.

Zago, M. M. F., Sawada, N. O., Stopa, M. J. R., & Martinez, E. L. (1998). O significado cultural de ser laringectomizado. *Rev. Bras. Cancerol.*, *44*(2), 139-145.

Zatonski, W., Becher, H., Lissowska, J., & Wahrendorf, J. (1991). Tobacco, alcohol, and diet in the etiology of laryngeal cancer: a population-based case-control study. *Cancer Causes Control*, *2*(1), 3-10.

Zheng, W., Blot, W. J., Shu, X. O., Gao, Y. T., Ji, B. T., & Ziegler, R.G. (1992). Diet and other risk factors for laryngeal cancer in Shanghai, China. *Am J Epidemiol*, *136*(2), 178-191.

Capítulo 18

Câncer de mama e mastectomia: representações da doença e do corpo

SILVANA CARNEIRO MACIEL
ROSEANE CHRISTHINA DA NOVA SÁ-SERAFIM

"[...] *O câncer só sente respeito pelo amor verdadeiro, e o símbolo do amor perfeito é o coração. O coração é o único órgão que não pode ser atacado pelo câncer*"
Dethlefsen & Dahlke (1983)

18.1 Introdução

Para tecer considerações acerca do contexto da mastectomia, faz-se necessário frisar que este é protagonizado por uma doença oncológica denominada câncer de mama, um problema de saúde pública que incide sob o seio, um dos principais símbolos da identidade feminina. Diante dessa elucidação, vale ressaltar que o presente capítulo tem o objetivo de sistematizar de forma breve, mas esclarecedora, a magnitude dessa doença e, concomitantemente, problematizar os efeitos inscritos no corpo e na mente das mulheres acometidas pelo câncer de mama provenientes das cicatrizes herdadas pelo diagnóstico, pela mastectomia e demais tratamentos realizados na busca da cura ou até de prolongamento da vida.

18.2 Alguns pontos a destacar...

A raiz etimológica da palavra "câncer" vem do grego *karkinos*, que significa "caranguejo" ou "garras", recebendo este nome em função da forma dos tumores. O câncer é uma doença causada pela proliferação de células que, em vez de morrer de morte natural, desenvolvem-se sem cessar.

O câncer ocorre como resultado de alterações genéticas no metabolismo e nos processos de vida básicos das células, que controlam seu crescimento e multiplicação. Mas, o crescimento celular exige controle e, em caso de falhas, há uma multiplicação desordenada com alteração na estrutura e na função das células, determinando o aparecimento de tumores, em um trabalho independente e liberado da antiga função original das células, de forma que as células cancerosas logo demandam todos os nutrientes, matando e destruindo o tecido normal.

O câncer é o nome dado a um grupo de doenças que têm como característica comum o crescimento desordenado de células as quais têm a característica
de invadir outros tecidos e criar novos tumores malignos ou outras colônias de
células doentes, se alastrando por outras partes do corpo no que se chama de
metástase, podendo atrapalhar o funcionamento do organismo e causar a morte.

Não existe uma causa única na determinação do câncer, sendo ele multicausal e incluindo forte tendência hereditária. Mas autores como Guyton e Hall
(2002) destacam que a probabilidade de mutações pode ser aumentada por muitas
vezes quando a pessoa é exposta a certos fatores químicos, físicos ou biológicos, incluindo: radiação ionizante, raios X, luz ultravioleta, substâncias químicas,
como corante de anilina, fumaça de cigarro, agrotóxicos, dentre outros que são
denominados carcinogênicos.

Guyton e Hall (2002) também explicam que as formas variadas de câncer correspondem aos vários tipos de tecido do corpo atingido, de forma que, quando têm
início em tecidos epiteliais, como pele ou mucosa, ele é denominado carcinoma;
se começa em tecidos conjuntivos como os ossos, músculo ou cartilagem, é chamado de sarcoma. Independente da forma, o câncer na sua forma inicial poderá ser
assintomático, o que faz com que, muitas vezes, só seja percebido quando assume
grandes dimensões, dificultando o controle e o tratamento eficaz.

Após o diagnóstico, as principais formas de tratamento são: cirurgia, radioterapia, quimioterapia e hormonioterapia, podendo estas ser usadas isoladas ou
de forma conjugada. As formas de tratamento devem ser escolhidas pelo médico,
dentre outras questões, em função do tipo histológico, do estadiamento (determinando o tamanho do tumor e a existência de metástase), da localização anatômica
e das condições gerais do paciente.

Dentre todos os tipos de câncer existentes, o presente capítulo se aterá à
descrição do **câncer de mama na mulher**, por ser este um dos cânceres responsáveis por milhares de mutilações e mortes no mundo inteiro.

Os cânceres ou neoplasias malignas vêm assumindo um papel cada vez mais
importante entre as doenças que acometem a população feminina, representando,
no Brasil e no mundo, importante causa de morte entre as mulheres adultas,
sendo o câncer de mama o segundo tipo de câncer mais frequente no mundo e o
primeiro entre as mulheres. Segundo estimativa do Instituto Nacional de Câncer
(Inca), é relativamente raro antes dos 35 anos de idade, mas acima dessa faixa

etária, sua incidência cresce rápida e progressivamente. As estatísticas indicam o aumento de sua frequência tanto nos países desenvolvidos quanto naqueles em desenvolvimento. No Brasil, é a primeira causa de morte por câncer na população feminina, principalmente na faixa etária entre 40 e 69 anos (Brasil, 2008).

O número de novos casos aumentou nos últimos dois anos, no Brasil, só no ano de 2012 estimou-se o registro de 52.680 novos casos de câncer de mama com incidência de 52 casos para cada 100 mil mulheres (Brasil, 2012).

O câncer de mama é o mais temido pelas mulheres, não só em razão de sua alta frequência, mas, sobretudo, pelos efeitos psicológicos que afetam a percepção da sexualidade e da imagem pessoal e corporal. Na verdade, o câncer de mama é uma enfermidade assustadora para todos, pois apesar dos grandes avanços terapêuticos obtidos na área nos últimos anos, ele ainda está em primeiro lugar dos cânceres que acometem as mulheres, sendo destaque dentre as neoplasias malignas, tendo sido responsável pelos maiores índices de morte no mundo, tornando-se uma das grandes preocupações em saúde pública, no que diz respeito à saúde da mulher (Brasil, 2012).

Tavares, Conceição e Silva (2011) afirmam que as terapias mutiladoras, a exemplo da mastectomia – técnica cirúrgica que remove completamente a mama – e as altas taxas de mortalidade por câncer de mama poderiam ser evitadas se houvesse a garantia de diagnóstico precoce, ou seja, se o câncer de mama fosse detectado o mais cedo possível e tratado imediatamente. Nestes casos, seria possível atingir até 95% de chances de cura e o uso de tratamentos menos invasivos. Embora nos últimos anos tenha havido maior estimulação da detecção precoce do câncer de mama, o diagnóstico, em muitas situações, é feito em estágios avançados da doença, chegando a ser a principal causa de morte por neoplasia em mulheres adultas (Matos, Pelloso, & Carvalho, 2011).

Sobre essa questão, Thuler e Mendonça (2005) afirmam que o câncer de mama é considerado de bom prognóstico se diagnosticado e tratado oportunamente, sendo o principal fator que dificulta o tratamento o estágio avançado em que a doença é descoberta; mas que no Brasil, a maioria dos casos é diagnosticada em estágios avançados (III e IV), correspondendo a cerca de 60% dos diagnósticos. Por isso, Makluf, Dias e Barra (2006) destacam que o número de mastectomias realizadas no Brasil é considerado alto. Em tais condições, observa-se uma diminuição das chances de sobrevida, comprometimento dos resultados do tratamento e, consequentemente, perdas na qualidade de vida das pacientes.

Mas, para aumentar a sobrevida e melhorar a qualidade de vida das mulheres acometidas pelo câncer de mama, a medicina oferece diferentes modalidades terapêuticas que são aplicadas de forma individualizada de acordo com cada necessidade, sendo a cirurgia o principal tratamento, na maioria dos casos. Os procedimentos cirúrgicos recomendados consistem na mastectomia, enquanto medida radical, e nas cirurgias conservadoras da mama, como a lumpectomia/tumorectomia e a quadrantectomia; existindo ainda a cirurgia oncoplástica para reconstrução da mama, indicada para corrigir alguma deformidade do seio quando há extração de grande parte da mama (Peres & Santos, 2009; Leite, Gonçalves, Amorim, & Bubach, 2012).

Com relação ao tratamento cirúrgico, embora existam possibilidades cirúrgicas menos deformantes, como a tumorectomia e a quadrantectomia, a mastectomia continua sendo o procedimento mais seguro na remissão total e cura, além de agir na prevenção da disseminação do câncer de mama, proporcionando um aumento significativo na sobrevida. A mastectomia refere-se à retirada total da mama por meio de um procedimento invasivo e agressivo, que pode causar limitações físicas, que diminuem a capacidade de movimentação corporal e afeta o funcionamento sexual e social da mulher (Aureliano, 2009).

Além do tratamento cirúrgico, o médico também poderá fazer uso de tratamentos auxiliares, como a quimioterapia, a radioterapia e a hormonioterapia. A quimioterapia compreende a administração de medicamentos antineoplásicos para promover a morte da célula tumoral e o cancelamento da reprodução celular excessiva, devendo-se haver cuidado especial durante a administração (venal) de agentes quimioterápicos, uma vez que seu extravasamento pode causar necrose tissular e dano aos tendões, nervos e vasos sanguíneos subjacentes. Os efeitos colaterais advindos da quimioterapia, radioterapia e da hormonioterapia também interferem negativamente no cotidiano, na elaboração da imagem corporal e na vida sexual da mulher. As principais consequências da quimioterapia são náuseas, vômitos, fadiga, disfunção cognitiva, alopecia, ganho de peso, palidez, menopausa induzida, diminuição da lubrificação vaginal e excitação, redução do desejo sexual, entre outros. De forma geral, pode-se dizer que o tratamento repercute na imagem corporal das mulheres, em sua libido e na sua fertilidade, ocasionando grande impacto, pois além da dor e do desconforto decorrentes da doença e do seu tratamento, ocorrem mudanças de ordem física, psíquica, social e econômica.

Devido a essas questões, Ferreira e Mamede (2003) destacam que, diante da confirmação do diagnóstico de câncer de mama, a mulher passa a ter dois tipos de problema: o medo do tratamento e do câncer propriamente dito, com suas sequelas e possibilidade de morte, e da mutilação de um órgão que representa a maternidade, a estética e a sexualidade feminina.

Corroborando essa questão, Barreto et al. (2008) destacam que a mastectomia e a quimioterapia são as formas de tratamento mais temidas pela mulher, desencadeando sentimentos negativos, difícil aceitação do tratamento, rejeição devido aos efeitos colaterais, desequilíbrio físico e psicológico demonstrado por meio de revolta, descontentamento e sofrimento, por serem esses procedimentos agressivos e invasivos e virem acompanhados de consequências traumatizantes nas experiências de vida e na saúde da mulher.

Vieira e Queiroz (2006) destacam que a descoberta do câncer de mama ainda é encarada como uma sentença de morte, uma vez que essa neoplasia é culturalmente representada como uma doença terminal, de modo que a confirmação do diagnóstico gera dúvidas com relação à eficácia do tratamento, reflexão sobre o sentido e o significado das mamas, além de questionamentos sobre a própria existência e as consequências para a relação sexual e para a realização das atividades laborais e cotidianas.

É nessa vertente que se insere o nosso pensar sobre o sofrimento da mulher submetida ao tratamento de câncer de mama. Temos o propósito de levantar alguns pontos para reflexão, especificamente no que se relaciona aos significados que a doença adquire e no que ela afeta na identidade feminina. Consideramos que, diante das características e conotações do câncer de mama, a mulher acometida por ele não só terá de lidar com a doença, com seu tratamento e com possíveis sequelas físicas e psicológicas, como também irá se confrontar com os aspectos culturais relacionados à construção da identidade feminina, os quais certamente estarão envolvidos na relação com a doença, que possui uma história, uma simbologia e um significado social muito especial.

18.3 Representações e simbologias do câncer e do corpo

Para conhecermos as representações, temos que considerar a história do câncer no decurso do tempo e da cultura, com seus significados e simbologias, e, segundo Sant'Anna (2000), essa história é tão cheia de medo e vergonha que faz o imaginário recuar a receios ancestrais, cristalizando temores e expectativas que resistem aos avanços da ciência na atualidade. Tais temores reanimam crenças arcaicas, segundo as quais ser atingido pelo câncer é revelar uma monstruosidade essencial em relação à qual não há absolvição. Assim, o câncer ainda é um segredo difícil de ser partilhado, narrado e ouvido.

Nesse sentido, Sant'Anna (2000) afirma que a relação da mulher com o câncer de mama e seu tratamento é emblemática. Isso se inicia com a história da doença, que no século IV a.C. foi descrita por Hipócrates, em seu livro *Doença de mulheres*, como um mal que mina cotidianamente as energias, culminando na morte e roubando o que foi secularmente considerado a alma de toda mulher. No século XIX e nas primeiras décadas do século XX, o câncer era considerado contagioso e associado à falta de limpeza, à sujeira física e moral. A imundície das cozinhas, a sujeira das fábricas, a desordem verificada nas ruas das cidades, a proliferação de ratos e insetos daninhos por toda a cidade compunham um quadro deprimente, provocando toda sorte de doenças, entre as quais, acreditava-se, estava o câncer. Além disso, concebia-se que a doença poderia ser contagiosa entre os amantes dos excessos do prazer, principalmente no caso das mulheres, nas quais o adoecimento era resultado de "pecados e vícios", em especial nas práticas sexuais.

Mas não só o câncer possui uma relação simbólica, as mamas também são cercadas por representações. Teixeira (2008) afirma que, ao longo da história da humanidade, as mamas femininas foram associadas a vários significados e simbolismos, adquirindo destaque no imaginário coletivo, onde seu componente erótico e sua função nutricional estiveram, marcadamente, presentes. Das deusas míticas do Paleolítico e Neolítico, passando pelas musas hollywoodianas até as siliconadas do século XXI, os seios sempre assumiram destaque especial. Ressaltando que as mamas constituem-se na principal característica sexual secundária feminina, estando também diretamente ligadas ao conceito de maternidade, tendo em vista sua função biológica e o aleitamento, representando um dos fatores basilares para a solidificação da identidade feminina.

Independente do sentido manifesto – mítico ou sagrado, santo ou pecaminoso, maternal ou fonte de nutrição, erótico ou sedutor –, a relevância está no profundo sentimento de admiração causado pelos seios e pelo corpo perfeito. Considerando-se todo esse papel relevante atribuído aos seios, espera-se que situações que coloquem em risco sua funcionalidade e seu valor estético sejam geradoras de profundas repercussões negativas na autoestima feminina. Portanto, retirar parte ou todo o seio significaria mutilar a própria identidade feminina, mesmo que tal procedimento seja primordial à preservação da vida, destaca Teixeira (2008).

Em se tratando do corpo feminino, o surgimento dos seios quando na adolescência, acompanhado de outras modificações corporais, possui um correlato profundo com a experiência subjetiva de ser mulher. Por se tratar de uma parte facilmente perceptível para si e para os outros, traz importantes implicações, uma vez que anuncia publicamente a condição de ser mulher.

Podemos afirmar que a cultura possui um discurso de valorização estética, em que sentencia a mulher a um julgamento do que é ou não belo, tendo o seio um lugar de destaque no corpo feminino, pois são os ícones culturais da feminilidade e da atratividade sexual. Portanto, é de grande importância para a mulher possuir seios em tamanhos e formatos aceitáveis em cada cultura.

Sendo assim, o tratamento cirúrgico do câncer de mama pode produzir uma mutilação com grandes sequelas na autoestima e, consequentemente, na dimensão afetivo-sexual, dependendo do procedimento adotado. A experiência mutiladora, como consequência da ablação mamária, pode apresentar duas conotações: a primeira diz respeito à sensação de perda da capacidade de dar afeto, considerando o seio como sendo a representação simbólica dessa capacidade, e a segunda, a perda do senso de atratividade e consequente diminuição da autoestima.

A perda de qualquer parte do corpo em uma operação mutilante, por mais necessária que seja para assegurar a vida, acarreta inúmeras aflições. A mastectomia constitui-se em um recurso mutilante da própria feminilidade, e da sexualidade feminina, por causa da óbvia evidência externa da amputação, que "recorta" a subjetividade do ser mulher. Pode-se dizer que a mastectomia envolve, fundamentalmente, dois tipos de perda: a da experiência física e objetiva da perda da mama e a experiência, não menos real, da perda da feminilidade, do comprometimento da autoestima e dos sentimentos eróticos. Tais vivências podem acarretar alterações na resposta sexual feminina.

Observa-se, pois, que, por suas características, o tratamento traz repercussões importantes no que se refere à identidade feminina. Além da perda da mama ou de parte dela, os tratamentos complementares podem impor a perda dos cabelos, a parada ou irregularidade da menstruação e a infertilidade, fragilizando ainda mais o sentimento de identidade da mulher. Além disso, as representações de dor insuportável, de mutilações desfigurantes e de ameaça de morte não desaparecem com a retirada do tumor, pois há sempre o fantasma da metástase e da recorrência.

Estudos têm apontado que a primeira preocupação da mulher e da sua família após receberem o diagnóstico do câncer de mama é a sobrevivência. Em seguida, surge a preocupação com o tratamento e condições econômicas para realizá-lo, e quando o tratamento está em andamento, as inquietações se voltam para a mutilação, a desfiguração e suas consequências para a vida sexual da mulher (Duarte & Andrade, 2003).

Apesar dessas questões, conforme situam Masters, Johnson e Kolodny (1988), a mastectomia não afeta diretamente a sexualidade feminina, do ponto de vista fisiológico. Os desdobramentos incidem, predominantemente, no senso de atratividade. Elucidam que a fonte mais comum de estresse relacionada à mastectomia é o medo que a paciente apresenta de ser rejeitada pelo parceiro. Essa experiência emocional pode eliciar algumas disfunções sexuais, chegando à evitação do contato, e isso pode vir a tornar-se destrutivo para ela e seus relacionamentos. Por isso, compreender a mulher doente nessa teia de significados é importante para que o tratamento se oriente para uma mulher fragilizada em sua sexualidade, maternidade e feminilidade.

Deve-se levar em conta os significados e as representações que o seio adquire em nossa sociedade, com destaque também para a vinculação em relação à maternidade, além da nutrição física que a mãe proporciona ao seu filho, e sua representação no que se refere às trocas simbólicas e afetivas entre ambos. Sobre essa questão, há toda uma construção teórica e prática em psicologia e em psicanálise que enfatiza o seio como objeto pelo qual a mãe estabelece contato com seu filho e lhe proporciona não só o alimento, mas também o prazer e o acolhimento. Ter o seio mutilado pode significar, para muitas mulheres, a impossibilidade de continuar sendo acolhedora e nutridora de seus entes queridos. Ainda que, por muito tempo, o seio tenha sido mais valorizado quanto aos aspectos relacionados à maternidade, atualmente, em nossa cultura, essa valorização está voltada ao seu significado de feminilidade. Ele é fortemente explorado como ícone de intenso apelo sexual, ideia que é reforçada pela mídia.

Diante dessa realidade, destaca Goffman (2008), a mulher com câncer de mama continua suscetível a prejuízos em sua experiência de sentir-se mulher, uma vez que seu seio foi atingido pela doença e mutilado pelo tratamento. Na base dessas elucidações, parte-se do princípio que o corpo, como estrutura de mediação simbólica associada a processos de categorização social, no contexto da saúde e da doença, ecoa mecanismos de estigmatização em relação ao corpo desviante, deficiente ou deformado.

Diante do exposto, entende-se que na sociedade contemporânea, o corpo é contextualizado historicamente a partir das regras de funcionamento do mundo social. Desse modo, considera-se que a "cultura contemporânea imprime nos corpos uma mediação relacional importante, dada a valoração premente do físico enquanto representação do sujeito no social" (Ziliotto & Santos, 2008, p.1).

O corpo enfermo não é apenas um corpo disforme ou enfraquecido. Na medida em que o corpo adoece, além de tornar-se frágil e vulnerável, passa a ocupar o lugar da marginalidade social, pois carrega consigo estigmas que fomentam relações de poder, de subordinação e dominação, expressas nos comportamentos de esquiva, rejeição e discriminação social (Stiker, 2008). A discriminação social dirigida à pessoa que apresenta um corpo estigmatizado reflete representações sociais estereotipadas, ao mesmo tempo em que ratifica o lugar da marginalidade social para essa pessoa, afirma Teixeira (2008).

Sob esse aspecto, pode-se dizer que no contexto da mastectomia, o corpo da mulher, além de ser atravessado pelo câncer de mama enquanto um problema de saúde pública, é confrontado por códigos culturais de valoração estética e culto ao corpo (Moreira & Manaia, 2005). A retirada total da(s) mama(s) provoca uma experiência traumática ante a estranheza provocada pela ausência da mama (Amorim, 2007; Aureliano, 2009).

Esse processo provoca alterações nas dimensões física, psíquica, social, sexual e espiritual. Ainda promove a atualização das representações sociais acerca do corpo feminino, na medida em que a subjetividade da mulher é desapropriada, pois o foco da atenção está ancorado no corpo fisiológico e anatômico (Foucault, 2002).

Neste direcionamento, com base nas questões já mencionadas, afirma-se que os conhecimentos produzidos acerca desse corpo mutilado não são construídos num vácuo social; dialogam com as experiências do presente e do passado, onde a construção social do corpo se dá a partir da cultura enquanto sistema simbólico e normativo, sistema este composto de uma gama de signos e símbolos sociais investidos de sentido e afeto que se transformam a cada geração (Araújo, 2008).

É diante do exposto que se faz necessário considerar os "recortes" de falas, de vida e do corpo, acrescido aos aspectos vivenciais atrelados ao câncer de mama e ao tratamento, buscando para tanto as representações das mulheres acometidas pelo câncer de mama, acerca do corpo e do tratamento.

18.4 Do diagnóstico ao tratamento: "recortes" e vivências[1]

A palavra câncer traz um estigma muito forte, pois as pessoas logo o associam com a morte.

> Quando a mulher fica sabendo que vai ter que tirar a mama é o fim, significa o fim. Com certeza que significa o fim. Fim de tudo, como se tivesse acabado tudo ali, naquele momento. Como se tivesse acabado o mundo, a vida, a alegria de viver, eu me senti assim no começo [...] (Maria, 56 anos)

Ao incidir sob o símbolo da feminilidade – o seio –, a notícia do diagnóstico atravessa a singularidade da pessoa que adoece, fragiliza os familiares e amigos, e afeta a relação que a mulher mantém com seu corpo e com seu psiquismo. Partindo desse pressuposto, a mulher que recebe a notícia do diagnóstico de câncer de mama experimenta três etapas: 1) o comunicado: "você está com câncer de mama" – uma doença estigmatizada; 2) a realização do tratamento longo, invasivo e agressivo; 3) o corpo marcado. A migração da condição de saudável à condição de enferma provoca alterações nas dimensões física, psíquica, social, sexual e espiritual, que implicam na elaboração do luto decorrente da retirada total/parcial da(s) mama(s), na redefinição de projetos futuros e na atualização das representações sociais do corpo feminino (Bellini, 2011).

Ao deparar-se com a realidade da condição de enferma, no contexto do câncer de mama, a mulher é interpelada por hospitalizações infindáveis até a remissão dos sintomas, além de ser convocada a submeter-se a exames e tratamentos

---

[1]   Relatos e vivências de mulheres mastectomizadas participantes de grupo de autoajuda. Foram usados nomes fictícios para garantia do anonimato.

invasivos, como punções, radioterapia, quimioterapia e intervenções cirúrgicas que culminam na mutilação do corpo. Enquanto os operadores da medicina ocupam-se em extirpar o sintoma, o foco da atenção do cuidado está ancorado no corpo fisiológico e anatômico, que legitima e autoriza a manipulação desse corpo. Nesse cenário, a mulher é destituída do poder de decidir sobre o seu corpo, é desapropriada de sua subjetividade.

A mulher com câncer de mama torna-se uma pessoa duramente atingida em todos os aspectos por acometer uma parte do corpo tão valorizada, sendo o símbolo da sexualidade e da feminilidade. Nesse momento de sua vida, surgem dificuldades que abalam seu equilíbrio e afetam seus relacionamentos. (Regis & Simões, 2005).

> [...] pra todas as mulheres, é muito difícil, inclusive porque o seio é o símbolo da feminilidade. Eu *num* acho que fique menos mulher sem o seio, eu acho que é difícil pra maioria das mulheres encararem a falta do seio porque é o símbolo da feminilidade (sic). É mais pela percepção do outro e de uma simbologia da vida, da cultura. A cultura nos impõe. É a cultura. Uma simbologia cultural [...] Os seios são o símbolo de feminilidade. É o que caracteriza a mulher. Os seios dão visibilidade a essa existência feminina [...]

Para Bellini (2011), a notícia do diagnóstico de câncer de mama está associada a três etapas, que são: o recebimento do diagnóstico de estar com câncer, a realização de um tratamento longo e agressivo, e a aceitação de um corpo marcado por uma nova imagem, com a necessidade de aceitação e convivência com ela.

> [...] quando descobri que tinha câncer de mama, fiquei preocupada, achei o câncer foi pela mamografia, o resultado da biópsia deu câncer de mama e só pra confirmar fui *na* médica, quando a gente recebe a notícia, só Deus na nossa vida, na hora não aceitei o diagnóstico pensei que fosse a morte [...] (Sandra, 52 anos)

Dito isso, pode-se pensar que as implicações físicas, emocionais, sociais e econômicas advindas da notícia do diagnóstico de câncer de mama interpelam a mulher quanto à sua feminilidade, uma vez que confrontada pela perda do corpo saudável e do domínio sobre a própria vida, vê-se diante de uma nova imagem corporal que lhe convoca a redefinir sua identidade social. Segundo Moreira e Manaia (2005), a ausência da mama, além dos efeitos físicos atrelados às consequências sociais e emocionais, pode afetar diretamente a qualidade de vida e a capacidade de elaborar planos para o futuro das mulheres mastectomizadas.

Ainda com relação à notícia do diagnóstico de câncer de mama, pode-se dizer que esta é objetivada nas expressões faciais de negação, desespero, revolta, medo, depressão, chegando a ser encarada como uma sentença de morte, ocasionando um sofrimento que interfere significativamente na qualidade de vida e no funcionamento laboral, familiar e sexual. Após o comunicado do diagnóstico de câncer de mama, inicia-se o processo de tomada de decisão sobre qual tipo de tratamento é o mais indicado.

> [...] o tratamento foi igual ao de todo mundo, com quarenta dias eu comecei a quimioterapia, com quinze dias certinho da primeira fiquei sem nenhum fio de cabelo, fiquei careca. Meu corpo ficou muito estranho depois da mastectomia. É muito feio um corpo com uma mama só, não é que seja feio, é estranho [...] (Josefa, 45 anos)

Neste direcionamento, se faz necessário que o comunicante, no caso o profissional de medicina, esteja preparado para cuidar não apenas do tumor, mas, sobretudo, da integridade da mulher que adoece. Para tanto, as informações técnicas sobre as modalidades de tratamento são imprescindíveis, porém, a disponibilidade para o apoio, reconhecer e acolher a demanda psicoafetiva é necessária. Após a comunicação do diagnóstico do câncer de mama, surgem sintomas intensos de estresse, ansiedade e depressão diante do temor da mutilação, do sofrimento e da morte, além da eclosão e/ou acentuação de conflitos psicológicos e transtornos psiquiátricos.

> [...] quando entrei em depressão, quando eu estava no fundo do poço, eu achava que o mundo tinha se acabado... Porque a gente quando passa por um quadro desse, a gente não fica totalmente com a autoestima lá em cima, não, tem hora que você tá arrasada, sente dor, agora aquela que disser que não passa por isso é mentira, é mentira [...] (sic) (Clementina, 39 anos)

> [...] o médico dizia, "você vai ficar boa". O médico me dava muito apoio. Eu só chorava, chorava, chorava [...] Quase entrei em depressão.

> A minha tristeza e a raiva que senti do meu marido e da amante *afetou* a minha cirurgia [...] (sic) (Norma, 48 anos)

Nesse processo, surgem emoções negativas, ligadas ao medo e à tristeza, na medida em que a mulher vê-se interpelada pelo preconceito social em relação aos corpos desviantes do padrão de beleza, concomitantemente, surgem muitas dúvidas devido ao estigma de doença terminal. Por esta razão, a mulher diagnosticada com câncer de mama deve ser acolhida em sua dimensão subjetiva e orientada sobre as possibilidades de exames que será submetida e os tratamentos disponíveis (Arantes & Mamede, 2003).

As sequelas físicas deixadas pelo tratamento cirúrgico e quimioterápico, associadas ao efeito visual e sensitivo causado pela retirada da mama – símbolo da feminilidade –, apresentam-se como um obstáculo para o exercício da sexualidade (Barros, 2005).

> [...] De modo generalizado, é uma situação pra toda mulher, bastante difícil porque os seios *significa* ser mulher, os seios *é* um fetiche, toda mulher tem seios, seria como se fosse a mãe, como pra amamentar, os seios são parte disso (sic). Eles não são parte só de sexo e tal, mas no que diz respeito à feminilidade, né, então, quando você tira os seios, você se pergunta: "Cadê a minha feminilidade?". As pessoas perguntam: "Será mesmo que aquela pessoa é uma mulher?". E a gente se pergunta também: "Cadê minha feminilidade?". Eu acho que pra maioria das mulheres é muito difícil [...] (sic) (Ana, 42 anos)

Neste sentido, considera-se que a mastectomia é um procedimento cirúrgico que mesmo acompanhado da reconstrução mamária provoca uma experiência traumática devido à mutilação do corpo, que afeta a relação da mulher com sua imagem corporal e com as pessoas que lhe rodeiam; implica na elaboração do luto decorrente da perda da mama e na redefinição de planos, sonhos e projetos futuros (Aureliano, 2009).

> [...] hoje eu me olho no espelho e sinto falta do meu peito. Quando eu me olho, eu vejo que está faltando algo no meu corpo, eu vejo um corpo deformado, feio, mutilado, costurado. Fico triste quando me olho no espelho [...] (Adriana, 52 anos)

> [...] ter feito a mastectomia significa muita coisa, é algo muito importante pra mulher. Tirar uma parte do corpo da gente mexe muito, porque você se olha no espelho e não se conhece mais, é diferente, precisa de um tempo pra você se acostumar [...] (Carla, 49 anos)

A mulher passa por um importante processo de reformulação da imagem corporal quando lida com o câncer de mama. O adoecimento pelo câncer de mama e seu tratamento geram sérias consequências, que podem ser temporárias ou permanentes na vida da mulher. A cirurgia mamária, seja ela conservadora ou não, mesmo acompanhada da reconstrução mamária, pode ser vivenciada de modo traumático pela mulher, sendo considerada uma mutilação, dependendo da importância dada pela mulher à imagem corporal. Além disso, a funcionalidade do membro superior pode ficar comprometida com o linfedema de braço que surge após a dissecção dos linfonodos axilares. Outro aspecto a ser considerado é a mudança da sensação tátil do seio após sua reconstrução.

> Meu corpo parece um reboco. É como se o médico tivesse pegado um pouco de cimento e fez só pregar aquela cola de cimento e deixou lá secando. Eu não sinto a minha mama, é só um bolo de carne deformado. É uma mama de enfeite, não serve de nada... A minha mama que é natural tem bico, tem auréola, é linda, é minha. Só que tem essa outra aqui, você olha e não vê nada, porque não tem nada. É só uma bola pregada com uma costura horrível. A pele é fria [...] (sic) (Rose, 58 anos)

Os estudos que compararam grupos de mulheres que foram submetidas à mastectomia com e sem reconstrução mamária, como os de Rebelo, Rolim, Carqueja e Ferreira (2007) e os de Peres e Santos (2009), corroboram entre si quando concluem que mulheres submetidas à mastectomia sem reconstrução da mama apresentam maiores índices de insatisfação com a própria imagem corporal, além de descontentamento pelo resultado estético da cirurgia quando comparadas às mulheres mastectomizadas que realizaram a reconstrução mamária. Esses dados também apareceram nas entrevistas que realizamos:

> [...] depois da mastectomia, o corpo da mulher fica muito feio, muito feio mesmo, principalmente se ela não faz a reconstrução da mama.

Porque se você reconstruiu a sua mama, então você não chama atenção das pessoas... Porque o ser humano, ele é muito ruim, tanto é que se você não tá no padrão dito normal, então você já serve de risos [...] Se não tem, você acaba sendo alvo de piada... Fazer a reconstrução da mama ou colocar uma prótese móvel pra mulher é muito importante, pois não só ajuda a dar equilíbrio pra coluna, influencia na relação com as outras pessoas [...] (sic) (Ana, 42 anos)

É como se a prótese fosse uma parte da sua roupa. Você tem que usar pra se sentir melhor. Pra estar dentro dos padrões. Assim como a roupa. Eu acho que é. É, pra não ficar diferente dos outros, é pra *tá* dentro dos padrões. Por que o que é mulher? Mulher tem duas mamas, mulher tem cabelo, tem bunda, cintura, mas o que caracteriza a mulher mesmo são as mamas [...] (sic) (Gorete, 43 anos)

O preconceito enfrentado pelas mulheres mastectomizadas contribui para que elas também sejam "preconceituosas" em relação ao seu próprio corpo, o que leva a outra dificuldade a ser enfrentada no pós-operatório: o retorno à vida sexual. A maioria delas tem vergonha de mostrar-se nua na frente de seus parceiros, pois a sensação é de que, na situação que se encontram, são menos mulheres, preferindo, então, manter relações sexuais com um sutiã ou mesmo com uma camiseta (Duarte & Andrade, 2003), dados estes presentes na resposta de uma paciente a seguir:

Ainda não consigo ficar completamente nua na frente dele. Fico só de sutiã [...] (Rita, 44 anos)

A primeira grande dificuldade a ser enfrentada pelas mulheres, após uma mastectomia, é sua própria aceitação, como de olhar no espelho e aceitar que seu corpo está diferente, sem uma parte, que culturalmente representa a feminilidade. A identificação da mutilação se dá pela percepção da assimetria do corpo e pela visibilidade da cirurgia, o que para muitas, é um momento agressivo à sua autoimagem (Ferreira & Mamede, 2003)

Tenho um corpo feio... Antes da mastectomia, minhas mamas eram perfeitas. Antes eu achava meu corpo bonito, eu gostava do meu corpo... Antes eu tinha o maior prazer de me olhar no espelho, antes eu botava uma roupa e ficava me olhando no espelho. Eu gostava demais de me olhar no espelho, hoje em dia, não. Hoje em dia eu tenho vergonha de trocar de roupa na frente das pessoas, eu tenho vergonha do meu corpo. (Raimunda, 47 anos) [...] não deixo nem meu marido ver o meu corpo, eu não deixo. Minha relação com meu marido mudou depois que tiraram meu seio. Eu não deixo nem ele me tocar\...\, eu tenho vergonha de mim, eu tenho vergonha de mim, do meu corpo, daqui da cintura pra cima ficou muito feio \...\ sou muito diferente do que eu era antes, meu corpo ficou diferente, eu nem me reconheço mais. Eu fiquei mutilada, deformada, com o corpo todo costurado [...] (sic) (Isabel, 44 anos)

A imagem corporal é uma construção que implica tudo que a mulher pensa, sente e como se percebe e atua em relação com seu próprio corpo. A elaboração da imagem corporal pelas pessoas pode ser considerada um fenômeno multidimensional, pois envolve aspectos fisiológicos, psicológicos e sociais, que afetam as emoções, pensamentos e o modo de as pessoas relacionarem-se com os outros, influenciando intensamente a qualidade de vida delas. A imagem corporal envolve, além da percepção e dos sentidos, as figurações e representações mentais que a pessoa tem dos outros e de si mesma, além de emoções e ações advindas da experiência do próprio corpo e do contato com a imagem corporal experienciada por outras pessoas; assim, a imagem corporal é uma construção dinâmica e intercambiável.

A imagem corporal também é afetada pelos efeitos colaterais advindos da quimioterapia, da radioterapia e da hormonioterapia, as quais também interferem negativamente no cotidiano, na elaboração da imagem corporal, da identidade e na vida sexual da mulher. As principais consequências desse tratamento são náuseas, vômitos, fadiga, disfunção cognitiva, alopecia, ganho de peso, palidez, menopausa induzida, diminuição da lubrificação vaginal e excitação, redução do desejo sexual, dispaurenia e anorgasmia.

Quando a gente tá fazendo quimioterapia, o cabelo cai, né? Jamais eu ia pro espelho me olhar, *que* a pessoa fica diferente, mesmo quando toma quimioterapia, na minha concepção a pessoa nem se reconhece, a pessoa fica inchada, eu mesmo ficava. Quando eu fiz a quimioterapia, eu fiquei muito gorda, muito. As minhas roupas *num*

deu em mim não. Eu fiquei muito, muito, muito gorda. Eu engordei
muito depois da mastectomia [...] (sic) (Maria, 56 anos)

O impacto ocasionado pelo câncer na vida da pessoa é enorme, pois além
da dor e do desconforto decorrentes da doença e de seu tratamento, ocorrem
mudanças de ordem psíquica, social e econômica. As perdas econômicas rela-
cionam-se aos custos diretos com a compra de medicamentos, busca por procedimentos hospitalares e por outros serviços de saúde, além de custos indiretos,
como o potencial produtivo perdido.

O sofrimento psicológico e a dor da mulher que passa pela circunstância
de ser portadora de um câncer de mama e de ter de acolher um tratamento difícil, como vimos, transcende ao sofrimento configurado pela doença em si. É um
sofrimento que comporta representações e significados atribuídos à doença ao
longo da história e da cultura, e adentra as dimensões das propriedades do ser
feminino, interferindo nas relações interpessoais, principalmente nas mais ínti-
mas e básicas da mulher. Considerar esses aspectos nas propostas de atenção à
mulher com câncer de mama é mais que necessário, é **indispensável**.

18.5 Considerações finais

Ninguém pode avaliar a dimensão da dor do outro. Apenas pode-se
inferir a dimensão de um determinado quadro de sofrimento, mas a
verdadeira extensão e dimensão de um quadro de dor jamais poderão ser transmitidas e percebidas em sua plenitude. (Angerami,
2012, p. 2)

A escolha desse trecho de Angerami para tecermos as considerações finais
deste capítulo não se deu ao acaso, mas tem um sentido muito especial, pois
embora o aperfeiçoamento do diagnóstico, o uso de cirurgias, os tratamentos e
os progressos alcançados pela genética molecular podem ser apontados como
alguns avanços significativos alcançados na última década, sobretudo no que diz
respeito a sobrevida das mulheres, mas infelizmente ainda está longe de resolverem os desafios que essa doença tão heterogênea e prevalente apresenta, sobretudo no que diz respeito às dores que entrecortam o corpo e a subjetividade da
mulher acometida pelo câncer de mama.

É fundamental que os psicólogos e demais membros da equipe de tratamento se debrucem sobre o estudo do cotidiano dessas mulheres, sobretudo na sua (re)elaboração da imagem corporal, visando à promoção da melhoria da qualidade de vida.

Neste sentido, a clínica apresenta-se como espaço de observação e intervenção junto aos estados diferenciados que oscilam entre saúde e doença. E, mais ainda, é na escuta que esta proporciona que se pode, por meio da fala ou mesmo do silêncio do paciente, perceber a dimensão do adoecimento e suas implicações.

Cada sintoma possui um sentido, como afirma Freud, e as escolhas que fazemos encontram-se, também, revestidas de significados que podem, de imediato, ser-nos claros, mas também vir a se evidenciar ao longo da nossa trajetória, quando da efetivação dessas escolhas. Trabalhar, portanto, com subjetividade revela mais que um interesse diferenciado dos demais profissionais que atuam com a doença; revela o resgate da condição de pessoa, que sente, padece e, por vezes, agoniza, trazendo junto ao seu corpo adoecido ou mutilado a desarmonia do seu viver, e em alguns casos, o desespero de não mais poder existir, sob a forma da palavra, de gestos ou mesmo de silêncio.

Mas a psicologia deverá conservar para sempre a base do seu trabalho anteriormente assinalada por Freud; a **subjetividade** tendo a **palavra** como única forma verdadeiramente humana de **minimizar** o **sofrimento** e a **dor psicológica**. Que possamos ouvir as dores, os "recortes" e as vivências para amenização do sofrimento.

18.6 Referências bibliográficas

Amorim, C. M. B. F. (2007). *Doença Oncológica da Mama:* Vivências de Mulheres Mastectomizadas. Dissertação de doutoramento em Enfermagem. Instituto Ciências Biomédicas de Abel Salazar da Universidade do Porto, Porto, Portugal.

Arantes, S. L., & Mamede, M. V. (2003). A participação das mulheres com câncer de mama na escolha do tratamento: um direito a ser conquistado. In *Revista Latinoamericana de Enfermagem, 11*(1), 49-58.

Araújo, D. C. (2008). Corpo Feminino: construções da mídia? In Revista Digital [Internet], ano 13, n° 120, maio 2008.Recuperado em 15 de março de 2011.

Aureliano, W. A. (2009, janeiro/abril). "... e Deus criou a mulher": reconstruindo o corpo feminino na experiência do câncer de mama. In *Estudos Feministas, 17* (1), 49-70, Florianópolis.

Barreto, R. A. S, Suzuki, K., Lima, M. A., & Moreira, A. A. (2008). As necessidades de informação de mulheres mastectomizadas subsidiando a assistência de enfermagem. *Revista Eletrônica de Enfermagem, 10*(1), 110-123.

Barros, D. D. (2005). Imagem corporal: A descoberta de si mesmo. In *Rev. História, Ciência, Saúde, 12*, 547-554, Manguinhos.

Bellini, L. (2011, janeiro/abril). Notas sobre representação do corpo e cultura médica no Portugal Moderno. In *Caderno CRH, 24*(61), 97-108, Salvador.

Brasil. (2008). Instituto Nacional de Câncer (Inca). Programa Nacional de Controle do Câncer do Colo do Útero e de Mama "Viva Mulher". Recuperado em 20 de julho de 2008, de http://www.inca.gov.br/conteudo_view.asp?id=140.

Brasil. (2012). Ministério da Saúde. Instituto Nacional de Câncer. Estimativa 2012: incidência de câncer no Brasil. Rio de Janeiro. Recuperado em 12 de dezembro de 2012 de http://www.inca.gov.br/estimativa/2012/estimativa20122111.pdf.

Camon-Angerami, V. A. (2012). *Sobre a dor.* In Camon-Angerami, V. A. (Org.). 2ª ed. São Paulo: Ed. Pioneira Thonson Learning.

Duarte, T. P., & Andrade, A. N. (2003). Enfrentando a mastectomia: análise dos relatos de mulheres mastectomizadas sobre questões ligadas à sexualidade. *Estudos de Psicologia, 8*(1), 155-163.

Ferreira, M. L. S. M., & Mamede, M. V. (2003). Representação do corpo na relação consigo mesma após mastectomia. *Revista Latino Americana de Enfermagem, 11*(3), Ribeirão Preto.

Foucault, M. (2002). *História da sexualidade: o cuidado de si* (vol. 3, 3ª ed.). Rio de Janeiro: Graal.

Gianini, M. M. S. (2004). Câncer e gênero: enfrentamento da doença. Dissertação de Mestrado. Pontifícia Universidade Católica de São Paulo (PUC-SP), São Paulo.

Goffman, E. (2008). *Estigma: notas sobre a manipulação da identidade deteriorada* (4ª ed.). Rio de Janeiro: Vozes.

Guerra, M. R., Gallo, C. V. M., & Mendonça, G. A. S. (2005). Risco de câncer no Brasil: tendências e estudos epidemiológicos mais recentes. In *Revista Brasileira de Cancerologia*, *51*(3), 227-234.

Guyton, A. C, & Hall, J. E. (2002). *Tratado de Fisiologia Médica* (10° ed.). Rio de Janeiro: Guanabara Koogan.

Le Breton, D. (2007). *A sociologia do corpo*. Rio de Janeiro: Vozes.

Leite, F. M. C., Gonçalves, C. R. A., Amorim, M. H. C., & Bubach, S. (2012, abril/junho). Diagnóstico de câncer de mama: perfil socioeconômico, clínico, reprodutivo e comportamental de mulheres. In *Cogitare Enferm*, *17*(2), 342-347.

Makluf, A. S. D., Dias, R. C., & Barra, A. A. (2006). Avaliação da qualidade de vida em mulheres com câncer da mama. *Revista Brasileira de Cancerologia*, *52*(1), 49-58.

Masters, W. H., Johnson, V. E., & Kolodny, R. C. (1988). *O relacionamento amoroso*. Rio de Janeiro: Nova Fronteira.

Matos, J. C., Pelloso, S. M., & Carvalho, M. D. B. (2011, maio/junho). Prevalência de fatores de risco para o câncer de mama no município de Maringá, Paraná. In *Revista Latino-Americana de Enfermagem* [Internet], *18*(3). Recuperado em 19 de dezembro de 2012, de http://www.scielo.br/pdf/rlae/v18n3/pt_09.pdf.Moreira, E. C. H., & Manaia, C. A. R. (2005, janeiro/junho). Qualidade de vida das pacientes mastectomizadas atendidas pelo serviço de fisioterapia do Hospital Universitário da Universidade Estadual de Londrina. In *Semina - Ciências Biológicas e da Saúde*, Londrina, *26*(1), 21-30.

Müller, M. C., Hoffmann, F. S., & Fleck, P. (2006). A vivência do câncer de mama e a imagem corporal na mulher contemporânea. In B. S. G. Werlang, & M. S. Oliveira (Orgs.), *Temas em psicologia clínica* (pp. 203-208). São Paulo: Casa do Psicólogo.

Organização Mundial da Saúde (OMS). (2006). União Internacional de Combate ao Câncer. *Acción Mundial Contra el Cancer*. Genebra [Internet]. Recuperado de www.uicc.org/fileadmin/abaout/accion.pdf.

Peres, R. S., & Santos, M. A. (2009, outubro/dezembro). Personalidade e câncer de mama: Produção científica em Psico-oncologia. In *Rev. Psicologia: Teoria e Pesquisa*, *25* (4), 611-620.

Rebelo, V., Rolim, L., Carqueja, E., & Ferreira, S. (2007). Avaliação da qualidade de vida em mulheres com cancro de mama: um estudo exploratório com 60 mulheres portuguesas. In *Psicologia, Saúde & Doença*, *8*(1), 13-32.

Regis, M. F., & Simões, M. F. S. (2005). Diagnóstico de câncer de mama, sentimentos, comportamentos e expectativas de mulheres. *Revista Eletrônica de Enfermagem*, 7(1), 81-86.

Sant'Anna, D. B. (2000). A mulher e câncer na história. In M. G. G. Gimenes, & M. H. Fávero, *A mulher e o câncer* (pp. 43-70). Campinas: Livro Pleno.

Silva, L. C. (2008, abril/junho). Câncer de mama e o sofrimento psicológico: aspectos relacionados ao feminino. In *Rev. Psicologia em Estudo*, *13* (2), 231-237.

Stiker, H. J. (2008). Nova percepção do corpo enfermo. In A. Corbin, J. J. Courtine, & G. Vigarello. *História do Corpo: da Renascença às Luzes* (2ª ed.). Petrópolis: Vozes.

Tavares, H. D., Conceição, R. N., & Silva, Z. S.B. (2011, janeiro). *Abordagem dos Principais Métodos de Diagnóstico do Câncer de Mama: Uma Revisão de Literatura Revista Científica do ITPAC*, *4*(1).

Teixeira, I. (2008, janeiro/junho). O Resgate da Autoestima: O Desafio de Superar as Repercussões do Tratamento Cirúrgico do Câncer de Mama. *RBSH*, 19(1).

Thuler, L. C. S., & Mendonça, G. A. (2005). Estadiamento inicial dos casos de câncer de mama e colo do útero em mulheres brasileiras. *Revista Brasileira de Ginecologia e Obstetrícia*, *27*(11), 656-660.

Vieira, C. P., & Queiroz, M. S. (2006). Representações sociais sobre o câncer feminino: vivência e atuação profissional. In *Revista Psicologia & Sociedade*, *18*(1), 63-70.

Ziliotto, D. M., & Santos, E. R. (2008). Corpo, significados sociais e a experiência da deficiência. In *Revista Digital*, *13*(126), Buenos Aires.

Capítulo 19

Implicações do câncer no cotidiano da pessoa no pós-tratamento

DÉBORA APARECIDA DE OLIVEIRA
KARLA CRISTINA GASPAR

Aos pacientes que proporcionaram singular
experiência e aprendizado

Dâmocles era um cortesão bastante bajulador na corte de
Dionísio I de Siracusa – um tirano do século 4 a.C., na
Sicília. Ele dizia que, como um grande homem de poder e
autoridade, Dionísio era verdadeiramente afortunado. Então,
Dionísio ofereceu-se para trocar de lugar com ele apenas por
um dia, para que ele também pudesse sentir o gosto de toda
esta sorte. Assim, à noite, um banquete foi realizado onde
Dâmocles adorou ser servido como um rei e não se deu conta
do que se passava por cima de si. Somente no fim da refeição
ele olhou para cima e viu uma espada afiada suspensa por um
único fio de rabo de cavalo, diretamente sobre a sua cabeça.
Imediatamente perdeu o interesse pela excelente comida e
pelas belas mulheres ou eunucos que o rodeavam e abdicou de
seu lugar, dizendo que não queria mais ser tão afortunado.
Mito grego: *A espada de Dâmocles*

19.1 Apresentação

Anualmente, milhares de casos novos de câncer são diagnosticados. Quando o diagnóstico é detectado precocemente, há oportunidade de se realizar um tratamento mais eficaz, o que poderá também aumentar a perspectiva de sobrevida. Além disso, nas últimas décadas, tem-se verificado um avanço nos processos terapêuticos utilizados nos tratamentos, o que tem possibilitado a cura em alguns casos.

Portanto, considerável número de pessoas continua a viver para além do câncer por longos anos. Por isso, investigações a respeito desta temática têm sido desenvolvidas por profissionais de diferentes áreas, dada a preocupação com o impacto do câncer no indivíduo e na família (Pinto & Ribeiro, 2007).

Diante do aumento da sobrevida e da possibilidade de cura, é fundamental que direcionemos nossa atenção aos pacientes que estão na fase do pós-tratamento, a fim de ajudá-los nos novos conflitos que poderão emergir, como as mudanças de papéis sociais, orientação sobre o futuro e sequelas físicas deixadas pelo adoecimento por câncer.

O indivíduo, ao adoecer, confronta-se com sua própria vulnerabilidade, e mesmo com o término do tratamento, a presença constante da incerteza aparece como elemento importante na vida da pessoa e se manifesta, muitas vezes, por meio do medo da recorrência da doença.

O paciente passa a conviver com um sentimento de ameaça, como é simbolizado no mito grego pela espada que fica sob a cabeça de Dâmocles, quando lhe é dada a oportunidade de viver como um rei. Percebe-se não apenas os benefícios, mas que há cobranças e responsabilidades, o que o ameaça constantemente e faz com que abdique o trono. Isso possibilita uma comparação a uma pessoa que teve um câncer. Quando ela finaliza o tratamento, poderá gozar da sua saúde, da retomada de seu dia a dia e de suas atividades de um modo geral. Mas, mesmo assim, a pessoa fica receosa, sente-se insegura e vulnerável diante da possibilidade da recidiva.

O presente capítulo tem como foco principal a fase do pós-tratamento. Os primeiros cinco anos dessa fase serão marcados por retornos médicos e exames frequentes com o objetivo de rastrear a possibilidade de metástase ou eventual recidiva da doença.

Após essa etapa, havendo a remissão da doença, o paciente entra na fase em que o risco de recorrência do câncer pode ser baixa, o que pode equivaler a uma cura ou uma remissão controlada da doença (Mullan, 1985 citado por Pinto & Ribeiro, 2007). E os exames médicos serão progressivamente espaçados, mantendo, normalmente, o retorno anual para o controle (Silva & Santos, 2008).

Por isso, o acompanhamento psicológico no pós-tratamento se faz fundamental para ajudar o paciente a encontrar um sentido para a experiência vivida e, principalmente, reorganizar-se diante das mudanças advindas do adoecimento.

Este capítulo pretende, por meio dos relatos de pacientes que realizaram tratamento oncológico, compreender o sentido emocional atribuído ao adoecimento e identificar as implicações dessa experiência no pós-tratamento.

19.2 Pós-tratamento

19.2.1 Pesquisas referentes a pacientes em pós-tratamento oncológico

O tratamento do câncer vem obtendo inovações que culminam em uma crescente possibilidade de sobrevida. Sobre esta temática de paciente na fase de pós-tratamentos, alguns estudos internacionais foram realizados e outros ainda estão em fase de elaboração.

Nos Estados Unidos, foi concretizado um estudo por Zebrack e Cella (2005) citado por Pinto e Ribeiro (2007), no qual constataram que 60% das pessoas diagnosticadas com câncer vivem pelo menos cinco anos após o diagnóstico, sendo este um número efetivamente crescente devido à eficaz intervenção. Há cerca de nove milhões de pessoas nos Estados Unidos que foram diagnosticadas com câncer, o que representa cerca de 3% da população. E desses nove milhões de pessoas, um milhão de pessoas foram diagnosticadas nos últimos vinte anos.

Um estudo multicêntrico, comparativo e inédito está sendo realizado sobre a sobrevida em pacientes com câncer. As primeiras etapas da pesquisa, ainda não concluída, publicada pela revista inglesa, The Lancet Oncology, indica grandes variações entre regiões nos cinco continentes.

Este estudo analisou dados de 101 registros de câncer de base populacional de 31 países, abrangeu uma população de nove milhões de pessoas na faixa etária entre 15 e 99 anos, que tiveram diagnóstico de câncer primário de mama (em mulheres), cólon e reto e próstata entre 1990 e 1994 (Coleman et al., 2008)

A pesquisa referida apontou para um índice de sobrevida mais alto na América do Norte, Austrália, Japão e no ocidente europeu, quando comparado com a Argélia. No Brasil, a sobrevida em câncer de mama, por exemplo, apresentou melhores índices somente em relação a Eslováquia e Argélia, e foi pior do que em outros 28 países pesquisados. Já a sobrevida em câncer de próstata foi maior no Brasil do que em países como Portugal, País de Gales, Eslováquia, Malta, Dinamarca, Polônia, entre outros (Coleman et al., 2008).

No Brasil há carência de estudos que avaliem a sobrevida de pacientes com câncer de forma rotineira e continuada por longos períodos de tempo, como já acontece em alguns países. Existem estudos pontuais em algumas unidades especializadas e de referência que mostram resultados, como o estudo realizado com pacientes atendidos no Instituto Nacional de Câncer (Inca), que mostram que para os tumores de mama, a taxa de sobrevida geral é de cinco anos, assim como para os tumores de intestino e de próstata. Esse estudo mostrou que a sobrevida é fortemente influenciada pela extensão da doença no momento em que ela é diagnosticada (Brasil, 2011).

As pesquisas citadas nos mostram a existência de pessoas que tiveram câncer e nos fazem pensar sobre a necessidade de conhecer o perfil desses pacientes para traçar estratégias de intervenção visando qualidade de vida.

19.2.2 Repercussões emocionais no pós-tratamento oncológico

O fim do tratamento nem sempre é experienciado como algo simples para um paciente oncológico, pois ele vivenciou, ao longo do adoecimento, diferentes momentos, passou por um período de adaptação da condição de doente e também por um extenso processo de tratamento.

Os pacientes que tiveram câncer, ao se aproximarem do término do tratamento, encontram-se em um momento que se movem da condição de "estar doente" para o "estar bem", adentrando em uma fase marcada pela remissão da doença e pela "espera cautelosa" entre consultas e exames médicos (Zebrack & Cella, 2005 citado por Pinto & Ribeiro, 2007).

É importante enfatizar que a percepção da cura para o paciente não se dá prontamente. Ao saber da possível erradicação do tumor, inicia-se a fase de manutenção, que marcará o início de uma longa batalha contra os riscos de uma recidiva (Araujo & Arrais, 1998).

O pós-tratamento é um período de transição que tem como principal característica a ambivalência de sentimentos, pois há sentimentos de desconfiança, incerteza e dúvida quanto à cura (Correia, 2000). O paciente não sente mais a segurança que era transmitida pelo suporte medicamentoso, pela terapêutica que controlava a doença, assim como não há mais a proteção e o cuidado oferecido pelo ambiente hospitalar. Paradoxalmente há o sentimento de esperança e alívio com o término do tratamento (Pinto & Ribeiro, 2007).

A vivência paradoxal parece ser inerente à fase do pós-tratamento. Por um lado, as idas ao médico periodicamente são interpretadas como a "não cura", que há a possibilidade da recidiva. Mas, por outro lado, esta vigilância também é vista como a garantia da cura, pois a cada resultado de exame negativo, tem-se a sensação de estar livre da doença, até a próxima consulta (Arrais & Araujo, 2000).

As pessoas que vivem esta fase do pós-tratamento podem perceber-se como vulneráveis, sentir dúvidas quanto à recuperação e quanto às dificuldades relacionadas ao retorno da vida cotidiana diante das adaptações necessárias. Ou seja, a pessoa finalizou o tratamento, mas tem chances de se tornar um doente novamente. Ela não necessita mais de quimioterapia, radioterapia ou cirurgia no momento, pois não há indícios de doença, mas o acompanhamento médico se faz indispensável e alguns medicamentos podem ser prescritos, devido à existência de sequelas (Valle, 1994).

O sofrimento embutido na experiência de adoecer de cada pessoa é algo que marca profundamente a existência humana, e a possibilidade da recorrência é incorporada como parte desse processo, o de adoecer (Almeida et al., 2001).

O medo de uma possível recidiva no pós-tratamento pode ser algo presente na vida do paciente, assim como pode ser uma tarefa difícil a ser enfrentada. Ele pode experienciar sentimentos de ameaça à sua existência, de perda de confiança no funcionamento de seu corpo, receio de ter que voltar ao hospital e passar novamente pelo processo doloroso (Valle, 1994).

Esse estado emocional vivenciado pelo paciente ao finalizar o tratamento pode ser comparado ao mito grego *A espada de Dâmocles*, no qual é oferecido a Dâmocles a oportunidade de viver como um rei, mas percebe que não há apenas o prazer de desfrutar os benefícios de ser uma autoridade, mas que há também as cobranças, as exigências que cabem como responsabilidade a esse posto.

Do mesmo modo que sente uma pessoa que teve um câncer, embora ela tenha realizado todo o tratamento e este tenha tido resultados favoráveis, o paciente tem a todo momento que lidar com o medo e a insegurança diante da possibilidade da recidiva. O paciente, muitas vezes, não consegue desfrutar da ideia de cura, da sua condição de saúde, pois se sente ainda ameaçado pela doença, com o seu retorno. Muitas vezes, sente receio de ter que enfrentar novamente o processo do adoecimento. De tal modo, alguns pacientes tentam conviver com esse sentimento de ameaça seguindo o lema de "um dia de cada vez".

O psicólogo, nesta fase de finalização de tratamento, poderá ajudar o paciente a lidar com os temores associados à experiência do câncer, como o medo da perda, da separação, do abandono, da dor e da reincidência da doença.

O acompanhamento psicológico possibilitará também um autoconheci-mento, que propiciará que o paciente ressignifique a experiência do adoecimento e que ele compreenda o sentido dela em sua vida.

Outro aspecto a ser considerado quando nos referimos a pacientes que estão no pós-tratamento é o fato de vivenciar este momento como se fosse "uma última chance".

A pessoa sente que lhe foi dada mais uma oportunidade para viver, só que de uma maneira diferente da anterior ao adoecimento, por exemplo, de realizar atividades que antes do adoecimento não fazia, de valorizar mais a si próprio que aos outros, de realizar seus desejos e rever a sua forma de autocuidado. Alguns veem essa chance como uma forma de viver intensamente o presente.

Já por outro lado, algumas pessoas se sentem responsáveis pelo adoecimento vivido, devido ao descuido com a saúde e hábitos de vida, e a partir disso, ten-tam viver o pós-tratamento de uma maneira diferente do passado, pois temem o retorno da doença e se culpam por ela. A pessoa relaciona a possibilidade de uma recidiva com a manutenção do estilo de vida anterior à doença. Vivem, portanto, acompanhados pelo fantasma do passado, o medo de ser novamente acometido pelo câncer e, assim, reproduzir no presente o "erro" já vivido.

Desta forma, procura viver essa fase, a oportunidade que está tendo de forma distinta, a partir dos seus desejos e anseios, valorizando mais suas vonta-des e confiante no seu potencial, na sua capacidade de fazer diferente e, assim, a doença não ter motivos para voltar.

Em relação ao futuro dos ex-pacientes oncológicos, o câncer, por possuir para algumas pessoas um caráter sombrio e imprevisível, faz com que eles vejam o futuro de forma incerta.

A "cura" do câncer deve ser compreendida como um remanejamento das estruturas vitais do indivíduo após uma crise que atingiu seu organismo e sua personalidade (Raimbault, 1984 citado por Valle, 1994).

O pós-tratamento é um período de adaptações em relação às mudanças e transformações desencadeadas pela trajetória da doença.

Cada pessoa possui um ritmo próprio para ir se reintegrando à nova rea-lidade, à vida sem o câncer. Portanto, é preciso muitas vezes compreender os momentos de dependência, de isolamento e, quando for necessário, oferecer apoio. É importante ser cauteloso para não exigir prontamente o retorno de tudo que foi interrompido, pois a pessoa irá (re)conquistar sua autonomia gradualmente, por meio de pequenas atitudes diárias.

O progresso, o retorno e a rotina nem sempre ocorrem de maneira linear; podem apresentar momentos de certezas, de autoconfiança, assim como de desânimo e insegurança (Valle, 1994).

Neste momento, a capacidade de adaptação do indivíduo é testada devida à sua condição de vida. Embora tenha finalizado o tratamento, as repercussões físicas, emocionais, familiares, laborais e nas relações interpessoais podem persistir, devido às incertezas quanto à evolução do quadro (Rossi & Santos, 2003).

Em relação aos efeitos psicossociais no pós-tratamento, estes se apresentam por meio das sequelas residuais, que estão relacionadas a um desequilíbrio emocional, devido ao trauma do diagnóstico, do tratamento e do sentimento de ameaça de morte; e também pelas sequelas contínuas, que se constituem pela sensação de estar ameaçado pela morte e pela confrontação da mudança de uma vida "pré-mórbida" para um ajustamento, requerendo novos comportamentos, sentimentos e o enfrentamento das perdas sofridas (Valle, 1994).

É importante destacar que os ritmos corporais e os ritmos psíquicos não seguem caminhos idênticos e que nem sempre se encontram. Ou seja, a cura psíquica não se baseia nas leis da razão, nem na realidade externa, mas em uma lógica interna própria, que tem a ver com a história de cada indivíduo, como as características de personalidade e os modos de enfrentamento, que supõe um trabalho de luto e transformações dos investimentos externos e internos de cada um (Brun citado por Araujo & Arraes, 1998).

Quanto aos sintomas físicos, alguns podem permanecer durante um período, mesmo terminado o tratamento, por exemplo, a fadiga, dores, mudança de peso ou apetite. Já as cicatrizes, amputações, veias esclerosadas e alopécia permanente perpetuam memórias da doença e dos tratamentos realizados. Pode também surgir o comprometimento de órgãos e/ou sistemas, como problemas reprodutivos por lesão dos ovários ou testículos, que podem causar infertilidade em ambos os sexos, assim como menopausa precoce em mulheres jovens ou disfunções sexuais (Zebrack & Cella, 2005 citado por Pinto & Ribeiro, 2007).

As cicatrizes, amputações e demais sequelas físicas mencionadas terão representações singulares em cada indivíduo, dependendo da idade, meio social e cultural que vive.

Os pacientes precisam aprender a conviver com as limitações, sequelas, riscos e com as próprias fantasias e conflitos por terem vivido o adoecimento por câncer. Este processo de adaptação é uma fase difícil de ajuste físico e emocional, não só para o paciente, mas também para as pessoas que participaram da rotina do doente.

O psicólogo hospitalar poderá trabalhar de forma gradual com o paciente sobre a finalização do tratamento e sobre a reinserção social, de modo que o paciente possa expressar seus sentimentos, medos e fantasias, e que isso possa possibilitar vivências mais tranquilas e menos ameaçadoras. Junto a isso, poderá dar orientações aos familiares a respeito de comportamentos e atitudes mantidas adiante da nova realidade do paciente.

Com o passar do tempo, o paciente vai adaptando-se melhor à vida cotidiana e gradativamente restabelece o relacionamento com seu meio (Correia, 2000). A transmissão de confiança, a ajuda para que o paciente possa respeitar seu novo ritmo e limites são fundamentais para que haja a aceitação da sua nova condição.

Em relação ao âmbito social, o paciente terá que reestruturar as suas relações com amigos, familiares, profissionais de saúde, entidades empregadoras e outros contextos sociais, pois deixou de "ser doente" para assumir outro papel, de algum modo ambíguo, se torna "a pessoa que teve um câncer" (Pinto & Ribeiro, 2007).

O adoecimento por câncer, muitas vezes, deixa evidências no corpo do indivíduo. Exemplo disso são as cicatrizes, a deformação, a desfiguração e a perda de peso e do cabelo, o que acaba diferenciando o indivíduo da coletividade, aumentando, assim, a visibilidade de sua condição diferenciada em relação aos demais.

Esses sinais físicos comunicam ao mundo a realidade da doença que o indivíduo vivencia no momento ou pelo qual já passou, desta forma, estigmatiza o paciente oncológico.

O termo estigma foi criado pelos gregos para se referir a sinais corporais, com os quais se procurava evidenciar alguma coisa de extraordinário ou mau sobre o *status* moral de quem os apresentava. Os sinais eram feitos com cortes ou fogo no corpo e avisavam que o portador era um escravo, um criminoso ou traidor, uma pessoa marcada, ritualmente poluída, que devia ser evitada, especialmente em lugares públicos.

Esse conceito de estigma percorreu uma longa trajetória, da Grécia Antiga à atualidade. Na Idade Média, o termo era utilizado como referência aos sinais físicos presentes no corpo de alguém e interpretado como sinal de graça divino recebido por ele. Era também utilizado na acepção médica, como sinais físicos do corpo que indicavam a presença de alguma doença (Goffaman, 1975).

Na atualidade, a palavra estigma é utilizada com sentido semelhante ao original, porém, refere-se à própria condição social de desgraça e descrédito, do que à sua evidência corporal.

Hoje, a marca social que representa o estigma não é visível, mas a manipulação que se faz do estigma e o tratamento especializado dispensado ao estigmatizado podem aumentar a visibilidade da condição especial desse indivíduo (Omote, 2004).

O desamparo social também é sentido pelo paciente por perder sua capacidade produtiva (dependendo das sequelas), pois ele vive em uma sociedade onde o indivíduo é explorado mercantilmente. Isso faz com que o portador de câncer seja alguém totalmente alijado da competição existente no meio social, e se torne uma pessoa que irá merecer apenas sentimentos de complacência (Angerami, 1996).

O paciente oncológico passa a ser visto socialmente pela condição social de desgraça e descrédito, mesmo com o término do tratamento, pois vivemos em uma sociedade capitalista em que o homem é valorizado por sua capacidade funcional e produtividade, em detrimento dos valores de sua dignidade.

19.3 Apresentação de casos clínicos

A partir da temática desenvolvida neste capítulo, apresentaremos três casos clínicos atendidos no Núcleo de Psicologia do Ambulatório de Oncologia do Hospital das Clínicas, que ilustram os dilemas vividos pelos pacientes oncológicos na fase do pós-tratamento.

Tabela 1 – Caracterização dos participantes

Participantes	Sexo	Idade	Diagnóstico	Tratamento realizado
Joice	Feminino	46	Câncer de intestino com metástase no fígado	Cirurgia e quimioterapia
Janete	Feminino	49	Câncer de intestino	Cirurgia e quimioterapia

As categorias se diferenciam a fim de abordar de forma ampla a experiência subjetiva de cada participante. Após a elaboração das categorias temáticas, foi realizado contato com a literatura vigente para analisar os conteúdos. A análise ajuda a dar visibilidade ao que o paciente pretendeu transmitir por meio do seu discurso, e isso é realizado a partir da descrição e interpretação dos sentidos e significados atribuídos pelo paciente.

Tabela 2 – Categorias

Joice	Contato estreito com a finitude
	A doença como realidade
	Sentir-se vulnerável: incerteza, insegurança e preocupações com a saúde
	Mudanças, novas orientações em relação ao futuro: valorização da própria vida e aumento da autoestima.
Janete	O processo de aceitação da condição de doente
	Marcas que denunciam a condição de ter tido câncer
	Mudança de concepções
	O câncer como uma "espada" sobre a cabeça
	Mudanças, novas orientações em relação ao futuro

19.4 Análise dos casos clínicos

19.4.1 Caso clínico 1

Joice, 46 anos de idade, casada, natural do estado de Pernambuco, reside com o esposo, com uma filha e dois filhos. Trabalhava em uma empresa como ajudante geral. Gostava muito da vida agitada que tinha, pois além do trabalho, cuidava dos filhos e dos afazeres domésticos.

A princípio, a paciente recebeu o diagnóstico de uma neoplasia de intestino e como tratamento foi proposta uma cirurgia.

Durante o procedimento cirúrgico, houve alterações na conduta médica, devido à constatação de outro tumor, no fígado, o qual também foi retirado na cirurgia. Somente no pós-cirúrgico a paciente soube que havia dois tumores em locais distintos e que estes foram retirados.

Posteriormente realizou ciclos de quimioterapia como margem de segurança, para a destruição de células cancerígenas que poderiam ter ficado após procedimento cirúrgico. E há um mês soube que não precisaria mais fazer o tratamento por estar sem evidência de doença no momento. Faria apenas acompanhamento médico ambulatorial e exames periódicos.

19.4.1.1 Contato estreito com a finitude

Joice fala sobre o significado que a palavra câncer tem para ela e fica explícito que a doença lhe remete a sensação de medo, assim como há para ela uma estreita relação da doença com a finitude da vida.

"A palavra câncer pra mim significa morte... O câncer é uma palavra associada à morte."

Ao falar sobre a doença, a paciente relembra o momento que recebeu o diagnóstico e verbaliza os sentimentos que lhe foram despertados na ocasião, como o medo, o desespero e a tristeza.

"Quando o médico falou que eu *tava* com câncer, a primeira coisa que veio na minha cabeça, no meu pensamento, eu vou morrer. Primeira coisa eu acho que vem na cabeça de todo mundo, e... foi isso aí, eu vou morrer. Eu pensei logo que ia morrer, fiquei desesperada" (sic).

Devido à associação do câncer com a morte, muitas vezes o paciente, ao receber o diagnóstico de câncer, inicia também o processo do luto antecipatório da própria vida e de tudo o que terá que deixar para trás, como os amigos, a família, os bens adquiridos. O luto antecipatório é um conceito que foi adaptado ao luto que antecede a morte biológica. A pessoa se sente como se tivesse recebido um suposto atestado de óbito (Dóro et al., 2004).

Neste caso, a paciente experimenta a dor de se sentir enterrada antes mesmo da concretização deste fato. A paciente fala que, ao saber que estava com câncer, se isolou do mundo, ficou recolhida por alguns dias, como se estivesse enterrada, morta. Permaneceu por dias em um local escuro, sem se alimentar e sem realizar o autocuidado, ou seja, não atendeu às necessidades básicas para a manutenção de sua vida.

"Quando ele falou pra mim que eu estava com câncer, fiquei quinze dias sem tomar banho, sem comer e sem sair de dentro do meu quarto, não acendia a luz...

Porque eu pensava que ia morrer mesmo... Eu fiquei bem mal, eu só pensava em morrer e na família."

O fato de se isolar pode também ilustrar a maneira como ela lidou com a situação que lhe foi imposta e que lhe tirou o poder de controle sobre sua própria vida. Sentiu-se impotente diante do adoecimento, e então recuou em um local seguro e isolado por sentir medo diante de um futuro incerto e incontrolável. Por outro lado, ao se fechar no quarto, não demonstrou sua fraqueza à família, não confirmou a eles que sentia medo, que chorava, que era humana e que necessitava de carinho e de cuidado. Preferiu ficar sozinha a compartilhar os seus medos e preocupações com os familiares.

19.4.1.2 Tratamento: confirmação do adoecimento

Muitas vezes, é durante o tratamento que o paciente entra realmente em contato com a doença, devido às idas constantes ao hospital e aos efeitos colaterais, pois, até o momento, a doença pode ter sido assintomática, apenas descrita nos exames realizados (Correia, 2000).

Joice fala sobre o seu tratamento como uma experiência ruim, como algo que gerou medo, angústia, esgotamento físico e emocional devido aos efeitos colaterais da quimioterapia.

"A experiência foi horrível, de ter adoecido de câncer e o tratamento, a medicação deixa a gente bem mal. Sensação de morte mesmo. Ah... O tratamento é ruim, é horrível, porque tem mudança de humor, aham... Diarreia, vômito, você não consegue comer, cheiro de nada, de perfume, de comida, dá enjoo... Os remédios são horríveis, me sentia muito mal, dá tontura, parece que você vai morrer, é uma sensação..." (sic).

A paciente fala sobre os efeitos colaterais causados pelos quimioterápicos. Cita os enjoos frequentes, a alteração do olfato e do paladar, o que dificultava a alimentação e a manutenção da sua rotina. Com essas alterações, passa a perceber sua vida de modo desestruturado, sente-se impotente, não possui o controle sobre seu próprio corpo e fica à mercê das reações dos tratamentos e da evolução da doença.

As reações físicas e o fato de ter sua rotina modificada lhe trazia a lembrança e consolidava a todo o momento que estava doente, que estava em uma condição inferior se comparada às das demais pessoas, o que lhe causava revolta e, muitas vezes, raiva. Tais sentimentos dificultavam o bom relacionamento interpessoal com familiares e profissionais da saúde.

Os procedimentos terapêuticos, as rotinas e as condutas hospitalares adquirem um caráter ameaçador, agressivo e invasivo que são experienciados intensamente. O paciente sente-se impotente, vulnerável, frágil, junto com a perda da autonomia (Moraes, 1994). O paciente se vê limitado em seus recursos para o controle dessa situação, despojado de seu poder anterior de decisão e afastado de sua possibilidade de ação.

"Você *tá* morrendo, você *tá* falando... Oh! Ei! Me ajuda, você *tá* falando que *tá* morrendo e eles falando que *tá* bem, que é os efeitos da medicação. Então é ruim!" (sic).

Joice fala da ambivalência dos seus sentimentos ao realizar o tratamento, pois tinha consciência da importância e dos benefícios do tratamento, mas, por outro lado, havia as sensações desagradáveis, causadoras de mal-estar físico e de impacto psicológico. As reações do tratamento a amedrontavam, transmitiam a impressão de término da sua vida e de impotência diante da condição que se encontrava, de doente.

19.4.1.3 Incertezas, inseguranças e preocupações com a saúde

Alguns pacientes vivem o pós-tratamento como se fosse uma "sobrevivência provisória". Terminam o tratamento, mas não desfrutam da ideia de uma pessoa saudável, sem a preocupação constante com a saúde. Vivem com a possibilidade de ter novamente a doença, ou seja, sob a concepção de uma pessoa que já teve um câncer e em função do seu possível retorno.

Diante disso, a incerteza e a insegurança em relação ao futuro são sentimentos presentes na fase do pós-tratamento e que muitas vezes causa sofrimento à pessoa e modifica sua forma de agir, pois é a partir desses sentimentos despertados pelo medo da recidiva que a pessoa será orientada em relação às tomadas de decisões no cotidiano e aos planos futuros.

"Você não é mais a mesma pessoa, tudo que você vai fazer, tudo o que eu faço agora eu penso no câncer que eu tive e eu sempre estou no pensamento que pode voltar. Por mais que eu pense que *tô* curada, porque tem médico que fala 'você está curada', outros, alguns já me falaram, 'não, a gente não pode falar que *tá* curada, quem vai dizer é o tempo'" (sic).

O incômodo se torna presente diante da possibilidade do retorno da doença, por meio de pensamentos intrusivos, baseados nas concepções de que o câncer é incurável, que pode voltar a qualquer momento e se disseminar, atingir qualquer parte do corpo por metástase. Pois assim como da primeira vez, o câncer não deu indícios de que estava evoluindo, não houve alterações concretas em seu corpo que denunciassem a doença, pelo contrário, a notícia de um câncer causou surpresa e impacto.

"Eu pensava que... Porque na família não tem, então eu pensei que jamais eu ia ter um câncer, jamais eu pensei que eu ia ter o câncer, porque eu sempre fui uma pessoa forte, nunca tive uma gripe, além de uma dor de cabeça normal" (sic).

O ocultamento dos sinais e sintomas físicos dificulta o diagnóstico precoce e é intuído como o lado sombrio da doença, deixando embutida a possibilidade da recidiva, portanto, sendo vista como imprevisível (Almeida et al., 2001).

Essa dúvida em relação à continuidade da vida pode levar a pessoa a ter uma preocupação com a saúde. Muitas vezes, essa apreensão é em excesso, o que pode causar alterações na rotina de vida e assim gerar angústia no paciente.

"Tudo que eu faço agora é pensando se eu vou ter o câncer de novo, se eu como, se eu tomo um refrigerante, eu penso... Eu não posso tomar, porque eu posso ter câncer, ficou uma preocupação de comer gordura, fritura, é... Eu tenho que comer coisas *integral*, leves, coisas que eu não gosto, eu detesto fruta e eu tenho que comer, eu mudei minha alimentação" (sic).

Em determinados momentos do pós-tratamento, como véspera de consultas médicas e períodos de espera para realização de exames de rotina, o contato com a probabilidade da recidiva se torna mais aguçado. O paciente sente uma ansiedade antecipatória devido à preocupação em relação aos resultados dos exames, que indicaram seu estado de saúde.

"Agora eu penso no câncer que eu tive e eu sempre estou no pensamento que pode voltar... Com o passar do tempo, você vai vendo nos exames, cada vez que eu ia *faze* a consulta, aquele medo, ai, meu Deus, ai, meu Deus! Então, aquele pavor" (sic).

A partir da fala da paciente, é possível constatar que existem dificuldades de ajustamento psicológico, pois o medo, a incerteza quanto ao futuro lhe causam sofrimento, faz sentir-se ameaçada, impede-a de viver plenamente o presente.

É muito importante que durante o pós-tratamento o paciente, assim como os familiares, valorize o sucesso do tratamento, atualizando os conceitos que possuem sobre a doença, a fim de promover sentimentos do "estar saudável". Portanto, não devemos desconsiderar que é necessário esclarecer a possibilidade de recidiva, mas esta não deve ser enfatizada como principal objeto de preocupação.

Alguns pacientes revelam-se mais bem adaptados do que outros à fase do pós-tratamento. Portanto, não é a mera existência do medo da recidiva que vai determinar a boa ou a má adaptação no período da sobrevivência, mas a forma como se lida com essa perspectiva, o que pode estar relacionado a características pessoais e a estilos de enfrentamento das famílias (Araujo, 1998).

19.4.1.4 Novas perspectivas para o futuro: valorização da vida e o ganho da autoestima

A experiência de ter adoecido por câncer pode ser considerada um acontecimento que põe em questão o sentimento de segurança e, por isso, torna-se necessário um tempo para que a pessoa reencontre o equilíbrio, se adapte às limitações e mudanças que foram impostas pela doença. Algumas pessoas, diante da adversidade, podem mostrar-se mais resilientes, devido ao crescimento pessoal advindo da experiência, e usa esta como uma oportunidade para refletir sobre a própria vida e para estabelecer novas prioridades.

Experiências profundas trazem para as pessoas o sentimento de capacidade, de ter a confiança ao assumir mudanças no estilo de vida, assim como as alterações de valores, ou seja, passam a valorizar a dimensão afetiva e espiritual em detrimento das questões de ordem material (Vachon, 2004 citado por Pinto & Ribeiro, 2007).

"Depois do câncer, eu estou vivendo, estou fazendo coisas que eu gosto que eu não fazia, de sair, de passear... Então, eu tenho que aproveitar a vida... Agora eu tenho tempo, tenho tempo pra mim... Porque se ele voltar, eu não sei se vou ter a mesma... É... Se eu vou poder... Se eu não vou morrer se eu adoecer de novo. Então eu tenho que aproveitar a vida. Eu tenho que aproveitar, eu só não bebo e não fumo, porque já não bebia e não fumava antes, mas se eu tivesse antes, tivesse parado de fumar eu voltaria de novo a beber e a fumar porque eu ia morrer tranquila. Não quero que volte, quero viver a minha vida agora, já que Deus me deu uma segunda chance, vou aproveitar" (sic).

Podemos observar que houve uma alteração em relação à temporalidade. O fato de ter tido um câncer reforçou a incerteza quanto ao futuro e o foco passou a ser o presente. A partir de então, cada momento passou a ser valorizado como se fosse o último.

A doença causa na vida da pessoa rupturas inesperadas, e ao ter de lidar com a incerteza que a doença causa, a pessoa tende a ressignificar a vida, geralmente refletindo sobre seus valores e princípios.

"Hoje eu quero viver!... Eu *tô* doida pra voltar pra firma, pra trabalhar e voltar aí... Não voltar a ser a J. de um ano atrás, não, a nova, trabalhar, poder sair, divertir, coisa que eu não fazia. Ir pra barzinho, mesmo que eu não beba, mas eu já fui uma vez e quero ir de novo, ir pra festa, ler uns bons livros que eu parei, tudo, e voltar a viver. Eu estou tendo a oportunidade de... Como eu posso falar, de fazer coisas que eu não fazia antes, de viver, de viver minha vida... Eu *tô* vivendo e antes eu não vivia, antes eu só trabalhava e vivia pros filhos..." (sic).

A fala da paciente ilustra quais suas intenções sobre o presente, planeja realizar novas atividades de lazer, que antes julgava não ter tempo, mas que tinha vontade de fazer. Coloca-se como prioridade e como personagem principal na continuidade da sua história de vida. É possível observar a reformulação de seu projeto de vida.

"Eu não me cuidava antes, agora já estou me cuidando melhor, já estou cuidando da pele, *tô* cuidando do cabelo, das unhas... Eu tomava banho, eu andava limpinha, mas antes eu não ligava pra creme, não ligava pra nada e agora não, eu *tô* me cuidando, *tô* começando a me cuidar, dente, cabelo, pele... Coisas que eu não fazia, que eu só fazia pros filhos. Depois do câncer, de tudo, eu estou me cuidando.... Hoje eu quero viver!... A minha vida está ótima, do câncer minha vida esta ótima! Eu preciso viver, né!... E vou aproveitar agora" (sic).

O fato de ter tido um câncer trouxe à consciência da paciente o quanto o cuidado consigo mesma foi deixado em segundo plano. E diante da situação vivida, ela passa a refletir sobre as ações tomadas em relação à sua saúde e percebe o descaso que teve com o próprio corpo. Implicitamente, parece deixar à margem a possibilidade da recorrência da doença como resultado desse processo de retardar o autocuidado. Nesse processo de avaliação pessoal, deixa transparecer sentimentos de culpa decorrentes da falta de tempo e autocuidado. Em contrapartida, mantém-se ligada à vida, sendo representada pela capacidade de desejar, de construir e planejar algo para si própria.

19.5.1 Caso clínico 2

Janete, solteira, 49 anos de idade, reside no estado de São Paulo.

A paciente sempre morou com a mãe, não se casou tampouco se profissionalizou. Foi a cuidadora principal de sua mãe do adoecimento até o falecimento dela. Percorridos alguns meses, Janete recebeu o diagnóstico de câncer de intestino.

A proposta de tratamento foi cirúrgica e ciclos de quimioterapia. Durante a realização do tratamento, desenvolveu um transtorno alimentar, com o qual tem tentado lidar até os dias atuais.

Os tratamentos foram bem-sucedidos, atualmente está sem evidência de doença e assintomática, mas necessita tratamento psicológico e psiquiátrico para o transtorno alimentar associado com transtorno de ansiedade.

19.5.1.1 O processo de aceitação da condição de doente

O adoecimento por câncer traz uma série de associações simbólicas, podendo afetar profundamente a maneira como as pessoas percebem sua doença.

"Então, pra mim, até pouco tempo com a... Eu não conseguia falar, eu tive câncer, eu dizia aquela doença, eu nunca consegui. Quando eu conversava com as pessoas, eu falava com as pessoas sobre o câncer, era como se eu estivesse falando de uma terceira pessoa, sabe, não era eu... Hoje eu consegui *fala*, eu tive câncer, hoje eu consigo *fala* na primeira pessoa..." (sic).

Entende-se esse afastamento da paciente com sua condição de doente como uma dificuldade de lidar com a ameaça à vida, visto que uma das dimensões do estigma dessa doença está relacionada à associação do câncer com a morte.

"Então, depois que eu melhorei da cirurgia, comecei a *faze* a quimio, na verdade eu acho que *tava* assim tão querendo, não sei, que eu fiz quimioterapia achando que eu não estava com câncer, tamanha *meu*... Não, não, eu *tô* fazendo, é só pra acompanhar, só pro preventivo, mas não é nada. Quer dizer, tamanha vontade minha de que não fosse. Só que depois conversando com o médico, ele falo assim, 'oh, pode ser câncer'" (sic).

Mais uma vez, a paciente fala da sua dificuldade em lidar com o adoecimento, pois embora tivesse conhecimento sobre o tratamento e o tipo de doença a que tais medicamentos eram destinados, não conseguia assumir sua nova condição de paciente oncológico. Preferia não entrar em contato com a realidade que estava vivendo, embora tivesse consciência de todo percurso que estava realizando e que ainda teria que fazer.

19.5.1.2 Marcas do câncer

A quimioterapia pode ser um dos tratamentos indicados para determinados tipos de câncer.

Os efeitos colaterais – náuseas, vômitos, feridas na boca, constipação intestinal, diarreia, alterações na pele e nas unhas, queda de cabelo (alopecia) – podem ou não existir, e são eles, na maioria das vezes, os responsáveis pelo medo, recusa frente ao tratamento, mesmo quando há possibilidades de cura.

"Sempre quando fazia a quimio, eu ia *faze* a quimioterapia, eu falava, 'meu Deus eu não quero'... Que você pensa em quimioterapia, em paciente que faz quimioterapia, câncer, aquela pessoa magra, pele e osso, careca, então eu imaginava aquilo, eu entrava em pânico... A sorte que a minha quimioterapia não caiu o cabelo, porque foi uma quimioterapia mais leve, mas mesmo assim aquela balança que eu ia lá, aquela balança pra mim era uma tortura. Porque eu subi naquela balança, aquele emagrecimento *numa* condições normais seria motivo de alegria, mas aquela descida da balança a cada semana que eu ia *faze* a quimio, eu entrava... Eu saía da quimioterapia comendo, comendo, comendo, comendo... Eu queria *come, come, come, come, come*, pra *pode* dizer assim, 'não, você, você não'... Tanto é que engordei, eu fiquei, ahhh... De tanto que eu quis *come, come, come*. Eu queria *alimenta* porque eu não queria aquela, aquela imagem de um paciente com câncer, magro, tudo, eu não fiquei careca, graças a Deus..." (sic).

A paciente fala sobre a imagem simbólica que tinha em sua mente sobre o paciente oncológico que realizava quimioterapia. Para ela, a pessoa ficava magra, devido às náuseas e aos vômitos, que acarretam prejuízos na alimentação, assim como a alopecia, que seria uma consequência do tratamento, dos efeitos colaterais que deixavam marcas no corpo, as quais denunciam a condição de estar com câncer.

Esse medo expressado pela paciente de ser reconhecida como uma pessoa com câncer está relacionado ao estigma e ao impacto psicossocial, o qual o câncer ainda está associado.

"Pessoas olham pra você com aquela cara assim, coitadinha, sabe! Pra mim, quando eu *tava* no hospital, *vinha* meus irmãos, tudo, dizia assim... 'Ah, você tem câncer', sempre *tinha* aquelas pessoas que dizia, 'nossa, coitadinha, né'. É como se fosse uma sentença de morte, como se fosse um espada na minha cabeça que... Então, aquele olhar de... Quanto tempo de vida ela tem, porque falo câncer, ah quanto tempo... Já pergunta quanto tempo de vida será que ela tem... Aquela coisa. Então, esse jeito das pessoas lidarem comigo no começo, sabe, eu percebia isso, sabe. Depois, com o passar do tempo, foi sumindo, mas com o tempo as pessoas diziam, 'quando *de* tempo será que ela vai *dura*', porque câncer, como se fosse câncer sentença de morte, é isso" (sic).

O encobrimento da doença pela paciente como um modo de enfrentamento pode ser evidenciado como o resultado de um processo interpretativo, baseado nos conceitos da paciente.

O preconceito e as expectativas das pessoas e da sociedade em relação ao paciente podem interferir nas atitudes tomadas por ele diante da doença, o que influencia sua reação à situação vivenciada. O estigma de doenças, ou de enfermidades ditas graves e difíceis de tratar, pode se tornar fonte de ansiedade e, em muitos casos, vivenciadas mais do que uma condição clínica (Barbosa & Francisco, 2007).

Nesse caso, o preconceito e as expectativas das pessoas envolvidas interferiram no processo de enfrentamento da paciente, pois esta sente o descrédito, recebe apenas olhares de complacência, devido à forte associação da doença com a morte e à falta de credibilidade na possibilidade de cura.

A interpretação feita pelas pessoas sobre a doença está baseada na construção social dela, na realidade vivenciada, ou seja, o câncer ainda é uma doença fundamentalmente incurável; portanto, seu futuro passa a ser incerto (Almeida et al., 2001).

A percepção da paciente sobre a discriminação que sentia sofrer dos amigos e familiares, somada à compreensão que tinha sobre o tratamento quimioterápico, causou intenso sofrimento. A fim de não se tornar uma pessoa com "características de um paciente oncológico", a paciente passou a se alimentar demasiadamente, o que lhe causou um significativo aumento de peso.

"[...] então eu comecei a *come*, agora eu *tô* com excesso de peso que nunca tive, então agora eu tenho uma dificuldade, porque assimilei demais isso... O peso que ganhei, *tô* tentando *perde*... Vamos indo, né... Vamos tentando, né... O máximo que eu chegava era setenta, agora eu *tô* com oitenta e sete..." (sic).

Podemos perceber que o fato de comer em excesso para não ficar com as características corporais de um paciente oncológico fez com que a paciente desenvolvesse um transtorno alimentar. E hoje, além do cuidado oncológico, é necessário também cuidar da alimentação, de forma que possa voltar ao seu peso ideal e saudável. Mesmo porque a obesidade é fator de risco para câncer de intestino.

19.5.1.3 Novos valores

O fato de a pessoa ter vivido uma experiência de adoecimento por câncer pode favorecer um processo de ressignificação. A percepção que ela tinha sobre a doença pode ser modificada pela vivência do câncer, ou seja, possibilita a reformulação da concepção que a pessoa tinha sobre o câncer e, assim, ela elabora novos conceitos sobre a enfermidade que julgava incurável. Esse processo pode ser resultado da interpretação da experiência de viver com a doença e seu tratamento (Almeida et al., 2001).

"E hoje eu não leio assim, hoje eu tenho consciência que... Com Deus, estou aqui bem, graças a Deus, *tô* bem, tudo, já não é mais aquela sentença de morte *que* as pessoas olhando, tanto que você fica olhando, as pessoas estão te olhando... Olha lá como *tá* doente. Hoje não, hoje eu falo, converso com as pessoas que tem, 'não se preocupe porque vai *dá* tudo certo', tenha fé, porque já não é mais aquela sentença de morte. Uma coisa que a pessoa consegue sobreviver, ter saúde, graças a Deus, estou fazendo seguimento aqui, graças a Deus *tá* tudo bem" (sic).

Janete fala sobre a maneira que lida com o assunto depois de ter vivido o adoecimento e realizado o tratamento.

Após ter finalizado o tratamento, sente vontade de falar sobre o câncer e com as pessoas que estão adoecidas, ou mesmo quem já passou por experiência semelhante à dela. Atualmente, afirma que é possível enfrentar a doença e, principalmente, viver após o câncer.

Observa-se que houve uma mudança de concepção sobre o significado do câncer para a paciente, e isso se relaciona com o desfecho positivo do tratamento da paciente.

19.5.1.4 O câncer como espada sobre a cabeça

Após finalizar o tratamento, a paciente se sente alegre por estar viva, mas essa felicidade colide com o medo de uma recidiva, ou seja, prevalece o sentimento de ambivalência.

Essa fase de remissão da doença é conhecida pela "espera cautelosa", marcada por consultas regulares de vigilância (Pinto & Ribeiro, 2007). Aparecem sinais de preocupação com a possibilidade da volta da doença, quando então retomam conceitos e fatos baseados nas experiências vividas.

"Cada consulta... Cada dia de consulta era um tormento, aquele pavor, 'será que vai *dá* alguma coisa, será que não vai *dá*'. Se eu vou fazer um exame, você fica naquela coisa, 'será que vai *dá* alguma coisa, será que não vai *dá*, será que vou *precisa toma* remédio'... sabe aquele medo de perguntar, mas ao mesmo tempo medo de não *sabe*" (sic).

Janete fala sobre a ansiedade que sentia quando vinha à consulta ambulatorial e quando aguardava resultados de exames.

Por um lado, sentia o alívio de estar em seguimento, mas por outro lado, temia ver os resultados do exame, devido à possiblidade de recidiva.

"[...] procuro tirar isso da minha cabeça, que por um bom tempo *fico* aquilo, né, o câncer, aquilo pode... Aquela espada sobre minha cabeça. Quando eu venho pro médico, assim, eu já fico, minha pressão sobe... Eu falo, não posso *deixa* ela... Agora não, agora acabou, minha pressão é normal, eu consigo *chega* sem aquele uhmmm... Aquele desespero, aquele desespero de *entra* e *sai* o mais rápido possível" (sic).

Conforme relatado pela paciente, o pós-tratamento é um momento que possibilita a comparação a um mito grego, no qual Dâmocles se sentia ameaçado pela espada que estava em cima da sua cabeça. O mesmo pode ser relacionado a Janete, que embora esteja há cinco anos em seguimento, ainda sente-se insegura, com medo de que a faca caia novamente sobre sua cabeça, ou seja, que a doença retorne, que tenha uma recidiva ou então que outra parte do corpo adoeça por câncer.

A paciente vive o pós-tratamento com a presença constante do sentimento de ameaça, por ser uma ex-paciente oncológica, sente-se vulnerável a adoecer novamente.

Sendo assim, não consegue viver plenamente seu cotidiano, como no mito grego, no qual Dâmocles não consegue desfrutar dos benefícios de ser rei, pois se sente pressionado pelos perigos que o cercam sendo uma autoridade.

Janete, embora saiba que no momento não há indícios de câncer, sente-se insegura, receosa, o que lhe causa sofrimento e impede que desfrute dos benefícios de ter saúde.

Este sentimento de instabilidade e insegurança é vivenciado pelos pacientes que já tiveram um câncer. Portanto, os pacientes têm de aprender a monitorizar "sinais do corpo" e adaptar-se à incerteza em relação ao futuro (Pinto & Ribeiro, 2007).

19.5.1.5 Projetos para o futuro

É possível observar aspectos positivos decorrentes da experiência de um câncer, tais como a esperança, o sentido da vida, a melhora nas relações interpessoais, o sentir-se útil, feliz e satisfeito (Oliveira & Monteiro, 2004).

A paciente fala brevemente sobre a maneira que vive depois do câncer e enfatiza os aspectos positivos advindos da experiência do adoecimento.

"Eu procurei fazer as coisas que eu gosto, porque antes eu era, eu era... Eu cuidei da minha mãe, minha mãe faleceu e por consequência veio a doença, então eu fiquei assim... Eu ficava muito pensando, 'ai, como aqui dói', falei, não, vou fazer as coisas que eu *tenho bem-estar*, né, procura... Como se diz, sair, passear, divertir, sabe! Não *fica* muito fechada, que eu era uma pessoa, assim, muito fechada antes da doença, uma pessoa que não gostava de sair. Hoje não, mesmo não *tando* com vontade, eu vou sair, vamos lá na loja *bate* perna, *vamo lá*, *vamo olha*, *vamo distraí*, não *tô* bem hoje, porque às vezes vem aquela depressão, porque tem aquela depressãozinha, você fica assim... Então, sempre procurei *sai*, *começo* a depressão, *tô* saindo, vou sair de casa, sempre procurando *muda*. Penso pra mim... Que pra *perde* a vida, sabe, que não é mais aquela coisa, passei... A *olha*, passei a *olha* as estrelas à noite, pra mim, olha onde eu não olho... Puxa, que bonito! Você passa a *olha* coisas que antes você não dava nada, hoje eu vejo, 'puxa, como eu *tô* bem, *tô* feliz, *tô* viva' " (sic).

Por meio deste relato, podemos inferir que após o impacto do diagnóstico e os efeitos colaterais e psicológicos do tratamento oncológico, o adoecimento passou a ser interpretado como uma nova oportunidade de autovalorização, autoconhecimento e autocuidado.

"Passei a sair mais, sou uma pessoa mais aberta, nesse ponto foi muito bom pra mim... Essa doença... chacoalhou, diz olha... Você tem uma segunda chance, vai aproveita. Eu vejo como se essa doença fosse um... Pegasse no meu ombro e fizesse assim..., 'olha, agora você tem outra parte da sua vida' " (sic).

A paciente relata que, a partir do adoecimento, pôde repensar sua maneira de agir, fez uma avaliação acerca da própria vida e percebeu que lhe foi dada uma segunda chance, ou seja, foi oferecida a ela uma nova oportunidade para aproveitar tudo o que não pôde no passado e, assim, teve a chance de fazer de novo, só que diferente.

"A minha vida está melhor, porque eu passei a *faze* coisas, a ter uma perspectiva de vida melhor do que eu tinha antes" (sic).

Essa fala ilustra o quanto a paciente está satisfeita com a vida que tem tido e julga estar vivendo com mais qualidade e de forma plena o presente.

19.6 Considerações complementares

Como é por dentro outra pessoa
Como é por dentro outra pessoa
Quem é que o saberá sonhar?
A alma de outrem é outro universo
Como que não há comunicação possível,
Com que não há verdadeiro entendimento.
Nada sabemos da alma
Senão da nossa;
As dos outros são olhares,
São gestos, são palavras,
Com a suposição de qualquer semelhança
No fundo.
Fernando Pessoa
(*Poesias inéditas,* 1930-1934, p.14).

Embora os pacientes tenham que lidar com as modificações corpóreas e psicossociais deixadas pelo adoecimento e tratamentos oncológicos, é possível observar, por meio dos relatos, que há uma significativa valorização da vida e do autoconhecimento após o tratamento.

O acompanhamento psicológico se faz importante e necessário na fase do pós-tratamento, a fim de ajudar o paciente na reorganização psíquica e na reinserção social.

Desta forma, será possível proporcionar ao paciente cuidados que integrarão todos os aspectos do adoecimento por câncer, do pré-diagnóstico até o pós-tratamento.

19.7 Referências bibliográficas

A espada de Dâmocles. Mito grego. Recuperado de http://pt.wikipedia.org/wiki/D%C3%A2mocles#cite_note-1).

Angerami, V. A. (Org.), Chiattone H. B. C., & Nicoletti E. A. (1996). *O doente, a psicologia e o hospital*. São Paulo: Pioneira.

Araujo, T. C. C. F., & Arrais, A. R. (1998). A sobrevivência em oncologia: uma vivência paradoxal. *Psicologia ciência e profissão, 18*(2), 2-9.

Arrais, A. R., & Araújo, T. C. C. F. (2000). Recidiva X Cura: a vivência paradoxal da sobrevivência ao câncer na infância. *Revista Brasileira de Cancerologia, 45*(3), 9-19.

Almeida, A. M., Mamede, M. V., Panobianco, M. S., Prado, M. A. S., & Clapis, M. J. (2001). Construindo o significado da recorrência da doença: a experiência de mulheres com câncer de mama. *Rev. Latino-am. Enfermagem, 9*(5), 63-9. Recuperado em 9 de abril de 2012, de www.eerp.usp.br/rlaenf.

Barbosa, L. N. F., & Francico, A. L. (2007). A subjetividade do câncer na cultura: implicações na clínica contemporânea [online]. *Rev. SBPH, 10*(1). Recuperado em 1º de dezembro de 2011, de http://pepsic.bvsalud.org/scielo.php?script=sci_arttext&pid=S1516-8582007000100003.

Brasil. (2011). Instituto Nacional do Câncer (Inca). Recuperado em 4 de maio 2011, de http://www2.inca.gov.br/wps/wcm/connect/inca/portal/home.

Coleman, M. P., Quaresma, M., Berrino, F., Lutz, J. M., Angelis, R., Capocaccia, R. et al. (2008). Cancer survival in five continents: a worldwide population-based study (CONCORD). The Lancet Oncology, 9(8), 699-808.

Correia E. S. Câncer entre o sofrimento físico e emocional a importância de uma assistência psicológica. Recife-PE: Bagaço; (2000).

Dóro, M. P., Pasquin, R., Medeiros, C. R., Bitencourt, M. A, & Moura, G. L. O Câncer e sua Representação Simbólica [online]. (2004). *Psicologia, ciência e profissão, 24*(2), 120-134. Recuperado em 1º de dezembro de 2011, de http://pepsic.bvsalud.org/scielo. php?pid=S1414-8932004000200013&script=sci_arttext.

Goffaman, E. (1975). *Estigma – notas sobre a manipulação da identidade deteriorada.* Rio de Janeiro: Zahar Editores.

Moraes, M. C. (1994). O paciente oncológico, o psicólogo e o hospital. In M. M. Carvalho (Org.), *Introdução à psiconcologia.* Campinas: Psy.

Oliveira, M. M., & Monteiro, A. R. M. Mulheres mastectomizadas: ressignificação da existência [online]. (2004). *Texto Contexto Enferm., 13*(3), 401-408. Recuperado em 5 de maio de 2011, de http://redalyc.uaemex.mx/pdf/714/71413311.pdf.

Omote, S. Estigma no tempo da inclusão [online]. (2004). *Rev. Bras. Ed. Esp., 10*(3), 287-308. Recuperado em 20 de outubro de 2011, de http://educa.fcc.org.br/pdf/rbee/v10n03/v10n03a04.pdf.

Pessoa, F. Poesias inéditas (1930-1935). Recuperado de http://www.dominiopublico.gov.br/pesquisa/DetalheObraForm.do?select_action=&co_obra=16113.

Pinto, C. A. S., & Ribeiro, J. L. P. Sobrevivente de cancro: uma outra realidade! [online]. (2007). *Texto Contexto Enferm., 16*(1), 142-148. Recuperado em 10 de abril de 2011, de http://www.scielo.br/pdf/tce/v16n1/a18v16n1.pdf.

Rossi, L., & Santos, M. A. (2003, outubro/dezembro). Repercussões psicológicas do adoecimento e tratamento em mulheres acometidas pelo câncer de mama. *Psicol. Cienc. Prof., 23*(4), 32-41.

Santos C., & Sebastiani, R. (2011). Acompanhamento psicológico à pessoa portadora de doença crônica. In V. A. Angerami, H. Chiattone, R. Sebastiani, M. L. Fongaro, & C. Santos. *E a psicologia entrou no hospital* (pp. 147-176). São Paulo: Pioneira.

Silva, G., & Santos, M. A. Será que não vai acabar nunca? – perscrutando o universo do pós-tratamento do câncer de mama [online]. (2008). *Texto Contexto Enferm., 17*(3), 561-568. Recuperado em 10 de abril de 2011, de http://www.scielo.br/pdf/tce/v17n3/a18v17n3.pdf.

Valle, E. R. M. (1994). Algumas consequências psicossociais em crianças curadas de câncer - visão dos pais. *J. Pediatr., 70*(1), 21-27.

Vasconcellos, E. A. (2004). Imagens simbólicas no adoecer: Estudo descritivo sobre o processo arteterapêutico de pacientes oncológicos. Tese [Doutorado em Ciências Médicas,

Saúde Mental]. Faculdade de Ciências Médicas da Universidade Estadual de Campinas, Campinas. Recuperado em 19 de dezembro de 2011, de http://www.bibliotecadigital.unicamp.br/document/?code=vtls000341734.

Tempos de Luz...

Valdemar Augusto Angerami

As lágrimas de noite
sangraram o coração...
A dor e angústia da madrugada
deixaram a alma dilacerada...

Mas é outono, agora é tempo de luz...
A florada da cássia aleluia, das
quaresmeiras e da paineira é
prenúncio de que o Sol não
mais me encontrará chorando...

Serra da Cantareira, numa manhã de outono...

Sobre os autores

Amilton dos Santos Júnior

Psiquiatra e psicoterapeuta. Mestre em saúde da criança e do adolescente pela Faculdade de Ciências Médicas (FCM). Assistente do Departamento de Psicologia Médica e Psiquiatria da Faculdade de Ciências Médicas da Unicamp nos Serviços de Emergência Psiquiátrica e Ambulatórios de Psiquiatria de Crianças, Adolescentes e Adultos.

Anastacia Camila Moreira Lima David

Psicóloga formada pela Universidade Estadual do Maranhão. Aprimoranda em psicologia-oncologia pela Faculdade de Ciências Médicas da Universidade Estadual de Campinas.

Andréa Carolina Benites

Psicóloga pela Universidade Estadual Paulista Júlio de Mesquita Filho (Unesp), campus de Bauru-SP. Formação em psicoterapia breve e em psico-oncologia pela Unesp, campus de Bauru-SP. Mestranda em psicologia do desenvolvimento e aprendizagem pela Faculdade de Ciências (Unesp, campus de Bauru-SP). Psicóloga hospitalar da Unidade de Cuidados Paliativos/Dor do Hospital de Câncer de Barretos – Fundação Pio XII.

Angela Maria Elizabeth Piccolotto Naccarato

Psicóloga clínica pela Pontifícia Universidade Católica de Campinas (PUC-Campinas), mestre em pesquisa experimental pelo Departamento de Cirurgia da Universidade Estadual de Campinas e doutoranda pelo Departamento de Urologia Oncológica da Universidade Estadual de Campinas, tendo como objeto de pesquisa o câncer de próstata. Especialização em psicologia clínica pela PUC-Campinas e psicologia caracteroanalítica pela Sociedade de Vegetoterapia de São Paulo – Sovesp.

Psicóloga do Ambulatório de Urologia Oncológica do Hospital das Clínicas da Unicamp. Áreas de atuação: psicologia clínica reichiana, psicologia oncológica e disfunções sexuais.

Arlinda B. Moreno

Mestre e Doutora em saúde coletiva pelo Instituto de Medicina Social da Universidade do Estado do Rio de Janeiro – IMS-UERJ, com pós-doutorado em saúde coletiva – IMS-UERJ e pós-doutorado em saúde pública pela Escola Nacional de Saúde Pública Sérgio Arouca, da Fundação Oswaldo Cruz – ENSP-Fiocruz. Especialista em Psicologia Médica pela Faculdade de Ciências Médicas da UERJ – FCM/UERJ, atua, no Rio de Janeiro, como psicoterapeuta fenomeno-lógico-existencial junto a pacientes com câncer, e como pesquisadora em saúde pública na Fiocruz. Em São Paulo, é professora do curso de formação em psico-terapia fenomenológico-existencial, no Centro de Psicoterapia Existencial. Dentre seus temas de interesse, destacam-se seus estudos voltados para os aspectos psicológicos relacionados à morte e à finitude. É também coautora dos livros *Psi-coterapia e Brasilidade*, *O Atentimento Infantil na Ótica Fenomenológico-Existencial*, *Psicossomática e Psicologia da Dor* e *Psicossomática e suas Interfaces – O Processo Silencioso do Adoecimento*, organizados por Valdemar Augusto Angerami-Camon.

Bruno de Araújo Lima França

Graduado em medicina pela Faculdade de Medicina da Universidade Federal do Rio de Janeiro (UFRJ) em 2001. Concluiu residência médica em clínica médica e oncologia clínica/cancerologia no Hospital das Clínicas, Faculdade de Ciências Médicas da Universidade Estadual de Campinas (Unicamp), em 2005. Concluiu estágio no setor de Transplante de Células Progenitoras Hematopoiéticas no Hospital das Clínicas, Faculdade de Ciências Médicas da Unicamp, em 2006. Atualmente é médico oncologista assistente do Serviço de Oncologia Clínica do Hospital Federal de Bonsucesso, Rio de Janeiro, e do Grupo Oncologia D'or, também no Rio de Janeiro. Membro da Sociedade Brasileira de Oncologia Clí-nica (SBOC) e da European Society of Medical Oncology (ESMO). Mestrando desde agosto de 2012 pelo Programa em Clínica Médica, Faculdade de Ciências Médicas da Unicamp.

Carmen Silvia Bertuzzo

Professora doutora associada livre-docente. Graduada em ciências biológicas, pela Universidade Estadual de Campinas (Unicamp). Mestre e doutora em genética humana e antropológica. Docente do Departamento de Genética Médica, Faculdade de Ciências Médicas da Unicamp, professora da graduação e pós-graduação. Áreas de atuação: genética molecular e oncogenética. Linhas de pesquisa: oncogenética, diagnóstico molecular de anomalias genéticas e hemoglobinopatias

Carmen Silvia Passos Lima

Professora livre-docente de oncologia do Departamento de Clínica Médica da Faculdade de Ciências Médicas da Universidade Estadual de Campinas (UNICAMP).

Carolina Marques Lopes Nourani

Médica formada pela Pontifícia Universidade Católica de Campinas (PUC--Campinas). Residência em oncologia clínica pela Universidade Estadual de Campinas (Unicamp).

Débora Aparecida de Oliveira

Psicóloga pela Pontifícia Universidade Católica de Campinas (PUC-Campinas). Especialização em psicologia e oncologia pela Faculdade de Ciências Médicas da Universidade Estadual de Campinas (Unicamp).

Eli de Souza Ferreira

Jornalista, radialista e escritor. Dirigente e orador no Templo Espiritual Maria Santíssima, onde escreve para o *Jornal Luz nas Sombras*, edições trimestrais, e apresenta junto com outros locutores o programa *Madrugada com Deus* e também realiza palestras em reuniões espirituais.

Fátima Aparecida Bottcher-Luiz

Professora doutora graduada em ciências biológicas pela Universidade Estadual de Campinas (Unicamp). Mestre e doutora em genética humana.

Docente do Departamento de Tocoginecologia, Faculdade de Ciências Médicas, Unicamp. Professora da graduação e pós-graduação. Áreas de atuação: reprodução humana e oncogenética.

Linhas de pesquisa: oncogenética, biologia tumoral e estudos qualitativos em doenças crônicas e minorias étnicas.

Gina Colombo Feijó de Souza

Assistente social formada pela Pontifícia Universidade Católica de Campinas (PUC-Campinas). Assitente social do Ambulatório de Oncologia Clínica e Quimioterapia do Hospital das Clínicas, HC-Unicamp. Supervisora suplente no Programa de Aprimoramento em "Serviço Social em Oncologia". Curso de extensão universitária em "Saúde Ambiental e Vigilância Universitária" pela Universidade Estadual de Campinas (Unicamp) e pela Universidade de Brasília (UNB) em "Serviço Social e Política Ambiental".

Isabela Cóstola Windlin

Psicóloga formada pela Universidade Federal de São Paulo (Unifesp). Aprimoranda em psicologia-oncologia pela Faculdade de Ciências Médicas da Universidade Estadual de Campinas (Unicamp).

Juliana Maria Todescato Gomes Cavini

Psicóloga graduada pela Pontifícia Universidade Católica de Minas Gerais – campus Poços de Caldas (PUC-MG). Aprimoramento profissional/especialização em psicologia-oncologia pela Universidade Estadual de Campinas (Unicamp).

Karla Cristina Gaspar

Psicóloga pela Pontifícia Universidade Católica de Campinas (PUC-Campinas). Especialização em psiquiatria e psicologia clínica do adolescente pela Faculdade de Ciências Médicas – FCM-Unicamp. Especialização em psicologia da saúde: psicologia hospitalar pela Pontifícia Universidade Católica de São Paulo (PUC-SP). Formação em psicoterapia psicanalítica de crianças e adolescentes pelo Centro de Formação e Assistência a Saúde (CEFAS-Campinas). Curso de Extensão em Comportamento Suicida pela Escola de Extensão da Unicamp. Mestre em ciências médicas pela Faculdade de Ciências Médicas – Unicamp. Psicóloga responsável pelo Núcleo de Psicologia da Unidade Produtiva Oncologia Clínica e Quimioterapia do Hospital das Clínicas (HC-Unicamp). Supervisora titular do Programa de Aprimoramento Profissional (PAP) em psicologia-oncologia pela Faculdade de Ciências Médicas – FCM-Unicamp.

Ligia Traldi Macedo

Médica oncologista pertencente ao corpo clínico do Hospital das Clínicas da Universidade Estadual de Campinas (Unicamp), atuando na coordenação de atividades em enfermaria e ambulatório. Realizou graduação e residências médicas (medicina interna e oncologia clínica) na mesma instituição.

Marcella Esbrogeo Cal

Nutricionista formada pela Universidade Federal do Triângulo Mineiro (UFTM). Aprimoramento em nutrição em hematologia e oncologia pela Faculdade de Ciências Médicas (FCM) da Universidade Estadual de Campinas (Unicamp). Nutricionista do Instituto do Câncer de São Paulo (ICESP).

Natália Michelato Silva

Psicóloga formada pela Universidade de Franca. Especialização em psicologia-oncologia pela Universidade Estadual de Campinas (Unicamp). Aperfeiçoamento em psico-oncologia pelo Hospital das Clínicas da USP-Ribeirão Preto e mestranda na área de psico-oncologia pela USP-Ribeirão Preto.

Paula Elias Ortolan

Psicóloga. Graduação em psicologia pela Universidade Metodista de Piracicaba (Unimep). Especialista em psicologia e oncologia pela Universidade Estadual de Campinas (Unicamp). Mestra em ciências médicas. Área de concentração: saúde da criança e do adolescente, da Faculdade de Ciências Médicas da Unicamp.

Rosana Oliveira Corte Fontana

Assistente social do Hospital das Clínicas da Unicamp. Supervisora titular do Programa de Aprimoramento Profissional e pós-graduação *Lato Sensu* da Faculdade de Ciências Médicas da Unicamp em serviço social em oncologia.

Roseane Christhina da Nova Sá-Serafim

Professora da Unidade de Ciências da Saúde da Universidade Federal de Campina Grande (UFCG). Doutoranda em psicologia social pela Universidade Federal da Paraíba (UFPB). Membro do Grupo de Pesquisa em Saúde Mental e Dependência Química da mesma instituição.

Tania de Fontes Resende

Licenciatura plena em psicologia e formação de psicóloga pela Universidade Estadual Paulista (Unesp-Bauru). Pós-graduanda em gestão pública em saúde pela Universidade Federal de Uberlândia (UFU-Uberlândia).

Formação em psicoterapia fenomenológico-existencial, pelo Centro de Psicoterapia Existencial de São Paulo.

Silvana Carneiro Maciel

Professora adjunta do Departamento de Psicologia da Universidade Federal da Paraíba (UFPB) e da pós-graduação em psicologia social da mesma instituição. Coordenadora do grupo de pesquisa em saúde mental e dependência química da UFPB.

Valdemar Augusto Angerami-Camon

Psicoterapeuta existencial, professor de pós-graduação em psicologia da saúde na PUC-SP. Professor de pós-graduação em psicologia da saúde na Universidade Federal do Rio Grande do Norte (UFRN). Professor convidado do Programa de Aprimoramento Profissional (PAP) em psicologia-oncologia da Faculdade de Ciências Médicas da Universidade Estadual de Campinas (Unicamp). Coordenador do Centro de Psicoterapia Existencial. Membro da Comissão de Justiça e Paz de São Paulo. Autor com maior número de livros publicados em psicologia no Brasil e adotados em universidades de Portugal, México e Canadá.